Architektur und Ökologie

ZEITGENÖSSISCHE BIOKLIMATISCHE BAUTEN

Architektur und Ökologie

ZEITGENÖSSISCHE BIOKLIMATISCHE BAUTEN

David Lloyd Jones

Wissenschaftliche Leitung:
Jennifer Hudson

Deutsche Verlags-Anstalt Stuttgart

Aus dem Englischen übertragen von
Joanna Zajac-Wernicke

Die Deutsche Bibliothek – CIP-Einheitsaufnahme

Jones, David Lloyd:
Architektur und Ökologie : zeitgenössische
bioklimatische Bauten / David Lloyd Jones.
Wiss. Leitung: Jennifer Hudson. [Aus dem Engl.
übertr. von Joanna Zajac-Wernicke]. –
Stuttgart : Deutsche Verlags-Anstalt, 1998
Einheitssacht.: Architecture and environment <dt.>
ISBN 3-421-03155-X

Published 1998 by Laurence King Publishing,
Imprint von Calmann & King Ltd, London

Lektorat: Renate Jostmann
Printed in Hong Kong / China
ISBN 3-421-03155-X

Inhalt

Für Linda

Dank

Meine dankbare Anerkennung gilt dem Beitrag von Susannah Hagan zu diesem Buch. Ihre Ratschläge und ihre Ermunterung waren von unschätzbarem Wert, und ihre kritischen Bemerkungen zum Entwurf der Kapitel eins, zwei, drei und fünf haben dazu beigetragen, die Botschaft des vorliegenden Buches zu konzentrieren und zu vermitteln. Susannah Hagan ist Forschungsbeauftragte an der School of Architecture and Interior Design an der Universität von Brighton sowie Gastdozentin an der Architectural Association in London.

Die vierundvierzig, in Kapitel vier dargestellten Projekte wurden unter mehr als einhundert Gebäuden ausgewählt. Sie sind aus allen Teilen der Welt zusammengetragen worden, um sie in London einer Bewertung zu unterziehen. Ich danke Dr. Deo Prasad, Patrina Eiffert Taylor, Atta Tahir, Dr. Sajila Haider Vandal, Prof. Rodney Harber, Tamiko Onozawa und Yasuyuki Hirai für ihre Mithilfe bei der wissenschaftlichen Untersuchung der Projekte, insbesondere in Australien und Neuseeland, den Vereinigten Staaten und Kanada, in Pakistan und Indien, Südafrika und Japan.

Mein Dank gilt all jenen, die für dieses Buch Projekte eingereicht haben und die an der Beschaffung von Projektbeschreibungen, Daten und Abbildungen gearbeitet haben. Ich danke auch den vier Fachleuten für ihre Hilfe bei der Vorbereitung der Berichte und Leistungsdaten zahlreicher, in Kapitel vier erläuterter Projekte: John Pletts behandelte das Bürogebäude des Vizekanzlers, Académie des Antilles et de la Guyane, die Sämerei und das Zentrum für Forstwirtschaft, Eastgate in Harare und die Viadukt-Modernisierung in Paris. Akira Koyama befaßte sich mit dem Tokyo Gas »Earth Port«, mit Matsushita Electronic, mit dem Gästehaus von Akira Kusumi, mit dem Toyo Village Mason Museum, dem Sea Folk Museum, dem Holzmuseum, dem Wassertempel und der Yasuda Akademie. Sue Woolf beschäftigte sich mit John Menzies Headquarters, dem Palmetto Haus und dem Women's Humane Society Tierheim, dem Zentrum für regenerative Studien, Westminster Lodge, dem Spring Lake Park Visitors Center, der Barclaycard Zentrale und dem BRE Office of the Future. Sebastian Wormell arbeitete an der J. Walter Thompson Werbeagentur, der Regionalen Zentrale der französischen Elektrizitätsgesellschaft, der Stadtbibliothek und dem Kulturtreff in Herten, dem Wissenschaftspark in Gelsenkirchen, dem Wohngebäude in Biel, der Konzernzentrale der RWE AG, dem Stadttor in Düsseldorf und der Commerzbank Zentrale. Sebastian Wormell verfaßte auch die einzelnen Artikel mit den Einführungen zu jeder der sechs Gebäudekategorien einschließlich der in Kapitel vier erläuterten Projekte.

Dankbar bin ich auch Dr. William Bordass, Crispin Matson, David Nicholson-Lord und John Field für ihre Kommentare und Ratschläge zu einzelnen Abschnitten dieses Buches.

Ich habe umfassende Materialien aus zahlreichen Veröffentlichungen und Druckmedien herangezogen. Sie alle sind in der Bibliographie aufgelistet. Unter den jüngsten Publikationen bin ich besonders John Farmer (und seinen Kollegen) für »Green Shift« zu Dank verpflichtet, herausgegeben von Butterworth Architecture und WWFUK. Die darin aufgezeigte spezifische Sicht der »Grünen Idee«, wie sie sich im Laufe der neuesten Architekturgeschichte entwickelte, gestaltete meinen eigenen Meinungsbildungsprozeß. Der Artikel von Caroline Constant »From the Virgilian Dream to Chandigarh, Le Corbusier and Modern Landscape« diente mir als Quelle für die Analyse von Le Corbusiers Entwurf für Chandigarh; Sophia und Stefan Behlings ethnographischer und meteorologischer Überblick aus »Die Evolution der solaren Architektur« (Prestel); Norbert Kaisers Analyse der Energienutzung aus »Solarenergie in Architektur und Stadtplanung« (Prestel); Nigel Howards Arbeit in zahlreichen Schriften über gebundene Energie; und Bill Bordass' und Adrian Leamans nach der Belegung durchgeführten Gebäudestudien, ihre Analysen zur Energienutzung und ihre Untersuchung von Gebäudesteuerungssystemen habe ich alle als Hauptquellen für verschiedene Abschnitte des Buches genutzt, wofür ich mich bedanke. Herangezogen habe ich auch die Pionierarbeit von Amory Lovins, Brenda und Robert Vale, Dean Hawks und Robert Lamb im besonderen, und die vieler anderer im allgemeinen. Danken möchte ich auch John Lobell und Shambhala Publications Inc. für die Erlaubnis, in der Einleitung eine Passage aus Louis Kahns Schriften aus dem Buch » Between Silence and Light« zu reproduzieren.

Meine wissenschaftlichen Mitarbeiter Andrzej Kuszell und Cezary Bednarski sowie alle Mitglieder des Studio E Architects haben das vergangene Jahr mit einem gewissen Mißmut und Verdruß als Folge der frühen Morgen- und späten Abendarbeit an diesem Buch hingenommen. Ich danke ihnen für ihre Toleranz.

Schließlich gilt mein Dank Nathalie Moore für ihre ganze Schreibarbeit und der Lektorin Christine Davis, ohne deren angelegte Sorgfalt der Text weitaus weniger verständlich wäre.

Vorwort

Die ganze Welt empfindet heute Unbehagen angesichts der globalen Umweltkrise und dem allgemeinen Verlust unserer geistigen Kultur. Mehr denn je wird es Zeit, zu unseren Ursprüngen zurückzukehren, unser Verständnis von Umwelt zu vertiefen und mit den Wäldern dieser Erde, die für die Gestaltung und Entwicklung des menschlichen Geistes eine so wichtige Rolle spielen, anders umzugehen.
Die Städte des zwanzigsten Jahrhunderts sind auf der Grundlage von Funktion und Rationalität entstanden. Technische Innovationen und Veränderungen in der gesellschaftlichen Struktur haben zu einer auf städtische Regionen konzentrierten Übervölkerung und einer Flut von Waren geführt. Weltweit herrscht die Meinung vor, das höchste Ziel sei eine von der Wirtschaft gelenkte Gesellschaft. Vom Konsum angetrieben, entfaltet die Menschheit bei der Umwandlung unersetzlicher fossiler Brennstoffe eine in der Geschichte beispiellose Dynamik, wobei sie gewaltige Massen von Nebenprodukten in der Luft und im Meer freisetzt. Daneben produziert sie zahlreiche, biologisch nicht abbaubare und in der Natur nicht vorhandene Chemikalien.
Unsere Nutzung der in Millionen von Jahren durch Sonnenenergie entstandenen und binnen kürzester Zeit aufgebrauchten Ressourcen bewirkte umgekehrt, daß mehr Substanzen und Energie in die Umwelt gelangten, als der Planet abbauen kann. Dadurch ist das gesamte globale Ökosystem aus dem Gleichgewicht geraten.
Weltweit erkennen wir nun allmählich, welche Gefahr die Wetteranomalien und die Luft-, Wasser- und Bodenverunreinigungen für die Zivilisation bedeuten. Ein Wirtschaftswachstum, bei dem begrenzte Ressourcen vergeudet und die Umwelt zerstört werden, bringt nur vorübergehend Wohlstand; es mangelt ihm an Nachhaltigkeit und es bedroht die Existenz zukünftiger Generationen. Jetzt ist es an der Zeit, unser Bewußtsein hierüber zu ändern, uns auf die Solarenergie zu konzentrieren und geeignete Mittel für die Nutzung von Ressourcen wie Wind und Wasser zu finden.
Dabei sollten wir unsere Aufmerksamkeit auf die natürlichen Reinigungswirkungen und die Kraft der Selbstregeneration von Wäldern und Flüssen richten. Einen Wald zu roden fällt nicht schwer, dagegen ist die Aufforstung und Wiederherstellung des Ökosystems mühsam und kostenintensiv. Wir müssen die natürlichen Segnungen in den dichten, belaubten Wäldern wieder achten und uns bei der umsichtigen Nutzung der begrenzten Ressourcen an den Ökosystemen der Welt orientieren.
Auch wenn die Herstellung biologisch abbaubarer Güter und die Nutzung natürlicher Energien bei unserer heutigen Lebensweise Mühe bereiten, sind sie nicht unmöglich. Wir haben bereits genügend Technologien zur effektiven Nutzung der Natur entwickelt, ohne ihre unberührte Schönheit anzutasten. Jetzt ist es an der Zeit, sich weltweit die Grenzen unserer materialistischen Anschauungen bewußt zu machen und die Gesellschaft als Ganzes zu ändern.

Tadao Ando

Einleitung

»Die Gestaltung der ursprünglichen Erde war ein Stück göttlicher Architektur«
Thomas Burnett: The Theory of the Earth (2 Bände, 1684–1690)

Manche halten Architektur für die Mutter der Kunst und beanspruchen damit ihren maternalen und ästhetischen Einfluß. Demnach entscheidet das Matriarchat in der Architektur über das Wohlergehen einer anderen Mutterfigur: der Mutter Erde; die Kunst in der Architektur muß folglich, neben ihrer Aufgabe als Vermittlerin von Gefühlen, einzig und allein komplexe funktionale Forderungen erfüllen. Das vorliegende Buch konzentriert sich auf die Wechselwirkung zwischen diesen beiden Rollen – Architektur als Kunst der Funktion und Architektur als Umwelthüterin.
Die gegenwärtige Auseinandersetzung mit ökologischen Belangen ist von der Erkenntnis ausgelöst worden, daß sich unser Planet in einer prekären Lage befindet. Im allgemeinen glaubt man, »grüne« Architektur sei die Antwort auf das Dilemma der ausgebeuteten Umwelt, ähnlich wie der biologische Landbau auf die Vorherrschaft der intensiven, auf Chemikalieneinsatz basierenden Landwirtschaft reagiert. Grüne Architektur gilt als löblich, aber schwerfällig und wird am Rande der Hauptströmung angesiedelt. Eine vorwiegend von akademischen Kreisen vertretene alternative Sehweise anerkennt den restorativen Ansatz der grünen Architektur, meint aber, sie habe die Reife einer anderen Bewegung erreicht und zeichnet sie mit den Attributen eines Ismus aus: Sie ist ein Manifest, ein Stil und steht im Brennpunkt von gelehrten Diskussionen.
Gewiß hat uns die drohende Umweltkrise darauf aufmerksam gemacht, welchen Einfluß Gebäude auf die Umwelt haben. Diejenigen, die sich für solche Themen interessieren, wissen inzwischen, daß die Häuser in der westlichen Welt – das heißt ihre Errichtung und ihre Nutzung – zu 50 Prozent für die schädlichen, eine Erwärmung der Erde verursachenden Emissionen verantwortlich sind. Sie kennen auch die Vorgabe zur radikalen Senkung des Energieverbrauchs (und damit von Kohlendioxid und anderen »Treibhausgasen«) ebenso wie das Ziel eines nachhaltigen Gleichgewichts beim Umgang mit Ressourcen. Gemeint ist ein Zustand, bei dem die von einer Generation verbrauchten Ressourcen entsprechend ihrer Art oder ihres Werts zugunsten der nächsten erneuert werden. Unzweifelhaft ist jedoch auch, daß der Dialog zwischen Architektur und Natur ebenso alt ist wie die Architektur selbst. Erst in jüngster Zeit – das heißt seit dem Zweiten Weltkrieg – ist diese harmonische Wechselbeziehung ins Wanken geraten. Zuvor waren die ästhetischen wie funktionalen Attribute der Architektur unlösbar miteinander verbunden. Vor diesem Hintergrund stellt grüne Architektur eine überfällige Rückkehr zu diesem inhärenten und kontinuierlichen Austausch sowie seine Erweiterung dar. Sie gehört unmittelbar zur Hauptrichtung der Architektur und bedeutet weder eine zweckdienliche Wiederherstellung noch einen geheimen Kult.
Architektur wie auch jede andere gestalterische Tätigkeit hängt von einem befriedigenden Einklang zwischen Intuition und Ratio ab. Ein Gebäude muß Gedicht und Maschine zugleich sein. Nur wenigen Bauten gelingt diese Übereinstimmung: Diejenigen, die die Sinne anregen, lassen häufig solide Konstruktionstechniken vermissen, oder sie entsprechen nicht allen betriebstechnischen Anforderungen. Und diejenigen, bei denen die praktischen Bedürfnisse erfolgreich umgesetzt wurden, entwickeln oft keine emotionale Dynamik. Viele erfüllen keines der beiden Kriterien. Um ein stimulierendes Gleichgewicht zwischen Vernunft und Sensibilität zu erzielen, sind zwei Beziehungen unabdingbar – zum einen die des Gebäudes zu seinem Standort und zum anderen die der beiden zur Natur an sich.
Der kreative Denkprozeß jedes Architekten impliziert die Überzeugung, übersinnliche Qualitäten seien das Resultat einer günstigen Vereinigung von Gebäude und Standort. Herrscht zwischen beiden Ausgewogenheit, könnte diese von der Neigung herrühren, entweder Gefühle oder Intellekt zu befriedigen. Die Modernisten beispielsweise versuchten ausnahmslos den genius loci, den typischen Charakter eines ausgewählten Standorts, einzufangen, das für ihn bezeichnende und unverwechselbare Wesen. Dagegen lag den Klassizisten der Aufklärung mehr daran, den Standort als Tabula rasa zu behandeln, dem sie ihre eigenen kunstvollen Schemen auferlegen konnten; Schemen, die durch gründliche Überlegungen ein idealisiertes Gebäude mit einer idealisierten Natur harmonisch miteinander verbanden. Die Beziehung von Gebäude und Standort zum größeren natürlichen Umfeld unterliegt wiederum der Intuition und Ratio. Marktflecken und Eingeborenendörfer breiten sich organisch aus gemäß den aufeinanderfolgenden, subjektiven und pragmatischen Entscheidungen.
Im Gegensatz dazu wählten die alten Zivilisationen, wie die der Pharaonen in Ägypten und der Mayas auf der Halbinsel Yucatán, ihre Standorte mit Hilfe von Weissagungen. Die Gebäude darauf ordneten sie in Übereinstimmung mit den Gesetzen und Ritualen der irdischen Vertreter ihrer Gottheiten an. Die Kunst der Architektur muß folglich sowohl das Stimulierende wie das Analytische umgreifen, und diese Dichotomie wird auch die architektonische Antwort auf unsere Umweltproblematik widerspiegeln.

»Beim Denkmal dienten mir ein Zimmer und ein Garten als Basis. Mehr hatte ich nicht. Warum wählte ich ein Zimmer und einen Garten zum Ausgangspunkt? Weil der Garten eine persönlich zusammengetragene Natur ist, und das Zimmer der Anfang von Architektur ist.
Der Garten hat insofern mit Natur zu tun als er einen Ort betrifft, den der Mensch ausgesucht hat und der für den menschlichen Gebrauch in einer bestimmten Weise entwickelt wird. Der Architekt wird zum Fürsprecher der Natur und tut alles in der tiefsten Ehrfurcht vor der Natur. Dabei imitiert er sie keinesfalls und versagt sich den Gedanken, ein Designer zu sein – wenn er imitiert, dann etwa so wie ein Vogel einen Baum pflanzt. Doch muß er diesen Baum als Mensch pflanzen, als auswählendes, bewußtes Individuum.
Das Zimmer ist nicht nur der Anfang von Architektur, es ist auch eine Ausdehnung des Selbst. ... Das große Zimmer und das kleine Zimmer, das hohe Zimmer und das niedrige Zimmer, das Zimmer mit und ohne Kamin, alles gerät zu großartigen Ereignissen in deinem Kopf. Zu Beginn denkst du nicht an die Erfordernisse, sondern eher an die architektonischen Elemente, die du zur Schaffung eines Umfelds verwenden kannst, in dem man gut lernen, gut leben oder gut arbeiten kann.
Herrlich in einem Zimmer ist auch das Licht, das durch die Fenster dieses Zimmers eintritt und zu diesem Zimmer gehört. Das wunderbare Sonnenlicht kommt erst in einem vollendeten Zimmer zur Geltung. Ein Menschenwerk, das Schaffen eines Zimmers, ist schließlich ein Wunder. Stell dir vor, ein Mensch kann ein Stück Sonne beanspruchen.

Louis Kahn: Between Silence and Light (1979)

Die Kommentatoren über die Umweltschutzbewegung in der Architektur reagieren gewöhnlich auf die globale Ausbeutung mit mechanistischen Abhilfen: technologische Innovation, rationelle Planung, geeignete Materialvorschriften und effektive Handhabung von Gebäudekonstruktionssystemen. Im Unterschied zu einer eher spezifischen Auseinandersetzung mit den Eingriffen in die globalen Biosysteme zeigen jedoch naturnahe Gebäude, daß eine intuitive architektonische Umsetzung ebenso profund und aufbauend sein kann wie eine auf der Basis von sorgfältigen Analysen und durchdachten Anwendungen. Eine zukunftsfähige, für den Bedarf des nächsten Jahrtausends geeignete Architektur läßt sich nicht einzig und allein dadurch realisieren, daß an den Bauten der vergangenen zehn Jahre moderne, umweltfreundliche Sanierungsmaßnahmen durchgeführt werden. Schließlich ist die Beziehung von Gebäuden zu ihrer Umwelt nicht nur ein heutiges Anliegen; sie durchzieht die gesamte Geschichte, und ihr eigentliches Wesen variiert erheblich, um die Fragestellungen des jeweiligen Zeitalters widerzuspiegeln. Das Kennzeichen der gegenwärtigen Periode könnte eine Abkehr von dem traditionellen Diskurs zwischen Gebäude und Natur sein. Eine dauerhafte, zukunftsfähige Architektur erwächst aus vielen Einflußquellen und spiegelt die mannigfaltigen Intentionen unserer Zeit wider. Allerdings wird sie von den weitgespannten Maßnahmen gestaltet und angeregt, die Regierungen und andere zum besseren Schutz unseres Lebensraums ergreifen. Die Herausforderung lautet, einen Punkt zu erreichen, an dem grüne Architektur von guter Architektur nicht mehr unterscheidbar ist.
Dieses Buch untersucht und veranschaulicht bemerkenswerte Beispiele grüner Architektur des letzten Jahrzehnts. Bei der Auswahl der Gebäude fiel besonders ihre Vielfalt ins Auge. Ließen sich alle diese Bauten, die von ihrer Beziehung zur Natur eindeutig stark beeinflußt waren, tatsächlich in die Kategorie des umweltfreundlichen Bauens einordnen, und wenn dem so war, welche Kriterien erfüllten sie hierfür? Als erstes schien es sinnvoll, die Beziehung von Gebäuden zur Natur und ihrem Umfeld aus dem Blickwinkel der Geschichte zu betrachten, insbesondere der jüngsten Geschichte, die zur gegenwärtigen umweltbewußten Ära überleitet. Danach war die Darlegung der Prinzipien angebracht, auf denen die Konzeption eines modernen umweltgerechten Gebäudes beruhen könnte. Das Buch beginnt daher mit einem historischen Überblick, wenn auch aus der Sicht eines praktizierenden Architekten und keines Historikers. Anschließend folgt eine Übersicht von Entwurfsgrundsätzen für eine nachhaltige Architektur. Im Hauptteil des Buches werden vierundvierzig unlängst entstandene Bauten erörtert, veranschaulicht und mit Daten dokumentiert. Sie alle beziehen sich in irgendeiner Form auf Umwelt- und Naturthemen, und dies überzeugend und einfallsreich. Im darauffolgenden Kapitel werden jene Einflüsse behandelt, die zu diesen Entwürfen geführt haben und in einem weiteren die kurzfristigen potentiellen Entwicklungen auf diesem Gebiet untersucht. Der Anhang des Buches enthält ein Verzeichnis, das in einer Zusammenfassung die Prinzipien umweltverträglicher Architektur zu den verschiedenen klimatischen Regionen auf der Welt in Beziehung setzt.
Gustav Metzger, der erfahrene Architekturkritiker, schrieb unlängst:
»Zunächst hatten wir Natur.
Dann kam die Umwelt.
Die Umwelt ist die Rauchwolke, die die Menschheit über die Natur gelegt hat:
Die Menschen, die Latein sprachen hatten kein Wort für Umwelt – sie kannten nur Natur.«
Eine schlüssige Diskussion dieses Themas wird von der unzulänglichen Terminologie behindert. Die Begriffe »Umwelt« und »grün« meinen viele und unterschiedliche Dinge, da sie jede Eindeutigkeit verloren haben, die sie zum Zeitpunkt ihrer Prägung vielleicht noch besaßen. Ich gebrauche den Ausdruck »Umwelt«, um die externen Bedingungen zu bezeichnen, unter denen Pflanzen oder Tiere leben und die zur Beeinflussung ihrer Entwicklung und ihres Verhaltens tendieren; unter »Natur« verstehe ich das nicht unmittelbar vom Menschen überwachte gesamte System von Kräften und Ereignissen jedes physikalischen Lebens. Ich habe mich bemüht, den Begriff »grün« bei der Beschreibung eines Architekturtyps zu vermeiden, da er inzwischen altruistische, pragmatische und wenig anregende Inhalte einschließt; statt dessen verwende ich den neutraleren Begriff »bioklimatisch«, mit dem ich eine Entwurfsmethode meine, die von der Natur inspiriert ist, eine klare Strategie für die Minimierung von Umweltbelastungen enthält und das Wohlbehagen fördert. Das Glossar auf den Seiten 248/249 definiert eher die Fachbegriffe.

David Lloyd Jones

Die Wurzeln »Grüner Architektur«

^ 01

^
02

01> Westminster Lodge, Hooke Park, Dorset, GB (1996) von Edward Cullinan Architects (siehe Seite 194).

02> Menara Mesiniaga, Selangor, Malaysia (1992) von Ken Yeang (siehe Seite 232).

Die zwei auf dieser und auf der gegenüberliegenden Seite abgebildeten Gebäude wurden in den neunziger Jahren des 20. Jahrhunderts fertiggestellt. Ihre beiden Architekten haben sich bioklimatischen Prinzipien verschrieben und beanspruchen diese für die Motivation und treibende Kraft ihrer Entwürfe. Dennoch kann man sich kaum zwei unterschiedlichere moderne Gebäude vorstellen.
Westminster Lodge in Hooke Park bei Dorset (Großbritannien) ist das letzte aus einer Reihe von Gebäuden unter dem Motto »Zurück zu den Grundlagen regionaler, traditioneller Architektur«, die der Parnham Trust in Auftrag gegeben hat. Der von John Makepeace gegründete und geleitete Trust lehrt maßgefertigtes Möbeldesign. Im Laufe der Jahre hat er sich der ökologischen Bewegung angeschlossen und für den Umweltschutz engagiert. Die jüngsten, weitsichtigen Bauaufgaben in Hooke Park folgen einer aus dem 17. Jahrhundert überlieferten Tradition der Landgutförderung. In der von Edward Cullinan Architects 1996 entworfenen Westminster Lodge wohnen die Collegebesucher in der Abgeschiedenheit eines Waldstücks im Park.
Beim ringförmigen Grundriß von Westminster Lodge sind die Räume um einen glasbedachten Gemeinschaftsraum angeordnet. Für die Konstruktion wurde Durchforstungsholz verwendet und bis auf das Glas fast alles aus natürlichen Materialien gebaut. Von außen erscheint das Wohnheim selbstbewußt und regionstypisch. Es erinnert an ein Baumhaus im Gehölz, an ein Nest in einer Waldlandschaft.
Bei Menara Mesiniaga handelt es sich um die von Ken Yeang entworfene und 1992 fertiggestellte Zentrale eines Elektronik- und Büromaschinenkonzerns in Malaysia. Das Gebäude gehört zu einer Serie von Türmen, die Yeang für verschiedene Gesellschaften und Bauträger in den dicht besiedelten Städten des Fernen Ostens geplant hat.
Inmitten eines von enormem Wirtschaftswachstum und hemmungslosem Konsum bestimmten Umfelds, wo einfache Technik und New-Age-Weisheiten wenig Einfluß haben, schließt sich Yeang (zumindest oberflächlich) der vorherrschenden materialistischen Strömung an. Indem er technische Innovationen und eine üppige vertikale Bepflanzung mit einem vortrefflichen Gespür für Gestaltung verbindet, möchte er seine Kunden – und die Bewohner seiner Gebäude – davon überzeugen, daß auch eine ökologische Bauweise kommerziell tragfähig sein kann. Das fünfzehngeschossige Gebäude hat einen runden Grundriß. Vorbehaltlos vereinigt es alle industriell gefertigten Materialien – Glas, Aluminium und Stahl –, die zeitgenössisches Bauen repräsentieren. Mit seiner glänzenden High-Tech-Fassade wirkt es wie eine Abschußrampe in Cape Canaveral.
Westminster Lodge und Menara Mesiniaga veranschaulichen die gegenwärtigen unterschiedlichen Auffassungen zum Entwurf umweltverträglicher Gebäude. Die Anschauungen spiegeln zwei zutiefst gegensätzliche philosophische Ansätze zum Schutz des Planeten wider. Einerseits heißt es, die Umwelt ließe sich nur dann retten, wenn man die sozialen und kulturellen Werte radikal veränderte, wenn das Allheilmittel für Reichtum und Wohlergehen nicht mehr im Wirtschaftswachstum läge und die Familie und die Gemeinschaft vor dem Individuum Vorrang hätten. Diese Meinungsgruppe nimmt einen einfachen, auf Gemeinschaft gründenden Lebensstil zum Vorbild, bei dem die Materialien und Arbeitskräfte aus der Umgebung stammen und alles, was den begrenzten weltweiten Rohstoffvorkommen entnommen, in der einen oder anderen Weise in brauchbarer

Form wieder zurückgeführt wird. Auch wenn für sie die Lösung der Probleme vor Ort liegt, ist ihre Sehweise global. Sie beklagt den Kapitalismus des freien Marktes, den sie für die riesige Kluft zwischen dem Lebensstandard von Industrieländern und der Dritten Welt verantwortlich macht.

Andererseits wird die Rettung der Umwelt in einer schnellen technischen Lösung gesehen. Das bedeutet, eine ökologische Katastrophe ließe sich vermeiden, wenn wir lernten, die Technologie in einer »geeigneten« Weise nutzbar zu machen. So könnten die mit unserem verschwenderischen Zeitalter verknüpften Probleme wie Umweltverschmutzung und Ressourcenknappheit bewältigt werden. Wissenschaftliche Erkenntnisse und Erfindungen müßten zwangsläufig ihrem unaufhaltsamen Lauf folgen und von den neuesten Errungenschaften in Gang gehalten werden. Forschungsarbeit könne vielleicht gelenkt, ihr Kurs aber nicht gestoppt oder geändert werden. Die Verfechter dieser Haltung sind in ihrer Vorgehensweise interventionistischer. Bevor sie sich auf alte oder neue Modelle verlassen, zwingen sie lieber die Gesellschaft zur Bildung neuer Strukturen und Gemeinschaften. Ihre Architektur ist eindeutig, blank und aktuell.

Zwischen diesen beiden extremen Ansichten existieren viele Schattierungen. Da sich sicher kein radikaler Standpunkt durchsetzen wird, stellt sich uns die Frage, wie wir die kohärente Strategie einer Mittelposition finden; eine Strategie, die uns schnell genug zu einem ökologischen Gleichgewicht führt, bevor wir von einer Katastrophe heimgesucht werden.

Der Schutz der Erde mittels einer grundlegenden Neubewertung der Entwurfs- und Baumethoden spiegelt gewöhnlich die Anliegen der ökologischen Bewegung wider. Welchen bedeutenden Einfluß das Planen, Errichten und Bewirtschaften eines Gebäudes auf den nationalen Energieverbrauch hat, begann man in den frühen siebziger Jahren allgemein einzusehen. Damals war die Ölversorgung des Westens durch die OPEC-Staaten gefährdet und wurde nachfolgend rationiert. Die sogenannte Ölkrise konfrontierte die Politiker mit der Anfälligkeit ihrer Ölzufuhr und unterstrich die Abhängigkeit der Industriestaaten von den wenigen, politisch oftmals unbeständigen erdölexportierenden Ländern. Dies war der unmittelbare Auslöser für die Suche nach alternativen Energiequellen – die meistens teurer waren – und für die Erwägung von Maßnahmen, die den Energieverbrauch senken sollten.

Gleichzeitig hatte sich die »Aussteiger«-Gesellschaft der sechziger Jahre zu der »alternativen« Gesellschaft der siebziger Jahre entwickelt und sich dabei die Lehren von radikalen Philosophen und Wissenschaftlern angeeignet. Diese und andere Einflüsse sowie die beunruhigenden Ergebnisse der ersten wissenschaftlichen Kontrollstudien zum Zustand der Erde brachten die ökologische Bewegung hervor. Die Regierungen verfuhren unterdessen etwas unsystematisch, indem sie auf jede Katastrophenvorhersage und jede ihrer Bestätigungen in mehreren Anläufen reagierten. Die Architekten in den Industrieländern nahmen die Warnungen vor den Gefahren verschwenderischer Entwürfe zunächst mit Skepsis auf. Dies änderte sich, als die Folgen für die Umwelt nicht länger zu leugnen waren. Allerdings betrafen ihre Lösungsansätze meist nur die praktischen Aspekte von Bauentwürfen.

Die Energiespardebatte liefert hierfür ein gutes Beispiel. In den siebziger und achtziger Jahren förderten die Regierungen das Energiesparen mit einer Reihe von Empfehlungen genauso wie sie sich beispielsweise die Eingliederung von Behinderten in die Gesellschaft wünschten. In Europa wurden mehrere Forschungsprogramme staatlich finanziert, die im Laufe der Zeit zu Richtlinien, Technischen Anleitungen und manchmal zu gesetzlichen Bestimmungen festgeschrieben wurden. Dadurch führte man in der Bauindustrie tatsächlich umweltverträgliche Verfahren ein. Im Grunde genommen aber blieben die alten Anschauungen fest verwurzelt. Da staatliche Stellen die Energie-Sparmaßnahmen förderten, hielten die meisten Architekten Umweltfragen für praktische Entwurfsaspekte, die man hinnehmen und in eine bereits bestehende Entwurfsphilosophie integrieren mußte. Folglich nahm die Mehrheit von ihnen keine Notiz von den radikalen Auswirkungen auf Bauentwürfe, die diese neue Umweltbesorgnis eingeleitet hatte.

Ab den neunziger Jahren bekamen Umweltfragen auf den Tagesordnungen internationaler Konferenzen einen höheren Stellenwert. 1996 bestätigte der Intergovernmental Panel for Climatic Change (IPCC) (Zwischenstaatliche Kommission für Klimaveränderungen) die zunehmende Erwärmung der Erde infolge steigender Kohlendioxidanteile in der Atmosphäre, verursacht durch das Verbrennen fossiler Brennstoffe. Schließlich blieb den Architekten nichts anderes übrig, als den möglichen Einfluß von umweltfreundlichen Maßnahmen auf ihre Bauten neu zu bewerten. Nach und nach wurde deutlich, daß solche Maßnahmen in positiver Weise zum Entwurf eines Gebäudes beitragen konnten; auch führten Gesichtspunkte wie Gebäudelage, natürliche Lüftung, Tageslicht, Sonnenschutz und thermische Leistung zu überzeugenden formgebenden Gebäudeelementen. Gemeinsam konnten die verschiedenen Vorkehrungen zum Umweltschutz eine neue Architektursprache ergeben. In dem Wunsch nach einem Ausdruck, der die Sterilität eines Großteils der Architektur der achtziger Jahre überwand, bildeten sie einen reizvollen Stimulus; mehr noch, es umgab sie eine Aura von Selbstlosigkeit und die Aussicht auf verlockende, innovative Technologien. So überrascht es nicht, daß sich im vergangenen Jahrzehnt namhafte internationale Architekten, deren ökologische Anliegen zuvor unbekannt waren, der Umwelt verschrieben und die ausdrucksvollen Elemente des ökologischen Designs enthusiastisch aufgriffen. Visuell weniger anregende (und problematischere) Maßnahmen, wie Fragen der Wiederverwertbarkeit von Materialien, der gebundenen Energie (der Energie, die bei der Herstellung und bei der Zulieferung von Baustoffen und -komponenten verbraucht wird) und der Abfallaufbereitung wurden weniger bereitwillig angenommen.

Der Begriff »Grüne Architektur« ist eine unglückliche Bezeichnung. Er impliziert etwas, das auf rein empirischen und pragmatischen Grundsätzen basiert und nicht zur architektonischen Hauptströmung gehört. Da außerdem der grünen, der ökologischen Bewegung politisch und intellektuell gemeinhin eine Außenseiterrolle zufällt, erhält auch die »Grüne Architektur« den gleichen peripheren Status. Jeder Bauentwurf ist das Resultat wohlüberlegter Antworten auf Klima, Technologie, Kultur und Standort. Architektur entsteht, wenn durch geistige Auseinandersetzung ein vortreffliches, angemessenes Gleichgewicht zwischen diesen vier Komponenten erzielt und ein einzigartiges räumliches Gebilde geschaffen wird. Überlegungen zur globalen Umweltverträglichkeit und zum Energiesparen betreffen unmittelbar diese vier Fragestellungen und führen daher zum Kern architektonischer Gestaltung. Daraus folgt, daß bioklimatische Architektur, das heißt eine auf einem spezifischen Programm zur Bekämpfung des ökologischen Raubbaus gründende Architektur, nicht für sich isoliert oder als Randerscheinung zu sehen ist. Umweltschutzmaßnahmen zu beurteilen, zu erarbeiten und einzubeziehen ist ebenso wichtig wie die Frage der Planung, der Konstruktion, der technischen Gebäudeausrüstung, des Raums und der Form, denn in der Tat beeinflussen sie die endgültige Gestalt aller Elemente. Umweltschutzgedanken spielen daher beim Entwurf jedes Gebäudes eine wesentliche Rolle und entscheiden über das schwerdefinierbare »feine Gleichgewicht« einer hervorragenden Architektur.

Da ökologische Erwägungen jedem Bauentwurf inhärent sind, auch wenn sie allgemein nicht hinreichend erkennbar sind oder offen zutage treten, fällt es schwer, für eine ökologische Ästhetik ebenso einzutreten wie vielleicht für einen Post-Modernismus, Dekonstruktivismus oder jeden anderen Ismus. Außerdem beinhaltet jeder betont umweltverträgliche architektonische Ansatz, wie wir sehen werden, eine Einfühlung in die Natur, die sich in einer Ideologie, in der baulichen Gestalt, im Detail oder im Symbolgehalt manifestieren kann. Dieser Ansatz richtet sich allerdings nicht per se an ästhetische Fragestellungen wie Raum, Licht, Masse und Proportion. Damit unterscheidet er sich von der Gotik, dem Barock, der Moderne und jeder anderen vollentwickelten Architekturbewegung.

Jetzt, da Architekten allmählich die Bedeutung ökologischer Maßnahmen für ein Gebäude einzusehen beginnen, erliegen sie der Versuchung, diese im Bauentwurf sichtbar als ausdrucksvolle Elemente wiederzugeben. (Häufig ist das ökologische Element nur materiell wahrnehmbar – beispielsweise beim Einsatz von Solargeneratoren.) Doch die bloße Verwendung eines expressiven Funktionselements oder einer Kombination von Elementen schafft noch keine Architekturästhetik oder -bewegung. Bei ihnen handelt es sich lediglich um die äußere Manifestation einer untermauernden Philosophie, die gesellschaftliche, ökologische, kulturelle und intellektuelle Bedürfnisse einschließt.

Da Fragen des Klimas, der Technik, Kultur und des Standorts die grundlegenden Bestandteile der Architektur ausmachen und Entwürfe zum Umweltschutz eine besondere Sichtweise gerade dieser Themen beinhalten, sollte umweltgerechtes Entwerfen in den schöpferischen Prozeß einbezogen sein. Ökologische Anliegen sind nichts Neues; unsere Beziehung zur Natur (oder zur natürlichen Umwelt) prägte die gesamte Architekturgeschichte – gleichwohl nicht in der zugespitzten lebensbedrohlichen Form von heute. Daher verweist die bioklimatische Architektur auf eine solide, kontinuierliche Abstammungslinie.

Umweltfreundlich zu sein beinhaltet gewöhnlich, daß man um die Bedrohung unseres Planeten weiß und (nach Möglichkeit) Vorkehrungen trifft, um die von Bürgerinitiativen und Fachleuten vorhergesagten Umweltkatastrophen abzuwenden. Für die meisten Menschen bedeutet dies, Altglas in die dafür vorgesehenen Container zu füllen, Katalysatoren einzubauen, bleifreies Benzin zu tanken, Abfälle zu sortieren, Kopierpapier beidseitig zu nutzen und einmal im Jahr an Greenpeace oder eine andere Umweltschutzorganisation zu spenden. Natürlich werden weitaus tiefgreifendere und umfassendere Maßnahmen notwendig sein, wenn es gilt, unsere Zivilisation so umzuorientieren, daß das Überleben unserer Erde gewährleistet ist. Hierzu zählen wissenschaftlicher Fortschritt, Raumplanung und ländliche Entwicklung; betroffen sind die Volkswirtschaft, die Politik und die ganze Gesellschaft. Mit anderen Worten berührt ein solcher Maßnahmenkatalog alle Aspekte

^
03

^
04

^
05

unserer Lebensweise. Um das Ziel der Nachhaltigkeit und des Überlebens zu erreichen, müssen alle Wege dorthin auf globaler Ebene abgestimmt und koordiniert werden.
Die Architektur hat auf diese Gefahren ähnlich umfassend zu reagieren. Sie muß den gewünschten gesellschaftlichen Wandel sowohl widerspiegeln als auch unterstützen. Die Lösung liegt nicht allein im rationellen Einsatz von Energie und in den Vorschriften für geeignete Materialien und Komponenten; es muß eine ganzheitliche Methode angewandt werden.

EINE ARCHITEKTURGESCHICHTE AUS ÖKOLOGISCHER SICHT

Am Anfang war das Obdach. Obdach gewährten primitive Bauten, die von ihren zukünftigen Bewohnern errichtet wurden; diese verwendeten die Materialien aus ihrer unmittelbaren Reichweite sowie elementare, von einer Generation zur anderen kaum veränderte Bautechniken. Wie bei den ebenfalls täglich benutzten Gebrauchsgegenständen, beispielsweise Töpferwaren und Teppichen, dienten die Flächen und Formen dieser ersten Behausungen als »Bilduntergründe« für dekorative und symbolische Manifestationen.
Regionale, traditionelle oder volkstümliche Bauten, wie die hier gezeigten Beispiele in Nigeria und den Alpen, finden wir noch in den am wenigsten entwickelten Teilen der Welt. Jahrelang wurden solche Bauten von der etablierten Architekturszene mehr oder weniger ignoriert. Erst durch Bernard Rudofskys einflußreiche Ausstellung »Architecture without Architects« im New Yorker Museum of Modern Art 1964 erfuhren sie allmählich die gebührende Aufmerksamkeit. Wie Rudofsky im Ausstellungskatalog unterstreicht, beschäftigt sich die westliche Architekturgeschichte traditionell mit nur einigen ausgewählten Kulturen. Außerdem beschränkt sie sich in ihrem Überblick meistens auf die späten Phasen einer Architektur. (Rudofsky erscheint diese Auswahl ebenso willkürlich, als würde man die Entstehung der Musik mit dem Erscheinen von Symphonieorchestern datieren.) Er macht auch auf die gesellschaftlichen Vorurteile seitens der Architekturgeschichte aufmerksam und erklärt, sie sei »kaum mehr als ein Who's Who der Architekten, die an Macht und Reichtum erinnerten; sie ist eine Sammlung von Bauten von und für Privilegierte – Häuser von wahren und falschen Göttern, von Handelsfürsten und blaublütigen Prinzen – ohne je ein Wort über die weniger bedeutenden Menschen zu verlieren.«
Architekturhistoriker beschäftigten sich gemeinhin mit den Bauten für Mächtige und Reiche deshalb eingehender, weil es die Kombination von Macht und Reichtum war, die im Unterschied zu simplen Bauten Architektur schuf; das heißt Bauwerke, denen geistige und ästhetische Konzepte neben solchen der praktischen Notwendigkeit zugrunde lagen. Als die sozialen Gemeinschaften stärker gegliedert, mobiler und wohlhabender wurden, gelangen ihnen zunehmend kunstvollere und monumentalere Häuser. Sie errichteten Paläste und Grabmäler für ihre Herrscher sowie Tempel und Schreine für ihre Götter. Eine solche Architektur sollte beeindrucken und von Bestand sein. Wohlhabenheit und Organisation erlaubten ihnen eine größere Auswahl von Materialien und mehr menschliches Potential (häufig Sklaven). Sie konnten Baustoffe aus weiter entfernten Regionen transportieren, veredeln und eine größere technische Leistung mit ihnen erzielen. Neue Techniken wurden entwickelt, um den Wohnkomfort zu steigern und die Nutzung von Waschküche und sanitären Anlagen zu ermöglichen, ohne das Haus verlassen zu müssen. Dies machte engagierte Fachleute erforderlich. Die konstruktionstechnischen Prozesse wurden von der Baustelle in die Fabrikhalle verlegt, und beratende Ingenieure hielten Einzug. So wurde der Kreislauf der Gewinnung, Veredelung und im Laufe der Zeit auch der Umweltverschmutzung in Gang gesetzt, der schließlich zum kritischen Zustand unserer Erde führte. Er bewirkte außerdem eine wachsende Distanz zwischen dem Nutzer eines Gebäudes und seinen Erbauern; dies wiederum rief eine gewisse gegenseitige Antipathie und Verständnislosigkeit hervor.
Rudofsky hat recht daran getan, uns wieder auf die einfachen Bauten von Eingeborenen aufmerksam zu machen, die nach wie vor den Grundstock vieler Häuser auf der Welt bilden. Natürlich war er nicht der erste. So bezog Le Corbusier seine Anregungen von der einheimischen Architektur Nordafrikas und Griechenlands, C.F.A. Voysey und Baillie Scott inspirierten die englischen Landhäuser und Mies van der Rohe die Getreidesilos im Mittleren Westen der nordamerikanischen Prärien.
Ohne Übertreibung kann man sagen, daß primitive und regionale, traditionelle Bauten in ihrer natürlichen Umgebung den Hinter-

03> Primitive Eingeborenenhütte auf dem Jos-Plateau in Nigeria.

04> Verzierter primitiver Wohnbau, Zaria, Nigeria.

05> Blockhütten, Lugano, Schweiz: einfache, den Verhältnissen angepaßte und effektive regionstypische Bauten.

06> Windtürme auf traditionellen Wohnbauten in Bagdad. Über die Türme gelangt Luft in das Gebäudeinnere.

07> Katsura-Palast, Kyoto, Japan. Bewegliche Stellschirme und Schiebetüren erlauben Luftzug.

^
06

^
07

grund, ja das Leitmotiv der Architekturgeschichte bilden. Blickt man auf ihre einzelnen Epochen und Bewegungen zurück, kann man eine Spur der architektonischen Antworten und Reaktionen auf dieses Erbe der einfachen Leute verfolgen. In entscheidenden Stadien gesellschaftlichen und kulturellen Wandels wurde die Architektur von Alltagsbauten belebt und von natürlichen Formen angeregt; Architektur und Natur standen in einem fortwährenden Dialog, in dem die Merkmale auszumachen sind, die heute zu einer ökologischen Sensibilität gehören.
Architektur und Umwelt sind untrennbar miteinander verbunden, ihre Beziehungen komplex und facettenreich. Um die Geschichte der ökologisch sensibilisierten Architektur nachzuzeichnen, ist es daher hilfreich, diese einzelnen Merkmale nacheinander zu untersuchen. Als erstes befassen wir uns kurz mit den architektonischen Antworten auf die klimatischen Naturkräfte Sonne, Wind, Regen und Schnee. Danach betrachten wir die Ressourcen, die Mittel, mit denen die Bauten im Laufe der Jahrhunderte erbaut worden sind. Schließlich beschäftigen wir uns ausführlicher mit der historischen Beziehung zwischen Architektur und Umwelt und der Bedeutung, die in diesem Zusammenhang der Natur, dem Kosmos und dem Primitiven zukam.

Klima

Seitdem der Mensch die ersten Hütten baute, haben klimatische Kräfte eine wichtige Rolle gespielt. Die Architekturgeschichte hindurch sorgten die Erbauer mit bewundernswerter Findigkeit für den größtmöglichen Wohnkomfort innerhalb der lokalen klimatischen Erfordernisse und Beschränkungen. In heißen Regionen bewirkt eine Beschleunigung des Luftstroms durch oder über Öffnungen eine Verdunstungskühlung; die Temperaturen werden gesenkt, indem man sicherstellt, daß keine direkten Sonnenstrahlen in das Gebäude eindringen; außerdem wird die thermische Leistung von Massivbauten ausgenutzt, um die Tageshitze zu isolieren und zu speichern und nachts, wenn es kühler ist, wieder freizusetzen.
In kalten Regionen nutzt man die isolierenden Eigenschaften von Materialien und fördert die Solarheizung. Konstrukteure haben herausgefunden, wie sich das Tageslicht verbessern und beeinflussen läßt und wie man sich vor kaltem Wind schützen kann. In gemäßigten Zonen weisen die Bauten im allgemeinen eine Kombination dieser Maßnahmen auf, eine spezifische, auf die örtlichen klimatischen Gegebenheiten abgestimmte Mixtur. Folglich finden wir Windtürme im Mittleren Osten zur Kühlung innenliegender Räume; gigantische Vordächer aus dem Schiffsmaschinenbau schirmen das römische Publikum im Kolosseum ab; »mushrabeyeh« in Kairo dienen der Verdunkelung von Innenräumen (und schützen die Frauen vor Einblicken); Paravents und Schiebetüren erlauben in traditionellen japanischen Wohnhäusern eine gute Belüftung und flexible Raumnutzung. In China schließlich wehren Rundhäuser nicht nur Naturkräfte, sondern auch Plünderer ab. Wie diese Beispiele verdeutlichen, steht der

08>

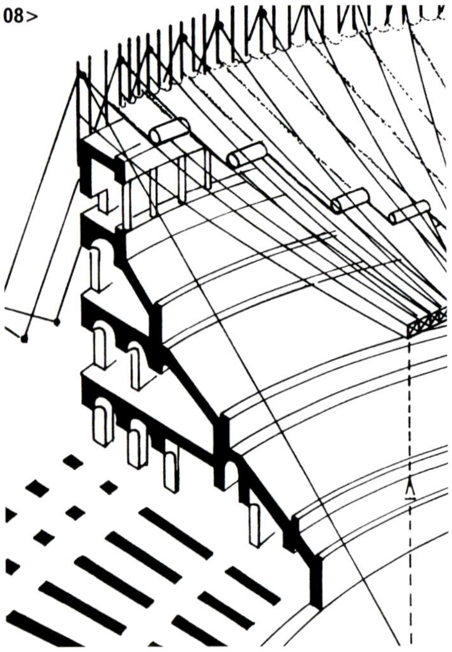

<09

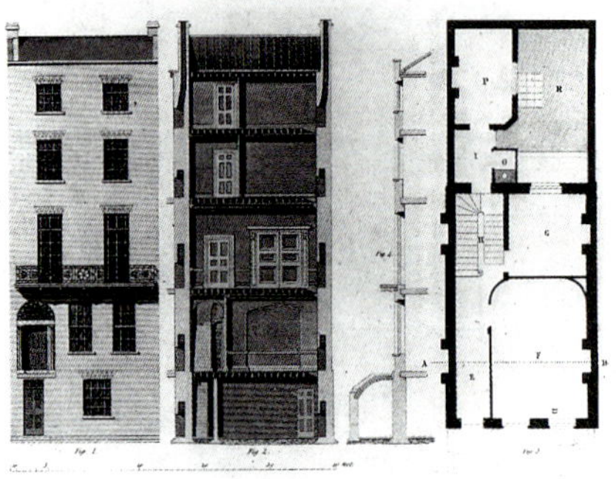

^
10

^
11

Konstrukteur nicht nur vor dem Problem, wie er den Wohnkomfort maximieren kann, sondern ist auch stets mit anderen dringenden Belangen konfrontiert. Beim Kolosseum beispielsweise mußten große Zuschauerzahlen entsprechend der hierarchischen Gliederung in der römischen Gesellschaft untergebracht werden, wobei alle eine gute Sicht auf die in der Arena abgehaltenen Schauspiele haben sollten. Bei den chinesischen Rundhäusern zählte an erster Stelle die Sicherheit vor Einbrechern, um eine sehr komplexe Gemeinschaft zu versorgen. Jede dieser architektonischen Umsetzungen stellt eine ausgewogene Antwort auf Klima, Kultur, Technik und Standort dar. Nicht bei allen Bauten nahmen klimatische Gesichtspunkte einen so großen Stellenwert ein. Bei größeren Gebäuden mit komplexen Funktionen und hohem Symbolgehalt neigte man dazu, den Komfort vor die Nutzbarmachung von Naturkräften zu stellen. Dies gilt für Sakralarchitektur, die eher auf eine Steigerung der geistigen als körperlichen Erfahrung abzielte, ebenso wie für Paläste, bei denen die zeremonielle Manifestation und das Bedürfnis, das Ansehen und die Stellung des Besitzers oder Herrschers zu erhöhen, vorrangig waren. Diese Tendenz ist auch bei den komplexeren, multifunktionalen Gebäuden von heute zu beobachten – wie Einkaufszentren und Flughafenterminals –, bei denen lieber auf technische als auf Naturkräfte zurückgegriffen wird, um für den Komfort der Bewohner zu sorgen.

Ressourcen

Wie die Frage des Klimas ist auch die der Ressourcen eng verknüpft mit den Unterschieden zwischen volkstümlichen und monumentalen Bauten. Ursprünglich gab es bei den regionalen, traditionellen Bauten kaum eine andere Wahl, als die lokalen Ressourcen zum größtmöglichen Nutzen sparsam einzusetzen. Als der Wohlstand und die Macht von Herrschern und der Gesellschaft wuchsen, konnten die Erbauer und Architekten umfangreichere Ressourcen – intellektuelle, menschliche und materielle – aus weiter entfernten Gegenden heranziehen. In der ganzen Geschichte bestimmten Reichtum und Einfluß stets den Umfang der für ein Bauprojekt verfügbaren Ressourcen. Der Bau von Reihenhäusern im georgianischen London (unter den Königen Georg I. bis Georg IV.) macht den effektiven Umgang mit Ressourcen anschaulich. Das Bauland wurde effizient genutzt, indem man sich schmaler Fassaden bediente und bei den größeren Häusern bis zu vier Geschosse über einem Fundament errichtete. Mit dem Bodenaushub schuf man Fundamente, Gärten, Marställe und Straßen, so daß er nicht abtransportiert werden mußte. Baupläne und Detailentwürfe beruhten auf Musterbüchern, die Bauweise war standardisiert. Da es keine lokalen Steinvorkommen gab, bestanden die Mauern aus Ton, der von den nächstgelegenen geeigneten Tonböden in Bedfordshire abgetragen, zu Ziegeln geformt und gebrannt wurde. Nach dem gleichen grundlegenden Schema verfuhr man bei den Häusern für Handwerker und Adlige, die sich lediglich durch ihre Größe und Ausführung unterschieden.
Sollte dagegen zu jener Zeit ein englischer Landsitz begründet werden, mit dem die Wohlhabenheit, die Wohnverhältnisse und die Vergnügungen der königlichen Familie und ihrem Gefolge zu demonstrieren waren, beinhaltete dies die Errichtung kunstvoll ausgearbeiteter, auf einem mehrere Hektar großen Areal verstreuter Gebäude. Der dafür notwendige Marmor stammte aus Italien, die Handwerker wurden aus den Niederlanden eingeführt, und die umliegende natürliche Landschaft mochte völlig umgestaltet werden.
Die Wiederverwertung von Materialien ist nicht nur heute angesichts der notwendigen Schonung von Ressourcen von Bedeutung; sie ist auch ein historisches Phänomen. Bei den Pyramiden in Ägypten entfernte man die äußere Ummantelung, um sie für den Bau von Kairo, der Hauptstadt der Aijubiden und Mamelucken, zu verwenden. Das Forum in Rom diente als Steinbruch für die später entstandenen Stadthäuser, und die griechisch-römischen Tempel Nordafrikas wurden geplündert, um daraus Moscheen zu errichten. Die ersten Baumaterialien wurden in begrenztem Umfang bearbeitet. Lehmziegel trocknete man gewöhnlich in der Sonne und backte sie in einem Feuer aus den geernteten Hülsen und Halmen. Kalksteine und Kreide wurden zu Zement und Gipsputz gebrannt. Eisen und andere Metalle verwendete man wenig, und falls größere Mengen verarbeitet wurden, dienten sie zu Dekorationszwecken. Diese Situation änderte sich, als im neunzehnten Jahrhundert die großangelegte Industrialisierung Techniken brachte, welche die Leistungsfähigkeit

^
12

08> Die Konstruktion der Vordächer zum Schutz der römischen Zuschauer im Kolosseum.

09> Rundhaus, Xiamen, Südchina. Der dreistöckige Wohnbau umgibt einen Tempel und Nebengebäude.

10> Detail der Ostseite von Bedford Square, London (ca. 1771–1775), möglicherweise von Thomas Leverton.

11> Kedleston Hall, Derbyshire, GB (1758), von Robert Adam.

12> Die Basis der zentralen »kiva« in Pueblo Bonito, einer der »Dorfsiedlungen« der Anasaziindianer im Chaco Canyon, New Mexico.

13> Luftbild von Chetro Ketl im Chaco Canyon, einer weiteren »Dorfsiedlung« der Anasaziindianer.

^
13

von Baustoffen erheblich verbesserten. Die Industrialisierung bedeutete jedoch auch gesellschaftliches Elend, Umweltverschmutzung und Verschwendung.
Wie Robert und Brenda Vale aufzeigen, geht das Versäumnis, »wahre« Architektur an Ressourcenschutz zu knüpfen, auf die Ursprünge der Architektur zurück (Green Architecture, 1992). Der Architekturhistoriker J.J. Coulion vermutet, daß Monumentalarchitektur, das heißt Bauwerke, die über ihre bloße Zweckfunktion hinaus beeindrucken und überdauern sollen, bereits in der Welt der Griechen im 17.Jahrhundert v. Chr. auftauchten (Greek Architecture at Work, 1977). Von Anfang an erforschte und vervollkommnete diese Architektur ein unkompliziertes Bausystem: »Die Basis blieb eine Stütz- und Tragkonstruktion aus großen, sorgfältig behauenen Steinblöcken. Eine solch konservative Bauweise dürfte der griechischen Auffassung von Architektur inhärent sein, da sie vor allem mit der äußeren Gestalt und weniger mit dem Innenraum befaßt war.«
Zwar kannten die Griechen das Bogenprinzip, doch wandten sie es nicht an, obgleich sie mit ihm jede Spannweite mit weniger Steinen hätten überbrücken können. Eine Ausnahme bildeten Keller und unterirdische Gewölbe. Alle darauffolgenden Epochen nutzten die konstruktiven und räumlichen Potentiale des Bogens und Gewölbes, wobei für sie weniger die sparsame Mittelverwendung als ihre ästhetische und symbolische Wirkung im Vordergrund standen. Vor allem nutzten sie die Römer bei ihren Profanbauten, aber interessanterweise nicht in ihrer Sakralarchitektur. Doch auch in der Romanik und Gotik verwendete man Bögen.
Da bei den meisten Bauten das Budget die Nutzung von Fertigkeiten, Arbeitskräften und Materialien einschränkt, ist ihr Ressourcenverbrauch relativ effizient. Sobald jedoch Architektur einen sakralen oder profanen Symbolgehalt vermitteln soll, sind Sparsamkeitserwägungen dem angestrebten Ausdruck gänzlich unterlegen. Dies gilt heute ebenso wie im alten Griechenland und im Mittelalter.

Der Mensch und die Natur

Beim dritten Merkmal ökologischer Sensibilität geht es um die der Natur und Naturphänomenen von der Gesellschaft beigemessene Bedeutung sowie deren Auswirkung auf Gebäude, Siedlungen und Landschaft im Verlauf der Geschichte. Die Untersuchung erfolgt in weitgehend chronologischer Reihenfolge.
Die frühen Gesellschaften lebten in Einklang mit der Natur. Sie richteten sich nach den Jahreszeiten und waren von günstigen Witterungsverhältnissen sowie ihren eigenen Überlebensbemühungen abhängig. Die Natur beeinflußte sowohl die praktischen wie übernatürlichen Dinge des Lebens. Ein gutes Beispiel hierfür liefert die Siedlung der Anasaziindianer in Chaco.
Die Chacokultur im Tal des Río San Juan nordwestlich von New Mexico, USA, hatte nur eine verhältnismäßig kurze Blütezeit von etwa 300 Jahren – von 900 bis 1200 n.Chr. In dieser Periode trat eine komplexe, kultivierte Gesellschaft zutage, die das erste Integrationsexperiment gesellschaftlichen, politischen und wirtschaftlichen Zusammenlebens im amerikanischen Südwesten darstellte.
Die Anasaziindianer bildeten keine autonome Gesellschaft, da ihre Größe und ihre weitreichenden Bedürfnisse den Handel mit der Außenwelt erforderlich machten. Die Kommunikation mit anderen Gesellschaften mag einer der Faktoren gewesen sein, die zu ihrer hochstehenden Kultur, Wissenschaft und Architektur führten. Jede Gemeinschaft umfaßte 13 »Dorfsiedlungen« mit der jeweils typischen äußeren Schale von mehrstöckigen Wohnunterkünften aus Stein, deren Vorderseite zum Süden und deren Rückseite zum nördlichen Abhang des Flußtals zeigten. Die Wohnzellen waren auf einen »Zentralplatz« mit halbversenkten, runden Kulträumen, sogenannten »kivas«, gerichtet. Ihre Bewohner nutzten das Klima, die Topographie und die örtlichen Materialien bestmöglich aus. Nach den anhand astrologischer Beobachtungen genau berechneten Jahreszeiten zu urteilen, unterhielten sie eine dynamische und anregende Beziehung zum Kosmos, zum Klima und zur Landschaft.
Auf dieser engen, intuitiven Zwiesprache zwischen Gesellschaft, Natur und den übernatürlichen Kräften basieren alle frühen Epochen, von der ägyptischen und mesopotamischen bis zur byzantinischen und gotischen. Eine der höchstentwickelten Manifestationen dieser Beziehung stellt Feng Shui dar.
Hierbei handelt es sich um eine alte chinesische Wissenschaft, die genutzt wird, um Baugrundstücke zu ermitteln und über die

^
14

günstigste Verteilung von Bauten auf dem Gelände sowie über deren Gestalt und Charakter zu entscheiden. Grundlegend sind hierfür neben den natürlichen Merkmalen wie Topographie, Windeinwirkung und Wasservorkommen auch metaphysische – die inneren Qualitäten von Form, Gestalt und Umfeld. Die Feng-Shui-Methode wird im Fernen Osten noch heute angewandt, in Europa dagegen setzte die Renaissance der symbiotischen Beziehung zwischen Natur, Kultur und Gebäude ein Ende.
Der Hauptsatz des griechischen Philosophen Protagoras »der Mensch ist das Maß aller Dinge« faßt den Gedanken der Renaissance zusammen. In dieser Periode wurden der Vorrang des Menschen, sein Intellekt und seine überragenden körperlichen Fähigkeiten gepriesen. Die Religion hörte auf, der inhärente und allgegenwärtige Einfluß im täglichen Leben zu sein. Verfeinert und säkularisiert mußte sie schließlich neben den Machtbereichen von Staat, Wissenschaft und Handel einen Platz einnehmen.
Das Zeitalter des Humanismus ließ die klassische Architektursprache wiederaufleben, anerkannte ihren bedeutenden zivilisatorischen Beitrag und ihre geistige Abstammung. Ihr auf mathematischen Proportionen, Ordnung und Harmonie gründendes Fundament manifestierte deutlich den Geist und die Bestrebungen dieser Periode. Zunächst entwickelte sich die klassische Architektur zum Ausdruck göttlicher Allwissenheit, später bekundete sie die Staatsmacht und die Stärke von Politikern und Generälen. Sie ging aus kleineren und einfacheren Bauten hervor, die wohl, zumindest teilweise, aus anderen Materialien als Stein errichtet waren. Interpretieren die klassizistischen und heute ökologischen Verfechter des »Essai sur l'architecture« (1753) von Abt Laugier die Entwicklung der klassischen Architektur aus der primitiven Hütte heraus wörtlich, so verfehlen sie das Wesentliche. Laugiers Werk stellt einen Diskurs über Ästhetik und die Entstehung einer architektonischen Formensprache dar und keine Abhandlung über die baulich-räumliche Entwicklung dieser Architektursprache.
Die eher auf Mathematik und Geometrie als auf natürlichen Formen beruhende klassische Architektur kontrastierte mit der Natur und dem Organischen. Während die symbolische Bedeutung von Lage und Standort in griechischer und römischer Zeit außerordentlich wichtig war, spielte das natürliche Umfeld nur insoweit eine Rolle, als es den Bau vorteilhaft zur Geltung brachte. Die klassische Tradition beruft sich auf den Unterschied zwischen dem, was Natur ist und was der Mensch hervorzubringen vermag, wobei sie auf ein harmonisches Gleichgewicht zwischen beiden abzielt. Die der klassischen Tradition verpflichteten Renaissance-Architekten versuchten, das natürliche Umfeld zu bändigen und zu manipulieren, um ein ausgewogenes, eindrucksvolles Gebilde von Menschenhand zu schaffen. Der Wunsch, die Landschaft umzugestalten und zu erhöhen, wurde im Manierismus, Barock und Rokoko noch weiter fortgeführt.
Die klassische Tradition verstärkte den Gegensatz zwischen der Architektur für Privilegierte und den Häusern für die übrige Bevölkerung. Den einfachen Menschen war zwangsläufig an einem ökonomischen Umgang mit Ressourcen gelegen, was sie auch im funktionellen Ausdruck ihrer Häuser bekundeten. Dagegen stellte die klassische Architektur ihre Unabhängigkeit von solchen Sparsamkeitserwägungen zur Schau, obgleich sie sich den Prinzipien des humanistischen Zeitalters verschrieben hatte. Die Bewegung der Renaissance war hauptsächlich auf die Höfe, vor allem in Florenz, Urbino und Mantua, beschränkt und

^
15

berührte verhältnismäßig wenig Menschen. Unter ihr gediehen Gelehrsamkeit, Harmonie, gute Umgangsformen und Understatement (die allerdings die weniger verfeinerten Enteignungsmethoden und der extensive Handel ermöglicht hatten). Diese Eigenschaften verkörperte insbesondere der Baustil der Renaissance. Er paßte die griechisch-römische Monumentalität der klassischen Tradition jener der vernunftgemäßen menschlichen Ausmaße an. Davon zeugen die wenigen schlichten und eleganten Gebäude, die nachdrücklich die Würde des Menschen betonen, ihn aber von der Natur entfernen. Die Ideale der Renaissance wurden im 17. und 18. Jahrhundert in Europa auf einer höheren Stufe weiterverfolgt. An die Stelle der geistlichen Autorität traten die aus Erfahrungen, Experimenten und Beobachtungen gewonnenen Erkenntnisse sowie mathematische Berechnungen. In

14> Pazzi-Kapelle, S. Croce, Florenz (1429), von Filippo Brunelleschi.

15> Das Gewitter (ca. 1505, Venedig) von Giorgione. Dieses unwahrscheinliche Szenario entsteht dadurch, daß Natur und Naturerscheinungen als Umgebung verwandt werden und die verteilten Figuren und Bauten zur Schaffung einer ausgewogenen Komposition dienen.

16> Arc-et-Senans, Salinenstadt Chaux, Frankreich (1775–1779), von Claude-Nicolas Ledoux. Die stark gegliederte Fassade erinnert an die natürlichen Felsen, aus denen das Salz gewonnen wird.

17> Newton-Kenotaph (1784) von Etienne-Louis Boullée. Der Schnitt zeigt, wie der Nachthimmel durch winzige Öffnungen in der Kuppel reproduziert werden würde.

^ **16**

^ **17**

diesem sogenannten Zeitalter der Aufklärung wurden das naturwissenschaftliche Denken und die Erfindungen wiederbelebt, allerdings diesmal auf der Basis des kartesianischen und newtonschen Rationalismus. Der Verfall der christlichen Kirche als schöpferische Kraft und religiöser Mittelpunkt führten zur Entwicklung einer neuen Moral. Diese gründete auf Naturgesetzen, Gerechtigkeit und Toleranz.

Ebenso wie die Renaissance-Herrscher blickten die Philosophen im Zeitalter der Aufklärung auf die antike klassische Ära zurück, doch empfingen sie jetzt ihre Anregungen aus der stoischen Moral der Römischen Republik. Im Unterschied zur Renaissance allerdings beabsichtigte diese neue Moral die Einbeziehung aller Bürger und der natürlichen Welt. Rousseau erhob den einfachen, unverbildeten Menschen zur Verkörperung der Tugend. Er glaubte, durch das Eintauchen in die Natur könnten wir unsere gesamte Identität verlieren und so ein intensiveres Bewußtsein des Seins gewinnen. Rousseau definierte die Natur mit jenen Teilen der sichtbaren, nicht vom Menschen geschaffenen Welt, die mit den Sinnen wahrnehmbar ist.

In dieser Zeit, im späten 18. Jahrhundert, gerieten Ideen wie der harmonische Einklang mit der Natur, die Sorge um die Rechte und das Wohlergehen des Individuums sowie die Effektivität der technologischen Entwicklung ins Blickfeld. Eingedenk solcher Auffassungen scheint der Keim, aus dem sich die ökologische Bewegung, wie wir sie heute kennen, entwickelt hat, offensichtlich in diesem Zeitalter zu liegen. Allerdings war damals nur wenigen bewußt, daß dieser technische Fortschritt zu den Problemen führen würde, mit denen wir heute konfrontiert sind: industrielle Zersiedlung, Umweltverschmutzung und Verschandelung.

Interessanterweise lockerte der von der industriellen Revolution ausgelöste Umdenkprozeß die alte Teilung zwischen den monumentalen Gebäuden, die beeindrucken und von Dauer sein sollten, und den übrigen Bauten aus den vor Ort zur Verfügung stehenden (häufig nicht bedarfsgerechten) Materialien. Das neue, wohlhabende Bürgertum verlangte seinem Status und Geldbeutel gemäße Häuser. Diese in Handelsstädten wie Brügge, Amsterdam und London entstandenen Bauten waren geräumig, hell und komfortabel, obgleich sie mit relativ sparsamen Mitteln errichtet worden waren. Daneben wünschte die neue Mittelschicht Stadthallen, Schulen, Klubhäuser, Theater, Märkte und Verkaufshallen, für die sie Vermesser, Architekten, Bautechniker und Handwerker brauchte. Diese Gebäude beherrschten allmählich die Bauaufgabe.

Die Architekten im 18. Jahrhundert beschäftigten sich jedoch nicht nur mit praktischen Belangen wie der Unterbringung der neuen Mittelschicht. Sie dachten auch darüber nach, welche Art von Unterkunft der »edle Wilde« von Rousseau bewohnen könne und wie sich diese in den klassischen Tempelstil umgestalten ließe. Ironischerweise führten im 18. Jahrhundert die Reflexionen über das Primitive zur Popularität der wiederbelebten klassischen Stile. Dies galt insbesondere für die dorische Ordnung, welche die von der Römischen Republik übernommenen strengen Wertvorstellungen ergänzte. Daneben begeisterte sich die Gesellschaft für »primitive Hütten«, die in den Parks und Gärten der vermögenden Bevölkerung als Blickfang dienten. Genutzt wurden sie als Jagdhütten, Einsiedeleien oder Unterstände bei schlechter Witterung. Auch die Grotte kam wieder in Mode. Die Verwendung von unbehauenen Felsen, von scheinbar natürlich aufgetürmten Steinen erinnerte an das Ursprüngliche, den rohen Zustand von Dingen, denen man von Menschen erfundene Gebrauchsgegenstände zur Seite stellen konnte.

Die visionären französischen Architekten Claude-Nicolas Ledoux und Etienne-Louis Boullée hätten sich von der Vorliebe für »primitive Hütten« kaum mehr entfernen können. Eine zentrale Rolle spielten allerdings auch sie, indem sie auf ihre Art den Weg für eine ökologisch sensibilisierte Architektur vorgaben. Mehr als alle anderen Architekten setzten sie den Gedanken der Aufklärung architektonisch um.

Der Neo-Klassizismus befreite den Klassizismus von seinen barocken Anklängen und fand eine revolutionäre, ausdrucksvolle Kraft, um die neuen wissenschaftlichen Ideen von der Natur und dem Kosmos im newtonschen Sinne widerzuspiegeln. Der Gedanke von einer Architektur »parlante«, bei der das äußere Erscheinungsbild die Funktion des Bauwerks symbolisiert, entsprach den Idealen der Aufklärung. Er ging der modernen Maxime voraus, wonach sich die Form aus der Funktion entwickelt oder genauer formuliert, die Formen des Gebäudes seine Nutzung und Konstruktion veranschaulichen. In der Tat

^
18

^
19

gilt der französische Neo-Klassizismus für viele als Vorläufer des Puritanismus in der modernen Bewegung.
So beeinflußte die Philosophie der Aufklärung die folgenden Generationen in unterschiedlicher Weise. Eine architektonische Richtung führte unmittelbar zur Begründung der Moderne, eine zweite setzte das Konzept von idyllisch gelegenen Landhäusern fort. Letztere bestand von den neunziger Jahren des 18. Jahrhunderts bis zu den sechziger Jahren des 19. Jahrhunderts. Sie entwickelte sich aus Spezialentwürfen zur Verschönerung von königlichen Landgütern (das Dörfchen für Marie Antoinette in Versailles) und von Sitzen des Landadels (die Molkerei von John Nash in Blaise Castle bei Bristol, GB) zu den Landhäusern für Staatsangestellte, die hauptsächlich in England von altruistischen und modern eingestellten Grundbesitzern erbaut wurden (Blaise Hamlet von Nash und Wohnhaus von Lord Ongley in Old Walden, Bedfordshire, GB). Mit ihren im wesentlichen funktionalen Entwürfen und der Verwendung lokaler Bautechniken und Materialien standen diese Bauten stets in scheinbar widersinnigem Bezug zur realen oder vorgestellten regionalen Architektur. Sie waren malerisch gelegen, sehr dekorativ (das Cottage orné) und durch ihre Asymmetrie, ihre natürlichen Baustoffe und ihre landschaftliche Lage deutlich mit der Natur verbunden.
Eine tiefergehende Sicht des menschlichen Verhältnisses zur Natur schildert der amerikanische Schriftsteller Henry David Thoreau. Mit lyrischer Ausführlichkeit erzählt er von den beiden Jahren, die er allein in einer selbstgezimmerten Hütte am Ufer des Waldensees in Concord, Massachusetts, verbracht hat. Dorthin hat er sich zurückgezogen, um »einige Lebensprobleme nicht nur in der Theorie, sondern auch in der Praxis zu lösen«. Für den Bau der Holzhütte gibt er eine brauchbare Beschreibung (im Gegensatz zu Laugiers rein ästhetischen Darstellung der primitiven Hütte). Bei Thoreau ist die Einfühlung in die Natur und natürliche Materialien, mit der sich Umweltschützer heute identifizieren, klar erkennbar. Für ihn ist »wahre Kunst nur der Ausdruck unserer Liebe zur Natur ...«. Thoreaus Anschauungen übten einen bedeutenden Einfluß auf die Entwicklung der regionalen amerikanischen Architektur aus, welche sich wiederum, vor allem in der Verfeinerung von Frank Lloyd Wrights Werk, auf die übrige Welt auswirkte.
Im Europa um die Mitte des 19. Jahrhunderts beschleunigte sich das Tempo der Industrialisierung. Die wissenschaftlichen Entdeckungen von Darwin, Lyell und anderen verbreiteten sich und bildeten ein Naturverständnis heraus. Wichtige Fortschritte wurden auch bei den Bau- und Konstruktionstechniken erzielt, insbesondere beim Einsatz von Stahl und Glas, sowie bei der Entwicklung von Heizung, künstlicher Beleuchtung und sanitären Einrichtungen. John Ruskin sah als einer der ersten die im unkontrollierten industriellen Wachstum enthaltenen Gefahren voraus. Mit seinen gezielten Reformvorschlägen, zunächst für die Kunst und später für die Gesellschaft, reagierte er wie kein anderer zuvor, und zwar so, wie wir heute umweltbewußtes Verhalten charakterisieren würden. »Gott«, schrieb Ruskin, »hat uns die Erde für Lebenszeit gegeben: sie ist ein großes Fideikommiss. Sie gehört ebensowohl Denen, die nach uns kommen und deren Namen schon ins Buch der Schöpfung eingetragen sind, wie uns; und wir haben kein Recht, durch unser Thun oder Unterlassen ihnen unnötige Opfer aufzuerlegen, oder sie der Vorteile zu berauben, die ihnen zu hinterlassen, in unsere Macht gegeben war.« (Der Leuchter der Erinnerung aus

^
20

Die sieben Leuchter der Baukunst, S.348f. Leipzig 1900). Ruskins Engagement betraf die moralische und ästhetische Sphäre zugleich. Er trat für das künstlerische Schaffen und die Achtung vor Handwerkern ein. Er untersuchte industrielle Mißstände, drängte auf einen gesellschaftlichen Wandel und führte praktische Experimente zur Bereinigung von Umweltverschmutzungen durch. Er trat für die Architektur der Gotik ein, zum einen, weil er meinte, dieser Stil sei durch die verwendeten Materialien und seinen Schmuck (wegen seines dunkleren, mehrdeutigeren und gefälligeren Charakters) eher geeignet, die natürliche Welt widerzuspiegeln; zum anderen,

18> Landhaus in Marie Antoinettes Dörfchen, Versailles, Frankreich (1782).

19> Cottage orné, Houghton Lodge, Hampshire, GB (ca. 1800).

20> Oxford Museum, GB (1855), von Benjamin Woodward. Dieses Gebäude verfocht John Ruskin mehr als jedes andere seinerzeit entstandene. Der verschiedene Quellen aus der europäischen Gotik in sich vereinigende Bau ist für sein spitzenartiges, gußeisernes Tragwerk sowie seine handwerkliche Konstruktion bemerkenswert. Das Museum repräsentiert ein weltliches, wissenschaftlich fundiertes Pendant zu einer mittelalterlichen Kathedrale, in dem die biblische Ikonographie durch die Darstellung natürlicher Formen ersetzt wurde.

21> Nord-West-Ecke des Crystal Palace, Hyde Park, London (1850–1851), von Joseph Paxton.

22> Blackburn House, Little Thakeham, Sussex, GB (1902), von Sir Edwin Lutyens.

23> The Red House, Bexley Heath, London (1859), von Philip Webb.

^
21

^
22

^
23

weil sie für ihn zu nördlichen Landstrichen besser paßte als der im Mittelmeerraum entstandene Klassizismus.
Allerdings erkannte Ruskin nicht, daß auch ein sparsamer Mitteleinsatz und eine angemessene technologische Entwicklung zum Erreichen seiner Ziele beitragen konnten. Seine Zeitgenossen dagegen – Brunel, Telford und Paxton in Großbritannien und Bogardus in den Vereinigten Staaten – sahen das in den neuen wissenschaftlichen Entdeckungen liegende Potential vor allem in der Aufbereitung von Eisen und dessen Fähigkeit, Bauentwürfe umzuwandeln. Romantiker und Moralisten wie Ruskin, Gray und Wordsworth hielten die technologische Entwicklung in erster Linie für ein Produkt der Industrie, ein Produkt harter, erniedrigender Arbeit und für den Grund sozialer Entbehrungen.
Sprach John Ruskin erstmals als Einzelperson Umweltziele und -belange offen an, so tat dies als Gruppe die Arts-and-Crafts-Bewegung in Großbritannien. Ihr Wegbereiter William Morris verlagerte Ruskins kritische, theoretische Ideen in den praktischen Bereich. Auch kehrte er dem schwerfälligen Historismus, der architektonischen Hauptströmung im 19. Jahrhundert, den Rücken, um sich einer klareren, mehr »organischen« Architektur zuzuwenden. Diese huldigte regionalen Formen, Details, Materialien und gestattete dem Umfeld, Einfluß auf Bauplan und Volumen zu nehmen. Das von Philip Webb für Morris entworfene Red House verkörperte mehr als nur einen freieren architektonischen Ansatz. Es drückte eine Lebensart aus: Künstler und Freunde trafen zusammen, schöpferische Arbeit und Familienleben ließen sich miteinander und mit der Natur in Einklang bringen. Die Architektur der Arts-and-Crafts-Bewegung beschränkte sich fast ausschließlich auf Wohngebäude und die Innenausstattung. Sie gründete auf praktischen Untersuchungen von volkstümlichen Bautraditionen und der Verwendung von lokalen Materialien und Techniken. Sie stand für eine stille Revolution, die sich gegen die Mutmaßung richtete, industrielle Produkte seien handgefertigten Waren überlegen und die Technologie der einzig mögliche Weg nach vorn. In den Händen von Raymond Unwin, C. F. A. Voysey und Baillie Scott und unter Einbeziehung der Planungsprinzipien von Ebenezer Howard bot die Bewegung eine attraktive, das Leben verbessernde Alternative zu den unmenschlichen Reihenhäusern in den expandierenden Städten.
Der Einfluß der Arts-and-Crafts-Bewegung war weithin spürbar: In Kalifornien schufen Greene & Greene ihre geräumigen, japanisch inspirierten Häuser; in Australien bauten Architekten wie Walter Burley Griffin Fachwerkvillen in Vororten; quer durch Europa, bis hin nach Österreich und Deutschland, wo die Darmstädter Künstlerkolonie entstand.
Die Ideen der Bewegung durchdrangen das gesellschaftliche und wirtschaftliche Spektrum. Es wurden Wohnsitze für die vermögende Ober- und Mittelschicht nach Entwürfen von so bedeutenden Persönlichkeiten wie Sir Edwin Lutyens und Norman Shaw geschaffen, aber auch Sozialwohnungen für Künstler in den Gartenstädten und die ersten vom County Council (Grafschaftsrat) in London und anderen geplanten genossenschaftlichen Wohnsiedlungen.
Auch wenn der Bewegung des Arts and Crafts eine im wesentlichen romantische Sicht der Natur zugrunde lag, war sie ein mächtiger Vorbote des kommenden Ikonoklasmus. So verdankt die den Idealen von Arts and Crafts scheinbar entgegenstehende Moderne des Bauhauses viel der Philosophie dieser Bewegung. Um die Jahrhundertwende, als der

24> Victor Horta Haus Museum, Brüssel, Belgien (1898).

25> Park Güell, Barcelona, Spanien (1900–1914), von Antonio Gaudí.

26> Der Glas-Pavillon, Ausstellung des Deutschen Werkbunds, Köln, Deutschland (1914), von Bruno Taut.

^
24

Einfluß von Arts and Crafts größere Kreise zog, florierten mehrere eigentümliche Stile, die unmittelbar von der Natur und natürlichen Formen inspiriert waren. Der Jugendstil entdeckte von neuem, welche Sinnenfreude und fließende Formen die von Pflanzen, Tieren und Geologie angeregten Dekorationen auslösten. Doch im Unterschied zum Rokoko des 18. Jahrhunderts, bei dem sich solche Anregungen auf die Innengestaltung kastenähnlicher Bauten oder bestenfalls auf die Verschönerung einer Eingangsfassade beschränkten, bediente sich der Jugendstil natürlicher Formen zur Gestaltung und Modellierung ganzer Gebäude und Konstruktionen. Victor Horta und Hector Guimard waren die großartigen Vertreter dieser Architektur.
Beim Wiener Sezessionsstil beriefen sich Architekten wie Otto Wagner auf die Natur, um ihren Bauten Ausdruck zu verleihen und sie zu schmücken. In Schottland griff Charles Rennie Mackintosh stets auf pflanzliche Formen zurück. Die Inspirationen jedoch, die diese Architekten aus der Natur aufnahmen, dienten im wesentlichen dekorativen Zwecken. Zwar erkannten sie die von ihr ausgehende, die Lebensqualität steigernde Vitalität, die Gebäude selbst blieben aber unverändert und viereckig. Erst Antonio Gaudí übersetzte kurze Zeit später die ganze Überfülle der Natur – waldig, in Menschengestalt, grün und filigran – in erstaunliche Architekturphantasien.
Die deutschen expressionistischen Architekten, insbesondere Bruno Taut, bezogen ihre Anregungen weniger aus dem organischen Leben als aus der Geologie und der Erdkruste.
Ihre Faszination für geometrische Ordnungen wurde von dem damaligen Interesse an der Erforschung kristalliner Formen genährt. Die Regelmäßigkeit von Kristallstrukturen, die mit einer begrenzten Anzahl von Formen erreichbare Formenvielfalt und die geometri-

<25

^
26

schen Gesetze, die anscheinend ihre Struktur bestimmten, bestärkten die Expressionisten in ihrer Vorstellung, der Mensch könne die Natur am besten geometrisch widerspiegeln. Die Entdeckung, daß sich die Kontinente bewegen, Berge erheben und die geologische Entwicklung weiter fortschreitet, schien für die Expressionisten die Grenzen zwischen dem Organischen und dem Unorganischen, dem Belebten und Unbelebten zu verwischen.
Neben den Entwicklungen in der Metallurgie (wodurch Gußeisen in hochleistungsfähigen Stahl verwandelt werden konnte) und der Erfindung von Stahlbeton (einem vielseitigen Verbundwerkstoff, der die dehnbaren Eigenschaften von Stahl mit der Druckfestigkeit von Beton vereinte) machten sich die Architekten allmählich auch die Bedeutung der Glas- und Verglasungstechnologien bewußt. Als einer der ersten nutzte sie Taut für seinen Glaspavillon auf der Kölner Werkbundausstellung von 1914, bei dem er kristalline Formen kopierte. Zur gegebenen Zeit verwendete die moderne Bewegung Glas, um die Grenzen zwischen innen und außen aufzuheben.

MODERNE UND GRÜNE ARCHITEKTUR

Im allgemeinen gilt die Moderne als Antithese zur Natur, zur natürlichen Welt und zu regionalen Architekturformen, da sie von der puristischen und universellen Reaktion auf Technologie und Sozialismus völlig in Anspruch genommen ist. Diese Ansicht mag für die eher mechanistisch und »klassisch« ausgerichtete Vorgehensweise der Architekten der deutsch-amerikanischen Achse zutreffen. (Von Walter Gropius, Mies van der Rohe und Marcel Breuer eingeleitet, setzten diese Methode Philip Johnson, Skidmore, Owings & Merril und andere große amerikanische Architekturbüros fort. Schließlich verfiel sie zu einem weit verbreiteten, internationalen architektonischen Ausdruck, ebenso wie die Wohnhäuser der Arts-and-Crafts-Bewegung zur formelhaften, von Zierkirschbäumen gesäumten Zeilenbebauung in Vororten pervertierten.)
Für den mehr intuitiven, individuellen und organischen Ansatz von Le Corbusier, Alvar Aalto und Frank Lloyd Wright oder den Expressionismus von Erich Mendelsohn und Taut stimmt dies jedoch nicht. Gewiß finden sich parallele ökologische Strömungen einer Sensibilität für die Natur sowie Bezüge auf traditionelle, regionale Architektur in vielen Bauten der modernen Bewegung – auch wenn sie in eine komplexe architektonische Formensprache und in eine Beziehungskette eingebunden sind. Eine erschöpfende Behandlung dieses vielschichtigen Themenkomplexes würde schon allein ein Buch füllen. Dennoch können wir einen kurzen Blick auf vier der führenden Architekten der Moderne werfen, um in ihren jeweiligen Zugangsweisen verschiedene Merkmale einer Sensibilität auszumachen, die den gemeinsamen Hintergrund der heutigen ökologischen Bewegung bildet.

Le Corbusier

Le Corbusier (1887–1966) ist vielleicht der vielseitigste Vertreter der Moderne. Er ist dialektisch, poetisch und künstlerisch begabt, aus diesen Quellen erwächst seine Architektur.
In seinen Schriften ist die Natur ein vorherrschendes, häufig von halbreligiösen Untertönen durchsetztes Thema. Bisweilen zitiert er sie als Gegenkraft zu den Schöpfungen des Menschen, als Äquivalent zum Chaos oder zum Begriff des Sublimen bei den Romantikern. Dann schildert er ihr eigentliches Wesen als System, an dem der Mensch teil hat, und als Verkörperung von Ordnung. Letztere Denkart spiegelt den Rationalisten in ihm wider, die gleiche Seite, die ihn ein Haus als »Wohnmaschine« beschreiben und die Metaphorik der zeitgenössischen technischen Wunder wie Dampfer, Auto und Flugzeug verehren ließ.
Die Natur war auch ein zentrales Thema seiner gesellschaftlichen Zielsetzungen. In Anlehnung an Ruskin, dessen Werk er im Schweizer College gelesen hatte, sah er in der Natur ein Mittel zur moralischen Regeneration der Menschheit, das die in der Industriegesellschaft verlorengegangenen menschlichen Werte wieder entflammte.
In »La ville radieuse« (Paris, 1935) erklärt er: »Der Mensch ist ein Produkt der Natur. Er ist gemäß den Naturgesetzen erschaffen worden. Wenn er sich dieser Gesetze genügend bewußt ist, wenn er sie befolgt und sein Leben mit dem stetigen Fluß der Natur in Einklang bringt, wird er [für sich] ein Harmoniebewußtsein erlangen, das ihm von Vorteil sein wird.«
Allerdings erklärte Le Corbusier auch: »So etwas wie ein primitiver Mensch existiert nicht; es gibt [nur] primitive Ressourcen. Die Idee ist beständig, völlig beherrscht von Anfang an.«
Für Le Corbusier hingen das Ursprüngliche, die Schönheit, die von der Zugehörigkeit zu rationalen Gesetzen herrührt, und das Humanitäre unlösbar miteinander zusammen. Indem sich Le Corbusier auf diese drei Aspekte berief, erfüllte er die zeitgenössische Rationalität mit urzeitlicher Symbolik und versuchte damit seiner Architektur einen universellen und unvergänglichen Wert zu verleihen.
Le Corbusiers anfängliche Suche nach einer modernen Architektursprache entwickelte sich aus intellektuellen Erwägungen heraus und jenseits von eher instinktiven, metaphysischen Gefühlen. Seine theoretischen Prinzipien, mit denen er auf den Akademismus der bildenden Künste reagierte, kehrten die traditionelle

^
27

Beziehung des Gebäudes zur Landschaft um, während ihre gegenseitige Trennung bestehenblieb. Seine ersten Villen wiesen die gleiche Beziehung zur Landschaft auf wie etwa die von Palladio – sie waren weiß, freistehend und unterschiedlich – und nutzten zur Steigerung des Architekturerlebnisses das natürliche Umfeld als Kontrast (Le Corbusiers Villen implizierten zudem die Erfahrung des Maschinenzeitalters). Anstatt jedoch einen rustizierten Unterbau, Terrassen und Nebengebäude (bei Palladios Villen manchmal auch Gutshäuser) als Fundament und als Bindeglied zwischen dem äußeren Erscheinungsbild des Wohnsitzes und der ungeordneten Landschaft zu verwenden, setzte er Pilotis (Betonstützen) ein, mit denen er eine geschlossene Horizontalebene schuf. Für diesen Bautyp ist die Villa Savoye in Poissy (1929–1931) beispielhaft. Die natürliche, vom umbauten Raum isolierte Landschaft gerät, von den Innenräumen und vom Dach aus betrachtet, zu einem Kontemplationsobjekt. Aus der Ferne gesehen wirkt die Villa wie eine startbereite, fremdartige Maschine. Der »Garten« wurde auf das Dach in einen offenen Raum verlegt.
Den Eindruck, von der Landschaft losgelöst und gleichzeitig in sie eingebunden zu sein, erwecken auch Le Corbusiers Stadtwohnungen mit den aufsehenerregenden Dachterrassen. Wie magnetisiert erforschen sie die gestaltete Landschaft und bekunden Le Corbusiers Streben nach den ursprünglichen Werten, durch die er schließlich seine radikale Theorie überwindet. Man könnte meinen, der Dachgarten, dieses polemisch weniger beladene Gebäudeelement, habe ihm die Gelegenheit zu freierer Gestaltung gegeben und ihm damit verholfen, der plastischen Wirkung, dem Verstand und der Metapher zu frönen. Der Dachgarten hat auch seinen eklektizistischen und geistigen Neigungen den Weg bereitet, was sich in seinem späteren Werk deutlicher manifestiert. Später verwarf Le Corbusier wieder sein Konzept von einem echten Garten auf dem Dach, da dieser seinem Ziel von einer Wiedervereinigung des Menschen mit der Natur zuwiderlief. Bei der »Unité d'Habitation« in Marseille (1947–1952) gebraucht er bei der Dachfläche Urformen, um archaische Werte zu suggerieren. Bewußt doppeldeutig legt die frei schwebende Plattform eine noch größere Weltferne nahe. Die Brüstungsmauer um die Terrasse versperrt die Einsicht von der Stadt, schafft so einen Ersatzhorizont und läßt den Vorder- und Hintergrund zusammenfallen. Indem Le Corbusier den Mittelgrund visuell eliminiert, isoliert er die Dachterrasse von ihrer unmittelbaren Umgebung. Damit will er das Gefühl wiederherstellen, in die Natur eingebunden zu sein, eine Qualität, die er schon als junger Mann an der Akropolis von Athen so bewunderte.
Seinen Wandel von einer idealistischen Auseinandersetzung mit hohlen und festen, mit der Natur kontrastierenden Körpern zu einem mehr poetischen Interesse an natürlichen und naturbezogenen Formen dürften seine im Zweiten Weltkrieg gemachten Erlebnisse beschleunigt haben. Die Erinnerungen an die Bombardements von Städten und an die Gefahr einer Atomkatastrophe müssen Le Corbusier beeinflußt haben, als er die weißen, fließenden, maschinenähnlichen Häuser der Vorkriegszeit durch monolithische, mit farbigem Rauhputz versehene Schutzbauwerke ersetzte. Den Maisons Jaoul (1954–1956), der Unité und dem Kloster Sainte-Marie de la Tourette (1957–1960) ist die großzügige Verwendung von Stahlbeton gemein. Allerdings dient dieser nicht dazu, den Raum von den Beschränkungen durch tragende Wände zu befreien. Vielmehr soll das schwere, rauhe und unbearbeitete Material zusammen mit der nun sorg-

^
28

fältig gesteuerten Tages- und Sonnenlichtzufuhr ein Gefühl der Sicherheit und Beständigkeit vermitteln.
Diese Häuser erinnern an regionale, traditionelle Vorläufer, obgleich sie in eine architektonische Sprache eingeordnet sind, die auf verschiedenen Quellen beruht. Im Laufe der Zeit wandelt sich der Wettstreit zwischen traditionellen Regionalismen und den technischen Möglichkeiten mit Stahlbeton, Stahl und Flachglas, um dem Geist und den Bestrebungen einer anderen Zeit und Kultur zu dienen. Doch auch in Le Corbusiers späterem Werk kommen die Fruchtbarkeit der Erde, die Wärme der Sonne und die Freude an Räumen mit Tageslicht in Form, Detail, Farbe und Textur deutlich zum Ausdruck. Le Corbusiers erster Entwurf für den Kapitolbereich im nordindischen Chandigarh, den er gegen Lebensende ausführt, dürfte in der modernen Architekturära für eines der überzeugendsten Beispiele einer Synthese von Architektur und Landschaft auf epischer Ebene stehen. Beeinflußt von dem symbolträchtigen Modell eines Mogul-Paradiesgartens, vollbringt Le Corbusier diese Vereinigung, indem er die Mythen schaffende Behandlung der Dachland-

27> Villa Savoye, Poissy, Frankreich (1929–1931), von Le Corbusier.

28> Villa Saraceno (1560/66) von Palladio.

29> La Tourette (Südfassade), bei Lyon, Frankreich (1957–1960), von Le Corbusier.

30> Modell von Chandigarh, Indien (1951–1956), von Le Corbusier.

31> Modell des Gouverneurspalasts, Chandigarh, Indien (1953), von Le Corbusier.

^ 29

^ 31

^ 30

schaft in die flache Ebene zurückverlegt. In Chandigarh unterscheidet er drei Landschaftsebenen: die pragmatische Landschaft der Wohnstadt, die monumentale Landschaft des Kapitolbereichs und die sehr symbolische Landschaft des Gouverneurspalastes.
Le Corbusiers Rasternetz, das von dem unregelmäßigen Flußverlauf und den Grünstreifen des öffentlichen Parks aufgelockert wird, ist recht konventionell und von seiner Konzeption her erstaunlich akademisch. Der Kapitolbereich liegt zentral, doch ist er optisch und baulich durch einen Straßendamm, einen Kanal und eine Reihe künstlicher Erdhügel von seiner Umgebung getrennt. Der Graben um die Erdaufschüttung bewirkt, daß wie bei den Brüstungsmauern der Dachterrassen der Mittelgrund eliminiert und die Trennung vom Kapitolplateau verstärkt wird. Dadurch können sich wohldurchdachte, symbolträchtige Schöpfungen und eine Bildersprache entfalten.
In der gesamten Anlage spielt Le Corbusier auf den Kosmos an, um der Einheit von Natur und menschlichem Bewußtsein Nachdruck zu verleihen. Viele der monumentalen Bauten in Chandigarh und ihre in Beton gegossenen Hieroglyphen verweisen auf die Sonne, ihre tägliche Bahn und ihre Strahlen. Ebenso wie die alten Kulturen erkannte Le Corbusier die Sonne als eine alles Leben beherrschende Urkraft an, als Sinnbild für die harmonische Beziehung zwischen Mensch und Natur.
Bei dem Entwurf für den Gouverneurspalast kehrt Le Corbusier zu der Tradition eines in der Landschaft verwurzelten Gebäudes zurück und ergreift jedes Mittel, um ihre gegenseitige Wechselbeziehung zu unterstreichen. Der Palast ist als Quadrat konzipiert. Drei Stockwerke erheben sich über einem etwas größer dimensionierten Erdgeschoß und werden auf dem Dach von einem liegenden Halbmond bekrönt. Dieses Schirmdach hebt sich als Silhouette gegen die Ausläufer des Himalaja ab und dient als Aussichtsplattform, Sonnenschutz und Auffangbecken für die Monsunregen. Es scheint den Himmel wie eine Wiege aufzunehmen, läßt aber auch an einen sichelförmigen Mond oder an die Hörner von heiligen Stieren denken. An allen vier Gebäudeseiten wurden Gärten angelegt, deren Form und Anordnung ebenso wie die Architektur selbst zahlreiche Quellen zitieren: den Chahar bagh oder Paradiesgarten der Mogul-Landschaftsgestaltung; die Weltferne seiner Dachterrassen und die Evokation archaischer Stätten mittels der Einschnitte und plastischen Gestaltungen der Horizontalebene. Indem Le Corbusier die Mogul-Symbolik mit einer ursprünglichen Bildersprache und den archaischen, rituellen Raum mit klassischen Architekturprinzipien verschmolz, versuchte er die traditionelle indische Vorstellung vom Heiligen mit einer modernen Metaphysik zu verknüpfen, das Kulturelle mit dem Universellen.
Das Werk von Le Corbusier ist tiefgründig, widersprüchlich und anregend. Die intuitiven mythologisierenden und poetischen Aspekte seiner Architektur, die das Verhältnis von Mensch und Natur ansprechen, wurden von den nachfolgenden vereinheitlichenden Architekturbestrebungen herabgesetzt und ignoriert. Damit entwickelte sich aus der kreativen Vielfalt der Moderne eine homogene und gleichsinnige, als International Style bekannt gewordene Architektur. Erst heute wird Le Corbusiers komplexe Arbeit in der Vielzahl ihrer Quellen und vor allem in den von der Natur empfangenen Anregungen allmählich anerkannt und ihr Einfluß von einer neuen Architektengeneration wahrgenommen.

Alvar Aalto

Das Werk des finnischen Architekten Alvar Aalto (1898–1976) ist in ähnlicher Weise das Produkt einer einzigartigen persönlichen Sicht der Beziehung zwischen Mensch, Technik und Natur. Allerdings war Aaltos Methode spezifischer, lyrischer und zurückhaltender als die von Le Corbusier. Obgleich er sich den modernen Prinzipien von funktionaler Integrität verschrieben hatte, scheute er die Ideologie der reduktionistischen Abstraktion in der Annahme, ein starres Dogma sei seiner Psyche fremd.
Als Aalto ein wenig später als die meisterhaften Begründer der Moderne die Architekturszene betrat, vermied er es, nach calvinistischer Bekehrungsart für die Reinheit von Gedanken und Ausdruck einzutreten, wie es für die frühen Phasen der Bewegung typisch war. Die Sprache der modernen Architektur – Standardisierung, innovative Konstruktionsmethoden und eine neue Auffassung von Räumen, die fließend und nicht voraussagbar waren – war gegen 1930 ausgereift und stand jedem, der sie zu nutzen verstand, zur Verfügung. In dieser Zeit rückten die Künstler Joan Miró und Paul Klee, deren Werke mit dem Organischen und Irrationalen eng verquickt waren, ins Blickfeld.
Ähnliches ereignete sich in der finnischen Architektur. Aalto wagte den Wechsel vom rational-funktionalen zum irrational-organischen

32> Tuberkulose-Sanatorium, Paimio, Finnland (1929–1933), von Alvar Aalto.

33> Villa Mairea, Noormarkku, Finnland (1938–1939), von Alvar Aalto. Das Haus verkörpert Aaltos menschliche und regionale Interpretation der Moderne. Die weißen Mauern bestehen aus getünchtem Backsteinmauerwerk, das Schutzdach wird von baumähnlich gruppierten dünnen Holzstützen getragen.

34> Studentenwohnheim des Massachusetts Institute of Technology (MIT) (1949) von Alvar Aalto. Charakteristisch für das Gebäude ist die wellenförmige Fassade zum Charles River, die jedem Studenten einen Seitenblick auf das einzig bedeutende natürliche Merkmal eines ansonsten trostlosen Campus gewährt.

^
32

Bauen, womit er weniger auf die Prinzipien moderner Architektur reagierte, als daß er sie ausdehnte und bereicherte: Er erarbeitete wesentliche, in ihrer Ideologie bereits verankerte Positionen. So wie der manieristische und barocke Ausdruck aus der frühen Renaissance-Architektur hervorging, erweiterten bestimmte Praktiker der modernen Architektur im Laufe ihres Werdegangs die architektonische Sprache und lockerten die Vorschriften. Inzwischen hatten sich jedoch die Anschauungen der westlichen Welt quer durch Europa und jenseits des Atlantiks ausgebreitet, so daß nun auch regionale Fragestellungen – Kultur, Klima und Technologie – als weiterer Gesichtspunkt hinzukamen.
Finnland bedeutete für Aalto das gleiche wie Spanien für Picasso und Irland für James Joyce. Aus ihm schöpfte er innere Energie, die in seinem ganzen Werk offen zutage tritt. Materialien, Bildersprache und architektonischer Charakter, alles rührt von den ureigenen Stimuli seines Heimatlandes. Finnland bildete eine Art tiefste Provinz, als sich die in Europa und im Osten erzielten kulturellen und wissenschaftlichen Fortschritte verbreiteten. Die Region war während des größten Teils der Eiszeit von Gletschern bedeckt gewesen, und die zivilisatorischen Errungenschaften erreichten dieses Land später als den Großteil Europas. Im Gegensatz zu den norwegischen Wikingern, den Dänen im Mittelalter und den Schweden im 17. Jahrhundert erlangten die Finnen niemals königliche Macht. Die meiste Zeit ihrer Geschichte wurden sie von benachbarten Ländern beherrscht oder regiert, wobei sie häufig als Spielball in den Machtkämpfen anderer Völker dienten. Finnland hat einen ursprünglichen Charakter; dieses unermeßlich weite, abgeschiedene Land mit seinem riesigen Netz von Seen und Wäldern erweckt Bilder aus der Schöpfungsgeschichte, als das Wasser von der Erde abgetrennt wurde. Metalle, Holz und Fisch machen Finnlands wichtigste Ressourcen aus, kein Wunder also, daß Aaltos Vorfahren Waldbewohner waren. Vielleicht haben Finnlands Abgeschiedenheit, seine urzeitliche Weite und der Gleichmut seiner Menschen die moderne Architektur Alvar Aaltos so unauslöschlich geprägt.
Als Aaltos erstes Meisterwerk gilt allgemein das Tuberkulose-Sanatorium in Paimio (1929–1933). Dieser elegante weiße sechs- bis siebenstöckige Gebäudekomplex liegt behutsam eingefügt zwischen Birken und Kiefern. In seiner formalen Umsetzung und seinem humanitären Anliegen hält es sich eng an die Regeln der modernen Architektur. Dieses Gebäude, das weithin zu den grundlegenden, die Entstehung der modernen Bewegung prägenden Bauten zählt, signalisiert auch einen Wendepunkt in Aaltos architektonischer Entwicklung. Obgleich er im Ausland eine größere Anerkennung als in seinem Heimatland genoß und einen Lehrstuhl am Massachusetts Institute of Technology (MIT) annahm, umfassen seine späteren Werke zunehmend eine für sein Land und seine persönlichen Interessen spezifische regionale und individuelle Ausprägung.
Für die im Anschluß an das Sanatorium entstandenen Arbeiten Aaltos sind unregelmäßig geschwungene Formen, geschichtete und unterschiedliche Ebenen sowie eine fließende Bündelung und Unterteilung von Elementen charakteristisch. Auch wenn sie anscheinend in Widerspruch zu der von industriellen Herstellungsmethoden geforderten Rechtwinkligkeit und Regelmäßigkeit stehen, war sich Aalto des Einsparpotentials von Rationalisierung und Standardisierung durchaus bewußt und nutzte diese Prinzipien, wann immer sie ihm zweckdienlich schienen. Die Formen, Umrisse und Rhythmen dieser Bauten erwidern eindeutig die finnische Landschaft mit ihren kurvenreichen Seen, ihren von Gletschern geglätteten Felshügeln und ihren rauschenden Wäldern. Außerdem resultieren sie aus den Erfordernissen einer wellenförmigen Landschaft und sind auf Senkungen und Ausläufern errichtet. Daß Aalto diese Gestalten und Formen ökonomisch realisierte, ist hauptsächlich seinem extensiven Einsatz von Holz zuzuschreiben. Die moderne Architekturbewegung ließ Holz als Konstruktionsmaterial außer acht, da es nicht die Leistungsfähigkeit von Stahl und Eisenbeton bot und mit volkstümlichem Kunsthandwerk assoziiert wurde. Doch in Aaltos Händen verwandelte es sich zu einem vielseitigen, anpassungsfähigen und höchst effizienten Material mit einer unendlichen Ausdrucksvielfalt und mit einer Menschlichkeit und Wärme, die industriell gefertigten Materialien fremd ist. Aalto verwendete Holz nicht nur für alle Gebäudeelemente, sondern auch in lamellierter Form zur Herstellung einfacher klassischer Möbel, die noch heute Absatz finden.
So wie Aalto eine regionale Sensibilität in die Ideologie der modernen Architektur einführte, zeugen auch seine bemerkenswerten Entwürfe und städtebaulichen Projekte von einer Einfühlung in die praktischen und geistigen Bedürfnisse des Menschen. Ohne die Regeln der modernen Architektur zu leugnen, demonstrieren Aaltos Gebäude eine humane, bescheidene Ausführung und eine lyrische Leichtigkeit, die heiter und gelassen stimmen. Plazierte Le Corbusier seine Bauten an höchster Stelle, damit ihre Silhouette von weitem zu bewundern war, errichtete sie Aalto unterhalb des Bergrückens, wo sie sich mit der Landschaft verbanden und die natürliche Umgebung ihre beherrschende Rolle behielt.
Aalto bezog – obgleich er vom Intellekt her der modernen Architektur angehörte – seine

^
33

^
34

Anregungen aus jenem spezifischen Teil der Welt, in dem er geboren war, aufwuchs und arbeitete. Die Verbundenheit mit einem bestimmten Klima, einer Kultur und einer Wirtschaft ist ein wesentlicher Gesichtspunkt der ökologischen Überlegungen in der Architektur von heute.

Frank Lloyd Wright

Der in Wisconsin geborene und aufgewachsene amerikanische Architekt Frank Lloyd Wright (1869–1959) war von den Lehrsätzen der europäischen Moderne unabhängig. Er bahnte sich seinen eigenen Weg, indem er die Quellen und Meinungen seines Umfelds heranzog. Seine von ihm entwickelte Architektur wird häufig als »organisch« bezeichnet. Dieser problematische Begriff ist von verschiedenen Kommentatoren zu unterschiedlichen Zeiten verwendet worden, um eine Stimmung in der Architektur ebenso wie eine materielle Präsenz wiederzugeben. Wright selbst erklärte ihn 1914 so: »Mit organischer Architektur meine ich eine Architektur aus dem Inneren heraus, außen harmoniert sie mit den Bedingungen ihres Daseins im Unterschied zu einer, die nur von außen aufgesetzt ist.« Der Ausdruck schließt auch den Zeitablauf ein. Louis Sullivan, Wrights Arbeitgeber und Mentor, sagte: »Organismus ›ist‹ nicht. Im Organismus ›wird‹ es.« Wright übernahm den Begriff »organisch«, machte sich ihn zu eigen und verlieh ihm eine andere Bedeutung. Wie ein passionierter Autor, Redner und Bekehrer versuchte er bei vielen Gelegenheiten zu erläutern, was er darunter verstand.

Ein organischer Ansatz zur Architektur legt daher eine intuitive und poetische, vom Zeitverlauf erhöhte Antwort auf Natur nahe.

Die Architektur gotischer Kathedralen kann aufgrund ihrer Form und ihres Ausdrucks als organisch gelten, was zum Teil an ihren, im Gegensatz zu den klassizistischen Symmetriegesetzen, relativ freien Kompositionsmöglichkeiten liegt. Doch entscheidender ist, daß der Bau dieser Kathedralen viele Jahrzehnte dauerte und sie meistens das Resultat mehrerer Anschauungen waren. Gewöhnlich erscheint jene Architektur am meisten organisch, die sich im zeitlichen Verlauf entwickelt und gewandelt hat, gewachsen oder geschrumpft ist. Ein Gebäude verändert im Laufe der Jahre nicht nur sein Aussehen, seine Form und innere Anordnung, es erweckt auch den Eindruck, mit der Landschaft verwachsen zu sein. Eine derartige Integration in ein Umfeld kann sowohl das Ergebnis von Vertrautheit sein – ein Bauwerk wird vom Unterbewußtsein als Charakteristikum eines bestimmten Ortes akzeptiert oder wiedererkannt – als auch von materieller Einverleibung herrühren: Materialien sind Witterungseinflüssen ausgesetzt, die Vegetation breitet sich aus, Nachbarbauten werden errichtet und angepaßt und Grenzen neu definiert.

In den letzten Jahrzehnten haben sich Veränderungen und Anpassungen immer schneller vollzogen. Sofern ein Gebäude nicht als Kulturerbe verewigt oder wegen seines architektonischen Ranges unter Denkmalschutz gestellt wird, dürfte es eher vorzeitig zerstört oder ersetzt werden als zu altern und dem natürlichen Verfall zu erliegen. Diese Tendenz gab den Anstoß zu einer gewissen organischen Reaktion in der Architektur, die weitere Neuerungen vorwegnimmt und adaptiert, sich fortentwickelt und anpaßt, ohne die ursprünglichen Lehrsätze zu untergraben. Ein spezifisches Beispiel hierfür sind moderne bioklimatische Bürobauten, von denen einige in diesem Buch vorgestellt werden. Wright allerdings veranlaßte die begrenzte Lebenszeit von Gebäuden zu einer ganz anderen Lösung.

Wrights Architektur ist nicht augenfällig modern. Sie ist weder weiß noch kubisch oder transparent; Pilotis, Stahl, Gebäuderahmen und ein fundamentales soziales Manifest existieren nicht. Auf den ersten Blick ähnelt sie mehr der englischen Arts-and-Crafts-Architektur von Voysey, Shaw, Webb und vor allem Mackintosh. Daß Wright als Meister der modernen Schule und nicht als einfallsreicher und überzeugender Repräsentant der Arts-and-Crafts-Bewegung gesehen wird, liegt in erster Linie an der Art und Weise, wie er den Raum behandelt. Seine Pläne setzen sich nicht aus der Halle, dem Empfangsraum oder dem Billardzimmer des »Cluedo«-board zusammen wie bei den Häusern des Arts and Crafts. Vielmehr geht Wright in seinen Entwürfen von einem einzigen Raum aus, der häufig um einen zentralen Kamin gegliedert und individuell gestaltet ist. Ihn aufgrund dieses einen Attributs der modernen Bewegung zuzuordnen erscheint falsch. Zweifellos war Wright innovativ, was die Häuserentwürfe, die Lichtführung und verstärkte Helligkeit sowie die frei ineinander übergehenden Räume anbelangt. Er hegte eine Aversion gegen Städte und war unglücklich, wenn ihm das städte-

35>

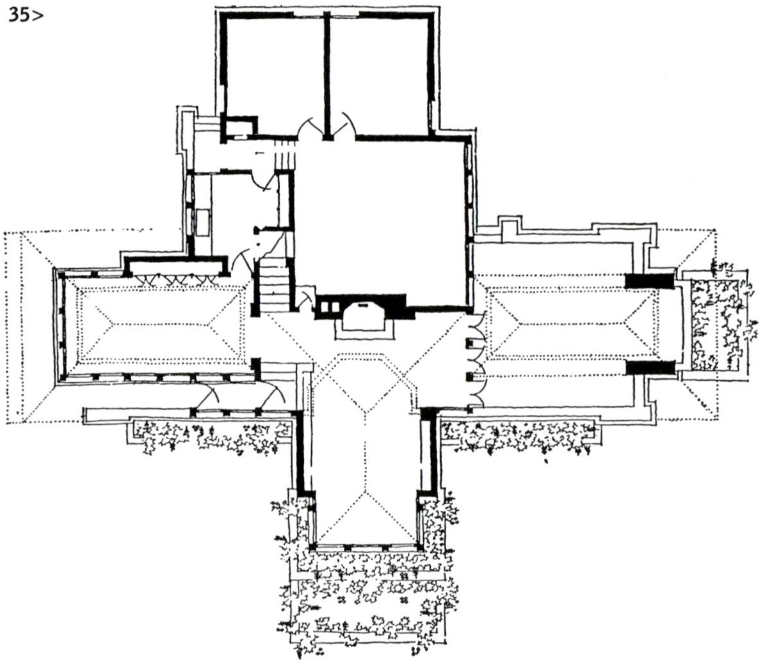

<36

^
37

35> Plan für das Haus von Isabel Roberts, River Forest, Illinois (1908), von Frank Lloyd Wright.

36> Taliesin West, Scottsdale, Arizona (1938), von Frank Lloyd Wright.

37> Haus Kaufmann, »Falling Water«, Bear Run, Pennsylvania (1937–1939), von Frank Lloyd Wright.

bauliche Raster Schranken setzte. In den Vororten oder in ländlichen Gebieten war das Diktat des Umfelds weniger streng. Der Beiname »Prärie-Architektur« spielt nicht so sehr auf die langen horizontalen Linien bei Wrights Wohnhäusern an als auf das Gefühl der Weitläufigkeit, die diese Architektur zum Atmen braucht.
Unabhängig davon, ob Wright ein Wegbereiter der modernen Bewegung war oder nicht, fest steht, daß er in der Tradition jener Architektur verhaftet war, die ihre Inspirationen und Grundprinzipien aus der Natur und ihrem Umfeld bezieht. Da er im Mittleren Westen der USA geboren wurde und heranwuchs, war er unbelastet von der europäischen Kultur und Geschichte. Zwar erbte er die Vorstellung von einem europäischen Zuhause, doch ließen seine Wahrnehmung und Wißbegier seinen Blick in die Ferne schweifen. Die frühen Einflüsse durch die japanische Baukunst und vor allem das traditionelle japanische Wohnhaus waren grundlegend in der Entwicklung seiner eigenen Architektur. Dazu gehörte nicht nur sein Sinn für fließende Räume, sondern auch die Wertschätzung von Materialien und ihre unverfälschte Verwendung. Er griff Elemente aus reinen Nützlichkeitserwägungen auf und entdeckte bei den zweckentsprechend eingesetzten Rohmaterialien deren verborgene Ausdruckskraft und verstecktes Potential. Dieses Einfühlungsvermögen in »natürliche« Materialien ist selbstverständlich ein ausgeprägtes Merkmal für zeitgenössisches umweltverträgliches Entwerfen.
Die Landschaft und Archäologie in Wrights Heimat waren seine Hauptinspirationsquellen. Von den präkolumbianischen Stätten stammte sein Sinn für die Eingebundenheit in die Natur, für einen aus der Erde herauswachsenden Bau, der nicht von ihr losgelöst, sondern über Pilotis mit ihr verbunden ist. Auch sein Sinn für die dem Menschen innewohnende Harmonie mit der Natur und den Jahreszeiten rührte von diesem Ursprung her. Falling Water (1937–1939), das von ihm entworfene Wochenendhaus für den Millionär Edgar J. Kaufmann aus Pittsburgh, gilt häufig als Inbegriff seiner Neigung, die gebaute Form in das natürliche Umfeld zu integrieren. Über dem Wasserfall eines Flüßchens in Pennsylvania schwebt Falling Water, bei dem glatte horizontale Flächen und das zerklüftete Terrain ineinandergreifen. Die Wirkung des Gebäudes beruht auf dem Kontrast zwischen dem von Menschenhand geschaffenen und dem Natürlichen und nicht auf der symbiotischen Verschmelzung beider. Die umgebende Waldlandschaft mit den vereinzelten Felsblöcken dient als Hintergrund für die über ihr schwebende kühne und auskragende Komposition in Stahlbeton. In dieser Hinsicht spiegelt Falling Water den Geist der europäischen Moderne wider, die technische Neuerungen, saubere Linien und die Natur nebeneinanderstellt.
In Taliesin West, Wrights eigenem Wohnhaus und Arbeitsstudio in der Wüste von Arizona, dominiert ein völlig anderer Geist. Der gedrungene Bau liegt in einer unwirtlichen Landschaft, die mit verstreuten Steinen und mit Kakteen durchsetzt ist; seine Form ordnet sich dem weiten Wüstenpanorama unter. Scheinbar natürlich wächst er aus dem Boden; seine Mauern aus Felsgestein verlieren sich in der willkürlichen Landschaft, doch seine überdimensionierten aufgerichteten Holzbalken erscheinen blank wie ein vom Sand geputztes Skelett, ausgeblichen und gedörrt von der Wüstensonne.
Bezeichnenderweise erwachen Wrights Gebäude unbemerkt zum Leben, sobald man sie beschreibt. Sie brauchen Raum zum »Atmen«, sie »umarmen« die Landschaft, sie »erbitten« Aufmerksamkeit, und sie »verführen« die Sinne. Diese Einfühlung in die menschliche Gestalt bot Wrights unmittelbaren Nachfolgern Anregungen und führt direkt in Richtung der heutigen bioklimatischen Architektur.

Richard Buckminster Fuller

Der vierte Wegbereiter der Moderne, dessen Werk die bioklimatische Architektur zumindest rückwirkend ähnlich beeinflußt, ist Buckminster Fuller (1895–1983). In gewissem Sinne war Fuller ein Außenseiter und von seiner Vision und seinem Genius her ein moderner Renaissance-Mensch, dessen Bedeutung außerhalb der akademischen Kreise erst nach und nach erkannt worden ist. Üblicherweise sah man in ihm weder einen Pionier der modernen Bewegung noch glaubte man, er hätte maßgeblich zur Entwicklung einer umweltverträglichen Architektur beigetragen. Fuller beschäftigte sich mit Design, Kunst, Wissenschaft und der klassischen Literatur, so daß er aus pluralistischer Sicht interdisziplinäre Verbindungen herzustellen vermochte, wozu die nur auf einem einzigen Gebiet Tätigen nicht in der Lage waren. Aus der gegenseitigen Befruchtung dieser Spezialisierungen resultierte eine Serie von Projekten, die mit der Form brachen, darunter »Dymaxion House«, »Car«, »Bathroom« und »World Map«, die »Geodätische Kuppel« sowie zahlreiche anregende Äußerungen und Theorien.
Vor allem hat Fuller unsere Aufmerksamkeit auf die Winzigkeit unserer Erde in ihrem kosmischen Umfeld gelenkt und die wechselseitige Abhängigkeit von globalen Systemen und Gesellschaft unterstrichen. Sein Plan von der »One Town World« nahm Marshall McLuhans »Globales Dorf« mehr als 35 Jahre vorweg. Weitblickend erkannte er die zwangsläufigen Veränderungen im Zusammenhang mit der überproportionalen Anhäufung von Reichtum

38> Geodätische Kuppel, »Climatron«, Botanischer Garten, St. Louis, Missouri (1960), von Richard Buckminster Fuller.

und Macht in der Hand weniger Konzerne, mit der zunehmenden Reisegeschwindigkeit und mit dem Aufkommen einer weltweiten sekundenschnellen Kommunikation: Der Planet Erde würde nicht mehr mit Hilfe sorgfältig vorbereiteter Expeditionen zu erfassen sein, die Regionen könnten sich nicht länger auf einem selbst vorgegebenen Weg in relativer Isolation voneinander entwickeln, und die Gemeinschaften würden nicht mehr auf ihre eigenen, einzigartigen Schöpfungen in Kunst, Kultur und Bildung beschränkt sein.

In Fullers erstem, 1938 veröffentlichten Buch, »Nine Chains to the Moon« (nach seiner Vorstellung bildet die gesamte Weltbevölkerung aufeinandergestellt eine neunmal so lange Menschen-»Kette« wie die Entfernung vom Mond zur Erde), erörtert er die Aspekte der gegenseitigen Abhängigkeit, der Diversität und der Harmonie. Dabei untersucht er mittels einer Reihe Essays und Diskurse das Besondere, um daraus das Universale abzuleiten. Das Lokale, Regionale und Außergewöhnliche fesselt sein Interesse nur insoweit, als es die Entwicklung einer strategischen Sicht fördert. Fuller war demzufolge nicht wie etwa Thoreau ein Naturmensch. Er verfocht eine technisch orientierte Lösung des Bevölkerungswachstums, der Stadterneuerung und des häuslichen Komforts. Auch wenn er die drohende Umweltkrise niemals genau aufzeigte, so hätte er sie sicherlich auf technologischem Wege abzuschwächen oder abzuwenden versucht. Somit kann man Fuller als ersten Weltbürger betrachten. Es ist diese Idee von einer effizienteren und gerechteren Nutzung und Verteilung von Ressourcen, aus der sich die Konzepte von globaler Umweltverträglichkeit und weltumfassendem Bewußtsein als einem fein abgestimmten Öko-Organismus entwickelten.

Fullers Ziel, »wieder die ursprünglichen Fähigkeiten zu erlangen, mit weniger mehr zu tun«, erinnert an Mies van der Rohes Maxime: »weniger ist mehr«. Mies meinte damit im wesentlichen einen ästhetischen Ansatz, Fuller dagegen sah diesen Reduktionismus in streng wissenschaftlichem und technischem Sinn. Seine Erfindungen und Konstruktionen basierten alle auf einer technischen Methode, die den bei Produktion, Montage und Betrieb erforderlichen Ressourcenverbrauch mittels Geometrie, Berechnungen und dem phantasievollen Einsatz von Materialien auf ein absolutes Minimum beschränkte.

^
38

Fullers vielleicht innovativste Arbeit war die Entwicklung des als »tensegrity« bekannten Konstruktionssystems. Hierbei handelt es sich um räumliche Tragwerke, die in einer geometrischen Anordnung von Druckstreben und zugbeanspruchten Elementen Druck- und Zugkräfte ausgleichen, so daß Auflasten von einem scheinbar provisorischen und unzulänglichen Auflager aufgenommen werden können. Fullers nachhaltigste Erfindung ist offensichtlich die Geodätische Kuppel, bei der eine ähnliche geometrische Ausgewogenheit allerdings mit standardisierten Druckstreben und Verbindungsstücken erzielt wird. Diese gleichen die Druck- und Zugkräfte aus, je nachdem, wie die Konstruktion zu einer bestimmten Zeit belastet wird.

Wie Fuller voraussah, war die Bauindustrie mit ihren traditionell niedrigen Investitionen, den arbeitsintensiven, nach Gewerken getrennten und bautechnisch ungenauen Prakti-

ken nicht in der Lage, die von ihm befürwortete hochtechnische interaktive Methode zu übernehmen. Andere Bereiche – der Schiffsbau, die Luft- und Raumfahrt – machten sich seine Strategie, »mit weniger mehr zu tun«, zu eigen und entwickelten sie weiter. Sie stellten an die Leistung höhere und verfeinerte Anforderungen.
Trotz der Probleme, seine Ideen beim konventionellen Bauen einzuführen, empfanden und förderten die Architekten und Ingenieure Fullers Einfluß mehr als jeden anderen. Fuller inspirierte herausragende Persönlichkeiten wie Jean Prouvé (1901–1984) und Frei Otto (geb. 1925) und deren innovative, vorgefertigte und leichte Folienkonstruktionen. Daneben verehrten ihn High-Tech-Anhänger wie Norman Foster und Jan Kaplicky, die in seinem Werk eine Rechtfertigung für ihre technisch orientierte Antwort auf ökologischen Raubbau und gesellschaftliche Fehlentwicklungen fanden. Allerdings setzten sich die Architekten der modernen Bewegung nicht ausschließlich mit sozialem Ingenieurwesen, Industrialisierung und einem techno-ästhetischen Kredo auseinander. Wie dieser Überblick über die von vier Schlüsselfiguren verfochtenen Konzeptionen zeigt, geriet die architektonische Reaktion auf Umwelt und Umfeld, die sich in den vorangegangenen Epochen verschiedenartig manifestiert hatte, nicht in Vergessenheit. In der Tat könnte man behaupten, der Dialog zwischen Mensch, gebauter Form und Natur ist in der modernen Periode nicht bloß fortgeführt, sondern intensiviert worden.
Werfen wir einen erneuten Blick auf nur vier Wegbereiter und ihre Werke, so erkennen wir die wesentlichen, für die gegenwärtige ökologische Bewegung in der Architektur entscheidenden Fragestellungen, wenn auch in einem sehr unterschiedlichen Kontext und nicht als Manifestation einer allumfassenden Doktrin. In Le Corbusiers Arbeit spüren wir eine ursprüngliche und symbiotische Interaktion mit der Natur. Diese Wechselbeziehung ist zunächst sachlich und unwirklich, um schließlich tiefgreifend und mythisch zu werden. In dem Werk von Alvar Aalto beobachten wir, wie sich seine sterile und doktrinäre Architektursprache allmählich zu einem subtilen und elegischen Ausdruck einer regionalen Sensibilität wandelt. Die Architektur von Frank Lloyd Wright bestimmt von Anfang an ein Respekt für Materialien, Standort und die wechselseitige Beziehung zwischen dem Primitiven und dem Regionstypischen. In den Bauten von Buckminster Fuller schließlich bemerken wir, daß er die globale Zwangslage versteht und angemessene und effiziente Techniken und Ressourcen befürwortet. Die 44 in Kapitel vier erläuterten Projekte zeigen deutlich den Einfluß dieser Aspekte ihrer Arbeit auf die bioklimatische Architektur von heute.
Obgleich die oben behandelten Werke sehr bewundert und vieldiskutiert wurden, entwickelte sich nach dem Zweiten Weltkrieg in einer vom wiederbelebten Handel und reger Wirtschaftstätigkeit geprägten (westlichen) Welt eine Architektur, die naturgemäß nicht das Poetische und Intuitive, das Vergeistigte und Mythische einschloß. Statt dessen wurden für die neu errichteten Häuser nur die zweckdienlichen Attribute der Moderne übernommen, welche die immer schneller voranschreitende Verstädterung und die Handelsbedürfnisse widerspiegelten. Dabei sollten die verwendeten Materialien eher das Ansehen von Firmen steigern als ausdrucksvoll oder »getreu« sein. Kennzeichnend für diese Bauten waren die Rasterplanung, neue Konstruktionstechniken, industriell gefertigte Komponenten und eine auseinanderdividierte, rätselhafte Ästhetik. Um einen modernen architektonischen Ausdruck zu schaffen, eignete man sich meistens die Architektur der verdrängten »Puristen« der Moderne – Walter Gropius, Mies van der Rohe und Marcel Breuer – an und nicht die der mit eher regionalen und elementaren Sensibilitäten befaßten Architekten. Diese pervertierte Variante der Moderne achtete kaum auf Standort, Sparsamkeit der Mittel, Einfühlung in das Umfeld und die symbolische Beziehung zwischen gebauter Form und Natur. Sie verbreitete sich auf der ganzen Welt und erscheint selbst heute als totemistisches Zeichen für eine kultivierte Verstädterung arrivierter Städte und Staaten. Mehrere Energiekrisen und der unstreitige Nachweis, daß die Menschheit zum Nachteil ihrer Völker und ihrer Ökologie auf das Erdklima einwirkt, waren nötig, um die Auswirkungen einer Bewegung zu hinterfragen, deren Basis soziale Anliegen und die kreative Interaktion mit der Natur bildeten.

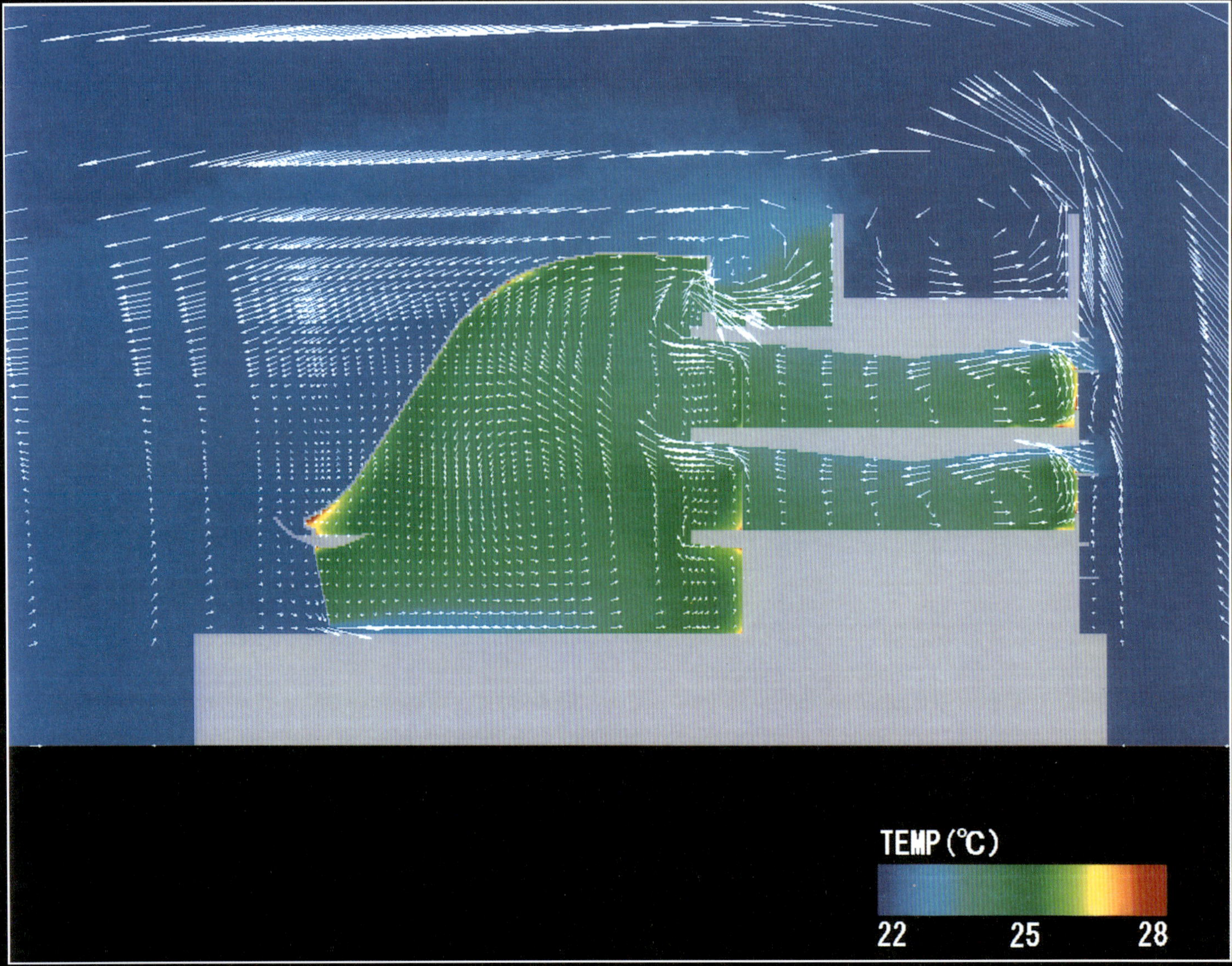

^
01

^
02

01> Vorhersage der Temperatur- und Luftströme. Schaubild rechnerische Strömungsdynamik durch den Tokyo Gas ›Earth Port‹ (siehe Seite 66).

02> Nofretete betet die Sonne an. Kalkstein-Stele aus Tell el Amarna, Neues Reich, 18. ägyptische Dynastie.

Die Sonne ist primär die Quelle und der Antrieb allen irdischen Lebens. Die Erde entwickelte sich aus der Sonne und bleibt nur so lange am Leben, wie auch sie überlebt. Die Sonne ist die Energiequelle schlechthin, ein Kernkraftwerk, das tausendmal leistungsfähiger ist als das größte vom Menschen geschaffene.
Die Sonne besteht aus Schichten heißer Gase, vorwiegend Helium und Wasserstoff. Im inneren Kern beträgt ihre Temperatur 14 Millionen Grad Celsius, an der Oberfläche ist sie sechstausend Grad Celsius heiß. Ihre Energie resultiert aus einer Kernfusion, bei der sich Wasserstoffatome zu Helium verbinden.
Bei diesem Prozeß wird eine riesige Energiemenge in Form von Wärme und Licht freigesetzt. Circa acht Minuten benötigen Licht und Wärme, um von der Sonne auf die Erde zu gelangen.
Etwa die Hälfte der Solarenergie sowie ein hoher Anteil der schädlichen Strahlung werden von der Erdatmosphäre gestreut oder absorbiert. Mehr als 90 Prozent der Energie, die auf der Erde ankommt, nehmen die Weltmeere und die an der Erdoberfläche lebenden Organismen auf. Den größten verbleibenden Teil absorbieren Pflanzen durch den Prozeß der Photosynthese. Im Vergleich hierzu ist die vom Menschen unmittelbar verbrauchte Menge an Solarenergie verschwindend gering.
Die Bedingungen auf der Erde sind in den 2800 Millionen Jahren ihrer Existenz einem Muster ununterbrochener Entwicklung gefolgt.
Die Sonneneinstrahlung auf der Erde ist die Ursache für die wesentlichen, auf ihrer Oberfläche manifesten Elementarkräfte. Land und Meer nehmen Wärme auf und setzen sie unterschiedlich schnell wieder frei. Wegen der kugelförmigen Gestalt der Erde und der Tatsache, daß sie rotiert, herrschen in verschiedenen Teilen der Welt zu unterschiedlichen Zeiten divergierende Temperaturen.
Diese ungleichmäßigen Temperaturunterschiede werden auf die Atmosphäre, welche die Erde umhüllt, übertragen und bewirken komplexe Formen von Luftbewegungen, die wir als Wind kennen. Niederschläge entstehen durch das Aufeinandertreffen und die Wechselwirkung von Luftmassen und gegensätzlichen Temperaturen.
Pflanzen, Algen und einige Bakterien werden von der Sonne am Leben erhalten. Durch Photosynthese verwandeln sie Solarenergie in gespeicherte chemische Energie. Pflanzen gehören zu einem nachhaltigen Kreislauf, da die meisten von ihnen über eine positive Kohlendioxidbilanz verfügen – das heißt, sie nehmen mehr Kohlendioxid auf, als sie beim Verrotten freisetzen. Kohle, Öl und Erdgas haben ihr Kohlendioxid vor Millionen von Jahren absorbiert und geben es heute bei ihrer Förderung oder Verbrennung ab. Dadurch kommt es zu einem Ungleichgewicht im Kohlenstoffkreislauf.
Unser Ökosystem setzt sich aus drei ernährungsphysiologischen Gruppen zusammen: den Produzenten (Erzeugern), z.B. Pflanzen; den Konsumenten (Verbrauchern), hauptsächlich Tieren; und den Destruenten (Zersetzern) wie Bakterien und Pilzen. Durch einen Syntheseprozeß liefern die Produzenten organische Materialien, von denen sich die Konsumenten ernähren. Die toten organischen Rückstände, die Fäkalien und andere Abfallstoffe der Produzenten und Konsumenten, werden von den Destruenten wieder zu anorganischen Stoffen abgebaut, wodurch sie die kontinuierliche Rohstoffversorgung der Produzenten sicherstellen. Die Biosphäre besteht aus vielen Bio-Kreisläufen, in denen stets ein weitgehendes Gleichgewicht herrscht (oder herrschen sollte), doch deren Entwicklung und Veränderung

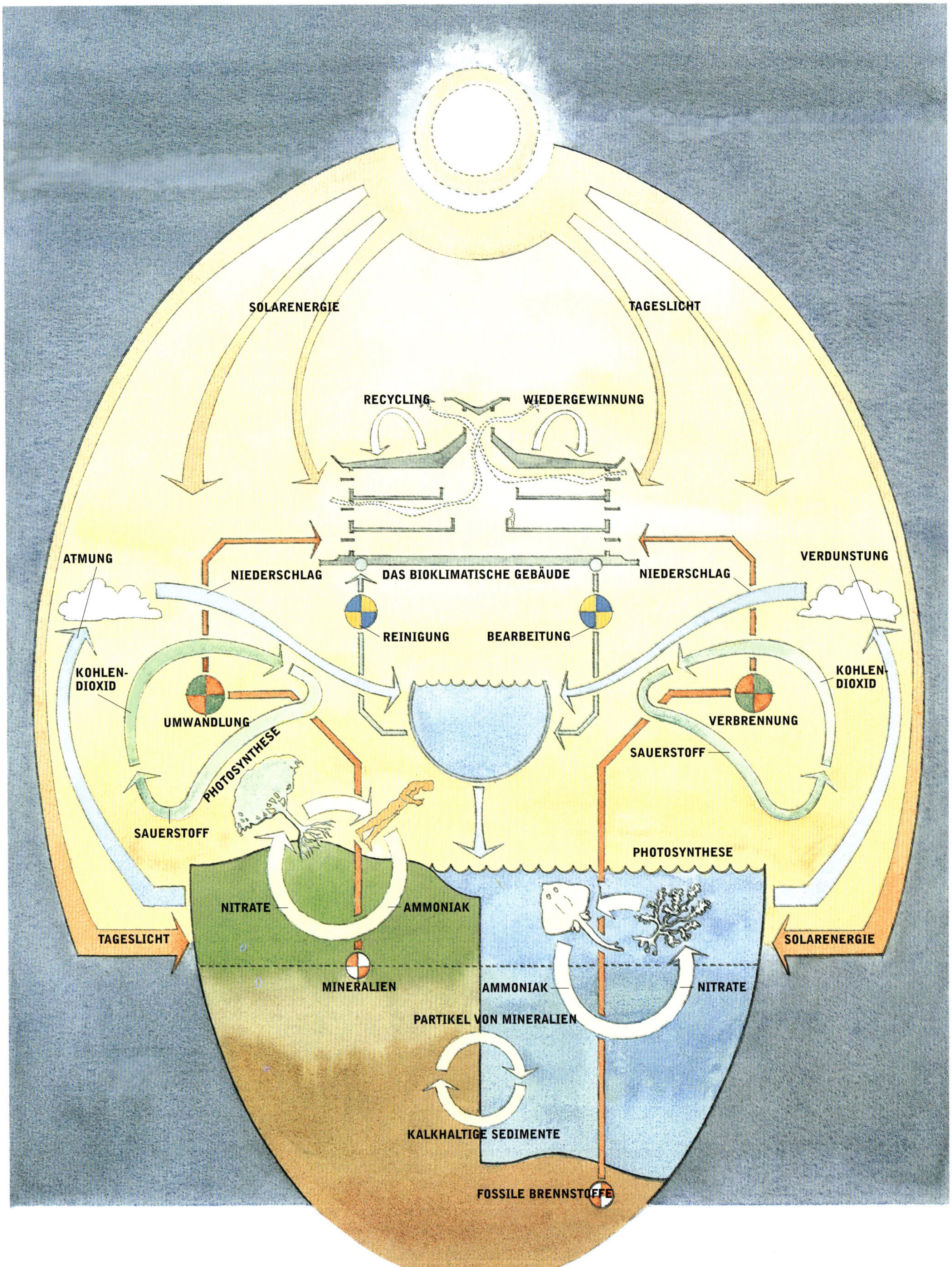

<03

BIO-KREISLÄUFE

03> Bio-Kreisläufe. Die Erde wird von zusammenhängenden »Bio-Kreisläufen« beherrscht, in denen stets ein weitgehendes Gleichgewicht herrschen sollte, deren Entwicklung und Veränderung sich jedoch über lange Zeitperioden erstreckt. Das bioklimatische Gebäude anerkennt die Kreisläufe und ist so entworfen, daß es diese während seiner Lebenszeit eher unterstützt als untergräbt.

sich über lange Zeitperioden erstreckt. Das Bevölkerungswachstum, die Intensität der menschlichen Aktivitäten und das Tempo der Veränderungen, das der Mensch den natürlichen Biorhythmen auferlegt, sind die Ursachen für die Umweltschäden, mit denen wir heute konfrontiert sind.

Die Nachteile der Sonne sind ihre Unstetigkeit und Wechselhaftigkeit. Nachts scheint sie nicht, ebenso nicht bei bewölktem Himmel. In den meisten Teilen der Welt ist es lange Perioden hindurch entweder zu heiß oder zu kalt. Mit der geeigneten Kleidung können wir beträchtliche Temperaturunterschiede aushalten, doch am produktivsten sind wir innerhalb eines recht engen Bereichs. Diese mangelnde Kontinuität und Unbeständigkeit der Sonne haben zu zunehmend ausgefeilteren Ersatz- und Übertragungsformen geführt wie etwa künstlicher Heizung, Beleuchtung und Kühlung. Um umfassenden, hohen Komfortansprüchen zu genügen (sowie Transport zu ermöglichen und den Anforderungen der Industrie zu entsprechen), fördern und erschöpfen wir die begrenzten, Millionen von Jahren in der Erdkruste gespeicherten Brennstoffreserven innerhalb einer winzigen kosmischen Zeitspanne. Um unseres Komforts willen verwenden wir diese Ressourcen in verschwenderischer und zerstörerischer Weise zur Stromerzeugung. Wir nutzen sie, um unersetzliche natürliche Materialien zu komplexen Komponenten, Montageteilen und Vorrichtungen zu verarbeiten, verfeinern und umzuwandeln; ebenso zur Beförderung von Waren, Lebensmitteln und Personen rund um den Globus in benzinfressenden Transportmitteln.

Allmählich kehren die Aktivitäten des Menschen die positiven Wirkungen der Sonne in schädigende und zerstörerische um. Aus Furcht vor Hautkrebs setzen wir uns bereits jetzt nicht mehr in die Sonne. Sollten sich unsere Methoden der Energienutzung nicht radikal ändern, werden in etwa einem Jahrzehnt die Erwärmung der Erdatmosphäre und die steigenden Meeresspiegel zu einer beispiellosen Katastrophe führen.

Natürlich ist ein so hoher Grad der Abhängigkeit von fossilen Brennstoffen für die gesamte Entwicklung der Energienutzung durch den Menschen verheerend. Bis zur industriellen Revolution wurde der energetische Bedarf des Menschen ausschließlich von Energie gedeckt, die von der Sonne herrührte, sei es durch Verfeuerung von Biomasse (organische Stoffe wie Holz, Stroh und Abfälle tierischen Ursprungs) oder durch Wind- und Wasserenergie. Obgleich das Zeitalter der fossilen Brennstoffe länger andauern dürfte, als viele vorhersagen, werden infolge neuer Entdeckungen und einer größeren Energieausbeute im Laufe der Zeit alle rentablen Abbaugebiete erschöpft sein. Jetzt, da diese Energiequellen abnehmen und bevor wir Solarenergie im Weltraum speichern und auf die Erde strahlen können (oder eine Form der Kernspaltung oder -fusion schaffen, die sicher, wirtschaftlich und gesellschaftlich akzeptabel ist), müssen wir zwangsläufig wieder auf die terrestrische Sonnenkraft zurückgreifen; doch extensiv und mit rationelleren und technisch ausgereifteren Mitteln. Die ersten Anzeichen für eine solche Energieära sind bereits sichtbar.

Damit kommen wir zum Begriff der bioklimatischen Architektur. Gemeint sind Bauten, die von der Natur inspiriert wurden, eine klare Strategie für die Minimierung von ökologischem Raubbau verfolgen und Behaglichkeit fördern. Beim Entwurf moderner bioklimatischer Gebäude und ihrem Umfeld sind im wesentlichen drei Fragen zu berücksichtigen: Energie, Gesundheit und Wohlbehagen sowie Nachhaltigkeit. Auf jede dieser Fragestellungen wird der Reihe nach eingegangen.

Energienutzungen und -formen

Die Energiefrage beim Gebäudeentwurf betrifft die Aspekte der effektiven Nutzung und der Form von Energie. Beim Energiesparen geht es ebenso um die Wahl der geeigneten Energieform zum gegebenen Zeitpunkt wie um das Einsparen dieser Energie. In modernen Gebäuden nimmt Energie gewöhnlich die Form von Elektrizität aus dem öffentlichen Stromnetz an und wird durch das Verbrennen fossiler Brennstoffe, durch Wasserturbinen oder Kernspaltung erzeugt. Die Versorgung mit Gas erfolgt unmittelbar aus natürlichen Erdgasvorkommen, oder das Gas wird als Verbrennungsprodukt fossiler Brennstoffe bereitgestellt. Mit Ausnahme der Atom- und Wasserenergie hängen alle diese Energiequellen von der Gewinnung fossiler Brennstoffe ab. Bei der Umwandlung fossiler Brennstoffe in andere Energieformen werden übermäßige Mengen von Kohlenstoff und Schwefeldioxid in der Atmosphäre freigesetzt.

Solarenergie ist selbst in ihrer umgewandelten Form größtenteils umweltschonend; auch ist sie in unbegrenzten Mengen verfügbar und somit eine erneuerbare Ressource. Sonnenstrahlung kann entweder direkt zur Wärmeerzeugung in einem Gebäude genutzt oder in Form von Wärme über Wärmekollektoren und in Form von Elektrizität über Zellen (Photovoltaikmodule) gesammelt werden. Sonnenstrahlung – in ihren natürlich umgewandelten Formen von Biomasse, Wind und Wasserenergie – wird mit Hilfe von Feuerungsanlagen, Turbinen und Wärmepumpen nutzbar gemacht. Hinsichtlich der Errichtung und Belegung von Gebäuden variieren die Parameter zur Energienutzung entsprechend des Standorts und den politischen und wirtschaftlichen Faktoren. In der Schweiz, wo vorwiegend Wasserkraftanlagen betrieben werden und wenig lokale

04>

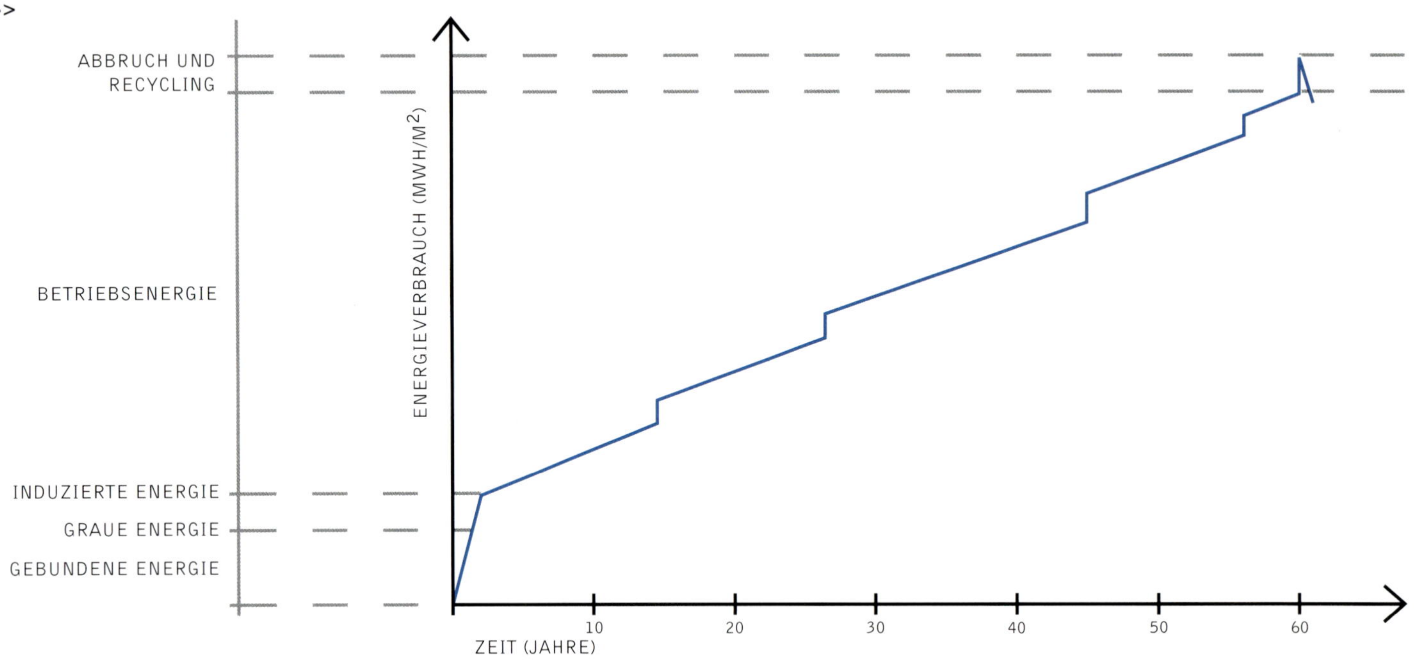

Produktionsstätten existieren, dürfte die tägliche Energieeinsparung nicht den gleichen Stellenwert haben wie die sorgfältige Material- und Komponentenauswahl oder die für die Fertigung oder den Transport von Importwaren aufgewendete Energiemenge. In Japan hingegen, wo die Energie vorwiegend aus importierten fossilen Brennstoffen stammt, müssen der Energieverbrauch in jedem Stadium minimiert und alternative, erneuerbare Quellen auf allen Ebenen eingeführt werden.

Ein Gebäude verbraucht auf mehrere Weise Energie: bei der Herstellung von Baumaterialien, Komponenten und Konstruktionssystemen (»gebundene« Energie); beim Vertrieb und beim Transport von Baumaterialien und Komponenten zur Baustelle (»graue« Energie), bei der Errichtung des Gebäudes (»induzierte« Energie); und beim Betrieb des Gebäudes sowie der Einrichtungen und Geräte seiner Bewohner (»Betriebs«-Energie). Auch für die Instandhaltung, den Umbau und schließlich die Entsorgung des Gebäudes wird Energie benötigt. Ein energieschonendes Gebäude zielt auf eine Senkung des Energieverbrauchs in allen diesen Bereichen ab.

Da eine energiesparende Verarbeitung und Herstellung von Materialien die Produktionskosten senkt, wäre es nur logisch anzunehmen, daß ein rationeller Einsatz von Energie den Geschäftsinteressen von Herstellern entgegenkommt. Doch entspricht diese Gleichung nicht der Realität. Die Einführung von Energiesparmaßnahmen bei der Fabrikation markiert einen beträchtlichen Fortschritt. Gleichzeitig verlangsamen mehrere andere Faktoren diese Energiesparwelle und verkehren sie bisweilen ins Gegenteil. So wird das für energiesparende Anlagen und Verfahren notwendige Investitionskapital häufig nicht ohne weiteres bereitgestellt; auch erfordert manchmal schon allein die Durchführung der gesetzlichen Maßnahmen zur Abfall- und Schadstoffreduzierung – diese greifen oft mehr als die Richtlinien zur Förderung der Einschränkung des Energieverbrauchs – eine größere Energiemenge. Außerdem erhält die Industrie für die Nutzung von Energie häufig Sonderrabatte und -tarife, so daß der Eindruck entsteht, eine Firma sei »auf ein gutes Geschäft gestoßen«. Schließlich gehört in einigen Branchen der Bauzulieferindustrie, beispielsweise bei den Anbietern von Glas, Verbundwerkstoffen und Vorhangwänden, das Energie erfordernde, aber verlockende Bild eines hochentwickelten und maschinell gefertigten Spitzenprodukts zum Werbepaket an sich. Bei den Überlegungen zur Senkung des Energieverbrauchs sind auch ein bequemes und effizientes Recycling sowie die bei einem Gebäude tatsächlich verbrauchte Materialmenge einzubeziehen.

Allgemein tendiert die Industrie zu mehr Produktivität, doch auch zu einem höheren Verarbeitungsgrad und häufig großem Energieverbrauch beim Transport der Waren vor und nach der Herstellung.

Strebt der Architekt Maßnahmen zur Minimierung des Verbrauchs dieser Art der gebundenen Energie an, muß er mehrere Fragen sorgsam abwägen. Zunächst gilt es, Materialien auszuwählen, die bei ihrer Produktion wenig Energie verbrauchen. Hierbei handelt es sich um Baustoffe, die nahezu unbearbeitet, in ihrem Rohzustand verwendet werden können wie etwa Steine, Holz und kompakte Erde; möglich sind auch in Serie hergestellte Recyclingmaterialien, beispielsweise Ziegelsplitt und zermahlener Beton, Schotter und wiederverwandte Stahlträger oder Abfallstoffe aus anderen Fertigungen. Zu letzteren könnten pulverisierte Brennstoffasche aus Elektrizitätswerken für Splittschichten und Silikonscheiben aus der Mikrochip-Industrie für photovoltaische Zellen gehören. Mit Ausnahme von Silikon implizieren diese Materialien eine recht elementare Bauweise, Vertrauen in die traditionelle Technologie und keine mit technischer Präzision entworfene, hochentwickelte Techniken.

Wir wenden uns nun wieder der Entwurfsstrategie zu und erörtern anschließend die Stilfrage. Die der ökologischen Bewegung in der Architektur zugrundeliegende philosophische Debatte beruht auf den beiden Fragen: Soll reduzierend und knapp entworfen werden bis hin zu einer nachhaltigen, die Umwelt rettenden Lösung, oder sollten wir uns selbst einfallsreich und subtil aus unserer Zwangslage heraus entwerfen? Diese gespaltenen Anschauungen werden in Kapitel 01 ausführlicher beschrieben. Die in Kapitel 04 erläuterten Bauten veranschaulichen beide Extreme, doch dürften jene am meisten gelungen sein, in denen ein fein abgestimmtes Gleichgewicht zwischen beiden herrscht.

Graue Energie, die beim Transport von Materialien und Komponenten vom Abbau- und Herstellungsort zur Baustelle aufgewendet wird, läßt sich minimieren, indem einheimische Industrien und die Verwendung lokaler Materialien gefördert werden. Fehlen geeignete lokale Ressourcen, sind die Lieferentfernungen und die Beförderungsmittel sorgfältig zu durchdenken.

Die induzierte Energie, das heißt die Energie, die beim Bauprozeß selbst verbraucht wird, fällt im Vergleich zur gebundenen und grauen Energie normalerweise in geringen Mengen an. Allerdings bildet sie bei der Gesamtleitung und beim Betrieb der Baustelle einen ebenso wichtigen Aspekt wie eine effiziente Arbeitsweise und Gesundheits- und Sicherheitsmaßnahmen. Der Architekt sollte bereits im Angebotsstadium sicherstellen, daß der Bauunternehmer umfassende Energieprinzipien für die Arbeitsweise auf der Baustelle verfolgt

04> Das Profil eines Nullenergiehauses. Ein umweltverträgliches Haus (energetisch betrachtet) ist ein Gebäude, das während seiner Lebensdauer bezogen auf seinen Energieverbrauch kostendeckend arbeitet und Überschüsse erzielt. Dies ist nur möglich, wenn der Gebäudeentwurf einen minimalen Energieverbrauch und die Gewinnung erneuerbarer Energie vor Ort (z.B. durch einen Solargenerator) vorsieht. Dabei muß soviel Energie erzeugt werden, daß sein lebenslanger Bedarf gedeckt oder überschritten werden kann.

und sich während des Baus nach ihnen richtet. Sie beinhalten Abfallvermeidung (derzeit werden 5 bis 10 Prozent der Baumaterialien ungenutzt weggeworfen), wirtschaftlichen Umgang mit Wasser und umweltfreundliche Entsorgung von zerstörten Materialien.
In diesem Bereich übt die Gesetzgebung einen mächtigen Einfluß aus. In manchen Ländern existieren beim Abriß von Gebäuden Lärmrichtwerte und Schadstoffbeschränkungen. So ist der Lärmpegel begrenzt und die Zeit, in der es laut werden darf, genau festgelegt. Das Verbrennen feuergefährlicher Materialien auf der Baustelle ist untersagt. Weitere Vorschriften betreffen die Entsorgung von Gefahrstoffen wie Asbest, und erst unlängst ist der von der Baustelle abtransportierte Bodenaushub mit Steuern belegt worden.
Schließlich sollten bei jedem Bauprojekt die Auswahl von Materialien und Komponenten das Ergebnis einer Abwägung sein zwischen einerseits einer ausgewogenen Analyse der erforderlichen Ausführung des Gebäudes und andererseits dem geschätzten Verbrauch an gebundener Energie bei der Herstellung und Verarbeitung von Materialien und Komponenten (in vielen Fällen gibt es hierzu nur in begrenztem Umfang brauchbare Informationen); zur Beurteilung der erforderlichen grauen Energie gehört die Ermittlung der Materialherkunft und die Angabe der beim Transport der Materialien und Komponenten an die Baustelle entstandenen Energiekosten. Schließlich muß die Frage beantwortet werden, was auf dem Gebiet der Abfallbegrenzung, -verwer-tung und -nutzung getan werden kann.
Die Betriebsenergie ist die Energieform, die von Wissenschaftlern, Designern und Gesetzgebern am meisten erörtert wurde. Sie wird beim Betrieb eines Gebäudes verbraucht und fällt so lange an, wie es steht und bewohnt ist – was Jahrhunderte dauern kann. (Betriebsenergie stand auch deshalb im Mittelpunkt, weil es verhältnismäßig leicht ist, bestehende Baurichtlinien um Energiebeschränkungen und Umweltschutzbelange zu ergänzen.)
Da der Energieverbrauch in Häusern mit den klimatischen Bedingungen ihres Standorts eng verknüpft ist, sind die Maßnahmen zur energetischen Minimierung von Region zu Region unterschiedlich. (Zu einer Zusammenfassung dieser Maßnahmen siehe Anhang Seite 246/247.) Die grundlegenden Anforderungen an Gebäude sind allerdings recht einheitlich. Die meisten von ihnen benötigen eine saisongemäße Heizung oder Kühlung sowie ein gutes Lichtniveau, damit die in ihnen verrichteten Tätigkeiten zufriedenstellend durchgeführt werden können.
Einen Schlüsselaspekt beim Entwurf eines bioklimatischen Gebäudes bildet die Bestimmung seiner »Behaglichkeitskriterien«. Dies ist nicht so einfach, wie es scheint, da das Behaglichkeitsempfinden von Mensch zu Mensch und zwischen ethnischen Gruppen, die sich stärker an lokale Klimabedingungen gewöhnen, beträchtlich divergiert. Es hängt auch von den im Gebäude ausgeübten Tätigkeiten ab und auch von der geistigen Einstellung ihrer Bewohner. In einigen Fällen, wie bei Museen oder Laboratorien, sind der Inhalt von Gebäuden oder die darin stattfindenden Prozesse umweltfreundlicher als ihre Nutzer, und die Kriterien müssen dementsprechend angelegt werden.
Die effektivste Art, Energie zu sparen, besteht in einem Gebäudeentwurf, der die Naturkräfte – Sonnenlicht, Wind und Tageslicht – wirkungsvoll ausnutzt. Die Nutzbarmachung der positiven klimatischen Eigenschaften ohne Rückgriff auf mechanische Systeme ist als »passiv-solares Design« bekannt.
Jedes Gebäude dient als Gelenk zwischen den häufig stark wechselnden Außenbedingungen und den Anforderungen an ein relativ beständiges Raumklima. Damit ein bioklimatischer Entwurf gelingt, sind eine Reihe von Faktoren zu berücksichtigen. Ein Gebäude muß sorgfältig ausgewogen sein, um bei heißen Außentemperaturen die übermäßige Sonnenwärme zu reduzieren und bei kalter Witterung die Sonnenstrahlung voll auszuschöpfen. Es sollte außerdem den Einfall von reichlich Tageslicht gewähren, doch vor Blendlicht, zu großen Solargewinnen und Wärmeverlusten schützen. Architekten müssen viele natürliche Belüftungsmöglichkeiten bei heißen oder feuchten Temperaturen sicherstellen und dafür sorgen, daß auch ein dicht abgeschlossenes, künstlich beheiztes Gebäude belüftet werden kann. Schließlich sollte der Baukörper genutzt werden, um im Tag-/Nacht-Wechsel Wärme aufzunehmen und wieder abzugeben (falls die dafür notwendigen Temperaturunterschiede zwischen Tag und Nacht groß genug sind). Dabei sollte eine entsprechende Isolation für thermische Beständigkeit sorgen.
Die Architekten heute zur Verfügung stehenden Maßnahmen waren immer vorhanden, doch wurden sie in der Architektur des vergangenen Jahrhunderts größtenteils ignoriert. Hierbei handelt es sich um das Optimieren der Ausrichtung von Gebäuden, das Herstellen eines Gleichgewichts zwischen dem Verschatten und Einfangen von Sonnenstrahlen, den Einbau von Fenstern, die sich (mit höchstem Wirkungsgrad) öffnen lassen, doch in geschlossenem Zustand dicht abschließen, sowie das Sicherstellen von abgedichteten Bauten. Dazu gehören auch Kenntnisse über die Wärmeleistung von Materialien, das Planen des Gebäudeinneren, um extreme Temperaturschwankungen abzuschwächen, und die Landschaftsgestaltung zur Schaffung komplementärer Außenbedingungen.

05 + 05A> Die Art der Energienutzung in Bürogebäuden. Ein gelungener Niedrigenergie-Bürobau verbraucht zwischen 70 und 80 KWh/m² in einem gemäßigten Klima. Die Histogramme vergleichen den Energieverbrauch in verschiedenen englischen Bürotypen mit den jeweiligen Energiekosten (Daten zur Verfügung gestellt von BRECSU).

05>

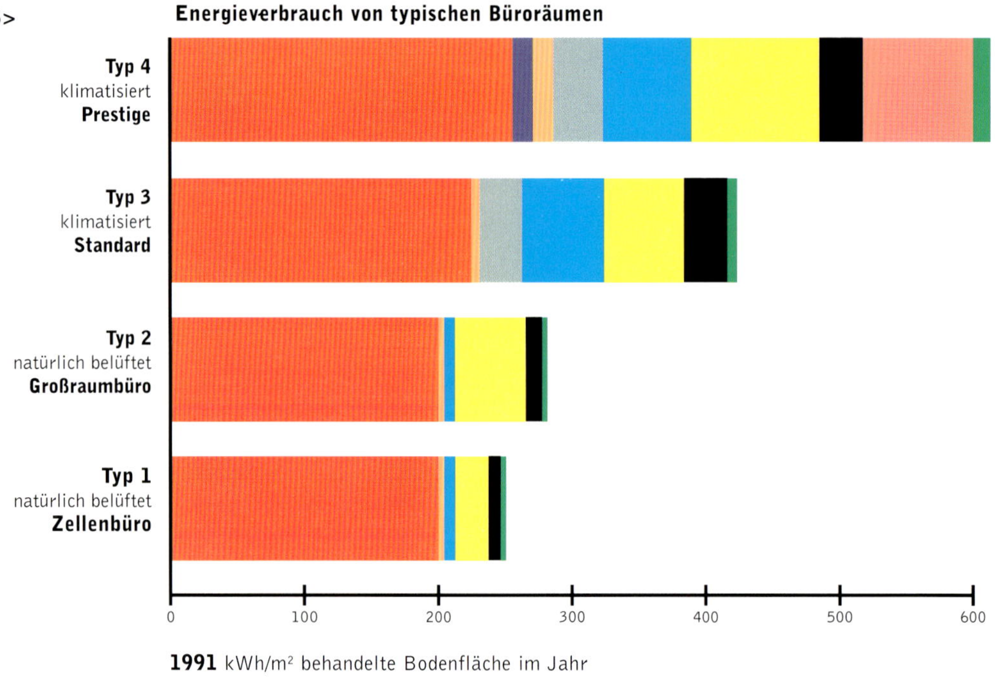

Nur relativ einfache Bauten kommen ausschließlich mit passiven Wärme- und Belüftungsmaßnahmen aus. Bei intensiv genutzten Gebäuden, hoher Belegung, einem ökologisch belasteten Umfeld und bei komplexen Aktivitäten oder Prozessen sind zusätzliche künstliche (»aktive«) Maßnahmen erforderlich. In welchem Ausmaß sie ergriffen werden, hängt von dem Grad ab, in dem das Raumklima vom Standort des Gebäudes, seiner Nutzung und seiner Belegung bestimmt wird. Bei einem Haus, in dem die Naturkräfte kombiniert mit durchdachten und koordinierten künstlichen Maßnahmen zur Energieeinsparung eingesetzt werden, spricht man von einem »Mix-Betrieb«-Gebäude.

Alle Gebäude benötigen künstliche Beleuchtung, größere Bauten zusätzlich eine bestimmte Menge auch am Tag. In nicht Wohnzwecken dienenden Gebäuden ohne Klimaanlage entfallen gewöhnlich die höchsten Energiekosten auf die Beleuchtung. Einen großen Schritt in Richtung eines sparsamen Energieverbrauchs stellt daher ein Gebäude dar, welches das Tageslicht effektiv ausnutzt, dessen Anordnung und Spezifikation der Beleuchtungsanlage rationell sind und das einfache, stabile und leicht bedienbare Regelungen (verständliche Bedienungsanleitung) beinhaltet.

Bei etlichen Großbauten müssen die natürlichen Belüftungs- und Verdunstungswirkungen mit künstlicher Kühlung gesteigert werden. Am einfachsten geschieht dies über Ventilatoren, die im gesamten Gebäude systematisch aufgestellt werden, damit an windstillen, heißen Tagen die Belüftung und Luftbewegung ausreichend ist. Der natürliche oder von Ventilatoren unterstützte Luftauftrieb kann allerdings die Luft nur zu den (annähernd) gleichen Temperaturen umwälzen, wie sie in das Gebäude eingeströmt ist. Das Gefühl der Kühlung entsteht durch den Verdunstungseffekt der Luft, die über die Nutzer zieht. Um bedeutend niedrigere Gebäudetemperaturen zu erzielen, muß die Luft über eine kältere Oberfläche geführt werden. Sobald die Luft innen kälter ist als außen, wird sie sehr kostbar, da ein beträchtlicher Energie- und Kostenaufwand nötig ist, um sie in diesen Zustand zu verwandeln. Sie darf erst wieder ausströmen, nachdem sie ihre Funktion, die Temperaturen auf einer angenehmen Höhe zu halten, ausgeführt hat. Künstlich gekühlte Gebäude müssen daher gut abgedichtet sein – und bei einer solch abgeschotteten Umwelt hängen Temperaturen, Feuchtigkeit und Luftqualität gänzlich von mechanischen Systemen ab, deren Leistung wiederum die Wartung, Regelung und Betriebsführung bedingt. Eine Unzulänglichkeit auf einem dieser Gebiete führt bei den Nutzern zu Frustration, Leistungsabfall und schließlich zu einem schlechten Gesundheitszustand.

Auch wenn eine künstliche Kühlung nach Möglichkeit vermieden werden sollte, steht sie nicht von sich aus einem energieschonenden, umweltverträglichen Design entgegen. Was zählt, sind die Mittel, mit der sie bereitgestellt, und das Ausmaß, in dem von ihr Gebrauch gemacht wird. Umweltfreundliche Methoden zur Einführung von zusätzlicher Kühlung beinhalten Wärmespeicherung über den Baukörper in Kombination mit Nachtkühlung, Luftkreislauf-Kühlung, ausschließliche Zuhilfenahme von mechanisch umgewälzter Umgebungsluft sowie die Nutzung von natürlichen Kühlspeichern, beispielsweise Aquiferen[1], Seen und dem Meer.

Beim Gedanken an den Energieverbrauch eines Gebäudes fällt uns gewöhnlich, zumindest in gemäßigten Klimazonen, die Art seiner Beheizung ein. Als es noch offene Feuerstellen gab, war das Feuer eher ein Ventilator als eine Wärmequelle, da der größte Teil der warmen Luft durch den Schornstein verschwand und dabei kalte Luft von außen hereinzog. In der Nähe des Feuers herrschte glühende Hitze, während es in den weiter entfernen Räumen ungemütlich zugig war. Mit dem Aufkommen der Zentralheizung konnten in allen Zimmern ähnliche und angenehme Raumtemperaturen erzielt werden. Die tägliche Nutzung der Heizung wurde im Winter auf das gesamte Gebäude ausgedehnt. Wärmeschutzkonzepte schlossen sich allerdings den Entwicklungen auf dem Gebiet der Wärmeverteilung relativ langsam an.

Ein gut gedämmtes Gebäude, bei dem die Undichtigkeit von seinem Baukörper minimiert wird, kann außerordentlich wirtschaftlich beheizt werden. Am meisten wird das Heizsystem beansprucht, wenn das Gebäude vom kalten Zustand aus – zum Beispiel nach dem Wochenende bei einem Geschäftshaus – beheizt werden soll. In der restlichen Zeit wird der Heizkessel nur »aufgefüllt«, wenn die Wärme langsam nachläßt.

Ebenso wie die Kühlung im Sommer erfordert das Heizen im Winter ein abgedichtetes Gebäude mit doppelten Dichtungen um die Fensteröffnungen, vor Zugluft schützende Eingangshallen und eine undurchlässige Konstruktion. In einem derart gut isolierten Gebäude muß Luft von außen zugeführt werden, idealerweise an einer Stelle, wo sie eine Wärmequelle passiert, bevor sie im Gebäude umgewälzt wird. Die Herausforderung für den Architekten besteht darin, die Frischluft in einer Weise bereitzustellen, daß sie die Nutzer nur bei stickiger oder schadstoffbelasteter Raumluft anfordern und in Mengen, die das Heizsystem nicht übermäßig beanspruchen.

1 A.d.Ü.: Ein Aquifere ist ein natürliches unterirdisches Grundwasserreservoir, in dem Wärme und Kälte gespeichert werden.

05A>

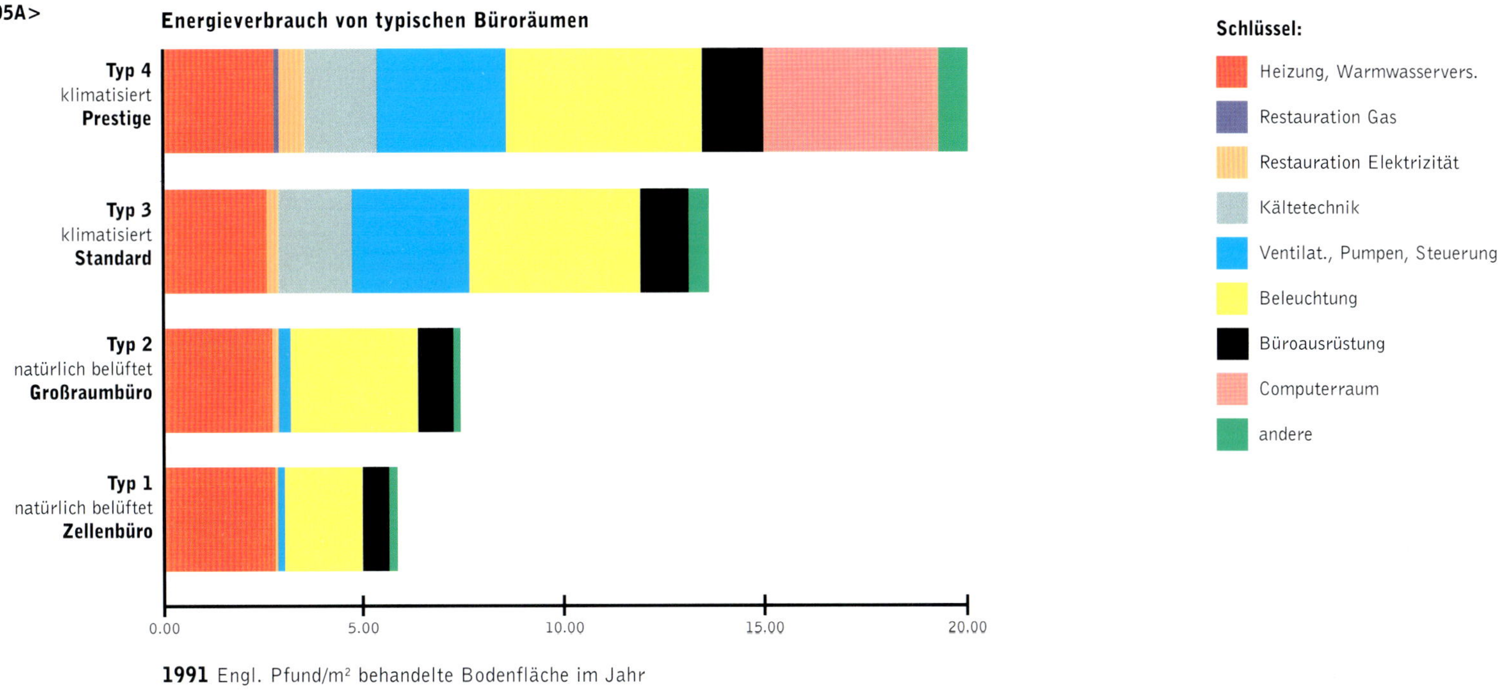

Nachdem wir die verschiedenen Formen der Energienutzung sowie einige spezifische Methoden der Energieeinsparung erörtert haben, müssen wir das Gebäude als Ganzes betrachten – wie es geplant, entworfen und betrieben werden kann, um eine maximale Energieeffizienz sicherzustellen. Danach befassen wir uns mit erneuerbaren Energiequellen (z.B. die Sonne). Das Adjektiv »passiv« wie in der Bezeichnung »passiv-solares Design« ist etwas irreführend. Es soll einen Ansatz zum Gebäudeentwurf beschreiben, der die natürlichen Eigenschaften des Klimas ausnutzt, um mit statisch angeordneten architektonischen Elementen Behaglichkeit zu erzielen. Um ein »aktives« Gebäude handelt es sich nur, wenn es auf elektro-mechanische Mittel angewiesen ist, um die gleichen oder ähnliche Resultate zu erzielen.

Einem zufälligen Beobachter mag man allerdings verzeihen, wenn er ein »passiv-solares« Gebäude für entschieden aktiver hält als ein »aktives«. Zu letzterem gehört traditionell eine nicht wandelbare Gebäudehülle mit einer integrierten (wenn auch aus beweglichen Teilen zusammengesetzten) Installation, die für vorprogrammierten Komfort sorgt. Normalerweise ist der einzig aktive Aspekt dieses Gebäudetyps der zunehmend verzweifelte Versuch des Gebäudeverwalters, die überhitzten, unterkühlten, lichtlosen oder geblendeten Nutzer zu besänftigen.

Das »passiv-solare« oder bioklimatische Gebäude stellt keine natürliche Ansammlung von Materialien und Komponenten dar. Es muß die Eigenschaften eines Organismus besitzen oder zumindest nachahmen. Im Gegensatz zu einem Gebäude, dessen Überlebensfähigkeit gänzlich von fähigen Elektro- und Maschinenbauingenieuren abhängt, muß gerade der Baukörper eines bioklimatischen Gebäudes stets anpassungsfähig sein. Da das bioklimatische Gebäude auf die Nutzbarmachung des Klimas angewiesen ist, hat es sich auch auf seine Launenhaftigkeit einzustellen. Wie alle Bauten muß es außerdem die sich ständig wandelnden Ansprüche seiner Nutzer sowie mehr oder weniger auch die zukünftigen Erfordernisse befriedigen. Doch anders als elektro-mechanisch bestimmte Häuser muß das bioklimatische Gebäude all dies ohne Unterstützung von komplizierten »künstlichen« Installationen bewerkstelligen. Es hat zyklisch und stoßweise zu reagieren. Es muß momentane, tägliche und saisonale Veränderungen von Temperatur, Sonnenschein, Tageslicht und Luftgeschwindigkeit bewältigen; manchmal hat es einer dürftigen Belegung, dann wieder einer Überbelegung zu entsprechen; dabei muß es sich gelegentlich einer veränderten Innenraumaufteilung und Versorgungstechnik anpassen, häufiger jedoch einer Verlagerung, einem Umzug, Austausch oder einer Ergänzung der wärmeerzeugenden Ausrüstung.

Soll das abgedichtete, luftbehandelte Gebäude zufriedenstellend funktionieren, ist es fortwährend auf eine Angleichung an die Leistungsabgabe seiner Systeme und Installationen angewiesen. Das bioklimatische Gebäude hingegen hängt von der Anpassung seiner Gebäudehülle ab. Den Mix-Betrieb-Bau bedingen beide Abhängigkeiten. Die Anpassung der Gebäudehülle bedeutet im wesentlichen, daß sich etwa ein Viertel der Gebäudewandflächen öffnen und schließen läßt, ein Drittel eine ununterbrochene Belichtung mit Tageslicht gestattet und eine ähnlich große Fläche zu bestimmten Zeiten das Einfallen und zu anderen das stufenweise Abschirmen von Sonnenstrahlen ermöglicht. Noch wichtiger ist, daß die Gebäudehülle all dies realisiert, ohne die Sicht nach außen unnötig zu behindern.

Die Gewichtsverlagerung von einer Angleichung an die Leistung der technischen Anlage zu einer Anpassung der Gebäudehülle wirkte als Inspiration für den architektonischen Ausdruck von Fassade und Dach. Früher wurden diese Gebäudeelemente wegen der eintönigen Vorhangwand und der notwendigen Konzentration der technischen Ausrüstung auf dem Dach, die in erster Linie eine fade Wandbehandlung bedingte, verwechselt. Dieser neue Schwerpunkt diente auch als (nicht gänzlich anerkannter) Ansporn für die Hersteller der Komponenten, aus denen die Gebäudehülle besteht – vor allem Glas, Verglasungen und Fensterwerke. Sie entwickelten innovative Produkte, die den Anforderungen an eine variable Anpassung und Multifunktionalität gerecht werden. Glasproduzenten haben die Entwicklung von Produkten, die nicht nur die Sicht, sondern auch Wärmeschutz, die Regelung der einfallenden Sonneneinstrahlung sowie die selbststeuernde Anpassung an verschiedene Leistungsarten ermöglichen, stark vorangetrieben. Außerdem gibt es Anzeichen dafür, daß die Fensterhersteller anstatt sich nur auf die Sicht- und Belüftungsfunktion von Fenstern zu beschränken, kompatible Systeme von Komponenten entwickeln, die sich zur Anpassung an spezifische Verhältnisse kombinieren lassen. Dazu zählen Komponenten zur Verstärkung des Tageslichts, zum Sonnen- und Blendschutz und zur Sicherstellung einer effektiven konstruktiven Schnittstelle zwischen Fenster und Öffnung. Sie können entsprechend der Fassadenausrichtung, der Fassadenkonstruktion, der Gebäudenutzung und dem Projektbudget zusammen montiert und installiert werden.

Voller Spannung sehen einige dem Tag entgegen, an dem als Reaktion auf die sich verändernde Großwetterlage und die Betriebsweise von Häusern die Anpassungen beim Baukörper und bei den Installationssystemen in die Wege geleitet werden. Der Auslöser dafür wird entweder der Klimaumschwung selbst

06>

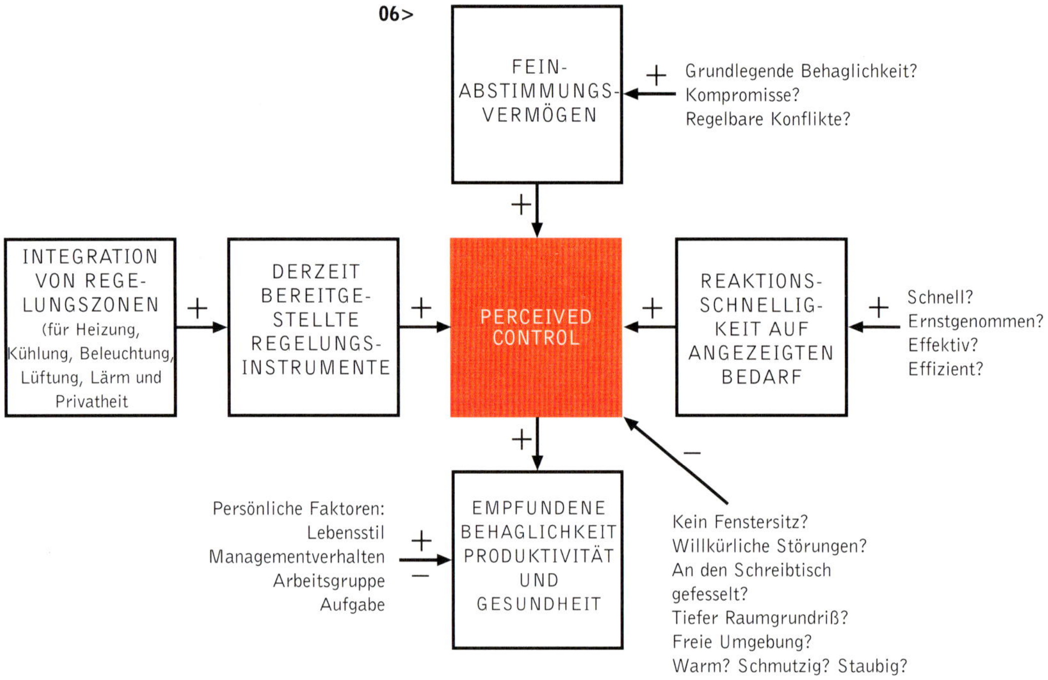

oder sogar seine Vorhersage sein. Sobald dies geschieht, hat das »intelligente« Gebäude tatsächlich Einzug gehalten. Dieses Szenario muß dem Hausbesitzer oder vielmehr dem Verwalter nicht zwangsläufig die Kontrolle entreißen und ihm schaden. Vielmehr könnte es, so wird argumentiert, dem Gebäude ein hochentwickeltes Kontrollniveau einbringen, vergleichbar dem moderner Luxusautos. Hier sind die für die allgemeine Funktionsfähigkeit des Autos entscheidenden Kontrollen automatisiert, außer Sichtweite und werden in regelmäßigen Abständen von Fachleuten gewartet. Dagegen können die Kontrollen, die unmittelbar den persönlichen Komfort und das Wohlbehagen des Autofahrers betreffen – Klimaanlage, Tonsysteme, Schiebedach, Sitz- und Lenkradkonfiguration mit ihrer verblüffenden Funktionsvielfalt – beliebig gesteuert, fein abgestimmt und vorprogrammiert werden.
Viele der genannten Entwicklungen werden wohl in Form von autonomen Produkten oder Systemen im Gebäude des zweiten Jahrtausends eingeführt werden. Doch halten ein Gebäude und ein Kraftfahrzeug einem Vergleich nicht stand. Unterschiede gibt es nicht nur hinsichtlich der Finanzstrukturen in der Automobil- und Bauindustrie. Auch die Abnutzungs- und Ersatzzyklen divergieren. Autos verschleißen, kommen aus der Mode und werden eingetauscht oder abgestellt. Gebäude hingegen passen sich an, werden erweitert, bekommen eine neue Haut, eine neue Ausstattung und überdauern im wesentlichen. Das Auto ist ein Konsumprodukt, während das Zuhause ein Zuhause bleibt. Vieles deutet darauf hin, daß die Bewohner die Leistung ihrer Häuser eher mehr als weniger steuern möchten und dies vorzugsweise mit robusten, unempfindlichen und nicht schwer erreichbaren und unnötig präzisen Regelmechanismen.
Da der Wechsel von der auf den Technikraum konzentrierten Regelung der Betriebsführung zu der Regelung von Komponenten, die innerhalb der Begrenzungslinien des Gebäudes verteilt sind, zunehmend rascher erfolgt, müssen die Designer und Kunden zwischen einer automatisierten zentralen Anlagenregelung oder einer lokalen Bedienung durch die Nutzer wählen. Viele der am meisten geglückten bioklimatischen Bauten basieren auf einer Regelungsstrategie, die beide Möglichkeiten effektiv vereint.
Seit längerer Zeit steht fest, daß das konventionelle abgedichtete, klimatisierte Gebäude bei denen, die dort wohnen oder arbeiten, beträchtliche Frustrationen auslöst. Die Nutzer eines solchen Gebäudetyps sind häufig so plaziert, daß sie über keinen direkten Blickkontakt zur Außenwelt verfügen. Wenn es sich um ein Bürogebäude handelt, dürften sie größtenteils eine Sitztätigkeit ausüben oder oft monotone, wenig fordernde Aufgaben ausführen. Auch haben sie geringe oder keine Möglichkeiten, auf die Behaglichkeit ihres Arbeitsbereichs Einfluß zu nehmen. Die Kombination von fehlenden Sinneseindrücken, ständiger Routine und mangelnder Einflußnahme auf die persönliche Umwelt sorgen dafür, daß bereits eine relativ geringe Abweichung von den optimalen Behaglichkeitsbedingungen von den Nutzern nicht unbemerkt bleibt. Bill Bordass, Adrian Leaman und Steve Willis, die Wegbereiter in der Analyse der Energienutzung und des Nutzerverhaltens, haben aufgezeigt, daß moderne Anlagenregelungs- und Energiemanagementsysteme in der Lage sind, das persönliche Wohlbehagen zu steigern und gleichzeitig den Energieverbrauch zu senken (»Control Strategies for Building Services: the Role of the User«, Konferenzpapier, 1994). Allerdings gibt es inzwischen Hinweise darauf, daß eine vollständig automatisierte Regelung noch nicht der Weisheit letzter Schluß ist. Fortschrittliche Regelungssysteme bringen die vergeuderisch und unnötig arbeitende Anlagentechnik nicht immer zum Stillstand; manchmal geraten sie eher zu Hindernissen als zu Hilfen einer effektiven Betriebsführung.
Lehrbücher und Anleitungen lassen darauf schließen, die Regelung der Anlagentechnik müsse lediglich geplant, installiert und entsprechend des vorgeschriebenen Leistungsniveaus in Betrieb genommen werden, um ordnungsgemäß zu funktionieren. Doch die Funktions- und Betriebsweise von Gebäuden erfordert einen umfassenderen, mehr empirischen Blickwinkel. Einzubeziehen sind der Kontext, in dem die Regelungsmechanismen genutzt werden, die Wechselwirkung zwischen verschiedenen, gleichzeitig betriebenen Regelungsarten sowie die Tatsache, daß die Bewohner naturgemäß die von Gebäudesystemen vorgegebene Solleistung abändern möchten.
Das eigentliche Problem besteht darin, Ziele für die individuelle Behaglichkeit und Bequemlichkeit zu definieren. Dies fällt einem Architekten bekanntermaßen schwer, da jeder Mensch andere Komfortbedürfnisse hat und das Empfinden von Behaglichkeit saisonabhängig ist und mit dem Grad zusammenhängt, in dem dieses individuell geregelt werden kann. Der letzte Gesichtspunkt ist besonders für das bioklimatische Gebäude wesentlich. Am besten läßt sich vielleicht Behaglichkeit mit dem »Fehlen von Unbehaglichkeit« definieren. Daher ist es verwunderlich, wenn Gebäudeentwürfe dazu tendieren, die Regelungselemente, die die Behaglichkeit schaffen sollen, nachdrücklicher zu betonen als die, welche das Unbehagen in kürzester Zeit lindern. Normalerweise schreiten die Bewohner von Gebäuden erst ein, wenn sie sich spürbar unwohl fühlen. Doch sobald ihre Maßnahmen nicht greifen, erheben sie rasch Einwände. Umfragen zu-

^
07

06> Von Nutzern empfundene Regelung der räumlichen Behaglichkeit und ihrer Komponenten. Die von Bill Bordass von William Bordass Associates und Adrian Leaman von Building User Studies Ltd durchgeführten Studien bewerten die physischen und psychologischen Auswirkungen auf die Nutzer von Gebäuden im Verhältnis zu dem von ihnen empfundenen Ausmaß, ihre Behaglichkeit selbst regeln zu können. Das Diagramm zeigt die Komponenten, die zu diesem Gefühl, selbst eine Regelung vornehmen zu können, beitragen.

07> Public Library, Pompeu Fabra, Mataró, Barcelona, Spanien, von Miguell Brullet i Tenas (1997). Bei diesem Gebäude sind in der Südfassade und im Dach Photovoltaikmodule integriert. Das Ziel bestand in einem optimalen Gleichgewicht zwischen dem integrierten Solarenergiesystem, der Energieeinsparung, eines behaglichen Raumklimas, natürlichem Licht und ästhetischen Gesichtspunkten. Die Photovoltaikfassade und die Oberlichter werden ca. 15 MWh pro Jahr produzieren; dies ist mehr Energie, als für die Bibliothek benötigt wird. Der Wärmebedarf für das Gebäude wird infolge der von den Photovoltaikmodulen erzeugten Wärme um etwa 30 Prozent gesenkt werden.

folge gehen die Nutzer von Gebäuden, die mit effektiven und ansprechenden Instrumenten zur Regelung ihrer Behaglichkeit ausgestattet sind, ihren Aufgaben in weitaus größeren komfortbezogenen Toleranzbereichen nach als die ohne solche Möglichkeiten. Der Grund hierfür ist zum Teil physisch bedingt – sie können sich anpassen und die besten Bedingungen auswählen, indem sie ihre Lage verändern, Kleidung an- oder ausziehen usw. – und teilweise psychologisch. Das Bewußtsein, zu jedem beliebigen Zeitpunkt Anpassungen an die Umweltqualität des Raums vornehmen zu können, in dem man sich selbst oder die eigene Gruppe befindet, vermittelt ein Verantwortungsgefühl. Und die unsichtbare, unheilvolle Präsenz des »großen Bruders«[2] gerät zu keinem Problem. So wird jeder Bewohner für den zufriedenstellenden Betrieb des Gebäudes gebraucht – und wenn es im Sommer etwas heiß wird, dann ist eben Sommer.

Die Planer von gelungenen, im Energieverbrauch sparsamen Häusern haben die Regelungsstrategien für den Gebäudebetrieb sorgfältig erwogen. Sie haben die einzelnen Nutzer mit soviel Instrumenten für die Regelung von Lüftung, Heizung, Sonnenschein, Tages-, Blend- und künstlichem Licht versorgt, wie es mit den gesamten Energie- und Betriebsstrategien des Gebäudes vereinbar ist. Die zentrale Anlagenregelung erfolgt auf der Basis einzelner Zonen und konzentriert sich auf eine konstante Strategie für das Gebäude als Ganzes. Vorbildlich wird für eine gleichbleibende Luftqualität gesorgt, für saubere, koordinierte Lüftungswege bei heißem Wetter, für sich schließende Dachoberlichter bei einsetzendem Regen, für eine sichere nächtliche Lüftung (wenn das Gebäude größtenteils ungenutzt ist) und für einen sparsamen Umgang mit künstlichem Licht. Die Designer haben soweit wie möglich sichergestellt, daß sich die Regelungen von Einzelsystemen nicht gegenseitig ausschalten und höchst energieeffizient sind.

Das von ihnen entworfene System ist unter gegebenen Umständen am effektivsten regelbar, wenn es am leichtesten zu bedienen ist (und unter diesen Umständen am wenigsten effektiv, wenn es am schwierigsten handhabbar ist). Auf jede Regelung folgt ein sehr deutliches, offenkundiges Resultat.

Der Verwalter eines Energiesparhauses versteht die Prinzipien, auf denen der Betrieb des Gebäudes, die Versorgung mit einem behaglichen Raumklima und die Energiestrategie basieren. Er paßt die Leistung der Anlagentechnik dem Nutzungsbedarf genau an und gewährleistet die optimale Bedarfsdekkung. Der Verwalter ist auch der Berater und Unterstützer aller Bewohner des Gebäudes hinsichtlich ihrer physischen Rahmenbedingungen. Doch so gut das Gebäude auch gestaltet sein mag, wenn es nicht effektiv funktioniert, treten bei den Bewohnern Verstimmungen auf.

Ein Überblick über die Energiequellen würde den Rahmen dieses Buches sprengen. Doch überall, wo Energie nutzbar gemacht oder vor Ort mit Hilfe der Sonne erzeugt wird, beeinflußt sie maßgeblich die Gestalt des Gebäudes und seine Verteilung auf dem Grundstück.

Solarenergie erscheint im weitesten Sinne des Wortes in zwei Formen, als erneuerbare und als regenerierbare. Die erneuerbare Form beinhaltet die Umwandlung von Solarstrahlung, oder der natürlichen Auswirkungen von Solarstrahlung, durch einen technischen Prozeß in Elektrizität. Zu dieser Art der Energiegewinnung zählen Photovoltaiksysteme, Wärmekollektoren, Wind-, Wasser- und Gezeitenkraft. Natürlich gehört zur erneuerbaren Form auch die direkte Nutzung der Solarenergie, ohne jede dazwischengeschaltete Technik (außer um sie zu verstärken), so wie etwa das Sonnenlicht den Baukörper aufwärmt.

Die Art der Energiegewinnung, die derzeit das meiste Interesse hervorruft, ist das Photovoltaiksystem. Bei diesem Prozeß wird Sonnenstrahlung direkt in Elektrizität umgewandelt. Bevor die photovoltaische Technologie für die Anwendung in Gebäuden entwickelt wurde, konnte Elektrizität aus Solarstrahlung nur mittels Turbinen gewonnen werden. Obgleich die Photovoltaik ein enormes Potential birgt, liegt hinsichtlich ihrer Produktentwicklung noch ein weiter Weg vor ihr: Ihre Kosten müssen reduziert, die Umwandlungseffizienz erhöht und die gebundene Energie gesenkt werden.

Regenerierbare Solarenergie besteht aus Biomasse in Form von nachwachsenden Rohstoffen wie Holz oder den Abfällen von Agrarprodukten. Diese lassen sich zu nutzbarer Energie umwandeln, indem sie entweder verbrannt – etwa bei der Holzverbrennung zur Wärmeerzeugung – oder vergast werden – wie bei der Verrottung von Pflanzen zur Herstellung von Biogas. Das beim Verbrennen entstandene Kohlendioxid läßt sich durch neue Anpflanzungen und bei der folgenden Photosynthese kompensieren. Die Bilanz des Energieverbrauchs variiert entsprechend der Nachwachszeit der zur Energiegewinnung verwandten Pflanzen. Ein Feld mit Sonnenblumen gleicht den Verbrauch des von ihnen gelieferten Öls zur Energiegewinnung in einem Jahr aus (ausgehend von einer Jahresernte). Eine Baumpflanzung hingegen dürfte fünfzig Jahre benötigen, um ihren Holzverbrauch zu kompensieren. Nach Ablauf dieser Zeit ergeben jedoch beide das gleiche Resultat.

2 A.d.Ü.: In Anlehnung an den Roman »1984« von George Orwell. Der »große Bruder« bezeichnet dort eine allmächtige, alles und alle überwachende Staatsgewalt.

Die regenerierbare Form der Solarenergie entsteht normalerweise nicht vor Ort. Daher benötigen Architekten die erneuerbaren Formen und die passive Nutzung der Solarstrahlung beim Entwurf von Niedrigenergiehäusern.

Gesundheit und Wohlbefinden

Nach der Definition der Weltgesundheitsorganisation von 1961 bezeichnet Gesundheit »einen Zustand völligen körperlichen, geistigen, seelischen und sozialen Wohlbefindens«. Damit umgreift sie mehr als die allgemein anerkannte Bedeutung von »Fehlen von Krankheit«. Da das Wohn- und Arbeitsumfeld einen größeren Einfluß auf das subjektive Gefühl von Wohlbefinden ausüben, ist dieser weiter gefaßte Begriff von Gesundheit besonders für die Intentionen und Ziele von Gebäudeentwürfen relevant. Der Terminus Behaglichkeit – das vorrangige Ziel jedes Hauses nach dem Gewähren von Obdach und Sicherheit – ist ein Synonym für »Wohlbefinden«. Studien über »kranke Gebäude« haben einen Zusammenhang zwischen wenig behaglichen Bedingungen und Kränklichkeitssymptomen bei den Bewohnern und Nutzern ergeben. J. Mitchell stellt in seinem 1984 erschienenen Buch »What is to be Done about Illness and Health« sieben »Merkmale einer gesunden Lebensführung« heraus: ein sauberes, sicheres Umfeld; Zeit für Ruhe und Erholung; ein angemessener Lebensstandard; Fehlen von ständigem Kummer; Zukunftshoffnungen; ein zusätzliches Maß an Selbstvertrauen und Selbständigkeit; und schließlich eine lohnende und ausfüllende Arbeit.
Zweifellos werden die meisten dieser Bedürfnisse von der Gesellschaft als Ganzes beeinflußt, doch läßt sich daraus unschwer die Rolle ableiten, die dem baulichen Umfeld und der gebauten Umwelt zufällt. Vor der industriellen Revolution beruhten Gebäudeentwürfe, die einer guten Gesundheit förderlich waren, vorwiegend auf gesundem Menschenverstand und traditionellen Methoden. Die Auswirkungen einer schlecht funktionierenden Kanalisation auf die Gesundheit waren augenfällig und die Vorteile für alle unverkennbar, wenn man in einem Haus den Einfall von Tages- und Sonnenlicht und die Zufuhr von Frischluft für die Belüftung ermöglichte.
Im 19. Jahrhundert grassierten Epidemien wie Typhus in den erbärmlichen, überfüllten Vororten der aus dem Boden sprießenden Industriestädte. Sie führten den engen Zusammenhang zwischen Krankheit und schlechten Wohnverhältnissen, verschmutzten Wasservorräten und unangepaßter Hygiene vor Augen. Daraus entwickelte sich das Konzept vom öffentlichen Gesundheitswesen und seiner flankierenden Gesetzgebung.
Die heute von der rasch voranschreitenden technologischen Revolution hervorgerufenen Folgen für die Gesundheit spiegeln die des Industriezeitalters wider. Auch wenn wir bereits große Fortschritte erzielt und viele berufsbedingte Krankheiten (wie von Asbest verursachte Mesotheliomen oder durch die Arbeit in Röhrenwerken bedingte Bleivergiftungen) sowie Erkrankungen, die unmittelbar auf unangemessene Entwürfe, Planungen und Gebäudeinstallationen zurückzuführen sind (Atemwegs- und Darmerkrankungen), ausgemerzt haben, sind wir derzeit mit einer Unmenge weitaus heimtückischerer Krankheiten konfrontiert. Diese resultieren aus unseren komplexeren sozialen Wechselbeziehungen und aus der weitreichenden Entwicklung der auf Chemie basierenden Technologien. Gebäude können beträchtlich zu den Erkrankungen und Krankheiten beitragen, die von unserer aktuellen Lage herrühren. Solche Erkrankungen gehen beispielsweise auf die unvorhergesehenen und unerforschten Konsequenzen von Entwurfs- und Spezifikationsaspekten zurück. Die 1976 erstmals beschriebene Legionärskrankheit etwa wird von dem verschmutzten Wasser aus den Kühltürmen der Klimaanlage verursacht, das man in Form eines feinen Sprühnebels einatmet.
Die Krankheitsursachen können mit den sozialen und psychischen Folgen der Berufsausübung oder anderer, im Gebäude stattfindender Aktivitäten zusammenwirken. Dies ist bei dem sogenannten Sick-building-Syndrom zu beobachten, jenen gesundheitlichen Schäden, bei denen sich ein unzulänglicher Bauentwurf, eine falsche Materialauswahl und schwächende Arbeitspraktiken vereinen, um eine der Gesundheit abträgliche Arbeitsumwelt zu schaffen. Ein gesundheitsschädliches Gebäude könnte beispielsweise tief gelegene Geschosse aufweisen, die keine weite Sicht nach draußen gestatten und über keine Regelung der unmittelbaren Umwelt verfügen. Der Fußboden und die Einrichtungsgegenstände dünsten Schadstoffe aus; die Arbeit ist monoton, erfolgt im Sitzen und vor dem Bildschirmgerät. Solche Umstände sind einer guten Gesundheit nicht förderlich, ebenso bewirken sie keine produktive und anregende Arbeitsatmosphäre. Andererseits kann der Betrieb eines Gebäudes seine Bewohner relativ unbeschadet lassen, aber auf globaler Ebene zu Gesundheitsrisiken beisteuern. Inzwischen ist unzweifelhaft, daß Chlorfluorkohlenstoffe (CFK) und andere von chemischen Reaktionen in Gebäuden und Konsumprodukten verursachten Gase die schützende Ozonschicht abgebaut haben. Aufgrund des dadurch gestiegenen Gehalts an Radioaktivität hat das Risiko von Hautkrebs und anderen Krankheiten beträchtlich zugenommen.
Wie wir gesehen haben, ging der Impuls für bioklimatisches Design ursprünglich von

der Notwendigkeit aus, Brennstoffe einzusparen, und später, die Umwelt zu schonen. Zufälligerweise sind etliche der zu diesem Zweck favorisierten Maßnahmen auch für die Einführung in Gebäuden wünschenswert. Sie können diese für die Gesundheit zuträglicher machen und einen stimulierenden Ort zum Wohnen, Arbeiten und Genießen schaffen. Die Energiesparvorschriften mit Blick auf eine geregelte Sonneneinstrahlung, gutes Tageslicht, natürliche Belüftung, individuelle Anlagenregelung und Materialien, die mit wenig gebundener Energie produziert werden, fördern glücklicherweise auch eine gute Gesundheit und das Wohlbefinden.
Die Gesundheit des Planeten und derer, die auf ihm leben – bezogen auf die Bauindustrie sind dies jene, die Baustoffe herstellen, Gebäude erbauen oder bewohnen –, sind eng miteinander verbunden. Ein erfahrener Planer von bioklimatischen Gebäuden berücksichtigt beide gebührend. Doch mit Blick auf unsere Definition von Wohlbehagen reicht es wohl nicht aus, lediglich ein Haus zu erstellen, das energieeffizient ist und gesundheitsgefährdende Installationen, Materialien und Komponenten meidet. Der Planer muß darüber hinaus jene schwerfaßbare Qualität finden, die den Bewohner mit dem Gebäude und das Gebäude mit dem Umfeld vereint; dieses Phänomen vermittelt dem Bewohner das Gefühl, das Haus oder ein Teil von ihm sei sein »spezieller« Ort, ein Ort der Harmonie, Ordnung und des Gefühls von unmißverständlicher Richtigkeit. Diese Art des Wohlbehagens grenzt an Spiritualität, zu der ein Haus einzigartig beitragen kann. Es verschafft mehr als Wohlbehagen, nämlich inneres Sein. Das Gefühl des »richtigen Ortes« ist nahezu undefinierbar, doch lernt man es kennen, sobald man es erfährt. Der amerikanische Architekt Steven Holl bezeichnet diese dynamische Beziehung zwischen Standort und Gebäude als »anchoring« (Verankerung). Für Holl ist die Lage eines Hauses nicht einfach ein Aspekt seiner Konzeption, sondern sein eigentliches Fundament: »Die Umsetzung der funktionalen Aspekte von Standort und Gebäude, die Aussichten, Sonneneinfallwinkel, Wegeführung und der Zugang sind die ›Physik‹, welche die ›Metaphysik‹ der Architektur beanspruchen. Durch eine Verbindung, ein erweitertes Motiv, übersteigt ein Gebäude etwas nur für den Standort Gestaltetes. Es geht über die physischen und funktionalen Anforderungen hinaus, indem es sich mit einem Ort vereinigt ...« (Anchoring, 1989). Im Salk Institute von Louis Kahn in La Jolla, Kalifornien (1959–1965), gibt es eine bestimmte Tageszeit, in der sich die im Meer spiegelnde Sonne mit dem reflektierenden Licht auf dem Flüßchen in dem Durchgang vereint, der den Haupthof zweiteilt. Meer und Hofraum verschmelzen durch das Phänomen des sich im Wasser spiegelnden Sonnenlichts; Architektur und Natur sind in der Metaphysik des Ortes verbunden.

Auf dem Weg zu einer nachhaltigen Entwicklung

Bisher haben wir die Energienutzung in Gebäuden sowie die für den Bauentwurf relevanten Energiequellen betrachtet; beschäftigt haben wir uns auch mit den Einflüssen von Gebäuden auf Gesundheit und Wohlbehagen; all dies erfolgte im Kontext eines relativ empfindlichen globalen Biosystems. Der nun folgende letzte Abschnitt untersucht den Hausbau aus dem breiteren Blickwinkel einer weltweiten industriellen und wirtschaftlichen Entwicklung und erörtert, wie sich dieser fortsetzen läßt, ohne die Zerstörung des Planeten herbeizuführen.

Die Regierungen haben sich nur langsam der Umweltproblematik angenommen und sind effektiv nur gegen die augenfälligsten schädigenden Praktiken vorgegangen. Jahrelang machte eine Stimmenminderheit auf die Gefahren einer ganzen Reihe von Aktivitäten aufmerksam, die zuvor kaum jemand hinterfragt hatte. Im Laufe der Zeit wurde sie von einer stillschweigenden (aber auffallend wenig politischen) Mehrheit von Bürgern in den Industrieländern unterstützt.
Mit dem Wählerdruck und harten wissenschaftlichen Beweisen der sechziger und siebziger Jahre konfrontiert, erkannten die Politiker schließlich, daß auf breiter Front zu handeln war. 1992 wurde in Rio de Janeiro ein Gipfel abgehalten, auf dem die Industriestaaten versprachen, die »Treibhaus«-Emissionen bis zum Jahr 2000 zu stabilisieren. Ein Folgetreffen wurde für 1997 in Kyoto, Japan, anberaumt, um festzustellen, ob sich der Grad der Umweltverschmutzung tatsächlich reduzieren läßt. Bis heute sind selbst die 1992 gemachten Versprechungen kaum eingehalten worden. Für diese Verzögerung gibt es etliche Gründe. Die Regierungen von entwickelten Ländern werden von einem Netzwerk von Handelsinteressen gestützt, die auf plötzliche Veränderungen und die damit verbundenen Risiken für ihre Gewinne aus Investitionen und ihre Investitionspläne nicht erfreut reagieren; die Regierungen von Entwicklungsländern erkennen, daß die Gesetzgebung zum Umweltschutz bedeutende zusätzliche Kosten für ihre aufstrebende Industrie mit sich bringen wird, und sehen nicht ein, weshalb sie Beschränkungen unterworfen sein sollten, während sich der Westen viele Jahre ungehindert entwickeln konnte; die Regierungen von unterentwickelten Ländern schließlich sind gänzlich mit ihrem Überleben beschäftigt – einem Überleben um jeden Preis.

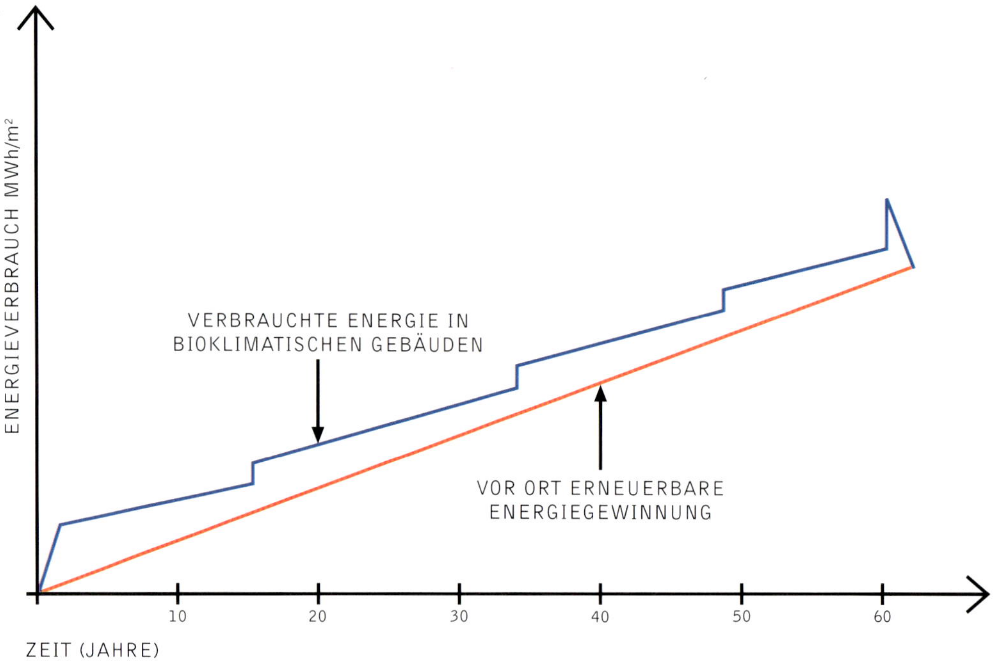

So richtet sich unser Blick auf Überzeugungs- und Zwangsmaßnahmen mit dem Ziel der Schadenbegrenzung. Doch sind Umwelt und Ökologie nicht mit solch opportunistischen, wenig systematischen Mitteln zu retten. Wie oft aufgezeigt wurde, müssen alle Schritte zur Sicherung des Überlebens unseres Planeten und des Wohlergehens seiner Bewohner im Kontext der globalen nachhaltigen Entwicklung erfolgen. (Dies war auch das eigentliche Thema des Umweltgipfels von Rio.) Der Brundtland-Bericht von 1987 definiert Nachhaltigkeit als »Entwicklung, die den Bedürfnissen der Gegenwart gerecht wird, ohne die Fähigkeit zukünftiger Generationen, ihre eigenen Bedürfnisse zu befriedigen, aufs Spiel zu setzen«. Der Bericht faßt eine Welt ins Auge, in der alle verbrauchten Ressourcen in der einen oder anderen Weise aus neu eingeführten Ressourcen von ähnlichem Wert und Nutzen bestehen.

Die Brundtland-Definition impliziert die Forderung nach einem koordinierten Vorgehen quer durch alle Wissenschaftszweige einschließlich Politik, Wirtschaft, Design und Bildung sowie quer durch alle Nationen; ebenso setzt sie ein komplexes System von »Absprachen« voraus, wonach jede Ressource, die verbraucht wird, wieder ersetzt werden muß; sie enthält auch einen Zeitrahmen für diese Aktivitäten. Allerdings stellt sich die Brundtland-Definition für die Bauindustrie etwas problematisch dar.

Heute ist man sich allgemein dessen bewußt, daß viele der Ressourcen, von denen man ursprünglich annahm, sie seien in unbegrenzten Mengen vorhanden, innerhalb von Jahrzehnten erschöpft oder nicht mehr wirtschaftlich zu gewinnen sein werden. Bekannt sind auch die durch menschliche Aktivitäten weltweit verursachten (und weiterhin begangenen) irreparablen Umwelt- und ökologischen Schäden.

Mit diesen Tatsachen konfrontiert, formulierten internationale Institutionen die Prinzipien einer nachhaltigen Entwicklung. Ihrer Ansicht nach lassen sich umweltverträgliche Maßnahmen auf jeder Ebene praktizieren, von der Großfamilie über die lokale Gemeinschaft, die Klein- und Großstadt bis zur Nation, zum Kontinent und zur gesamten Welt. Dies könnte ein praktischer Vorschlag sein, wenn eine neue Gesellschaft von Grund auf beginnen könnte; doch da wir eine mannigfaltige, argwöhnische und heterogene Gesellschaft erben, deren Handeln in spezifischen, eingefahrenen Bahnen verläuft, wird der Weg zu einer nachhaltigen Entwicklung, zumindest am Anfang, Stück für Stück zu beschreiten sein.

Das Phänomen der globalen Wirtschaft ist inzwischen so verwurzelt und so sehr ein Teil unseres Lebensstils und unserer Existenz, daß es lebensfähige, autarke Gemeinschaften in jedem gesellschaftlich und wirtschaftlich miteinander verbundenen Kontext ausschließt. Das heißt nicht, lokale Gemeinschaften könnten sich nicht in gewisser Weise auf eine nachhaltige Umwelt zubewegen oder keinen erheblichen Druck auf lokale staatliche Behörden ausüben, um vorwärtszukommen; doch um eine durchschlagende Wirkung bei der eigentlichen weltweiten Bedrohung zu erzielen, bedarf es einer übergeordneten Anleitung und Führung. Dies beinhaltet nicht nur internationale Organisationen und nationale Regierungen, sondern auch multinationale Vereinigungen; da letztere weitaus weniger rechenschaftspflichtig sind als die meisten Regierungen, dürfte ihre Mitwirkung schwieriger zu garantieren sein. In ähnlicher Weise sollten Designer, Fachingenieure, Hersteller und Unternehmer in der Bauindustrie Nachhaltigkeitsprinzipien aufstellen und befolgen, wobei diese der Industrie eindeutig zugeordnet und von ihr anerkannt werden sollten. Allerdings wird der Erfolg solcher Nachhaltigkeitsprinzipien gefährdet und weniger effektiv sein, wenn andere Industrien (beispielsweise Landwirtschaft und Transport) nicht ebenso verfahren. Auch die Bauindustrie wird ihre Ziele nur in einer Weltgemeinschaft erreichen können, die zur Sicherung der globalen Nachhaltigkeit übergreifende Maßnahmen trifft.

An dieser Stelle erweist sich die Brundtland-Definition als unzulänglich. In der Bauindustrie, die jeweils von einem Gebäude zum anderen operiert und jedem eine komplexe kommerzielle oder soziale Funktion zuweist, ist es einfach nicht zweckmäßig, in einer abgeschlossenen Bilanz von nachhaltigen Gewinnen und Verlusten zu planen. Für die Bauindustrie könnte daher die Neudefinition von Nachhaltigkeit so lauten: »Entwicklung, die den Bedürfnissen der Gegenwart gerecht wird und für die zukünftigen Generationen zumindest genauso wertvoll ist wie der Wert der bewirkten Umweltausbeutung.«

Diese Interpretation erlaubt die Gewinnung und die Nutzung selbst sehr großer Ressourcenmengen, vorausgesetzt, sie sind erneuerbar oder existieren nachweisbar in für alle Zeiten ausreichenden Mengen. Sie erlaubt Abfall- und Verschmutzungsgrade, die der Planet zweifellos tolerieren und aufnehmen kann. Sie macht es nicht erforderlich, daß alles beim alten bleiben muß, und anerkennt, daß eine nachhaltige Entwicklung Kompromißbereitschaft innerhalb und außerhalb der Industrie impliziert. Sie beinhaltet nicht zwangsläufig Unabhängigkeit und Selbständigkeit, es sei denn im Kontext des Planeten als einem Ganzen.

Die Herausforderung für die Bauindustrie besteht darin, diese Fragestellungen quantitativ zu bestimmen und zu bewerten. Hierzu müssen die Ziele abgeklärt, die verschiedenen

09>

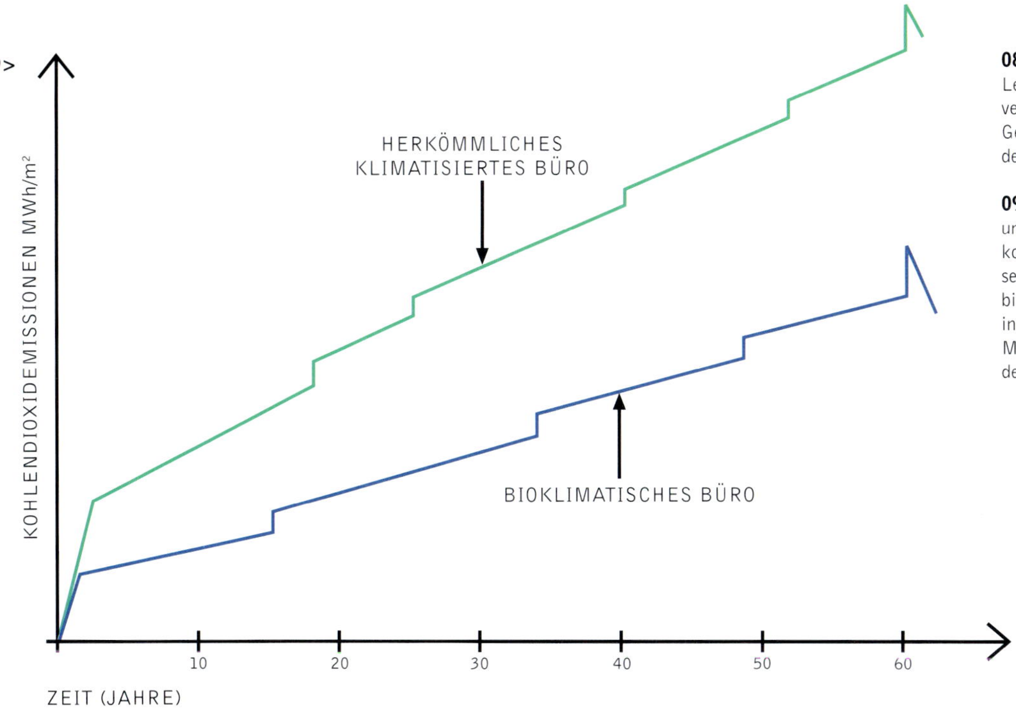

08> Energieverbrauch eines Gebäudes während seiner Lebensdauer. Das Schaubild zeigt die Art des Energieverbrauchs in der 60jährigen Lebensdauer eines Gebäudes. Je flacher die Neigung, desto energiesparender das Gebäude.

09> Kohlendioxidemissionen aus verschwenderischer und effizienter Energienutzung in Büroräumen. Ein konventionelles klimatisiertes Büro produziert fünf oder sechs Mal soviel Kohlendioxid wie ein gut geplantes bioklimatisches Büro. Die Kohlendioxidproduktion steht in direkter Wechselbeziehung zu der verbrauchten Menge an zentral gewonnener Energie und der verwendeten Brennstoffart (Gas oder Elektrizität).

Arten von Umwelteinflüssen beim Bauen identifiziert, aufgelistet und ihnen physikalische Maßeinheiten zugeordnet werden. Der Bauindustrie müssen die wissenschaftlichen Prinzipien, auf denen Nachhaltigkeit beruht, bekannt sein – die Charakteristika von Entropie, die Erscheinungsformen, die Art und das Ausmaß von Einflüssen sowie das Verhältnis von Ursache und Wirkung. Sie muß außerdem die Auswirkungen auf die jetzigen oder zukünftigen Generationen mit monetären oder anderen Mitteln bewerten und die Folgen für die Lebenszyklen von Gebäuden und ihrer Komponenten deuten.

Dieser Prozeß ist naturgemäß vielschichtig und zieht viele wissenschaftliche und methodische Unsicherheiten nach sich. Er wird zudem durch die Lobby- und Interessengruppen und die kommerziellen und politischen Heimlichkeiten kompliziert. Ein Kräftezusammenschluß, der ein integriertes, internationales Projekt zur Lösung dieser gewaltigen Aufgabe einleiten könnte, ist kaum vorstellbar. Kurzfristig können wir vielleicht bestenfalls eine weltweite Koordination und internationale Rechtsvorschriften erhoffen, um die unmittelbarsten und gefährlichsten Ursachen des globalen Raubbaus abzuschwächen; möglich sind auch eine nationale Überwachung und Gesetzgebung zur Entschärfung der ganze Länder und Regionen bedrohenden Ursachen; ebenso Anreize und Abschreckungsmittel, um die Gemeinschaft zu einer nachhaltigen Entwicklung zu drängen; und schließlich Informationen und Beispiele zum »umweltfreundlichen Verhalten« für die Anleitung zur praktischen Umsetzung. Trotzdem werden diese Maßnahmen nicht ausreichen, um der derzeitigen Umweltkatastrophe ein Ende zu setzen.

Die beschriebenen Maßnahmen erzeugen möglicherweise beim einzelnen Architekten ein Gefühl der Machtlosigkeit, doch werden Fortschritte durch individuelles Handeln und Basisarbeit erzielt. Jede Studie über Nachhaltigkeit unterstreicht die Schlüsselwirkung der Energienutzung. Ließe sich dieser eine Bereich innerhalb eines relativ kurzen Zeitrahmens zufriedenstellend lösen, könnte ein Großteil der restlichen Probleme in Zaum gehalten werden. Der Energieverbrauch gilt in der weiterverarbeitenden und der Veredelungsindustrie allgemein als kritischste Größe. Die zur Herstellung von Baumaterialien und Komponenten für ein Gebäude verbrauchte Energie (gebundene Energie) beträgt etwa 20 Prozent der im Verlauf seiner Lebensdauer gemessenen Betriebsenergie. Daher wird der Senkung der Betriebsenergie eine so große Bedeutung beigemessen. Doch das Problem der gebundenen Energie besteht darin, daß sie heute aufgewendet wird, zu einer Zeit, da das Bauen auf der ganzen Welt einen beispiellosen Höchststand erreicht hat. Die Maßnahmen zur Schadstoffminderung und zur Reduzierung von Kohlendioxid-(CO^2-)Emissionen aus Elektrizitätswerken und zur Einführung erneuerbarer Energie stecken jedoch noch in den Anfängen. Im Gegensatz zur gebundenen Energie verteilt sich die Betriebsenergie über einen langen Zeitraum, so daß man auf die Einführung umweltverträglicherer Formen der Energiegewinnung in dieser Periode hoffen darf. Daher ist der entscheidende Faktor bei unserem Kampf gegen die Umweltzerstörung und für die Einführung nachhaltiger Verfahrensweisen die heute beim Produktionsprozeß aufgewendete Energie. Sie ist (vorbehaltlich von Wartungen und Umbauten) für die Lebensdauer des Gebäudes festgelegt.

Wie sollte demzufolge der Gebäudeentwurf für eine nachhaltige Zukunft aussehen? CO^2-Emissionen sind eine unmittelbare Folge der Stromerzeugung und daher des Energieverbrauchs. Die oben stehende graphische Darstellung zeigt die geplanten CO^2-Emissionen für die Lebenszeit (d.h. 60 Jahre) eines konventionellen klimatisierten Bürogebäudes im Vergleich zu einem natürlich belüfteten, energiebewußten Bürobau mit einem »umweltfreundlichen Verhalten«. Natürlich stellt letzteres gegenüber dem ersten eine bedeutende Verbesserung dar, allerdings erreicht das energieschonende Gebäude nur im Winkel des Schaubilds eine Reduktion, jedoch keine vollständige Abflachung. Um ein Nullenergiegebäude zu entwerfen, muß die Frage der Energiegewinnung selbst angesprochen werden. Und dies bedeutet eine rasche Umstellung von einer mit fossilen Brennstoffen erzeugten Energie auf Solarenergie.

So endet dieses Kapitel, wie es angefangen hat, mit der Bestätigung, daß die Rettung unserer Zukunft so wie in unserer Evolutionsgeschichte in der Sonne liegt. Indem wir ein Nanotherm ihrer immensen Kraft nutzbar machen, geben wir dem Planeten die Chance, sich unseren Ansprüchen in einem ihm zuträglichen Tempo anzupassen. Allerdings können wir uns aus unserer mißlichen Lage nicht befreien, wenn wir uns der Sonne gänzlich unterwerfen und allein auf ihre großzügigen Gaben bauen; um die Erwartungen und Werte der Gesellschaft bedeutend zu verändern und allen Bewohnern der Erde ein echtes, anhaltendes Gefühl des Wohlergehens zu vermitteln, bedarf es eines politischen Willens auf internationaler Ebene. Trotzdem müssen Architekten eine entscheidende Rolle spielen. Als den Bauprozeß leitende und zentrale Mittler zwischen dem Bauvorgang und den Auftraggebern sind sie in der Schlüsselposition, den Weg zu einer nachhaltigen Entwicklung in der Architektur über ihre Ent-würfe zu beeinflussen, zu weisen und zu veranschaulichen.

Die Entstehung bioklimatischer Architektur

^
01

01> The Prairie House, Norman, Oklahoma (1961) von Herb Greene.

Am 28. Juni 1979 trafen sich in Anbetracht der iranischen Tumulte nach dem Sturz des Schah die OPEC-Staaten (Organisation Erdöl exportierender Länder) in Genf und erhöhten die Erdölpreise um 15 Prozent. Bereits zwei Monate zuvor waren diese um 14 Prozent gestiegen. Es kam zu einer erneuten Ölkrise in den von den Erdöllieferanten im Nahen Osten abhängigen Ländern. In deren Verlauf wurde das Erdöl rationiert, und vor den Tankstellen bildeten sich Warteschlangen.
Diese Ereignisse führten den Regierungen und der Weltöffentlichkeit die bedenkliche Kluft zwischen den wohlhabenden energiehungrigen Nationen und den benachteiligten Ländern der dritten Welt vor Augen. Im Laufe der Zeit entstand ein Energiebewußtsein, das allerdings nicht von einer wahrgenommenen Umweltgefährdung herrührte. Vielmehr entsprang es der Erkenntnis, daß die begrenzte Energieversorgung unseren gewohnten Lebensstil tiefgreifend beeinflussen würde.
Als 1981 die Krise endlich überwunden war und die OPEC-Länder gezwungen wurden, ihre Erdölpreise zu senken, ergriffen die westlichen Staaten Maßnahmen, um sicherzustellen, daß sie nicht noch einmal auf diese Weise »erpreßt« würden. Eine dieser Vorkehrungen bestand darin, mehr auf die alternativen Formen erneuerbarer Energiequellen zu bauen. Vor diesem Hintergrund führte die Internationale Energie-Agentur (IEA), die 1974 nach einer vorangegangenen Erdölkrise von der OECD (Organisation für wirtschaftliche Zusammenarbeit und Entwicklung) ins Leben gerufen worden war, eine Reihe von »Aufgaben« ein zur Erforschung, Entwicklung und Förderung der Alternativenergie.
Dies war nicht das erste Mal, daß die westlichen Staaten durch eine akute oder erkannte Gefahr um ihre Energieversorgung fürchteten. Die Suezkrise von 1956 trug in Großbritannien und anderen europäischen Ländern zur Initiierung eines Atomenergieprogramms bei. Gelegentliche Konflikte zwischen Israel und den arabischen Staaten förderten zusätzlich die Furcht, von der Energiezufuhr abgeschnitten zu werden. Die Krise von 1979 fiel jedoch in eine Zeit, in der sich die Gesellschaft zunehmend mehr um den Einfluß der technologischen Entwicklung und die Folgen exponentiell wachsenden Energiebedarfs für die Ökologie der Erde und damit für das eigentliche Überleben des Planeten sorgte.
Seitdem 1962 das Buch »The Silent Spring« (dt. Ausgabe: Der stumme Frühling) von Rachel Carson erschienen ist, halten die meisten Kommentatoren das Aufkommen einer ökologischen Sensibilität eher für ein in den Brennpunkt gerücktes, umstrittenes Thema als für eine eingehende Beschäftigung vereinzelter Individuen. Carson, eine Biologin aus Kalifornien, war zu dem Schluß gelangt, daß die unaufhaltsame Expansion und Entwicklung des Menschen irreparable Auswirkungen auf die Umwelt habe. In »Silent Spring« wurde vermutlich zum ersten Mal ein Markennamenprodukt – DDT – direkt bezichtigt, eine solche Wirkung auszuüben. Carson behauptet in ihrem Buch, diese Chemikalie sei die Ursache für den alarmierenden Rückgang von Rotkehlchen und anderen Singvögeln in den Vorstadtgärten der USA. Als indirekte Folge dieser Anschuldigung wurde DDT um 1980 herum fast überall verboten (Indien bildet hier eine sehr bemerkenswerte Ausnahme) und die Verwendung anderer schädlicher Chemikalien erheblich eingeschränkt. Carsons Verlautbarungen weckten auch auf anderen Gebieten Ernüchterung. So meinten beispielsweise viele Menschen, der massive technologische Einsatz in Vietnam würde die Unmoral der dortigen US-amerikanischen Präsens noch steigern. Er bestärkte sie darüber hinaus in dem Gefühl, Wissenschaft und Technologie seien die Vorboten von Untergang und Zerstörung. Dieser negativen Einstellung zur Technologie widersprachen in gewisser Weise der Start von Apollo 8 im Jahre 1968 und die aus dem Weltraum auf die Erde übertragenen Bilder. Diese Aufnahmen sollten unsere Vorstellung vom Planeten verändern. Sie zeigten ein regelrechtes »Raumschiff Erde«, das aus der Entfernung mit seinen Blau-, Weiß-, Grün- und Gelbtönen hinreißend schön wirkte. Die Vietnamfolgen und die Erforschung des Weltraums verbunden mit einer allgemeinen Enttäuschung über den Status quo verhalfen der Alternativkultur der sechziger und siebziger Jahre zum Leben. Von der Hippie- und »Aussteiger«-Bewegung ausgehend, begannen zahlreiche Wissenschaftler, Anthropologen und Soziologen die Werte der bürgerlichen Gesellschaft zu hinterfragen. Denker wie Claude Lévi-Strauss, E. F. Schumacher, Ivan Illich, Fritjof Capra und James Lovelock bezweifelten die allgemein verbreiteten Ansichten über Umweltsysteme und die dringende Erfordernis einer immer umfassenderen Produktion auf technologischer Basis.
Im Sommer 1969 pilgerte eine halbe Million junger Menschen zu Max Yazgurs Farm in Woodstock im Staat New York, errichtete ein Lager, lehnte sich zurück und überließ sich den Wogen der Folk- und Rockmusik. Dies war der Höhepunkt des Hippiezeitalters. Vietnam, Drogen, neue Technologien und eine zunehmende Vertrautheit mit alten geistigen Erfahrungsformen bewirkte, daß große Teile der jüngeren Generation dem Streben nach Eigentum und Vermögen den Rücken kehrten und sich der Erlebniswelt zuwandten. In der Architektur äußerte sich dies in einer sonderbaren Kombination von schlichten und »selbst ausgedachten« Häusern.
In den Vereinigten Staaten, wo der Geist des

^
02

friedlichen Nebeneinanders von Siedler und Wildnis weiterlebte – zumindest im nationalen Kollektivbewußtsein –, folgten die Nachkommen von Woodstock den Fußstapfen ihrer wegbereitenden Vorfahren und gründeten alternative Siedlungen in semiariden und bewaldeten Gebieten, die von der »zivilisierten« Gesellschaft gemieden wurden. Das Musterbuch kam wieder zum Vorschein und griff denjenigen mit weniger Fertigkeiten und weniger großen Besitzansprüchen unter die Arme. Für viele Selbsthilfe-Gemeinschaften wurden auf rauhem Recyclingpapier gedruckte Veröffentlichungen wie »The Dome Book« (1971) zu technischen Handbüchern. Sie boten eine Mischung aus der ausgereiften Methode von Buckminster Fuller und den primitiven Techniken von Wigwams und Jurten (Filzzelte der zentralasiatischen Nomaden). Auf traditionelle Materialien wie Erde, Zeltleinwand und Holz legte man darin ebensoviel Wert wie auf Urethanschaum, Metallverkleidungen und die wiederverwerteten Bauteile stehengelassener Autos. Auch gab es die ersten Anzeichen für Vereinigungen, die sich der Gegenkultur anschlossen. Heineken zum Beispiel produzierte WOBOL (Weltflasche), quadratische Bierflaschen, die man zusammenkleben und als Bauziegel verwenden konnte, sobald ihr Inhalt geleert war. (Dies war zu einer Zeit, bevor sich das Recycling von Flaschenglas als größerer Nutzen erwies.)

In ein oder zwei Fällen entwickelten diese alternativen Gemeinschaften ehrgeizigere Pläne für ihre Ansiedlungen. Der in Italien geborene, visionäre Architekt Paolo Soleri baute in der Wüste von Arizona eine Werkstatt und ein Wohnhaus, um gußeiserne Windspiele herzustellen; schließlich entwarf er und errichtete (mit Hilfe von Freiwilligen) Teile einer aus vielen Ebenen zusammengesetzten, organisch konzipierten Wüstenstadt, die an die im ersten Kapitel beschriebenen Siedlungen im Chaco Canyon erinnert.

Allerdings waren die Ideen von radikal neuen Städtebaumodellen in den dicht bevölkerten Teilen der Welt weiter verbreitet. In den Architekturschulen Europas und in den japanischen Ateliers erfand man recht unterschiedliche städtische Archetypen. In diesen Projekten wurde die neue Technik nicht eingesetzt, um einen arkadischen Traum von autarken, einträchtig in der Wildnis zusammenlebenden Gemeinschaften wiederherzustellen, sondern um den von Studentencliquen und Dozenten unterbreiteten ambitionierten und visionären Architekturvorschlägen eine Daseinsberechtigung zu geben. Ihrer Meinung nach brachten schnelle technische Entwicklungen auf Gebieten wie der Luft-, Raumfahrt- und Kraftfahrzeugindustrie, der Kybernetik und den Medien ein respektables Menu von innovativen Produkten und Konzepten hervor, die sich mühelos für die städtische Gesellschaft verwerten ließen. Stetig wiederholte und unflexible Massenproduktionsmethoden wurden nun durch die Einführung anpassungsfähiger, von Computern programmierter Fertigungsstraßen in Frage gestellt. Anstatt auf eine vorhandene Nachfrage und Vorausplanungen angewiesen zu sein, um die Leistung, das Aussehen und die Kosten massenproduzierter Komponenten festlegen zu können, war ein Hersteller (in bestimmten Industrien) jetzt in der Lage, dem Kunden maßgefertigte Produkte zu konkurrenzfähigen Preisen anzubieten.

Bei denen, die den Fortgang der Entwicklung in den führenden Industrien voraussahen und denen, die sich von den auf sozialer Verantwortung und architektonischen Restriktiven basierenden Haltungen der Nachkriegsperiode abwenden wollten, fanden diese aufstrebenden Technologien und bewußtseinserweiternden Konzepte überwältigenden Anklang. Eine der neuen Visionen wies dem Gebäude intelligente – ja sogar Robotereigenschaften zu. Le Corbusiers Aphorismus des modernen Hauses als »Wohnmaschine« wurde von Gruppen wie Archigram, die sich auf die Architectural Association in London beriefen, wörtlich interpretiert. In dem Projekt »Walking City« (1964) schlug Archigram eine Serie von riesigen, in sich abgeschlossenen Wohnzellen vor, deren Form von einer Kombination aus Insekt und Maschine abgeleitet war, die in der Stadt umherwandern würde. Diese Zellen sollten autonom, doch insofern potentiell parasitisch sein, als sie sich an Zwischenstationen »einstöpseln« konnten, um Bewohner auszutauschen oder deren Energievorräte zu überprüfen. Nach dieser Anschauung existierte die stabile Stadt aus subtilen, kontinuierlichen und mehrschichtigen Verbindungen und Wechselbeziehungen nicht mehr. Sie war ersetzt worden von sich bewegenden Transportmitteln, in denen die Menschen in reizüberfluteter, bestens gewarteter Beengtheit lebten. Vom Grundsatz her waren diese »selbst ausgedachten« Häuser nicht weit entfernt von den heutigen Luxuslimousinen.

In Japan, wo die Übervölkerung ein noch größeres Problem als in Europa darstellte, wurden ähnlich radikale Städtebauentwürfe unterbreitet. Doch im Gegensatz zu den polemischen Phantasien von Archigram waren ihre Lösungen realistisch und praktisch umsetzbar. Die Metabolisten empfahlen »Mega-Städte« wie etwa »Ocean City« von Kiyonori Kikutake. Der Aufbau der Stadt kam mittels zweier Elemente zum Ausdruck: einer dauerhaften Infrastruktur und zeitweilig bewohnten, austauschbaren Räumen mit angegliederter Versorgungstechnik. Auch »Space City« von Arata Isozaki (1960) und die »Helix City« für das Guiza-Gebiet in Tokio von Kisho Kurokawa (1961) schufen Vorstellungen von einer Zu-

^
03

02> Arcosanti, eine Stadt in der Wüste von Arizona, USA (1970) von Paolo Soleri.

03> The Walking City (1964) von der Archigram-Gruppe.

kunft, die geprägt war von hoher Bevölkerungsdichte, starkem Konsum und Spitzengeschwindigkeit. Diese Visionen wurden niemals verwirklicht. Sie haben sich nur als Archivdokumente in Architekturbibliotheken erhalten und als Schaustücke auf den Geländen von Weltausstellungen zur Erinnerung daran, was hätte sein können. Selbst die Flut neuer Hauptstädte in den aufkommenden Nationen auf der ganzen Welt - Abuja, Canberra, Brasilia, Dhaka - verwarf das Vergängliche und Dynamische zugunsten des Grandlosen und Statischen.
Es bereitet keine Probleme, die Siedlungen und Bestrebungen der Aussteigergemeinschaften in den sechziger Jahren einem historischen Kontext von Natur und gebauter Form zuzuordnen. Schwieriger hingegen ist es, einen symbolischen Zusammenhang zwischen der Mega-Stadt und der Natur zu erkennen. Eigentlich würde man meinen, gerade das Umgekehrte sei der Fall. Offensichtlich bleibt die Mega-Stadt unbeeindruckt von der Erschöpfung der Rohstoffvorräte, den globalen Auswirkungen oder dem subtilen Wirkungsvermögen des Ortes auf die Gestalt. Konzeptuell gesehen waren den Neo-Futuristen viele der ökologischen Sensibilitäten gemein. Leidenschaftlich setzten sie sich für die Freiheit des Individuums und für die gedankliche Freiheit ein. Sie bedeuteten eine wohltuende frische Brise und bildeten einen Kontrast zu den in Anzeigenblättern für Hausbesitzer abgebildeten konservativen Versicherungsvertretern der fünfziger Jahre. Dieser Freiheitssinn entsprang dem neuen Reichtum und der Zuversicht der jüngeren Generation sowie dem Einfluß der radikalen Literaten in den Vereinigten Staaten wie Allen Ginsberg, Jack Kerouac, William Burroughs und James Baldwin, dem radikalen Lebensstil von etwa R.D. Laing und Timothy Leary sowie der Rockkultur ganz allgemein. Allerdings wurde diese Fähigkeit, unvoreingenommen zu sein und etwas neu zu überdenken, bei der Schaffung von Städtebaumodellen mißverstanden. Gewiß verhalf sie den Menschen, die Eingriffe durch Internationalisierung, Industrialisierung und Kommerzialisierung zu verstehen und zu erwidern, doch wären diese Modelle realisiert worden, hätten sie die Auswirkungen dieses globalen Prozesses verschlimmert.

Das ökologische Vermächtnis der Moderne

Kapitel eins erforschte das Verhältnis von Architektur und Natur im Verlauf der Geschichte. Wir stellten eine Beziehung zum Klima, zu den Ressourcen und zur Kultur fest und schlossen das Kapitel mit einem Überblick über das Werk von vier Meistern der Moderne ab – Le Corbusier, Alvar Aalto, Frank Lloyd Wright und Richard Buckminster Fuller. Diese Architekten dienten uns als Repräsentanten für die Spannweite der modernen Sensibilität gegenüber Natur und Umwelt. Wir stellten die Behauptung auf, daß der Dialog zwischen Architektur und Natur in der modernen Periode florierte und keinesfalls erloschen war. In vielerlei Hinsicht war er damals am fruchtbarsten und einträglichsten.
Diese Wechselbeziehung brach erst unter dem Eindruck des weltweiten Baubooms ab, der unmittelbar auf die Härten des Krieges folgte. Damals gewann durch die Verknüpfung von Werten wie Zweckdienlichkeit, Bequemlichkeit und positiver Selbsteinschätzung ein »Internationaler« Stil die Oberhand.
Allerdings überwog dieser International Style nicht gänzlich. Da wir bereits die beiden, von Autonomie erfüllten Manifestationen alternativen Wohnens kennen (die arkadische Ansiedlung und die Mega-Stadt), können wir die Spur naturnahen Bauens durch die Nachkriegsperiode bis hin zu ihrem Wiederaufleben in den siebziger und achtziger Jahren weiterverfolgen. Hierzu ist es angebracht, das Vermächtnis der bereits erwähnten modernen Wegbereiter kurz aufzuzeigen.
Nach dem Muster von »Chandigarh« und dem »Carpenter Center for the Visual Arts« in Harvard (1961–1964) lebte Le Corbusiers mythische und instinktive Antwort auf die Natur weiter, doch geriet sie in dem Werk seiner Nachfolger zunehmend in die Sphäre eines schwülstigen Nationalismus und kulturellen Ghettos. Viele angesehene Architekten übernahmen seinen glühenden Eifer, darunter Paul Rudolph, Oscar Niemeyer und Eero Saarinen; doch in dieser Ära war es der amerikanische Architekt (baltischer Abstammung) Louis Kahn (1901–1974), der das Mythenschaffende am nachdrücklichsten verfolgte: jene elementaren Attribute der Architektur, die Le Corbusier so überzeugend artikulierte. Kahn gelangte erst verhältnismäßig spät zu öffentlichem Ansehen. In den ersten 25 Jahren seines Berufslebens war er mehr als Denker und weniger als praktizierender Künstler bekannt. Im Alten von 52 Jahren arbeitete er dann an dem Erweiterungsbau der »Yale Art Gallery« in New Haven mit, die sich durch ihre vollendete räumliche Gestaltung auszeichnete. Danach entwarf Kahn das »Richards Medical Research Building« in Philadelphia (1957–1961). Dieses Gebäude wurde wegen seiner radikalen Ordnung von Funktion und Gestalt sehr schnell als wesentlicher Beitrag zur modernen Architektur erkannt.
Kahns Werk liegt eine tiefempfundene (wenn auch etwas rätselhafte) Philosophie zugrunde. Er betrachtete Architektur als die Begegnung des Meßbaren mit dem Unmeßbaren. Für das Unmeßbare, und zwar dem, was noch nicht ist, verwendete er den Begriff »Schweigen«; und das Meßbare, das, was ist, nannte

^
04

er »Licht«. Kahn siedelte Architektur an der Schwelle zwischen Schweigen und Licht an (zwecks weiterer Erörterungen siehe John Lobell, »Silence and Light«, 1979). Für ihn begann ein großartiges Gebäude mit der Verwirklichung des Unmeßbaren. Erst anschließend kamen meßbare Mittel zum Einsatz, um es zu errichten. Sobald es fertiggestellt war, gewährte es einen Rückblick auf das zuvor realisierte Unmeßbare.
Kahn sagte: »Alle Materie in der Natur, die Berge, die Flüsse, die Luft und wir bestehen aus erloschenem Licht. Und diese zerdrückte Masse, die sogenannte Materie, wirft einen Schatten, und der Schatten gehört zum Licht. So ist Licht die eigentliche Quelle alles Seins ...« Indem Kahn elementare Metaphern zur Erläuterung seines baulichen Ansatzes heranzog, ahmte er eine Sensibilität nach, die Architekten die ganze Geschichte hindurch bekundet hatten, die jedoch in unserer gegenwärtigen Zeit – zumindest bis vor kurzem – aus Furcht vor Hohn unterdrückt worden ist. Kahn lebte in einer Zeit der Ungewißheit, des Wandels und des Verlusts geistiger Werte. Vielleicht mag dies eine der Ursachen ge wesen sein, weshalb er sich dem Ewigen zuwandte, jenem Bereich, der die Umstände des gegebenen Zeitpunkts überschreitet. Dort fand er die Ordnung, die Gestalt und die Ruhe, die es ihm gestatteten, Bauten und Umgebungen mit einem spürbaren Raumgefühl – dem »genius loci« – zu schaffen. Dieser Gral der modernen Architekten war es, der von den nach Mammons Launen entwerfenden Planern so vernachlässigt wurde. Es ist außergewöhnlich, daß ein Dichter, ein entschieden auf das Jenseits gerichteter Mann, in einem vom Dollar und festen Lieferfristen regierten Land nicht nur überleben konnte, sondern auch eine Handvoll unbestreitbarer Meisterwerke baute.

Wie Le Corbusier plante auch Kahn eine Stadt für den indischen Subkontinent: Sher-E-Banglanagar, das Regierungszentrum in Dhaka, Bangladesh (Le Corbusier hatte den Auftrag wegen Überlastung und Alvar Aalto aus Krankheitsgründen abgelehnt). Kahns Ansatz für den Generalbebauungsplan basierte nicht auf regionalen Archetypen und räumlich-baulichen Manipulationen der Grundfläche. Ihn inspirierten, wie er sagte, die Gedanken über das transzendente Wesen der Gebäudenutzung (wo sich Menschen zusammenfinden, um Gemeinschaftsgeist zu erlangen) sowie die relative Lage des Weltlichen (das Parlamentsgebäude) zum Geistlichen (die Moschee).
Auf diese Weise bezog er die Gemeinschaft – ihre Hierarchie und ihre symbolische Rolle – als Teil der natürlichen Welt ein. Er verstand es, diese Sensibilität wirkungsvoll und gestaltbildend für die Gebäude der neuen Stadt einzusetzen. Sein Plan umfaßte das zentral gelegene Parlamentsgebäude und den Obersten Gerichtshof, die auf beiden Seiten von Wohnunterkünften, Mensen und Enklaven für Diplomaten flankiert wurden. Nördlich davon plazierte er einen See und dahinter eine kleine Stadt.
Mehrere wichtige Aspekte in Kahns Entwürfen reagierten unmittelbar auf das unangenehme subtropische Klima mit der glühenden Sonne und den saisonalen Monsunregen. Um die Innenräume vor Naturkräften zu schützen, beinhalteten die Pläne großflächige, sorgfältig ausgeführte Blendmauern, die von weiten Öffnungen in geometrischen Mustern (Vierecke, Kreise und Dreiecke) durchbrochen waren. Kahn beschrieb sein Konzept so: »Beim architektonischen Ansatz zum Parlamentsgebäude, wie auch zu allen anderen Bauten, geht es darum, einen Entwurf zu finden, der sowohl die umschlossenen wie auch die Außenräume vor Sonne, Hitze, Regen und Blendlicht bewahrt, indem Überstände, tiefe Verandas und Schutzwände den unmittelbar brauchbaren Räumen hinzugesellt werden« (Louis I. Kahn: In the Realms of Architecture, David B. Brownlee and David G. De Long 1992). (Keines der Gebäude ist bis heute klimatisiert.) Die massiven Schutzelemente vereinigen in sich eine Antwort auf das Klima und Kahns Auseinandersetzung mit Gestalt und Form.
In Sher-E-Banglanagar existieren keinerlei bauliche Bezüge zu der traditionellen Architektur dieser Region wie sie etwa in Lutyens' Plan für Neu-Delhi oder den Bahnhöfen, Museums- oder Regierungsgebäuden anderer Architekten in den ehemaligen Kolonien zu sehen sind. Diese mögen vielleicht Anklänge an lokale Architekturstile haben, doch sie berücksichtigen kaum das örtliche Klima. Kahns Inspirationsquellen lagen in Europa: die römischen Caracalla-Thermen für das Parlamentsgebäude und die Große Moschee in Córdoba für die ausgedehnten unterirdischen Gewölbe des Regierungskomplexes.
Die Baustelle in Dhaka muß an die Errichtung eines römischen Monuments erinnert haben. Zu Spitzenzeiten drängten sich mehr als 2000 Arbeiter auf den spindeldürren Holzgerüsten und Schalungen, um Beton zu gießen (1,5 Meter in einem Guß) und rote Ziegelsteine zu setzen. Viele waren mehrere Jahre am Bau des 1983 vollendeten Projekts beschäftigt. Verwendet wurden lokale Materialien ohne Zuhilfenahme von hochentwickelter importierter Technik oder von Bauteilen.
So wie den klassischen Architekten des achtzehnten Jahrhunderts war auch Kahn daran gelegen, die Natur und das Gebäude mit einer Ordnung zu erfüllen und zwischen ihnen einen abgestimmten Dialog herzustellen. Zweifellos hat seine Architektur ein stattliches Erscheinungsbild, doch ist sie im Gegensatz zur klassischen Baukunst nicht herausgeputzt;

04> Der Parlamentsgebäude-Komplex in Sher-E-Banglanagar, Dhaka, Bangladesh (1962–1983) von Louis Kahn.

sie ist schlicht und ursprünglich. Kahn hatte die Absicht, die inhärenten Eigenschaften und das Ausdruckspotential der von ihm eingesetzten Materialien zu artikulieren. Es ist diese Kombination von klassischer Ordnung und Materialtreue, die seiner Architektur die Größe, symbolische Kraft und die Zeitlosigkeit antiker Denkmäler verleiht.

Eine solch qualitätvolle Architektur läßt sich nur realisieren mit einem großzügigen Budget, einem gelockerten Zeitrahmen, einem überzeugten, verständigen Architekten und einem weitsichtigen Bauherrn. Auch wenn es überraschen mag, solche Bedingungen existieren noch heute. Das Vermächtnis von Le Corbusier und Kahn lebt weiter in den von Bürgermeistern, Nationalregierungen und Firmenstiftungen geförderten Projekten und beschränkt sich vorwiegend auf die Äußerungen von kulturellem Prestige, nationalem Rang und Selbstverherrlichung. Zu den Beispielen zählen die Staatsgalerie in Stuttgart (1977–1984) von Stirling und Wilford, die National Gallery of Art in Washington (1971–1978) von I. M. Pei, das Opernhaus in Sydney (1956–1973) von Jorn Utzon und das Getty Center in Los Angeles (1984–1996) von Richard Meier. Allerdings sind es die in den vergangenen zwei oder drei Jahrzehnten von japanischen Architekten auf Heimatboden ausgeführten Arbeiten, die diese architektonische Linie konsequent und häufig nutzbringend weiterverfolgen. Ihr Werk beinhaltet nicht nur Großprojekte von so bedeutenden Persönlichkeiten wie Arata Isozaki und Kisho Kurokawa, sondern auch exquisite, kleindimensionierte Häuser und lokale Museen von Architekten wie Tadao Ando und Naito Architect & Associates. Einige von ihnen werden im nächsten Kapitel dargestellt.

Der zweite moderne Meister, mit dem wir uns beschäftigt haben, war Alvar Aalto, dessen Erbe fortlebt und dessen maßvolle Lyrik und regionale Sensibilität einen besonderen Einfluß auf die heutige bioklimatische Architektur ausgeübt haben. Im Norden Europas verloren in den Jahren unmittelbar nach dem Zweiten Weltkrieg die in den modernen Lehrsätzen postulierten Gewißheiten und unkomplizierten Ausführungen ihre Wirkung auf die Architektenschaft. Der Pioniergeist war verschwunden, und eine pragmatische Haltung setzte sich durch. Die weißen Häuser der frühen Moderne mit ihren flachen Dächern und minimalistischen Durchbildungen eigneten sich nicht für das von Schnee, Wind und Regen bestimmte nördliche Klima.

Aaltos frühere Initiative galt weithin als Hinweis auf einen Schritt nach vorn. Er genoß internationale Anerkennung, doch beschränkte sich sein unmittelbarer Einfluß auf Nordeuropa und insbesondere auf das sozialdemokratische Schweden, wo bereits seit langem, wie in Großbritannien, eine Arts-and-Crafts-Bewegung existierte. Der Schlüssel zu dieser Tradition lag in dem Werk des Malers Carl Larsson, dem sein Schwiegervater in den achtziger Jahren des 19. Jahrhunderts ein Sommerhaus in Sundborn, Mittelschweden, überlassen hatte. Mit einer Reihe dekorativer Räume, die einem bestehenden kleinen Landhaus aus Holz angebaut worden waren, diente dieses Gebäude, ebenso wie das Red House in England, als Inspirationsquelle für den zukünftigen Wohnungsbau. In den späten vierziger und in den fünfziger Jahren wurde diese Bauart in allen schwedischen Vorstädten zu einer organischen modernen Ausdrucksweise neu interpretiert, und von dort aus verbreitete sie sich schnell in den benachbarten Ländern. Die skandinavischen Charakteristika einer gemäßigten regionalen Moderne beeinflußten die britische Nachkriegsarchitektur besonders stark. Anläßlich des Festival of Britain 1951 erhielt die erfahrungsmäßige »neue empiristische« Architektur die Gelegenheit, sich zur Schau zu stellen. Sie vereinte die europäische Moderne, den ungekünstelten Pragmatismus Schwedens und die technischen Fertigkeiten Großbritanniens.

Trotz der Fanfaren des Festival of Britain war diese skandinavisch beeinflußte Architektur stark den gesellschaftlichen Bedürfnissen und der Gemeinschaft verpflichtet; nach dem Zerstörungswerk des Zweiten Weltkriegs war dieser Bedarf besonders dringend. Vor dem Krieg empfanden die meisten Menschen die puristische moderne Architektur als künstlich und fremd. Danach geriet sie in ihrer neuen, eher gefälligen Form, ohne wesentliche Meinungsverschiedenheiten zur Erscheinungsform des modernen demokratischen Sozialismus. Die Architekten der neuen britischen Städte und jene, die für den Bau von Universitäten, Schulen, Wohnhäusern und Fabriken in ganz Europa verantwortlich zeichneten, hielten sich selbst sowohl für soziale Ingenieure als auch für Entwerfer von Gestalt und Raum. Viele der heute zum bioklimatischen Credo gehörenden Fragestellungen - das Planen für eine gute Gesundheit, die nutzbringenden Auswirkungen von Tages- und Sonnenlicht, der Bedarf an Grünflächen, die Idee von sich gegenseitig unterstützenden Gemeinschaften – machten anfänglich diese pragmatische Architektur aus. Die Strömung innerhalb der heutigen bioklimatischen Architekturbewegung, die sich am unnachgiebigsten für eine nachhaltige Entwicklung und einen radikalen gesellschaftlichen Wandel einsetzt, läßt sich unmittelbar auf die sozial ausgerichtete, aus den Bestrebungen der Nachkriegszeit entstandene Architektur zurückführen.

Inzwischen zog in einem ganz anderen Teil der Welt ein Mann zu Feld, dessen Anliegen der in Europa angestrebten Schaffung praktischer Unterkünfte für die Gemeinschaft sehr nahe-

^ 05

^ 06

kam. 1969 veröffentlichte das Kulturministerium in Kairo ein Buch des ägyptischen Architekten Hassan Fathy mit dem Titel »Architecture for the Poor« (Architektur für die Armen). In dem Werk beschreibt Fathy seine unkonventionelle Methode, Massenwohnungen in ländlichen Gebieten seines eigenen Landes zu bauen. Er glaubte, sein Ansatz könne den Lebens- und Kulturstandard der hoffnungslos Armen dieser Welt heben.

Nach Fathys radikaler Vision könnten die Armen der Erde, von denen viele ihre traditionellen baulichen Fertigkeiten verloren haben, am besten beherbergt werden, indem unmittelbar greifbare Materialien verwandt würden: Lehmziegel im Nahen Osten, Holz in Südostasien usw. Mit einem angemessenen und reizvollen Architekturstil und mit Unterstützung anderer könnten in jedem Land die ursprünglichen Fähigkeiten wiedererlernt werden und selbst die Ärmsten über erschwingliche Unterkünfte verfügen, auf die sie stolz sein könnten. Fathy zufolge würde dies ihren einheimischen Bedürfnissen dienen und auch sozial und ästhetisch befriedigend sein.

Zwischen 1945 und 1946 führte Fathy auf der Grundlage seiner Theorie ein Experiment durch und plante ein neues Dorf für eine Gruppe ägyptischer Kleinbauern in Gourna bei Luxor. Fathy arbeitete mit jeder Familie zusammen, um ihren persönlichen Bedarf in den Entwurf ihres Wohnhauses einzubeziehen. Zunächst entstand eine Ziegelei für die Herstellung der für die Konstruktion erforderlichen Lehmziegel. Damit wurden die lange Zeit verlorenen Fähigkeiten wiederbelebt, ziegelgemauerte Kuppeln und Bogen ohne Schalungsgerüste zu bauen. Fathy entwarf auch Gebäude für die Produktion und den Verkauf von lokalen Erzeugnissen, legte einen Marktplatz an, baute eine Moschee, ein Theater und Schulen.

Obgleich Fathy (aufgrund eines endlosen Papierkriegs und den vom Massentourismus auferlegten Zwängen, die seine Ziele von einfachen, autonomen Gemeinden untergruben) letztendlich keinen Erfolg hatte, übten dieses wie auch spätere Projekte einen bedeutenden Einfluß aus. In den sechziger Jahren boten sie die gesuchte Alternative zu den auf Technik basierenden Mega-Städten und zu dem allgegenwärtigen Exportprodukt des International Style. Für jene, die anfingen, die ersten Regeln der ökologischen Bewegung in der Architektur aufzustellen, repräsentierte Gourna ein Ideal, ein Musterbeispiel für wirtschaftliche Unabhängigkeit auf dem Land sowie kulturelles und gesellschaftliches Wohlergehen.

Der dritte moderne Meister, mit dem wir uns befaßt haben, ist Frank Lloyd Wright. Was die gebaute Form anbelangt, so beschränkte sich sein Einfluß größtenteils auf die Vereinigten Staaten oder zumindest auf Gebiete mit weiten offenen Räumen und einer sich entfaltenden Kultur. In Europa muteten sein überschwenglicher Individualismus und die Anordnung seiner Bauten zu fremd an, um viele Nacheiferer zu finden.

Wrights Konzept einer »organischen« Architektur jedoch hatte eine starke Wirkung auf die heutigen bioklimatischen Verfechter.

Wie wir gesehen haben, verband Wright mit diesem Begriff eine Reihe von Aspekten: einen fließenden Entwurf, plastische Formen, ausdrucksvoll eingesetzte Materialien und die Anerkennung von zeitlich bewirkten Veränderungen. Die nachfolgende Entwicklung bekannte sich zu diesen Vorstellungen, doch tendierte sie zu eher nüchternen Ausdrucksformen. Organische Architektur stand nun weniger für eine Einstellung zu von der Natur abgeleiteten Abstraktionen als vielmehr für einen Ausdruck der Natur selbst – nicht so sehr organisch wie ein Organismus.

Von Wrights unmittelbaren Nachfolgern ist Bruce Goff (1904–1982) der Architekt, der mit diesem Aspekt des Meisterwerks am engsten verbunden ist. Während seiner langen Laufbahn erforschte Goff unablässig Materialien und experimentierte mit ihnen. Wie Wright pflegte und verherrlichte er einen individuellen Ausdruck. Seine Arbeit weist ein besonderes Gespür für die zeitliche Dimension auf – ein wichtiger Gesichtspunkt der organischen Architektur. Hierbei handelt es sich nicht um die vom klassischen Architekten ausgedrückte »Zeitlosigkeit«, sondern um einen Sinn für den architektonischen Raum, der auf den Verlauf der Zeit reagiert und ihn widerspiegelt. Goff beschrieb sein berühmtestes Gebäude so: »Die Vergangenheit ist vorbei, die Zukunft nicht da, doch die Gegenwart fortwährend. Auch wenn das Bavinger House erdgebunden ist, repräsentiert es ein erstes Beispiel für die Kontinuität des Wohnraumes ... und kein ›zurück-zur-Natur‹ Wohnkonzept. Es geht um das Wohnen mit der Natur, heute und jeden Tag, um einen kontinuierlichen Raum, noch einmal, als Teil einer fortwährenden Gegenwart« (Forty-Four Realizations, 1970). Die gewundene Dachform des 1950 entworfenen Bavinger House entstammt zweifellos unmittelbar der Natur. Die Form ist auch von mystischer Bedeutung erfüllt und symbolisiert sowohl den Verlauf der Zeit als auch den Aufstieg zur Erleuchtung. Die zum Bau des Hauses verwandten Materialien vereinen das Rohe und das Verarbeitete: das spiralförmige mit Kupfer verkleidete Dach hängt an gespannten Stahlseilen, an denen eine Zugangsbrücke abgehängt ist, die das Haus mit dem Abhang der Senke, in der es steht, verbindet. Massive Steinwände aus vor Ort vorkommenden Sandsteinblöcken bilden den Kern der Spirale. Sie wird in der Mitte von einem Mast getragen, der über die Wände ragt.

^
07

05> Gouache des »Turkish House« in Fayoum, Ägypten, von Hassan Fathy.

06> The Bavinger House, Norman, Oklahoma (1950) von Bruce Goff.

07> The Prairie House, Norman, Oklahoma (1961) von Herb Greene.

Ein direkter Abkömmling dieses Gebäudes ist das von Herb Greene (geb. 1929) geplante Prairie House außerhalb von Norman, Oklahoma. Dem 1961 errichteten Haus widmet John Farmer in seinem Buch »Green Shift« (1996) ein ganzes Kapitel. Seiner Ansicht nach spielt es eine zentrale Rolle in der Wrightschen organischen Tradition und ist darüber hinaus zukunftsweisend in seiner Antwort auf die Angst vor einer Atomkatastrophe und auf die Besorgnis über die schwindende Wildnis.
Es ist ein winziges, aber symbolträchtiges Haus. Das Gebäude wurde mit Holz gebaut, jedoch in einer Art und Weise, daß es eine Verschmelzung von einem amerikanischen Indianerzelt und einem holzverschalten Haus im Kolonialstil nahelegt. Dach und Wände vereinigen sich in einer kaskadenförmigen Konstruktion aus schweren Holzschindeln und sich überlappenden Bohlen. Von nahem betrachtet erinnert die Oberfläche mit den Stoßstellen zwischen den Schindelflächen und dem Bohlenbelag an das Gefieder eines Hahns oder die Schuppen eines Gürteltiers. Aus der Entfernung gesehen scheinen jedoch die Schindeln ineinander überzugehen, die Oberflächentextur wird glatt, und die Gesamtform verschafft sich Geltung. Das Haus wirkt nun weniger wie ein Huhn und mehr wie ein Büffel mit einem deutlich geneigten und verwundeten Kopf. Es ist dieses Bild von einem zusammengesackten und sterbenden Steppentier – einem so wesentlichen für die amerikanische Mythologie –, das Assoziationen an Verlust und Opfer weckt (Farmer beschreibt und erläutert dies in seinem Buch). Das individuell gefertigte, von seinem Standort inspirierte Prairie House verkörpert das gesundheitsfördernde Traumhaus des gestreßten Stadtbewohners. Und da wir uns in Amerika befinden, wird dieser Traum oft verwirklicht. Zwischen Meeresdünen, den Falten der Prairie, den Zitterpappeln und Birken der Rocky Mountains und den Geröllblöcken der Wüste liegen zahlreiche Häuser der Mittelschicht versteckt und halten unerschrocken Zwiesprache mit der Natur. Sie sind behutsam in das Umfeld eingefügt, persönlich zugeschnitten und zunehmend nach fundierten bioklimatischen Prinzipien entworfen. Diese Häuser-Diaspora beschränkt sich nicht auf die Vereinigten Staaten; auch die Hütten in Norwegen, die Datschas in Rußland, die Strandhäuschen im Norden Europas, die Mittelmeervillen und die Chalets in den Alpenländern zeugen von einem wiederbelebten Interesse für die trostreiche natürliche Umgebung. Diejenigen, die solchen Trost suchen, sind nur einen Schritt davon entfernt, aktiv für den Schutz der dafür notwendigen Bedingungen einzutreten.
Die offenkundige Vermenschlichung (oder richtiger, Tiersymbolik) in Greenes Prairie House ist in jüngster Zeit eher ein von Gaudí als von Wright entlehntes Merkmal. Gewöhnlich betrifft dieses jedoch weniger die Architektur als vielmehr Möbel, Keramik, Metallarbeiten und andere ornamentale Künste. Vielleicht hängt das mit den unnachgiebigeren funktionalen Anforderungen an die Architektur und mit ihren weniger anpassungsfähigen Konstruktionstechniken zusammen. Die Ursache mögen auch die viel abstrakteren, von der notwendigen konstruktiven Logik herrührenden Bestrebungen sein. Von einem Gebäude kann aus religiösen Gründen oder aus Überheblichkeit gefordert werden, es solle zum Himmel streben. Selten wird jedoch von ihm verlangt, einem Elefanten, einem Hund oder einer Schildkröte zu ähneln.
Der berühmteste zeitgenössische Vertreter dieser expressiven Form der Architektur ist der Ungar Imre Makovecz (geb. 1935). Seine Bauten können sowohl als regional, als auch organisch bezeichnet werden. Obgleich sie alle in Ungarn stehen und deutlich von der Kultur und der Tradition dieses Landes beeinflußt sind, haben sie auch internationale Anregungen bezogen. Makovecz' Werk steht in direkter Verbindung zu dem von Wright, Goff und Greene. Seine nicht-rechtwinkeligen, farbigen Ausdrucksweisen sind stark von Rudolf Steiners Anthroposophie geprägt. Als Tischlersohn verfügt er über ein angeborenes, sinnliches Gefühl für Holz. Er manipuliert das Material, um es seinem expressiven Zweck anzupassen, sei es beim Verziehen von Flächen, beim Zusammenfügen von Skelettbauten oder beim Verhaken von Gittern. Viele seiner Gebäude (zum Beispiel das Kulturzentrum in Sarospatak, 1980 fertiggestellt) sind in den Erdboden eingefügt und scheinen wie ein Urtier aus ihm hervorzutauchen. Indem er sie auf diese Weise »verwurzelt«, legt er auch die Rückkehr von Mutter Erde nahe. Diese halbvergrabenen Bauten vermitteln das Gefühl, eher von einem ursprünglichen Symbolismus als von der praktischen Anwendbarkeit von Energiesparmaßnahmen angeregt zu sein. Letzteres ist ein Grundprinzip, das die meisten heute eingegrabenen Bauten für sich beanspruchen.
Für Makovecz wie für seine Mentoren bindet eine »organische« Architektur ein Gebäude eng in seinen Standort ein; sie basiert auf fließenden, biomorphen Räumen und unterstützt ausnahmslos eine Antwort, die mit »Es sieht aus wie...« beginnt. Im Gegensatz zu den Bauten, die von anderen in diesem Bereich tätigen Planern entworfen wurden, sind viele Häuser von Makovecz im wesentlichen symmetrisch – so wie es der menschliche Körper ist. Bei einer genaueren Untersuchung jedoch treten genauso wie beim Körper Verlagerungen und kleinere Unausgewogenheiten zutage, die auf spezifischen Nebenfunktionen beruhen. Dadurch bleiben die Gebäude nicht voraussag-

^
08

bar und bekommen Charakter und Individualität.
Folglich führt die von Wrights organischer Architektur ausgehende Entwicklungslinie weiter, wenn auch in dem eigentümlichen Werk von ein paar Individuen. Ihr Einfluß auf die bioklimatische Architektur konzentriert sich auf den eher »fundamentalen« Zweck der ökologischen Bewegung, wonach ökologische Architektur in starkem Maße das Produkt ihrer spezifischen Lage und Gemeinschaft ist. Unglücklicherweise fühlen wir uns in diesem engen Milieu in erster Linie von dem Aspekt der wegweisenden organischen Architektur angezogen – etwa der von Goff und Makovecz –, der gewöhnlich nicht überlebt, nämlich die architektonische Individualität, die ihr innewohnende, besondere Eigenheit.
Das vierte wichtige Element bioklimatischer Architektur - die spezielle und angemessene Nutzbarmachung der Technologie - geht nicht allein auf unseren vierten Meister zurück. So wie bei den drei anderen Meisterarchitekten einer direkten Abstammungslinie zu folgen, ist hier nicht möglich. Richard Buckminster Fuller war eine charismatische Persönlichkeit. Er spielte eine bahnbrechende Rolle bei der Entwicklung und Förderung einer technologischen Antwort auf die gesellschaftlichen Verhältnisse und Umweltbedingungen. Auch war er maßgeblich daran beteiligt, die gegenseitige Abhängigkeit zwischen den Gemeinschaften und den Weltwirtschaften aufzuzeigen. Die Technologie hätte sich allerdings auch ohne ihn weiterentwickelt, geleitet von den schon immer vorhandenen Stimuli wie bewaffneten Konflikten, Wirtschaftswachstum und persönlichen Annehmlichkeiten. Andere hätten (und haben) die technischen Innovationen auf die Baumethoden angewandt, insbesondere im Hinblick auf den rationellen und effektiven Einsatz von Ressourcen. Buckminster Fuller spielt vor allem innerhalb der Architektengemeinschaft eine wichtige Rolle, da er eine angemessene Nutzung der Technologie veranschaulichte und ein globales Bewußtsein weckte. Diese Bedeutung fällt ihm heute um so mehr zu, als aus den von ihm inspirierten ehemaligen Studenten mittlerweile die hohen Priester der »High-Tech«-Architektur geworden sind.
Für die Befürworter der bioklimatischen Architektur bedeutet daher das Erbe von Buckminster Fuller einerseits die Lenkung der wissenschaftlichen Forschung und technischen Innovationen in Richtung einer Reduktion der materiellen Ressourcen (und somit einer Energieeinsparung). Auf der anderen Seite steht es für die Mobilisierung der globalen Gemeinschaft, sich von zerstörerischen Lebensgewohnheiten ab- und umweltverträglicheren Praktiken zuzuwenden.
Anders als die Luftfahrt-, Schiffs- und Autoindustrie beispielsweise ist die Bauwirtschaft nicht auf die Herstellung einer bestimmten Palette von Produkten ausgerichtet, die später mit anderen vergleichbaren Erzeugnissen konkurrieren. Auf Wettbewerbsmärkten ist das Überleben unmittelbar mit der technologischen Entwicklung verknüpft. Jedes Unternehmen investiert daher beträchtliche Summen in technologische Ressourcen und Sachkenntnisse, so daß der Fortschritt kontinuierlich und produktiv ist und die Anbieter von Spezialprodukten ständig dazu drängt, ebenso zu verfahren.
Die Bauindustrie bleibt ein Markt, auf dem auf Bestellung gearbeitet wird, obgleich die Verfahren zur Gebäudefertigung standardisiert werden könnten. Eine Ausnahme hiervon bilden ein paar mutige Versuche im öffentlichen Sektor bei der Erzeugung eines Standardprodukts (wie im Wohnungsbau, in Schulen und Krankenhäusern). Die Auftraggeber von Gebäuden wünschen sie normalerweise auf ihre speziellen Anforderungen zugeschnitten und vom äußeren Erscheinungsbild und Charakter her unverwechselbar, damit sie einzig und allein als ihre (bzw. in vielen Fällen als ihre Mieter) identifiziert werden. Daher obliegt es weitgehend den Herstellern von Bauteilen, für die notwendige technologische Entwicklung zu sorgen, um einem spezifischen Bedarf gerecht zu werden. Gebraucht werden auch Architekten, die ihr Bestes tun, um die Komponenten zu einem einheitlichen Gebilde zusammenzustellen. Im großen und ganzen richten sich diese Firmen nach den theoretischen Überlegungen und Innovationen von Planern und Entwerfern, während in der Konsumindustrie die Hersteller den aktiven Part übernehmen. Die technologische Entwicklung in der Bauindustrie läßt sich auf zwei parallelen, doch eng zueinander in Beziehung stehenden Bahnen verfolgen: Die erste betrifft die physikalische Entwicklung von Materialien und Komponenten, die zweite liefert die Mittel zur Anpassung an die zeitlichen Veränderungen. Beide sind wichtige Aspekte der bioklimatischen Architektur.
Die physikalische Entwicklung von Materialien und Komponenten ist relativ geradeaus gerichtet, wobei es die meisten Innovationen seit der Zeit der industriellen Revolution gab (mit einer merklichen Beschleunigung seit den dreißiger Jahren wie bei allen technologischen Entwicklungen). So erfand James Bogardus den Stahlskelettrahmen in den fünfziger Jahren des 19. Jahrhunderts und Elisha Graves Otis den Aufzug 1853; Auguste Perret setzte 1903 erstmals Stahlbeton als architektonisches Ausdrucksmittel ein; Jean Prouvé und andere stehen für die Fortschritte bei der Vorfertigung in den vierziger und fünfziger Jahren, gefolgt von jüngeren Entwicklungen auf dem Gebiet von Abdichtungen und Dich-

^
09

08> Die römisch-katholische Kirche in Paks, Ungarn (1987).

09> Überdachung des Hauptsportstättenbereichs im Olympiapark, München (1972) von Günter Behnisch und Frei Otto.

tungsmassen, Dämmaterialien, Glas, Plastik, Luftbehandlung, Faseroptik, Verbundwerkstoffen, rechnergestützten Kontrollsystemen usw.
Den Ansporn zu diesen Entwicklungen gaben zahlreiche Umstände, darunter Migrationsbewegungen, Grundstückspreise, räumlich-bauliche Probleme des Geländes, der Bedarf an Komfort sowie kommunikative Bedürfnisse. Keines der betreffenden Unternehmen schenkte den möglichen Auswirkungen der Produkte auf das Klima, die Ökologie oder die Empfindlichkeit gegenüber Umwelteinflüssen – sei es in bezug auf die Gehör-, Seh- oder Geruchsorgane – besondere Beachtung. Auch befaßten sie sich nicht übermäßig mit den weiteren gesellschaftlichen Implikationen ihrer Erfindungen und Entdeckungen und nicht einmal mit der Gesundheit und dem Wohlergehen der unmittelbar Betroffenen. Erst durch den Druck von Umweltschützern und deren Befürwortern in der Bauindustrie veränderte sich diese Sachlage erheblich, und die Gesetzgebung beschränkte die Herstellung von Produkten und Anlagen mit extremen Schadwirkungen. Zu diesen Veränderungen kam es jedoch nur zögernd, und genauso wie Bioprodukte in Supermarktregalen waren die Artikel überteuert, nicht immer erhältlich und ihre Auswahl begrenzt.
Unter den vielen Architekten mit einer sowohl gestalterischen wie technischen Veranlagung ist vermutlich der deutsche Architekt Frei Otto (geb. 1925) die augenfälligste Figur, die Buckminster Fullers Erfindungsgabe mit den Architekten der heutigen technisch-expressiven Gebäude verknüpft. Er widmete seine Laufbahn der Entwicklung von Bauten, die mit sparsamen Materialeinsatz dennoch große Eleganz und Sicherheit erzielen. Sein Ideal, sagte er, wäre es, die »eigentliche Konstruktion gänzlich aus der Existenz heraus zu entwickeln, um so mehr Raum und Energie für das zu gewinnen, was innerhalb unserer Bauten für die Menschen, für die wir bauen, getan werden sollte« (Frei Otto: Structures, Conrad Roland, 1972).
Für Otto stellt daher die Konstruktion keinen Selbstzweck oder einen Vorwand dar, um interessant gestaltete Formen zu produzieren. Vielmehr bildet sie einen integralen Bestandteil, der technisch so effizient wie möglich sein muß. Ottos Entwicklung als Statiker bestimmte die Frage, wie sich ein konstruktives Problem mit minimalem baulichem Energieaufwand lösen läßt. Daraus resultierte eine außergewöhnliche, von der Natur inspirierte Folge von Konstruktionen, bei denen Seile, Netze und Membranen Anwendung fanden. Ungeachtet der vom Architekten erklärten Loslösung von ästhetischen Erwägungen, scheinen diese Gebäude mit ihren üppig geschwungenen Linien und vorgespannten zugbeanspruchten Konstruktionen über der Landschaft zu schweben. In gewisser Weise ist ihre äußere sinnliche und flüchtige Anmut illusorisch. Häufig sind diese Formen und Gestalten nur möglich, wenn ihre hohe Zugbelastung von massiven, im Erdboden verborgenen Betonfundamenten ausgeglichen wird. Außerdem verwendet er häufig hochveredelte und -entwickelte Materialien. Dennoch hat die augenfällige, so elegante Manifestation der Prinzipien von »weniger ist mehr« wesentlich dazu beigetragen, die Bautechnologie auf ihre Grundlagen zu reduzieren – eine »Degradierung«, die sie der Segelflugtechnik näherbringt, mit der Frei Otto seine Laufbahn begann.
Wissenschaft und Technik stellen nicht nur die Mittel bereit, um Baumaterialien und -teile zu verbessern und neue zu entwickeln, sondern ermöglichen auch, daß Bauten auf gesellschaftliche und kulturelle Veränderungen reagieren können. Wir haben gesehen, wie in den sechziger Jahren die Archigram-Gruppe und die Metabolisten bahnbrechende Ideen für futuristische, von der Technologie abhängige Gemeinschaften lieferten. Ihre Entwürfe sorgten damals in Architektenkreisen für Aufsehen, doch eignete man sich eher die zu ihrer Darstellung verwendeten graphischen Techniken enthusiastisch an als ihre räumlich-bauliche Realität zu übernehmen. Von eigentlichem und nachhaltigem Einfluß waren ihre Vorstellungen über die Mobilität, Veränderung und Unbestimmtheit in der Architektur. Ironischerweise waren die Archigram-Mitglieder Peter Cook, Ron Herron, Warren Chalk, Michael Webb und andere auf einen Aspekt der modernen Gesellschaft gestoßen – ihre Mobilität –, der zumindest in seinem baulich-räumlichen Sinne immer in den Bereich der traditionellen regionalen Architektur fiel. In vielen Teilen der Welt wanderten und wandern (jedoch zunehmend weniger) Nomaden oder Halbnomaden von Jahreszeit zu Jahreszeit oder bei erschöpften Nahrungs- und Wasservorräten. Die Meinung, daß Architektur einen vergänglichen Aspekt habe und ebenso vorübergehend und ungewiß sein könne wie ein Gebäude aus Ziegeln und Mörtel, verfolgten vor allem in Großbritannien der Kritiker Reyner Banham und der Architekt Cedric Price. Letzterer postulierte (entwarf wäre nicht der ganz richtige Ausdruck) zwei denkwürdige Projekte: einen Vergnügungspalast im East End in London (unter der Leitung von Joan Littlewood) und die Töpferwerkstatt Thinkbelt, eine »Arbeitsuniversität« in einer im Niedergang begriffenen Industriezone. In beiden Projekten waren die soziologische und technologische Untermauerung wichtiger als die bauliche Umsetzung. Price, der in der vordersten Front der sozialen Bewegungen in den sechziger Jahren kämpfte, näherte sich zwei der bemer-

10> Haus Malaparte, Capri (1938) von Adalberto Libera.

11> The Autarkic House, Cambridge, GB (1971–1979) von Alexander Pike.

^
10

kenswertesten Attribute dieser Periode – der Erweiterung und Lockerung des tertiären Bildungswesens sowie dem Streben nach Vergnügen – und unterbreitete höchst intellektuelle Vorschläge, um diesen Freiheiten gerecht zu werden und sie zu erwidern. Beide Entwürfe beinhalteten Konstruktionen, die standardisiert, vorübergehend, das heißt temporär, doch gleichzeitig hochgradig und flexibel versorgt wurden. In diesen Projekten wurden die Neben- und dienenden Räume und Anlagen als Funktionen mit eigenen, inhärenten ausdrucksvollen Qualitäten betrachtet. (Zwischen dienenden und bedienten Räumen in Gebäuden hat auch Louis Kahn unterschieden – wenn auch in ganz anderer expressiver Form – bei den Installationstürmen im Alfred Newton Richards Medical Research Building an der Universität von Pennsylvania.) Die Töpferwerkstatt Thinkbelt war besonders radikal; ihre »nicht-architektonische« Universität wurde (zumindest teilweise) entworfen, um auf Schienenwegen zwischen den keramikproduzierenden Städten in den englischen Midlands zu pendeln. Ein weiterer Aspekt dieser Projekte bestand darin, daß sie auf bereits bestehenden Strukturen und Infrastrukturen gebaut würden – im Gegensatz zu den neuen, damals auf der ganzen Welt zum Vorschein kommenden Hauptstädten sowie den British New Towns, die sich überall im Land ausbreiteten.
Die in diesen Projekten ausgedrückten Ideen sind alle wesentlich für bioklimatische Vorstellungen: Der Gedanke unterschiedlich langer Lebensdauern von Gebäuden, Strukturen und Installationen; die Anschauung, daß Bauten, die hinsichtlich ihrer ursprünglichen Nutzung überflüssig geworden sind, für eine andere Nutzung umgestaltet werden können; sowie die Wahrnehmung dessen, wie irrtümlich die übliche architektonische Praxis ist, ein Gebäude als unveränderliches Objekt zu entwerfen, das nach der Bauübergabe für seine restliche Lebenszeit in irgendeiner Form verbleibt.
Allen Ideen ist ihre praktische Natur gemein, bezogen auf die eigentliche Funktionsweise von Gebäuden und die Art des Umgangs mit ihnen durch ihre Besitzer und Nutzer. Demzufolge eignen sie sich für eine gewinnbringende Berücksichtigung von Energie- und Ressourceneinsparungen.
Auf diesen Gedanken basiert auch die High-Tech-Architektur von Richard Rogers, Norman Foster, Nicholas Grimshaw und anderen. Allerdings wurden die Ideen von Mobilität und Unbeständigkeit, nachdem sie diese Architekten entwickelt hatten, unterhöhlt, und dies ebenso wegen ihres expressiven und symbolischen Inhalts wie auch wegen des ihnen innewohnenden sozialen Radikalismus oder feinfühligen Humanismus. Der Kritiker Charles Jencks zum Beispiel hat die Kennzeichen dieser Bewegung sorgfältig analysiert und sie genauso zu einem »Stil« erklärt wie er auch die verschiedenartigen, nach der modernen Ära aufgekommenen stilistischen Schulen klassifizierte. Ein auf Sozialtheorien und technischen Innovationen beruhender einflußreicher architektonischer Ausdruck ist der Stoff, aus dem Architektur gemacht wird und, wie wir bereits festgestellt haben, ein Charakteristikum für die reife Phase bioklimatischer Architektur. In diesem Fall allerdings fand eine gegenseitige Befruchtung statt. Zweifellos werden in vielen bioklimatischen Gebäuden technische Innovationen verherrlicht, doch ist auch offenbar, daß im Laufe der letzten Jahre die High-Tech-Schule nicht nur das ökologische Manifest, sondern auch seine inhärente architektonische Formensprache verfochten und sich zu eigen gemacht hat.
Die Erörterung des Denkanstoßes von Buckminster Fuller (und zahlreichen anderen in der Nachkriegsperiode), der zu dem Begriff der Globalisierung führte, würde den Rahmen dieses Buches sprengen. Nichtsdestoweniger ist die Anregung für die allgemeine ökologische Bewegung grundlegend und impliziert erhebliche Auswirkungen auf die Architektenschaft. In Simbabwe lebt eine ländliche Gemeinschaft, die sich ausschließlich dem Anbau von Zuckererbsen widmet und zwar Zuckererbsen von einer ganz bestimmten Größe und Form. Ein Drittel der Ernte wird aussortiert, weil es nicht den spezifizierten Kriterien entspricht. Die Farmarbeiter glauben, im Norden existiere ein Land mit einem Namen, der in Wirklichkeit der eines führenden britischen Supermarkts ist. Jedes Jahr kommen Vertreter dieses Landes zu Besuch, um auf eine höhere Produktivität und exaktere Maße der Schoten zu drängen. Wenn man erfährt, daß das Einkommen und das Wohlergehen dieser Gemeinschaft gänzlich von diesem Supermarkt abhängen und sich klar macht, welche Ressourcen nötig sind, um makellose Erbsen auf den europäischen Eßtisch zu bringen, beginnt man zweifellos die Prioritäten in Frage zu stellen, aus denen diese Situation resultiert. Sobald dies geschehen ist, muß man sich daranmachen, noch mehr solcher Torheiten anzuprangern.
Zwischen den Auswirkungen der Globalisierung und den architektonischen Praktiken besteht ein eindeutiger Zusammenhang. Auch die Zerstörung von Regenwäldern, unsere Baumethoden und die Materialauswahl sind direkt miteinander verbunden; die Ozonverdünnung hat zu einer neuen Beurteilung der Energienutzung in Gebäuden geführt. Allerdings sind Architekten auf andere Institutionen angewiesen, was das Sammeln und Beurteilen von Daten, die Analyse der Ursachen der Umweltzerstörung und die Vorschläge zu ihrem Abbau anbelangt. Diese Institutionen treten in unterschiedlichster Form auf: internationale

^
11

Behörden, nationale Ministerien, Forschungsinstitute, Bürgerinitiativen, unabhängige Beratungsfirmen und Einzelpersonen. Letztere führen gewöhnlich die Riege an, darunter Persönlichkeiten wie der Umweltschützer Amory Lovins in den USA und der Autor und Literaturherausgeber Edward Goldsmith in Großbritannien, die an den Türen des Establishment rütteln. Den Architekten bleibt es überlassen, allem einen Sinn zu geben. Dabei kann es darum gehen, in einem Gebäude Energie- und Umweltfragen in den Vordergrund zu stellen, doch gleichzeitig andere, vor allem in den Augen des Bauherrn ebenso wichtige Forderungen zu erfüllen und nicht zuletzt eine vollendete architektonische Aussage zu präsentieren. Insofern gibt es verhältnismäßig wenige Gebäude, bei denen es geglückt ist, umweltfreundliches Verhalten an echte Kreativität und Ausstrahlung zu binden. Einige solcher bemerkenswerter Beispiele sind in Kapitel vier enthalten.

Die zeitgenössische Szene

Die in Kapitel vier dargestellten Gebäude sind in sechs Gruppen unterteilt. Diese Gruppen beziehen sich auf die architektonische Form: Türme, Pavillons, Großprojekte, Campus-Anlagen usw. Möglich wäre auch eine Gruppierung der Bauten entsprechend ihrer Zweckbestimmung gewesen, etwa Wohnbauten, Bürogebäude, Kulturstätten oder Laboratorien. Eine solche Kategorisierung hätte einen merklichen Unterschied zwischen den Sektoren aufgezeigt in bezug auf das Ausmaß des entwickelten bioklimatischen Ansatzes. Die meisten energie- und umweltschonenden Gebäude gibt es gewöhnlich im Wohnungs-, Schulungs- und Bürosektor. Der Grund hierfür ist leicht ersichtlich. Diese Sektoren verfügen über festgelegte Entwurfsparameter und ein gut eingeführtes, genau standardisiertes Beschaffungssystem. Dadurch können Bauforschungsinstitute die Designer, Leistungsträger, Bauherrn und ihre Objektmanager leichter und effektiver erfassen und speziell auf ihren besonderen Sektor ausgerichtete Anleitungen vorbereiten.
Informationen und Anleitungen zum gesamten Bereich des Niedrigenergie-Entwurfs sind inzwischen weit verbreitet. Mittlerweile existiert (zumindest in den stärker entwickelten Ländern) eine beträchtliche Anzahl an Informationen, Normen, Technischen Anleitungen und bis zu einem gewissen Grade Rechtsvorschriften für die oben zitierten Gebäudetypen. Der bis zu diesem Punkt zurückgelegte Weg ist interessant und aufschlußreich und wirft ein Licht auf die neue Generation von Niedrigenergie-Entwürfen, die einige der in Kapitel vier behandelten Gebäude repräsentieren.
Häuser, Schulen und Büros zeigen den deutlichsten Entwicklungsprozeß. Und Wohnhäuser veranschaulichen vielleicht mehr als jeder andere Bautyp die Spaltung des architektonischen Ansatzes in das Poetische und das Intellektuelle.
1938 entwarf und baute Adalberto Libera ein außergewöhnliches Haus auf Capri. Auf der Spitze einer felsigen, ins Mittelmeer hineinragenden Halbinsel steht das Haus Malaparte als Katalysator zwischen Raum, Licht und Zeit. Seine schmucklosen Mauern verschmelzen mit den schroffen Felsenklippen, die aus dem Meer emporragen. Die Wände tragen eine rechtwinklige Plattform, deren landeinwärts gelegenes Ende zum Naturfelsen in einer einzigen riesigen Freitreppe zurückgesetzt ist. Weder Geländerpfosten noch Brüstungsmauern sind vorhanden. Das einzige architektonische Merkmal ist eine im Bogen verlaufende, zum Sonnenuntergang gerichtete Mauer. Sie erinnert an die Opferplattform eines Maya-Tempels. Das Haus ist keinem Stil zuzuordnen, besitzt fast keine erkennbaren Ansichten und ist völlig zeitlos. Obgleich es während seiner Errichtung bei Architekten Beachtung fand, wurde es in der breiten Öffentlichkeit nur 1963 bekannt, als es als Schauplatz für die Dreharbeiten zu Jean-Luc Godards Film »Le Mépris« (dt. Titel: Die Verachtung) diente.
Ein Jahrzehnt später, in den siebziger Jahren plante eine Gruppe von Architekturstudenten der Cambridge University das experimentelle Wohnhaus »Autarkic House«. Von der ersten größeren Ölkrise veranlaßt, berücksichtigte diese Gruppe die frühesten Solardesign-Experimente der modernen Ära. Ihre Pioniere waren Professor Felix Trombe in Frankreich und Steve Baer, Donald Watson, David Wright und Doug Kelbaugh in den USA. Die Studentengruppe erarbeitete einen Entwurf, der hochentwickelte Technik mit lokal verfügbaren Ressourcen kombinierte. Auch repräsentierte er eines der ersten Wohnprojekte (nur ein Zehntel seiner beabsichtigten Größe wurde jemals ausgeführt), das sich an der Herausforderung der Selbstversorgung versuchte. Dazu gehörten Sonnenkollektoren zum Heizen und zur Versorgung mit destilliertem Trinkwasser. Eine geschoßhohe Verglasung an drei Gebäudeseiten unterstützte die Erwärmung der Räume im Winter. Elektrischen Strom lieferte der Wind von einem Rotor auf dem Dach, während das bei der Abwasserentsorgung erzeugte Methan zum Kochen genutzt wurde.
Die gemauerte Nordwand diente als thermische Speichermasse und fungierte als vertikaler Innengarten, um sowohl für Nahrung als auch für Sauerstoff der Pflanzen zu sorgen.
Diese beiden Häuser - das Malaparte und das Autarkic - vereinigen diametrale Extreme in einer architektonischen Antwort zur Natur. Der erste Bau ist intuitiv und ganzheitlich aufgefaßt; der zweite wissenschaftlich fundiert, rationell und pragmatisch.

^
12

^
13

Die Niedrigenergie-Aspekte des Autarkic House beeinflußten eine Reihe von Häuserprojekten, von denen viele staatlich gefördert wurden. Sie zeichnen sich durch südlich orientierte Wintergärten aus, die zwischen den Innen- und Außenbedingungen vermitteln; durch gut gedämmte und dichte Konstruktionen mit hoher thermisch wirksamer Masse und durch eine maximale Ausnutzung von Tageslicht. In direkter Abstammungslinie des Autarkic House steht der unlängst entstandene, von Brenda und Robert Vale entworfene Bau in Nottingham, Großbritannien. Unter Verwendung neuester Technik wie Doppelverglasung mit Kryptonfüllung und Photovoltaik zielt das Gebäude auf einen »Null«-Energieverbrauch ab. Es verfügt über die gesamte Skala von Maßnahmen zur Förderung der globalen Nachhaltigkeit wie lokale, mit wenig gebundener Energie hergestellte Baumaterialien. Die Abkömmlinge des Autarkic House sind bisher entweder als einmalige Demonstrationsprojekte oder in kleinen Kollektivgruppen gebaut worden. Allerdings gibt es inzwischen Hinweise darauf, daß dieser Ansatz demnächst in größerem Stil übernommen wird. Das gemeinsame Linz-Pichling Solarstadt-Projekt von Thomas Herzog, Foster Associates und Richard Rogers Partnership in Österreich und das von Richard Rogers Partnership allein entworfene Parc BIT Solardorf auf Mallorca stellen zwei sorgfältig geplante »ideale« Niedrigenergie- und umweltschonende Bebauungen dar, die auf einen Maßstab ausgelegt sind, der echte Fortschritte ermöglicht.

Die jüngste Realisierung einer Autarkic-Selbstversorung ist der Bau eines riesigen, mechanisch belüfteten Glashauses, die sogenannte Biosphere 2 in der Wüste von New Mexico. In den darin installierten sieben unterschiedlichen ökologischen Lebensräumen – Meeresriffe, tropische Regenwälder usw. – wurden acht Freiwillige zusammen mit einer Auswahl von Tieren und Insekten für einen Zeitraum von zwei Jahren eingeschlossen. Die zum Unterhalt dieser Gemeinschaft notwendigen technischen Mittel und Ressourcen konnten nur von einer so bedeutenden Persönlichkeit wie dem visionären texanischen Multimillionär Edward Parry Bass bereitgestellt werden. Allerdings lautete hier das höchste Ziel die Besiedlung des Mars und nicht die tragfähige Entwicklung auf dem Planet Erde.

Das Haus Malaparte repräsentiert eines der ersten Projekte aus einer langen Reihe, die eine Symbiose zwischen Wohnen, Natur und Standort eingehen. Diese treffliche Qualität veranschaulicht vielleicht am besten in der zeitgenössischen Architektur der australische Architekt Glenn Murcutt (geb. 1936). Er ist von besonderem Interesse, da er zu Beginn seiner Laufbahn am stärksten von Mies van der Rohe beeinflußt worden ist. Seine ersten Häuserentwürfe folgten alle den Miesschen Grundsätzen eines spartanischen und abstrakten Internationalismus. In den nachfolgenden Projekten, die sich jedoch im australischen Hinterland verteilten, entwickelte Murcutt eine eigene, unverkennbare Architekturmethode und -sprache. Sein Werk steht für einen zeitgenössischen Regionstypus unter Wahrung seines modernen Erbes – eine einzigartige Leistung.

Bei der Untersuchung der für dieses Buch in Frage kommenden Wohnprojekte war es schwierig, solche zu finden, die auf effektive und kreative Weise die Attribute technisch basierter Energieeinsparungen und einer intuitiven Antwort auf die Natur kombinieren. Es ist kaum vorstellbar, daß dies nicht möglich ist, aber es bedarf eines Architekten, dessen linke und rechte Gehirnhälfte gleich ausgebildet ist; anscheinend eine Seltenheit.

Auf Niedrigenergie-Prinzipien beruhende Schulen und höhere Lehranstalten nahmen eine ähnliche Entwicklung wie der Wohnungsbau. Die in dieser Hinsicht vielleicht bemerkenswerteste, zukunftsweisende Schule war der 1961 errichtete Emslie Morgan Erweiterungsbau der St Georges School in Wallasey, in der Nähe von Liverpool, Großbritannien. Dieses Gebäude erforscht drei grundlegende Prinzipien des passiven Solardesigns: eine hochgedämmte Gebäudehülle; das thermische Speicherpotential einer Beton- und Ziegelkonstruktion; die Eigenschaften eines »Gewächshauses« mit einer dem Süden zugewandten Verglasung. Um das Glashaus erfolgreich zu realisieren, entwickelte Morgan eine beachtliche, technisch ausgereifte Solarwand aus zwei Glasscheiben mit einem 600 mm breiten Zwischenraum. Die Innenscheibe besteht größtenteils aus Mattglas, um diffuses Licht in den Klassenräumen zu verbreiten. In einigen Bereichen wird die innere Scheibe von lichtundurchlässigen Drehpaneelen gebildet. Diese sind auf der einen Seite reflektierend, um Solargewinne im Sommer abzuwenden, und auf der anderen Seite schwarz bemalt, um im Winter Wärme zu absorbieren. Die Schule ist nicht als Musterhaus konzipiert worden. Die integrierten Maßnahmen gründen auf einer praktischen und wirtschaftlichen Methode, Behaglichkeit in Klassenräumen zu schaffen, deren Nutzungsintensität stark divergiert. Entwürfe von Schulgebäuden erfordern Bauherren und Architekten, die für Energie- und Umweltfragen aufgeschlossen sein müssen, zumindest was ihre praktischen Aspekte anbelangt. Aufeinanderfolgende Programme von Schulkonzepten auf der ganzen Welt, darunter die Rudolf Steiner- und die Hampshire County Council-Schulen in Großbritannien zeugen von diesem Verständnis.

Die Entwicklung von Niedrigenergie-Bürogebäuden scheint im wesentlichen auf eine briti-

<14

^
15

12> Nicholas House, Mount Irvine, New South Wales, Australien (1977–1980) von Glenn Murcutt.

13> Das Atrium von Gateway Two, Basingstoke, GB (1983) von Arup Associates.

14> ING-Bankzentrale, Amsterdam, Niederlande (1987) von Ton Alberts und M. van Huut.

15> Verwaltungsbau der NFU Mutual and Avon Insurance, Stratford-upon-Avon, GB (1984) von Robert Matthew, Johnson-Marshall and Partners (RMJM).

sche Initiative zurückzugehen. Zur gleichen Zeit, als Norman Foster und Richard Rogers charakteristische Entwürfe für die Hong Kong und Shanghai Bank beziehungsweise Lloyd in London fertigten, arbeiteten zwei andere britische Architekten an Büroprojekten, die zukunftsweisend für umweltschonendes Entwerfen von Bürogebäuden sein sollten. Das erste Projekt von Arup Associates war für die Papierhersteller Wiggins Teape in Basingstoke bestimmt und ist heute als Gateway Two bekannt. Das 1981 begonnene Bürohaus war das erste, das ein zentrales »Durchlauf«-Atrium integrierte. Durch dieses konnte die Luft durch die umliegenden Büros ziehen und über das Dach entweichen, wodurch es zwischen den inneren und äußeren Bedingungen vermittelte. Mit zunehmend ausgefeilteren Entwürfen entwickelte sich das Atrium zu einem Schlüsselelement bei der Förderung von Wohlbehagen. Auch schuf es unmittelbar im Gebäudezentrum einen Bereich, der weder dem Äußeren zuzuordnen war, wie etwa ein Innenhof (und daher in seiner Nutzung beschränkt), noch einen durchschnittlichen, innenliegenden Büroraum darstellte. Doch besaß das Atrium bestimmte Eigenschaften, an denen die Gebäudenutzer zusätzlich zu seinen Niedrigenergie-Funktionen Gefallen fanden. Diese Eigenschaften sind unter anderem der Grund, weshalb das zentrale Atrium zu einer unabdingbaren Voraussetzung bioklimatischer Bürogebäude geworden ist. Das gebäudehohe Atriumvolumen gestattete von den umliegenden Büroräumen aus einen Blick zum Mittelpunkt der Anlage. Hier konnten besonders wirkungsvoll viele der zur Versorgung der Arbeitsflächen notwendigen Funktionen untergebracht werden: die Rezeption, die Gemeinschaftszonen, die Hauptverkehrsflächen (einschließlich Aufzüge), das Restaurant usw. Das Atrium bildete auch ein gemeinschaftliches Zentrum und verwandelte die in Schichten angeordneten, sorgfältig miteinander verbundenen Geschosse in eine Bühne, auf der sich die Nutzer jedes Teils des Gebäudes bewußt waren und sehen konnten, wie die Menschen das Atrium betraten und verließen.

Gateway Two war eines der ersten Gebäude, das mit dem Konzept eines »tiefen Grundrisses der Grundplatte« brach. In den sechziger und siebziger Jahren wurden vorwiegend Bürolandschaften entworfen: tiefe Räume, die scheinbar für größere soziale Gleichheit und eine größere Flexibilität des Layouts sorgten. Diese bedingten jedoch klimatisierte Büros, die wiederum das Abdichten der Fenster nötig machten. Arup hinterfragte diese Methode aus sozialen, betriebstechnischen und Umweltgründen.

Der zweite zukunftsweisende britische Bürobau in dieser Periode war die Hauptverwaltung der NFU Mutual and Avon Insurance in Stratford-upon-Avon (NFUM+AI). Dieses 1984 fertiggestellte Gebäude hatten Robert Matthew, Johnson-Marshall and Partners (RMJM) entworfen. Sein Grundriß war in Form einer »Leiter« angeordnet, wies geringe Raumtiefen (14 Meter) auf und beinhaltete eine Serie von offenen Innenhöfen mit einer einzelnen Atriumfläche in der Mitte. Eine ganze Reihe von Maßnahmen fand hier Anwendung, die heute für den Entwurf von bioklimatischen Bürogebäuden die Regel sind: Querlüftung, passiver Sonnenschutz, großzügige Raumhöhen, gutes Tageslichtniveau, hohe Dämmung, Exposition der Baumasse zum Ausgleich von Temperaturhöchstwerten, Nachtlüftung, feinfühlige Steuerung und intelligentes Gebäudemanagement. Während die Architektursprache von Gateway Two zur neutralen Moderne gehörte, präsentierte sich das gänzlich aus Kalkstein konstruierte NFUM+AI-Gebäude kompromißlos im Gewand eines zerlegten humanistischen Klassizismus, mit deutlichen Anklängen an aristokratische Herrschaftssitze, die so frei in den umgebenden Grafschaften liegen. Der Verwaltungsbau der NFUM+AI und das Gateway Two übten einen bedeutenden Einfluß auf die nachfolgende Entwicklung bioklimatischer Gebäudeentwürfe aus.

Einflußreich waren auch einzelne Bauten in Europa. In Hertzbergers Verwaltungsgebäude der Versicherungsgesellschaft Centraal Beheer in Apeldoorn geriet das Vorbild des tiefen Grundrisses ins Extrem. Die Grundplatte ist in Kreuzformen unterteilt, wobei der Gebäudekörper in starkem Maße die Organisation der Arbeitsgruppen bestimmt. In den späten achtziger Jahren entwickelten zwei Architekten in einer mehr für sie bezeichnenden Art diese Ansätze zu nachhaltigen umwelt gerechten Entwürfen weiter: Niels Torp führte im Bau der Luftverkehrsgesellschaft SAS in Stockholm die Idee der Atrium-»Straße« ein, und Ton Alberts griff bei der NMB (heute ING) Bankzentrale in Amsterdam die Lehre von Rudolf Steiners Anthroposophie auf. Insgesamt umfaßten die Entwürfe dieser fünf Gebäude eine Strategie zum Energiesparen und Umweltbewußtsein. Sie begründen außerdem eine Methode zu einer gesünderen und stimulierenderen Arbeitspraxis.

In diesem Kapitel haben wir uns mit der historischen Beziehung zwischen Architektur und Natur im Kontext unserer gegenwärtigen Energie- und Umweltproblematik befaßt.

Wir sind der jüngsten Entwicklung dieser Beziehung aus intuitiver, organischer, pragmatischer und technologischer Sicht nachgegangen und haben die bioklimatische Evolution des Wohnhauses, des Schul- und des Bürogebäudes untersucht. Nun ist es an der Zeit, einen Blick auf einige zeitgenössische Bauten zu werfen, die in einem unverwechselbaren, harmonischen Bezug zur Natur stehen.

KAPITEL 04

Zeitgenössische Bauten

Es ist jeder Versuch unternommen worden, um die nachfolgend behandelten Bauten mit vollständigen technischen Daten zu versehen. In einigen Fällen waren keine Informationen erhältlich. Folgende Abkürzungen werden in den Datenkästen verwandt:

K/A > keine Angaben
N/V > nicht vorhanden

Einführung

^
01

^
02

Dieser Teil erläutert 44 unlängst fertiggestellte Bauten aus der ganzen Welt. Allen gemeinsam ist ein zentraler schöpferischer Impuls, eine klare, überlegte Antwort auf die natürliche Umwelt. Von Gebäuden mit einem Bezug zur Natur könnte man annehmen, sie stünden in einer Art arkadischer Idylle. Die auf den folgenden Seiten vorgestellten Bauten befinden sich jedoch in unterschiedlicher Umgebung: in Städten, in Vororten und auf dem Land.
Die Auswahl von Gebäuden ist vielseitig. Sie umgreift das Didaktische und das Poetische, das Rationale und das Romantische. Eine nachweisbare Sparsamkeit im Energieverbrauch und Verdienste um die Umwelt waren nicht die ausschlaggebenden Kriterien für die Einbeziehung. Vielmehr war das entscheidende Merkmal eine positive und anregende Antwort auf die lokale Umgebung und das globale Wohlergehen. Berücksichtigt wurden daher Gebäude, die auf einer klaren Umweltagenda basieren. Einige von ihnen haben buchstäblich Argumente angesammelt gegen einen in staatlich geförderten Umweltbewertungssystemen enthaltenen Maßnahmenkatalog. Andere wiederum reagieren auf die Umwelt im wesentlichen intuitiv; sie sind von Architekten geplant, die – besessen von ihren Ideen – nicht umhin konnten so zu entwerfen und keinen Bedarf für energetische Richtwerte, Computermodelle, Energiemanagementsysteme oder eine Funktionsüberwachung sehen. Daneben gibt es auch viele Bauten, deren Ansatz zur Natur und Umwelt irgendwo zwischen den beiden Verfahren angesiedelt ist.
Objektiv gesehen funktionieren die verschiedenen Ökosysteme, die das Leben auf der Erde aufrechterhalten, ohne menschliches Zutun, so wie in der Zeit, bevor Homo sapiens die Vorherrschaft übernahm. Demzufolge sind alle diese natürlichen Systeme – ob zum Guten oder zum Bösen – von der Kultur des Menschen beträchtlich verändert worden. Begonnen hat dieser Prozeß mit der ersten Seßhaftmachung des Menschen. Noch bis vor kurzem vollzog sich die Entwicklung von der rauhen Natur zur Landschaft größtenteils umweltverträglich und für unser zivilisiertes Auge oft auch malerisch. Die von Menschen geschaffenen Mythen – der Strom des Lebens, der heilige Berg und der Urwald – haben unsere kulturellen Vorstellungen von Natur ebenso beeinflußt wie ihr äußeres Erscheinungsbild von Urkräften, Raubtieren und Verwüstungen durch Pflanzenkrankheiten und Insektenbefall verändert wurde. Diese universal abgewandelte Welt ist unsere ganze Natur.
Gebäude befinden sich daher, ungeachtet dessen, ob sie auf dem Land oder in der Stadt errichtet wurden, in einem gleichermaßen künstlichen oder nicht-natürlichen Umfeld – mit dem Unterschied, daß Städte von Häusern und das Land von der Vegetation beherrscht wird. Unabhängig von der Lage eines Gebäudes wird sein anregender Entwurf eine Spannung zwischen seinem Umfeld und sich selbst erzeugen und dabei seine bauliche Präsens wie auch seinen größeren, kulturellen Kontext aufzeigen. Es ist diese physische und kulturelle Verankerung, die bei einem städtischen ebenso wie bei einem ländlichen Gebäude einen Bezug zur Natur herstellt.
Die Gebäudeauswahl auf den folgenden Seiten veranschaulicht die im ersten Kapitel vertretene Ansicht von der stilistischen Vielfalt bioklimatischer Architektur. Auf einen kurzen Nenner gebracht scheint ein umweltgerechtes Bauprogramm nicht schon an sich eine allgemeine Ästhetik oder eine einzigartige Architektursprache zu schaffen. Die beschriebenen japanischen Museen beispielsweise zeugen von einem sehr unmittelbaren Sinn für den Umgang mit Natur. Allerdings mag dieser von ihren programmatischen Inhalten – der Infor-

01> Tokyo Gas »Earth Port«, Yokohama, Japan (siehe Seite 66).

02> Holzmuseum, Mikata-gun, Hyogo, Japan (siehe Seite 174).

mation über das Leben von Seeleuten, über Eis und Schnee sowie deren Präsentation – ebenso herrühren wie von jeder in ihrem Entwurf eventuell enthaltenen Maßnahme zur Abschwächung des Raubbaus an der Umwelt. Viele der Entwürfe für Bürobauten präsentieren stolz die energiesparende Ausrüstung in Form von außenliegendem Sonnenschutz, Windtürmen, verglasten Atrien und dergleichen. Die gewöhnlich eingeschränkte Nutzung und Betriebsweise von Bürogebäuden läßt nicht viele gestalterische Abwandlungen oder Ausdrucksvielfalten zu. Die Entwürfe von komplexeren Bauten basieren auf einer äußerst strikten Energiestrategie, auch wenn in ihrem äußeren Erscheinungsbild nichts darauf hindeutet. Das Elizabeth Fry Building an der Universität von East Anglia zum Beispiel präsentiert sich selbst als gefälliges Übungsstück in der Manipulation der universalen architektonischen Grundwahrheiten von Form, Raum und Licht. Dabei vermeidet das Konzept jede Artikulation seines Maßstabs und macht das Gebäude zu einem mit dem niedrigsten Energieverbrauch seines Typs.

In Ermangelung einer anderen Kategorisierung habe ich die Bauten in sechs typische Gattungen unterteilt, die sich ausschließlich auf die Größe, Gestalt und ihre Anordnung beziehen. Mit Ausnahme der Wohnbauten stimmen die Kategorien nicht mit der ihnen zugewiesenen Nutzung überein. Auch unterscheiden sie sich keineswegs hinsichtlich ihres Stils oder Ausdrucks. Die Kategorien lauten: Großprojekte (ausgedehnte und komplexe Einzelbauten); Wohnbauten (freistehende, auf Privatgrundstücken errichtete Häuser); Campus-Anlagen (Anordnungen von baulich oder optisch miteinander verbundenen Gebäuden); Pavillons (einzeln stehende niedrige Bauten); Metropolen (Städtische Gebäudeanlagen, die zur Qualität der Stadt beitragen); und Türme (freistehende Bauten mit einer Höhe, die ihre Tiefe oder Breite beträchtlich übersteigt).

Alle Architekten der hier vorgestellten Bauten sind um eine Beschreibung, spezifische technische Informationen, Photographien und Zeichnungen gebeten worden. Die Bauweise bioklimatischer Bauten ist vielfältig; manchmal optisch zurückhaltend und häufig komplex. Deshalb erschien es wichtig, die Photographien nach Möglichkeit mit Daten und Zeichnungen zu versehen. Dabei sind Gebäudeschnitte gewöhnlich besonders aufschlußreich.

Bei den Abbildungen der Bauten handelt es sich ausnahmslos um sorgfältig zusammengestellte Abstraktionen, die sie in ihrem unverfälschten, jüngst fertiggestellten (und gelegentlich noch unvollendeten) Zustand zeigen. Auf diesen Aufnahmen sind die Gebäude in der Regel mehr oder weniger so zu sehen, wie sie die Architekten konzipiert haben und dies zum Zeitpunkt ihrer Übergabe an den Bauherrn. Was der Eigentümer danach mit einem Gebäude macht, fällt nicht mehr in den Einflußbereich des Architekten, und was die nachfolgenden Generationen tun, dürfte er kaum erleben. Ein kurzer Blick auf die Alben in Architekturbibliotheken reicht aus, um zu erkennen, in welchem Ausmaß sich Gebäude wandeln. Aufeinanderfolgende Generationen übermalen, verändern, erweitern und zerstören Bauten, um sie ihrem Bedarf und häufig dem Modegeschmack anzupassen. Die Art und Weise, wie Gebäude im Laufe der Zeit wieder erfunden werden, ist ein großes Anliegen der bioklimatischen Architektur.

In diesem Buch erleben wir die Entstehung bioklimatischer Bauten. Vielleicht wird es mit der Zeit auch Zeugen ihrer Jugend, ihrer Reife und ihres hohen Alters geben und eine Beurteilung ihrer Haltbarkeitseigenschaften geschrieben werden.

»Die Götter füllen in Frieden ihre goldenen Herrschaftssitze, aufgereiht in strahlender Ordnung auf dem Hügel des Olymp«

(Alexander Pope, *Iliad*, IX.103)

4.1 Großprojekte

Komplexe Gesellschaften erfordern komplizierte Gebäude. Weltweit sind Anlagen geschaffen worden für die vielschichtigen religiösen und zeremoniellen Zwecke. Einige von ihnen, wie der Tempel von Jerusalem und der Große Palast in Konstantinopel, sind gut dokumentiert. Doch sind es die eher funktionalen öffentlichen Gebäude des Alten Rom, die riesigen Märkte, Bäder und Theater, in der Stadt selbst wie über das gesamte römische Reich verstreut, die heute von größter Relevanz sind. Zeitgenössische Großprojekte – Verwaltungsgebäude, Kunstzentren, Firmensitze – fordern genauso heraus, einen architektonischen Zusammenhang und betriebstechnische Effizienz sicherzustellen.

Ruinen der Caracalla-Thermen, Rom (212-216 n.Chr.).

NAME DES GEBÄUDES
Tokyo Gas »Earth Port«

Bauherr/Eigentümer
Tokyo Gas Urban Development Co. Ltd

Nutzer
Tokyo Gas Co. Ltd

Gebäudestandort
Yokohama, Japan

Architekt
Nikken Sekkei

Fertigstellung
Mai 1996

Bruttogeschoßfläche
5634 m²

Baukosten
ca. 23 Mio.DM

Klimazone
Gemäßigt

ENERGETISCHE FAKTOREN

Ausrichtung der Hauptfassaden
Nord und Süd

Natürliche Belüftung: Ungefährer Prozentsatz der natürlich belüfteten Bruttogeschoßfläche
58 %

Versorgung mit Nachtlüftung
Natürlich

Wärmeleitung der Gebäudehülle
0,33 W/m²K

Nutzung der wärmespeichernden Baumasse Teil des Energiekonzepts?
Nein

Sonnenschutzsysteme
außen feststehend und interne Blenden

Tagesbeleuchtung Ungefährer Prozentsatz der Nettogeschoßfläche, die während der Tageszeit künstlich beleuchtet werden muß
58 %

Energiesparende Steuerung der künstlichen Beleuchtung?
Ja

Sonstiges
-

HLK-SYSTEME

Brennstoffe/ungefähre Nutzung in %
Erdgas 100 %

Heizkesseltyp
Absorptionskühler und Kessel

Heizsystem
Nur-Luft Anlage (Klimaanlage mit variablem Volumenstrom)

Mechanische Belüftung
-

Art der Klimatechnik
Nur-Luft Anlage (Klimaanlage mit variablem Volumenstrom)

Wärmerückgewinnung
-

ENERGIEWERTE

Insgesamt
19 KW/h/m² (Juli)

Künstliche Beleuchtung
2 KW/h/m² (Juli)

Kälteerzeugung
14 KW/h/m² (Juli)

Mechanische Belüftung
3 KW/h/m² (Juli)

Heizung
-

Geschätzter Kohlendioxidausstoß (insgesamt)
K/A

UMWELT-/GESUNDHEITLICHE FAKTOREN

Konzept für die Auswahl von Materialien/Komponenten zur Reduktion von gebundener und Transportenergie?
Nein

Einsatz von recycelten Materialien
Recycelte Betonblocksteine, Papier und Ziegelsteine

Einsatz von Holz aus bewirtschafteten Quellen
-

Besondere Installationen zum Wassersparen
Abwasser- und Regenwasseraufbereitungsanlage

Natürlich biologische Abwasserbehandlung
Nein

Maßnahmen zur Förderung der Benutzung von öffentlichen Verkehrsmitteln
Nein

Tokyo Gas »Earth Port«
Yokohama, Japan

Die Zentrale von Tokyo Gas Co. Ltd. wurde entworfen, um die energiewirtschaftlichen Prinzipien und das Engagement des Unternehmens für den Umweltschutz zu demonstrieren. Die Büroflächen liegen auf drei, jeweils 15 Meter tiefen Etagen. Wegen der begrenzten Grundstücksgröße sind die Versorgungseinrichtungen und die Parkplätze in einem halbversenkten, zweigeschossigen Gebäudesockel untergebracht. Der Schlüssel für die Energiestrategie ist das Konzept eines »ökologischen Kerns« mit einem eingebauten, nach Norden orientierten Atrium an der Gebäudelängsseite. Dieses dient der Hauptwegeführung und der Darbietung der Unternehmensprodukte.
Im Bürobereich wird für die Belüftung der Kamineffekt genutzt, den die warme, im Atrium aufsteigende Luft bewirkt. Das Atrium zieht regelrecht die Außenluft zu seiner Basis und von dort aus durch die atriumseitig geöffneten Büroebenen. (Die Büros selbst sind vom Atrium durch einen Laufgang und dreiviertelhohe halbtransparente Glasabschirmungen getrennt.) Anschließend entweicht die Luft über Windtürme im Dachbereich sowie über hochgestellte Lamellen. Die Serviceflächen im Gebäudesockel, wie die Konferenzeinrichtungen, werden klimatisiert.
Die Bürobereiche erhalten entweder über das Atrium oder die Fensterbänder an der Südseite natürliches Tageslicht. Außenliegende horizontale Sonnenschutzwände fungieren auch als Tageslichtborde und sind etwa 1,25 Meter unterhalb des Fenstersturzes plaziert. Die Lichtöffnungen liegen oberhalb der Sonnenschutzwände und sind mit Streuglas versehen, um Beeinträchtigungen durch Blendlicht zu verhindern.
Das obere Fensterfeld wird teilweise durch die etwa 600 mm über die Fassade hinausragende Deckenplatte vor Solargewinnen geschützt. Dieser Überstand dient auch zur Fensterreinigung. Die Decken in den Büros sind zur Raummitte hin leicht abfallend, um das Tageslicht maximal auszunutzen.
Die Atriumverglasung wird von riesigen geschwungenen, laminierten Holzbalken getragen. Sie besteht aus feststehenden Verbundverglasungen mit einer Low-E beschichteten Außenhaut. Ein Sonnenschutzsystem ist nicht vorhanden, da - wie für diesen Gebäudetyp ungewöhnlich – der Bau nach Norden orientiert ist.

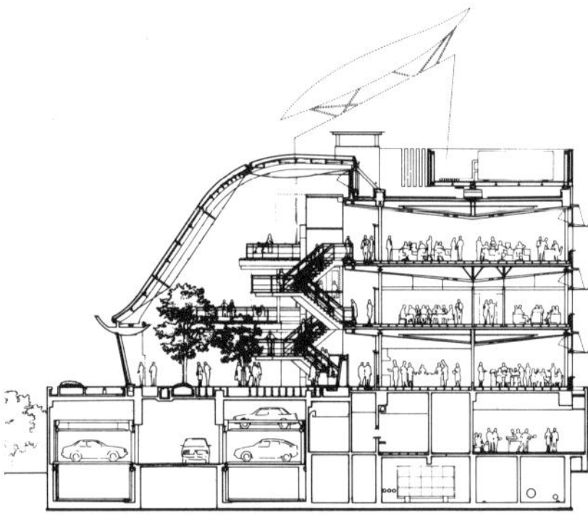

^
01

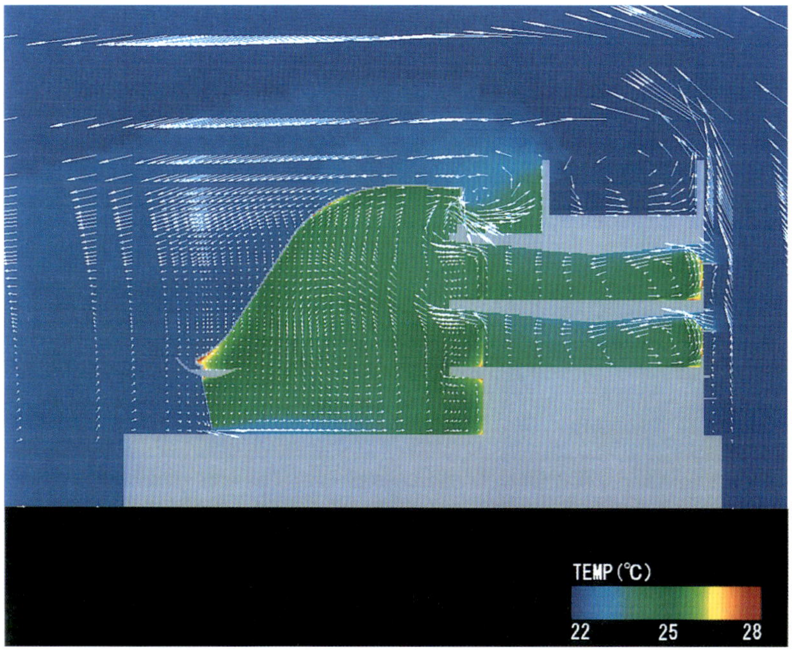

^
02

^
03

01> Der Schnitt zeigt die drei Ebenen mit Büroflächen, das angrenzende Atrium sowie die Parkplätze und die Dienstleistungseinrichtungen im Gebäudesockel.

02> Schaubild Rechnerische Strömungsdynamik durch den Tokyo Gas »Earth Port« mit Vorhersage der Temperatur- und Luftströme.

03> Ansicht Nordfassade. Das Atrium des Gebäudes liegt ungewöhnlicherweise auf der Nordseite. Dadurch gibt es weniger Probleme mit Wärmegewinnen, aber auch weniger Möglichkeit, die Wärme der Wintersonne auszunutzen.

<04

05>

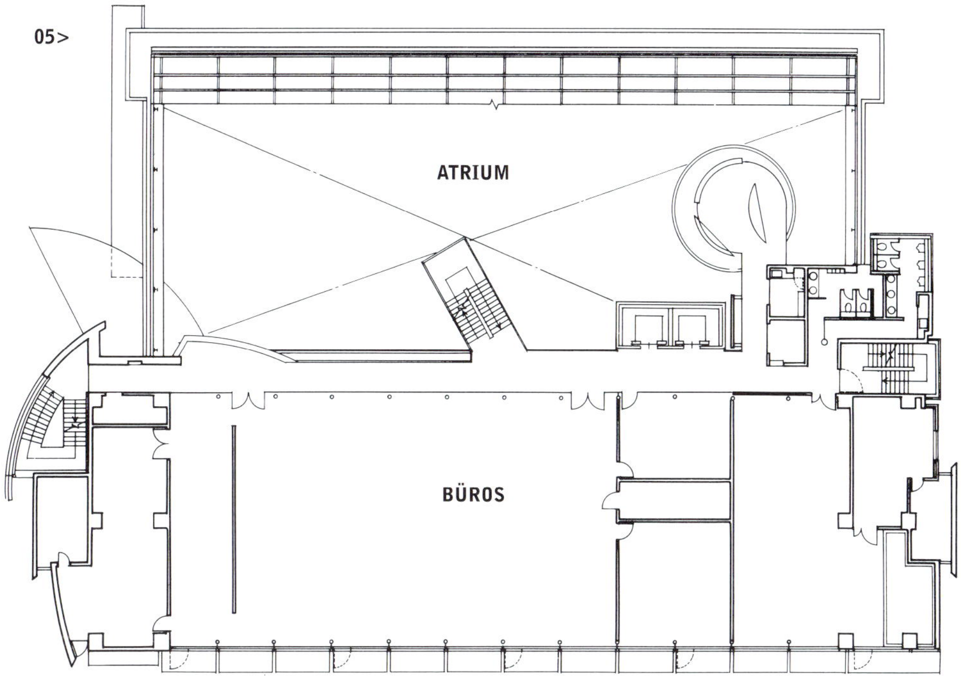

^
06

04> Das Atrium verfügt über eine tragende Konstruktion aus laminiertem Holz. Es wird als Erschließungszone und als Ausstellungsfläche genutzt.

05> Grundriß erstes Obergeschoß. Zwischen den Büros und dem Atrium befindet sich eine verglaste Schutzwand, die allerdings den Luftstrom darüber zuläßt.

06> Die Fenster an der Südfassade werden zum Teil durch die vorspringenden Deckenplatten vor Sonne geschützt.
Die Fenster im oberen Bereich sorgen für Querlüftung und werden automatisch gesteuert.

NAME DES GEBÄUDES
John Menzies Headquarters

Bauherr/Eigentümer
John Menzies Wholesale

Nutzer
John Menzies Wholesale

Gebäudestandort
Edinburgh, Schottland

Architekt
Bennetts Associates

Fertigstellung
1995

Bruttogeschoßfläche
4800 m²

Baukosten
K/A

Klimazone
Gemäßigt

ENERGETISCHE FAKTOREN

Ausrichtung der Hauptfassaden
West, Nordost, Südwest

Natürliche Belüftung: Ungefährer Prozentsatz der natürlich belüfteten Bruttogeschoßfläche
0 %

Versorgung mit Nachtlüftung
Erzwungen

Wärmeleitung der Gebäudehülle
Überdurchschnittlich

Nutzung der wärmespeichernden Baumasse Teil des Energiekonzepts?
Ja

Sonnenschutzsysteme
Blenden im Scheibenzwischenraum

Tagesbeleuchtung Ungefährer Prozentsatz der Nettogeschoßfläche, die während der Tageszeit künstlich beleuchtet werden muß
0 %

Energiesparende Steuerung der künstlichen Beleuchtung?
-

Sonstiges
-

HLK-SYSTEME

Brennstoffe/ungefähre Nutzung in %
K/A

Heizkesseltyp
K/A

Heizsystem
Warmluftradiatoren

Mechanische Belüftung
Verdrängungslüftung

Art der Klimatechnik
Ventilator-Konvektor Anlage in Zellenbüros

Wärmerückgewinnung
-

ENERGIEWERTE

Insgesamt
K/A

Künstliche Beleuchtung
K/A

Kälteerzeugung
K/A

Mechanische Belüftung
K/A

Heizung
K/A

Geschätzter Kohlendioxidausstoß (insgesamt)
K/A

UMWELT-/GESUNDHEITLICHE FAKTOREN

Konzept für die Auswahl von Materialien/Komponenten zur Reduktion von gebundener und Transportenergie?
Nein

Einsatz von recycelten Materialien
Nein

Einsatz von Holz aus bewirtschafteten Quellen
Nein

Besondere Installationen zum Wassersparen
Nein

Natürlich biologische Abwasserbehandlung
Nein

Maßnahmen zur Förderung der Benutzung von öffentlichen Verkehrsmitteln
Nein

John Menzies Headquarters
Edinburgh, Schottland

John Menzies Headquarters beherbergt die Abteilung Großhandel des schottischen Einzelhandels- und Vertriebsunternehmens, das die Einzelhändler im gesamten Vereinigten Königreich mit Zeitschriften und Zeitungen beliefert.
Der Bau steht im Gewerbegebiet Edinburgh Park, das nach einem Masterplan von Richard Meier entworfen und von Ian White Associates landschaftlich gestaltet wurde. Er liegt am Stadtrand von Edinburgh, wo ein kühles, gemäßigtes Klima herrscht mit kalten Wintern – sowie häufig hohen Windgeschwindigkeiten – und kühlen Sommern. Innerhalb Meiers rechtwinkligem Raster ist das Gebäude nach Osten orientiert, überblickt einen Loch (kleiner See) und ist von der Hauptzufahrtsstraße durch einen Parkplatz getrennt.
John Menzies Headquarters spiegelt die derzeitige britische Auffassung von Niedrigenergie-Bürogebäuden wider, die der nördlichen Lage adäquat angepaßt sind. Der Entwurf hält sich eng an das Vorbild der einflußreichen, von Bennetts Associates realisierten Hauptzentrale für die Elektrizitätsversorgungsgesellschaft PowerGen. Das Gebäude ist um die vier Seiten eines Atriums angeordnet und bietet auf drei Seiten eine Mischung aus Zellenbüros und Bürolandschaften. Die vierte Seite, mit Versammlungsräumen und einem Restaurant mit Blick auf das Wasser, weist geringe Raumtiefen auf, ist transparent und ermöglicht den Büronutzern einen Blick in die Landschaft.
Die Versorgungskerne wurden im Westen plaziert, wodurch sie als Puffer gegen Straßenlärm wirken. Die nur 12 Meter tiefe Grundplatte des Bürogebäudes sorgt zusammen mit dem teilweise verglasten Atrium für natürliches Tageslicht in allen Räumen.
Das Deckensystem aus einer vorgefertigten elliptisch geformten Kassettendecke mit gewölbten Sichtbetondecken innerhalb eines Ortbetontragwerks ist vollständig in die technische Gebäudeinstallation eingebaut. Diese Einheit kühlt das Gebäude über die exponierte Speichermasse, ein gemischtes Belüftungssystem sowie Aussparungen für die Beleuchtungsverkabelung und die Beleuchtungskörper.
Die doppelverglasten Fenster verfügen über eine Low-E-Beschichtung sowie Blenden im Scheibenzwischenraum und lassen sich im Hochsommer zusätzlich öffnen. Das schottische Klima und die vom Bauherrn verlangte hochgradige Einteilung in Zellen verbieten eine ausschließlich natürliche Belüftung. Folglich sind bei normalem Betriebsmodus alle Fenster geschlossen. Über den Luftraum in einem erhöhten Fußboden strömt Luft durch Luftgitter in das Gebäude und wird entweder über das Atrium oder, wie bei den Zellenbüros, über Versorgungsleitungen in den Decken durch einen Verdrängungsprozeß abgeführt.
Die Fassade beinhaltet im wesentlichen eine gläserne Vorhangwand im Osten mit einer Verkleidung aus Granitplatten an den übrigen Gebäudeseiten. Sie fungiert als dämmendes Verkleidungssystem gegen Regeneintritt.
Der Bau bildet eine elegante Ergänzung zu der wachsenden Anzahl von energieschonenden, auf ein Atrium konzentrierten Bürogebäuden im Vereinigten Königreich.

01>

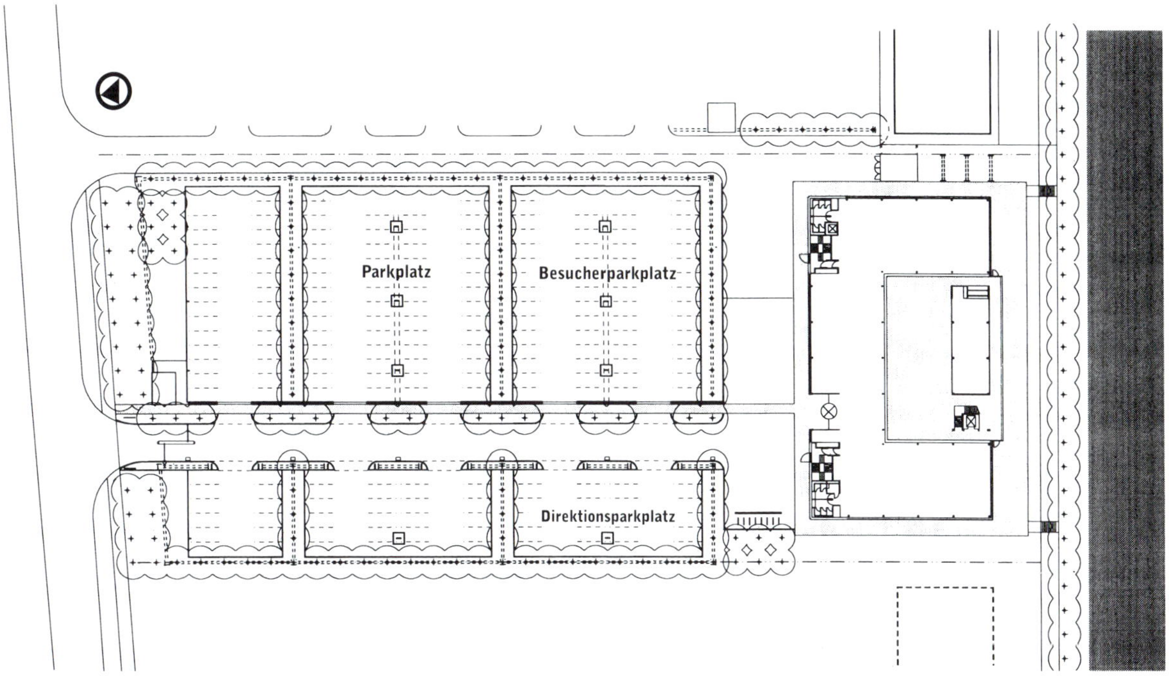

02

01> Lageplan

02> Fassade vom See aus

03> Nordsüd Schnitt durch das Atrium.

04> Blick vom Atrium auf die südlich ausgerichteten Versammlungsräume.

05> Die Büros sind zum Atrium hin offen. Zusätzlich werden alle Flächen mit Frischluft über einen Luftraum im Boden versorgt; die verbrauchte Luft entweicht über das Atrium.

03>

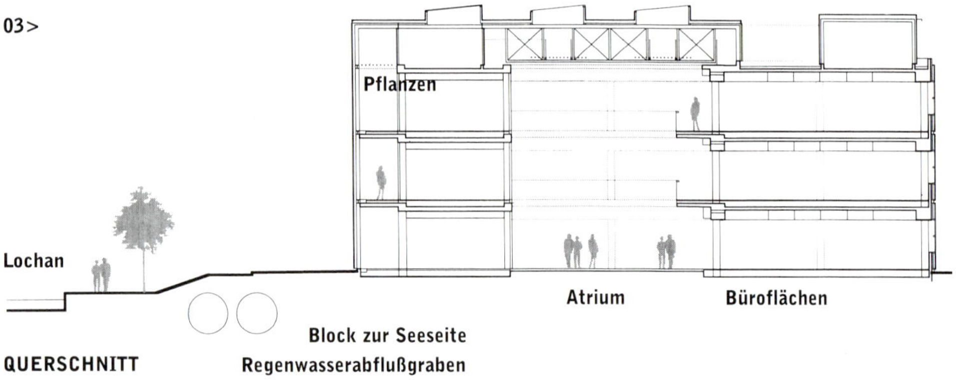

<04

05>

NAME DES GEBÄUDES
J. Walter Thompson Werbeagentur

Bauherr/Eigentümer
Michael Loulakis, Frankfurt

Nutzer
J. Walter Thompson

Gebäudestandort
Frankfurt, Deutschland

Architekt
Schneider & Schumacher

Fertigstellung
November 1995

Bruttogeschoßfläche
5915 m²

Baukosten
ca. 18 Mio. DM

Klimazone
Kontinental

ENERGETISCHE FAKTOREN

Ausrichtung der Hauptfassaden
Nord und Süd

Natürliche Belüftung: Ungefährer Prozentsatz der natürlich belüfteten Bruttogeschoßfläche
50%

Versorgung mit Nachtlüftung
Erzwungen

Wärmeleitung der Gebäudehülle
Durchschnittlich

Nutzung der wärmespeichernden Baumasse Teil des Energiekonzepts?
Ja

Sonnenschutzsysteme
Sonnenschutzverglasung und außenliegender Sonnenschutz

Tagesbeleuchtung Ungefährer Prozentsatz der Nettogeschoßfläche, die während der Tageszeit künstlich beleuchtet werden muß
K/A

Energiesparende Steuerung der künstlichen Beleuchtung?
K/A

Sonstiges
-

HLK-SYSTEME

Brennstoffe/ungefähre Nutzung in %
Hauptstromversorgungsnetz 66 %;
Erdgas 34 %

Heizkesseltyp
Modular, erdgasbefeuert

Heizsystem
Zentrales Warmwassersystem

Mechanische Belüftung
Verdrängungslüftung

Art der Klimatechnik
Kleines dezentrales System (ausschließlich Konferenzraum)

Wärmerückgewinnung
Nein

ENERGIEWERTE

Insgesamt
K/A

Künstliche Beleuchtung
K/A

Kälteerzeugung
K/A

Mechanische Belüftung
K/A

Heizung
K/A

Geschätzter Kohlendioxidausstoß (insgesamt)
K/A

UMWELT-/GESUNDHEITLICHE FAKTOREN

Konzept für die Auswahl von Materialien/Komponenten zur Reduktion von gebundener und Transportenergie?
Nein

Einsatz von recycelten Materialien
Nein

Einsatz von Holz aus bewirtschafteten Quellen
Nein

Besondere Installationen zum Wassersparen
Nein

Natürlich biologische Abwasserbehandlung
Nein

Maßnahmen zur Förderung der Benutzung von öffentlichen Verkehrsmitteln
Nein

J. Walter Thompson Werbeagentur

Frankfurt, Deutschland

Die Werbeagentur liegt am nördlichen Ende eines geplanten Grüngürtels im Osten Frankfurts. Eine vielbefahrene Hauptstraße verläuft parallel zur Nordseite des Gebäudes, während sich südlich Hafenanlagen befinden. Der Bau wird über ein kleines Empfangsgebäude mit einem Werbemuseum erschlossen und steht im rechten Winkel zum Hauptgebäude.
Die nördliche Gebäudeseite soll bewußt einem riesigen Schaukasten ähneln. Eine vom Dach abgehängte Glasfassade erstreckt sich über alle sechs Geschosse und zeigt den Aufbau des Gebäudes, seine Wegeführung und die darin arbeitenden Menschen. Hinter der Glaswand befindet sich eine über sechs Stockwerke reichende Treppe; auch zwei Aufzüge sind zu sehen. Dieses klare und offene Konzept soll der weitverbreiteten Meinung entgegenwirken, ein großes Unternehmen sei undurchschaubar und nicht weitblickend.
Die Nordfassade mit ihren Erschließungsräumen wirkt als Wärme- und Schallpuffer, indem sie das Gebäudeinnere vom Straßenlärm abschirmt und Energieverluste minimiert. Da sie nach Norden ausgerichtet ist, besteht keine Gefahr der Überhitzung; dagegen ist die Südfassade mit wärmereflektierendem Glas versehen. Vorspringende Balkone tragen zur Wärmeregulierung bei und bieten schöne Ausblicke über die nahe gelegenen Docks. Zum Wärmeschutz sind die Sichtbetonwände als Wärmespeicher eingesetzt worden. Demgegenüber optimiert die kontrollierte Lüftung die Energiebilanz. Die Frischluft für die Büroflächen wird über ein erhöhtes Fußbodensystem eingeleitet, das auch die Computer- und Telekommunikationskabel aufnimmt. Beim Absaugen der verbrauchten Luft aus dem Raum wird die Wärme der Abluft der einströmenden Frischluft zugeführt. Die Zellenbüros an der ruhigeren Südseite lassen sich über Fenster lüften.

Derzeit wird das Gebäude mit Erdgas betrieben, doch sieht der Entwurf eine spätere Integration von Solarenergie vor. Dachterrassen, Konferenzräume und eine Cafeteria sind auf dem Dach untergebracht, dessen trapezförmige Gestalt seine tragende Funktion widerspiegelt.

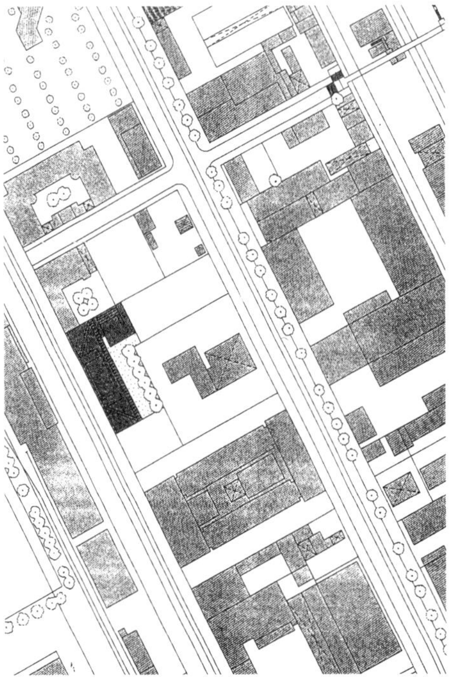

^ 01

02>

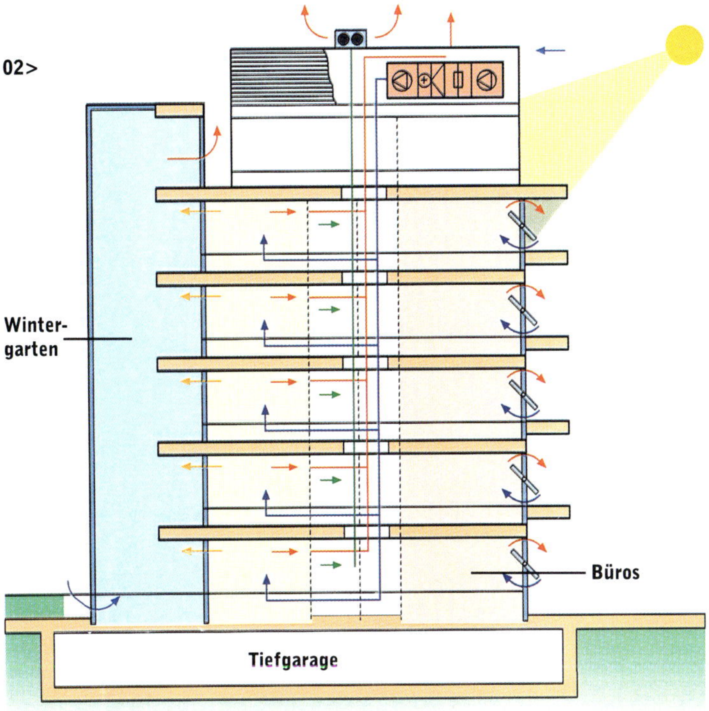

01> Lageplan. Der Bürobau liegt im alten Hafengebiet im Osten der Stadt und ist der vielbefahrenen Hanauer Landstraße zugewandt.

02> Schnitt. Der Wintergarten auf der Nordseite (links) hinter einer vom Dach abgehängten Fassade aus Isolierglas fungiert als Wärme- und Schallpuffer. Der zentrale Konferenzbereich ist mit einer kleinen Klimaanlage ausgerüstet, die Büros dagegen werden auf beiden Gebäudeseiten natürlich belüftet.

03> Auch die Südfassade ist verglast, allerdings mit öffenbaren Fenstern, um die dahinterliegenden Büros mit natürlicher Lüftung zu versorgen. Jedem Stockwerk vorgelagerte, lange Balkons bieten Ausblicke über die alten Hafenanlagen.

^
03

^
04

05
v

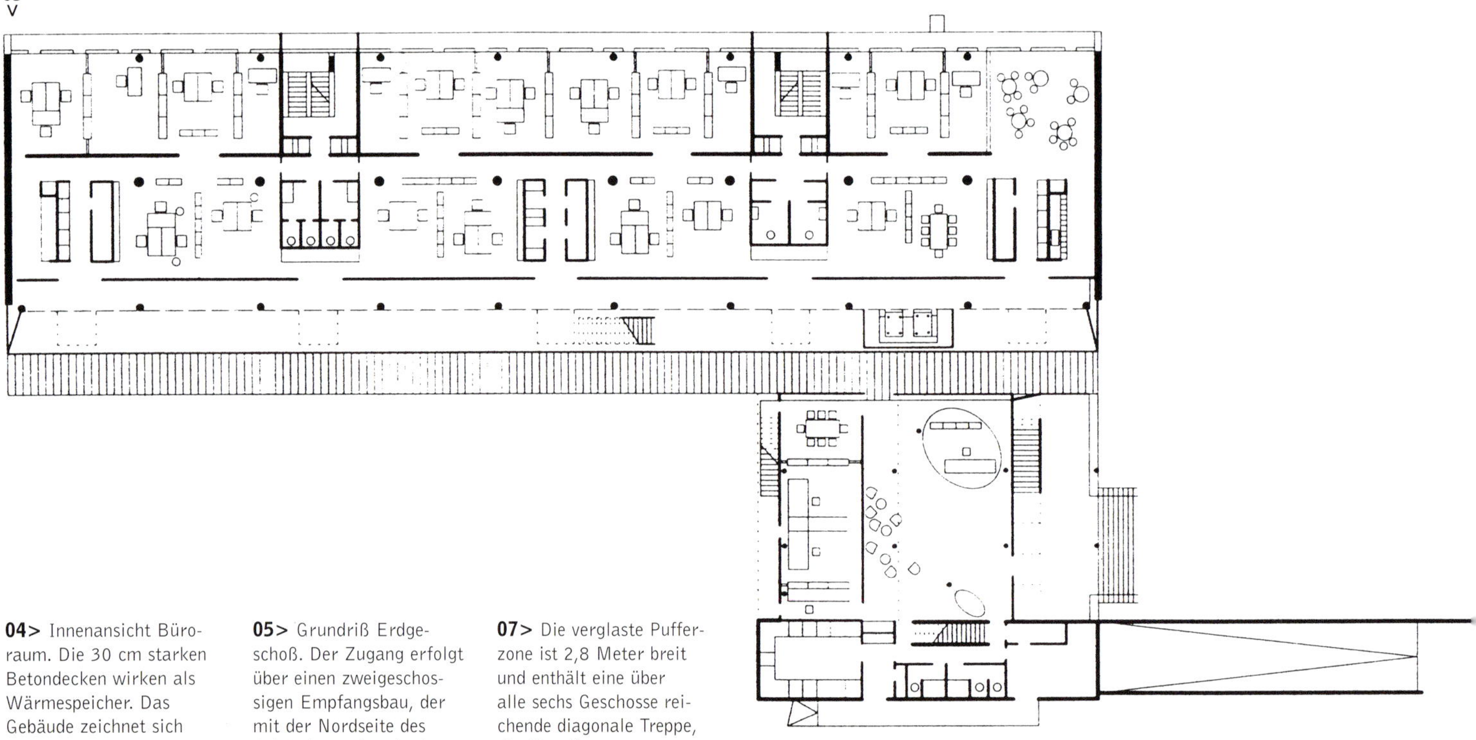

04> Innenansicht Büroraum. Die 30 cm starken Betondecken wirken als Wärmespeicher. Das Gebäude zeichnet sich durch seine Transparenz und Offenheit aus. Jedes Geschoß verfügt über Balkone, die in den Wintergarten und in die offene Südfassade hineinragen.

05> Grundriß Erdgeschoß. Der Zugang erfolgt über einen zweigeschossigen Empfangsbau, der mit der Nordseite des Gebäudes verbunden ist.

06> Ansicht von Südost. Die hohe Glasfront besteht aus 3,4 x 1,8 Meter großen Paneelen, die an Stahlseilen abgehängt sind. Sie dient nicht nur zur Dämmung des dahinterliegenden Gebäudes, sondern auch als Symbol eines transparenten, für die Büros einer Werbeagentur angemessenen »Schaukastens« .

07> Die verglaste Pufferzone ist 2,8 Meter breit und enthält eine über alle sechs Geschosse reichende diagonale Treppe, die über die gesamte Gebäudebreite verläuft. Sie wird von horizontalen Stäben überspannt, welche die Glasfront mit dem dahinterliegenden Stahlbetonbauwerk verbinden.

^
06

^
07

NAME DES GEBÄUDES
Ionica

Bauherr/Eigentümer St. John's College Cambridge	**Fertigstellung** September 1994
Nutzer Ionica	**Bruttogeschoßfläche** 4500 m^2
Gebäudestandort Cambridge, Großbritannien	**Baukosten** ca. 14 Mio. DM
Architekt RH Partnership	**Klimazone** Gemäßigt

ENERGETISCHE FAKTOREN

Ausrichtung der Hauptfassaden
Nord und Süd

Natürliche Belüftung: Ungefährer Prozentsatz der natürlich belüfteten Bruttogeschoßfläche
70 %

Versorgung mit Nachtlüftung
Natürlich; erzwungen

Wärmeleitung der Gebäudehülle
Überdurchschnittlich

Nutzung der wärmespeichernden Baumasse Teil des Energiekonzepts?
Ja

Sonnenschutzsysteme
Außen feststehend; interne Blenden/Lamellen

Tagesbeleuchtung Ungefährer Prozentsatz der Nettogeschoßfläche, die während der Tageszeit künstlich beleuchtet werden muß
K/A

Energiesparende Steuerung der künstlichen Beleuchtung?
Ja

Sonstiges
-

HLK-SYSTEME

Brennstoffe/ungefähre Nutzung in %
Hauptstromversorgungsnetz 100 %

Heizkesseltyp
-

Heizsystem
Elektrisch

Mechanische Belüftung
Verdrängungslüftungssystem

Art der Klimatechnik
Verdrängungslüftungssystem

Wärmerückgewinnung
Ja

ENERGIEWERTE

Insgesamt
127 KW/h/m^2/a

Künstliche Beleuchtung
15 KW/h/m^2/a

Kälteerzeugung
Entfällt

Mechanische Belüftung
18 KW/h/m^2/a

Heizung
35 KW/h/m^2/a

Geschätzter Kohlendioxidausstoß (insgesamt)
95 kg/m^2/a

UMWELT-/GESUNDHEITLICHE FAKTOREN

Konzept für die Auswahl von Materialien/Komponenten zur Reduktion von gebundener und Transportenergie?
-

Einsatz von recycelten Materialien
Nein

Einsatz von Holz aus bewirtschafteten Quellen
Ja

Besondere Installationen zum Wassersparen
Standard

Natürlich biologische Abwasserbehandlung
Nein

Maßnahmen zur Förderung der Benutzung von öffentlichen Verkehrsmitteln
Nein

Ionica
Cambridge, Großbritannien

Das Gebäude präsentiert die Hauptverwaltung einer Gesellschaft für Telekommunikation.
Es umfaßt drei Stockwerke mit einem symmetrischen Grundriß, in dessen Mitte sich ein kleines Atrium oder genauer ein großflächiger Lichtschacht befindet. Der Bau beruht auf einem Konzept, das zur Schaffung von energieschonendem Komfort eine »gemischte Betriebsart« nutzt. Hierzu gehört eine natürliche Belüftung in Kombination mit einer mechanischen Verdrängungslüftung.
Die natürliche Belüftung erfolgt mittels der Kaminwirkung des Atriums und wird von sechs Windtürmen unterstützt. Das mechanische Belüftungssystem beinhaltet eine Verdrängungslüftung über die Deckenplatte. Abgesehen von einer begrenzten Fläche mit Schutzwänden sind keine abgehängten Decken installiert worden, so daß eine gute Verbindung besteht zwischen der Luft in den Büroebenen und der Masse der Deckenplatten. Diese Vorkehrung sowie die mittels mechanischer Maßnahmen über die Deckenplatte eingeführte Luft ermöglichen die Nutzung der Baustruktur als thermisches Schwungrad. Dabei wird die tagsüber gespeicherte Wärme nachts freigesetzt. Als Ausgleich für die nicht vorhandenen abgehängten Decken sind Schallschlucktafeln in die Beleuchtungskörper integriert. Bei geeigneten Temperaturen wird auf Außenluft zurückgegriffen, ansonsten die Luft künstlich gekühlt oder erwärmt. Es wurde auch eine Wärmerückgewinnungsanlage montiert, so daß die Wärme aus der verbrauchten Luft in die einfließende Frischluft übertragen werden kann. Die Fenster zur Südseite sind mit horizontalen außenliegenden Lamellen verschattet. Sie unterstreichen den linearen Charakter der Fassade und verleihen ihr eine nautische Note. Die nach außen gewölbte Nordfassade, die einer Autobahn zugewandt ist, wirkt mit ihrem gelochten Ziegelmauerwerk etwas nüchterner.

Der Ionica-Bau gehört zu einer Serie unlängst entstandener britischer Bürogebäude, die mit Hilfe von Energiesparmaßnahmen humane und ansprechende Innenräume schaffen. Sie basieren auf einer tiefgreifenden Reaktion auf die sozial problematischen und betriebsenergetisch fragwürdigen Büros der sechziger und siebziger Jahre, die sich durch große Raumtiefen und Klimaanlagen auswiesen.

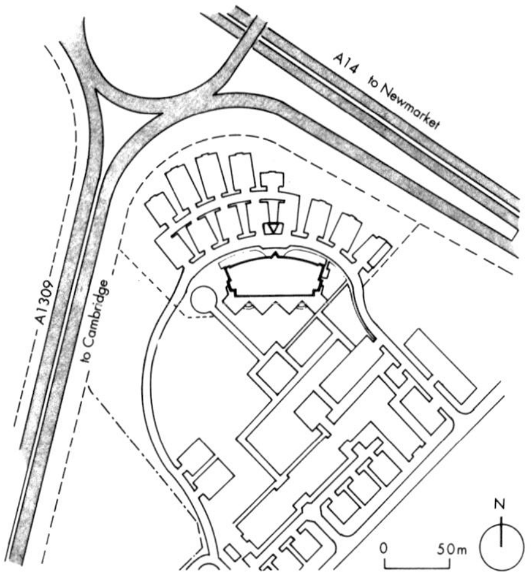

^
01

02>

01> Lageplan. Die kurze Achse des Gebäudes ist nach Nord/Süd orientiert, um den Bedarf an ost- und westwärts gerichteten Fenstern zu minimieren, deren Schutz vor der Morgen-und Abendsonne problematischer ist.

02> Die stark abgeschirmte Südfassade mit ihren vorspringenden Simselementen.

Schlüssel

1 Erhöhtes Pflanzenbeet
2 Versammlungsraum
3 Technische Ausrüstung
4 Eingangshalle
5 Büro
6 Großraumbüro

03>

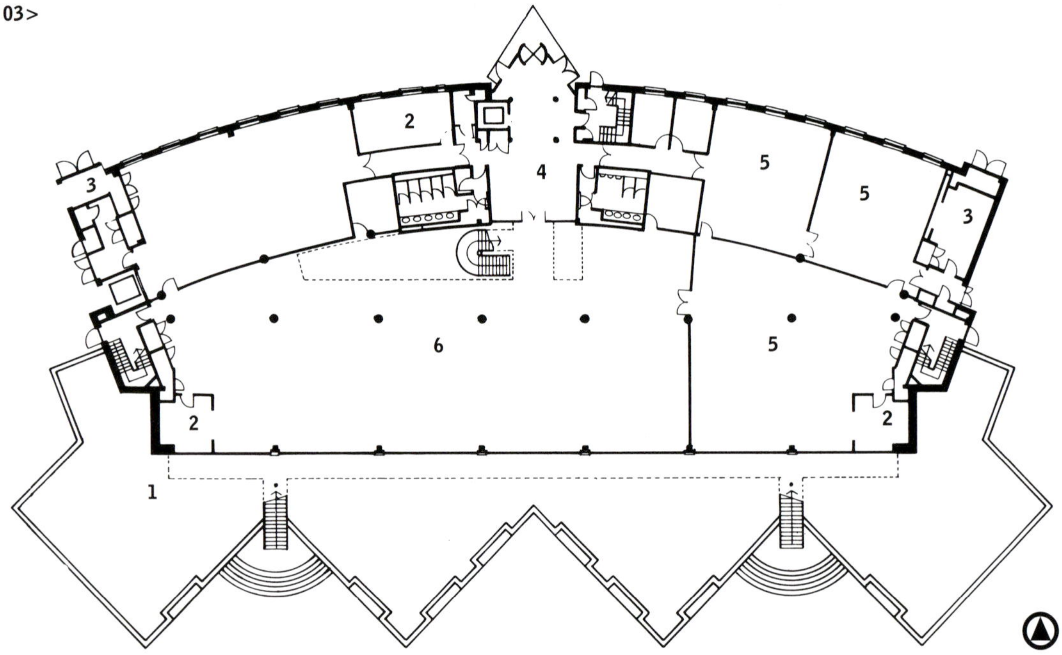

^
04

<05

03> Grundriß Erdgeschoß. Der in der Gebäudemitte gelegene Haupteingang befindet sich an der Nordfassade; im Süden sind Terrassenanlagen. Das relativ kleine Atrium wird von einer punktierten Linie geprägt.

04> Südost Ansicht mit den sechs Windtürmen.

05> Blick vom Großraumbüro ins Atrium.

06> Isometrischer Schnitt durch das Dach und einen der Windtürme, durch die im Sommer die warme Luft abzieht. Der besonders sorgfältige Entwurf der Windtürme soll gewährleisten, daß sie bei allen Windverhältnissen effektiv arbeiten.

06>

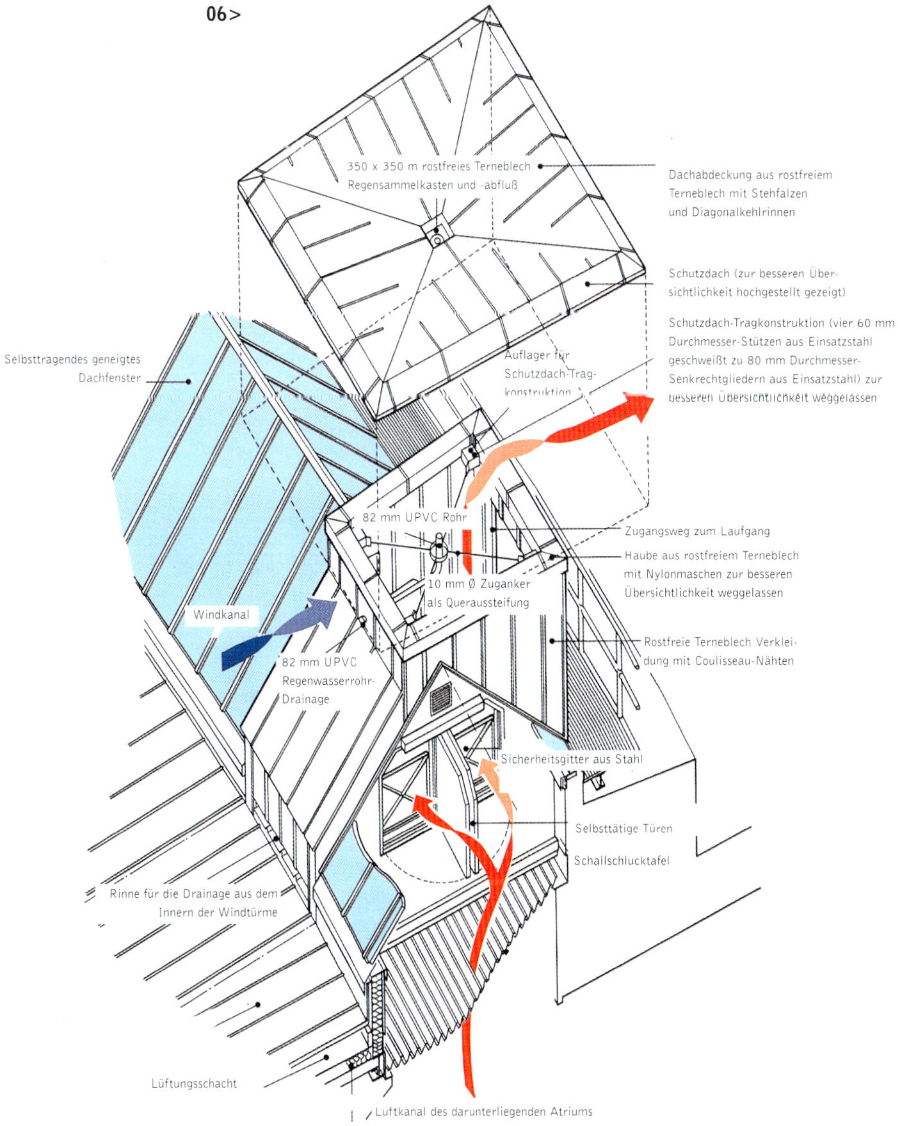

NAME DES GEBÄUDES
Advanced Photovoltaic Systems (APS) Produktionsanlage

Bauherr/Eigentümer
EJC Inc.

Nutzer
BP Solar Inc.

Gebäudestandort
Fairfield, Kalifornien, USA

Architekt
Kiss and Cathcart

Fertigstellung
1993

Bruttogeschoßfläche
6500 m^2

Baukosten
ca. 21 Mio. DM

Klimazone
Mediterran

ENERGETISCHE FAKTOREN

Ausrichtung der Hauptfassaden
Nord und Süd

Natürliche Belüftung: Ungefährer Prozentsatz der natürlich belüfteten Bruttogeschoßfläche
0 % (Konvektionsbelüftung des Hohlraums in der PV-Vorhangwand)

Versorgung mit Nachtlüftung
Erzwungen

Wärmeleitung der Gebäudehülle
Durchschnittlich

Nutzung der wärmespeichernden Baumasse Teil des Energiekonzepts?
Nein

Sonnenschutzsysteme
Außen feststehend; interne Blenden/Lamellen

Tagesbeleuchtung Ungefährer Prozentsatz der Nettogeschoßfläche, die während der Tageszeit künstlich beleuchtet werden muß
K/A

Energiesparende Steuerung der künstlichen Beleuchtung?
Nein

Sonstiges
-

HLK-SYSTEME

Brennstoffe/ungefähre Nutzung in %
Hauptstromversorgungsnetz

Heizkesseltyp
Gasbefeuert

Heizsystem
Gasbefeuertes Warmwassersystem

Mechanische Belüftung
-

Art der Klimatechnik
Kühlwasserkreislauf und Ventilator-Konvektor-Anlage

Wärmerückgewinnung
-

ENERGIEWERTE

Insgesamt
120,6 KW/h/m^2/a

Künstliche Beleuchtung
15,8 KW/h/m^2/a

Kälteerzeugung
83,4 KW/h/m^2/a

Mechanische Belüftung
21,4 KW/h/m^2/a

Heizung
K/A

Geschätzter Kohlendioxidausstoß (insgesamt)
K/A

UMWELT-/GESUNDHEITLICHE FAKTOREN

Konzept für die Auswahl von Materialien/Komponenten zur Reduktion von gebundener und Transportenergie?
Nein

Einsatz von recycelten Materialien
Nein

Einsatz von Holz aus bewirtschafteten Quellen
Nein

Besondere Installationen zum Wassersparen
Nein

Natürlich biologische Abwasserbehandlung
Nein

Maßnahmen zur Förderung der Benutzung von öffentlichen Verkehrsmitteln
Nein

Advanced Photovoltaic Systems (APS) Produktionsanlage

Fairfield, Kalifornien, USA

Die APS Produktionsanlage in Fairfield, Kalifornien, beherbergt einen Betrieb für die Herstellung der ersten solar-elektrischen Module einer neuen Generation. Das Gebäude wurde nicht nur für die Produktion von Photovoltaik-Modulen entworfen, sondern auch als Prototyp für gebäudeintegrierte Photovoltaik-Systeme konzipiert. Über dem Haupteingang befindet sich ein »Solar-Kubus«, in dem die Fertigungsüberwachung und Besuchereinrichtungen untergebracht sind. Der Kubus ist in die Konstruktion der aus Beton und rostfreiem Stahl bestehenden Produktionshalle eingebunden und energetisch autark: Die in der Vorhangwand und in den Oberlichtern integrierten Photovoltaik-Module sowie die Sonnendächer entlang der Südfassade produzieren für alle Kühl- und Beleuchtungslasten des Kubus genügend Strom.
In der Produktionshalle wird ein Fließlinienverfahren unter Einbeziehung einer fortgeschrittenen Robotertechnik angewandt, um jährlich 186000 Quadratmeter Dünnschicht-PV-Module herzustellen. Während beim Hauptbau kaum Zugeständnisse an energetische oder umweltrelevante Fragen gemacht wurden, sind bei der technischen Gebäudeausrüstung, wo immer möglich, energieschonende Maßnahmen ergriffen worden.
Eine Methode bestand darin, die Flexibilität von Systemen auf der Basis von Zonen sicherzustellen. Zu Einsparungen beim Energieverbrauch führen entlang eines Zentralrohrs installierte Luftkanäle, Luftverteiler und Luftauslässe, die bei Bedarf einzelne Flächen klimatisieren. Jet-Luftverteiler lassen sich so einstellen, daß sie kühle Luft in die belegten Geschoßebenen leiten, ohne daß die Temperaturen in den ungenutzten Bereichen und im oberen Teil der Halle gleichfalls gesenkt werden müssen. Im Dach installierte Luftauslässe, die über den Zinnoxid- und Siliziumabfall-Verbrennungsöfen plaziert sind, sorgen dafür, daß die Konvektionswärme im Sommer entweichen kann. Dadurch wird die Last der Kältekompressoren reduziert und folglich Energie gespart.
Das trockene Klima in Fairfield bietet ideale Voraussetzungen für eine energiesparende

^
01

und saubere Verdunstungskühlung. Das Kühlsystem nutzt die Kühltürme von APS zur Raumkühlung, minimiert den Einsatz von Kältekompressoren und führt so zu weiteren Energieeinsparungen.

02>

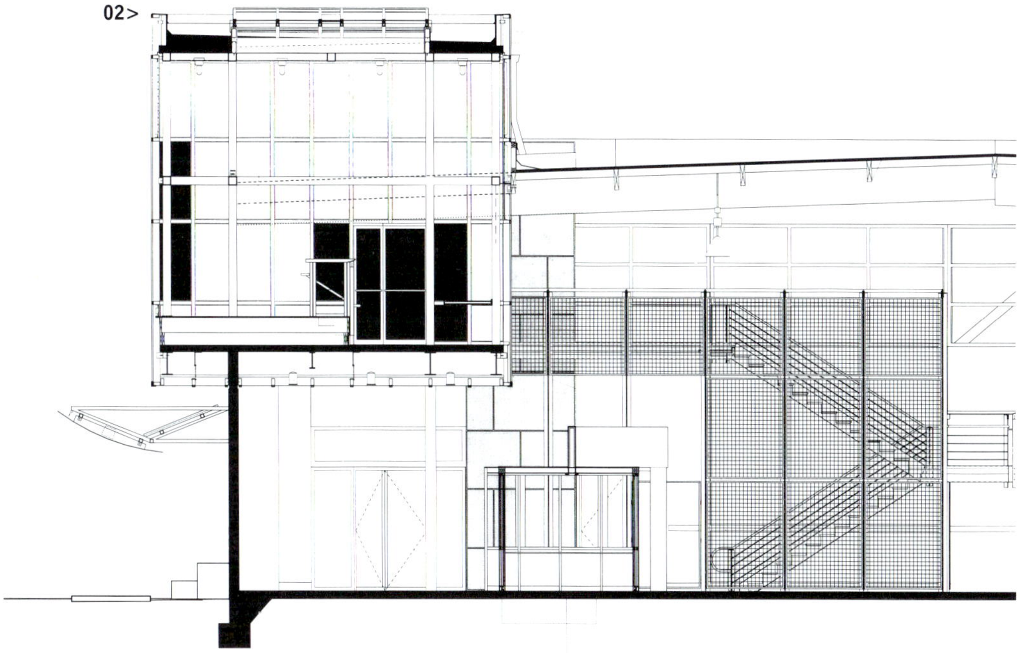

03

01> Der »Solar-Kubus« grenzt an den Haupteingang. Photovoltaik-Module sind in der Vorhangwand und im Schutzdach integriert (sowie im Dach).

02> Schnitt durch den »Solar-Kubus«.

03> Eingangstür mit Treppenanlage, die zum »Solar-Kubus« führt.

NAME DES GEBÄUDES
Stadtbibliothek/Kulturtreff

Bauherr/Eigentümer
Stadt Herten

Nutzer
K/A

Gebäudestandort
Herten, Deutschland

Architekt
LOG ID, Dieter Schempp

Fertigstellung
September 1994

Bruttogeschoßfläche
4610 m²

Baukosten
Bauwerk: 18,8 Mio. DM[1]

Klimazone
Gemäßigt

ENERGETISCHE FAKTOREN

Ausrichtung der Hauptfassaden
Südost

Natürliche Belüftung: Ungefährer Prozentsatz der natürlich belüfteten Bruttogeschoßfläche
100 %

Versorgung mit Nachtlüftung
Natürlich

Wärmeleitung der Gebäudehülle
Außenwände: 0,35 W/m²K
Fenster: 1,3 W/m²K

Nutzung der wärmespeichernden Baumasse Teil des Energiekonzepts?
Ja

Sonnenschutzsysteme
Pflanzen als Schattenspender

Tagesbeleuchtung Ungefährer Prozentsatz der Nettogeschoßfläche, die während der Tageszeit künstlich beleuchtet werden muß
Bibliothek 50 %
Glashaus 0 %

Energiesparende Steuerung der künstlichen Beleuchtung?
N/V

Sonstiges
-

HLK-SYSTEME

Brennstoffe/ungefähre Nutzung in %
Indirekte Solarenergie 40 %

Heizkesseltyp
Entfällt

Heizsystem
Lufterwärmung über Absorberdach sowie Fernwärme vom Kraftwerk

Mechanische Belüftung
Ja (in der Bibliothek)

Art der Klimatechnik
N/V

Wärmerückgewinnung
Ja

ENERGIEWERTE

Insgesamt
K/A

Künstliche Beleuchtung
K/A

Kälteerzeugung
K/A

Mechanische Belüftung
K/A

Heizung
K/A

Geschätzter Kohlendioxidausstoß (insgesamt)
K/A

UMWELT-/GESUNDHEITLICHE FAKTOREN

Konzept für die Auswahl von Materialien/Komponenten zur Reduktion von gebundener und Transportenergie?
Verwendung natürlicher Materialien

Einsatz von recycelten Materialien
K/A

Einsatz von Holz aus bewirtschafteten Quellen
K/A

Besondere Installationen zum Wassersparen
K/A

Natürlich biologische Abwasserbehandlung
K/A

Maßnahmen zur Förderung der Benutzung von öffentlichen Verkehrsmitteln
In Fußgängerzone gelegen

Stadtbibliothek/Kulturtreff
Herten, Deutschland

Das öffentliche Gebäude besteht aus zwei miteinander verbundenen Elementen: einer vierstöckigen öffentlichen Bibliothek und einem Kulturzentrum in Form einer Glasrotunde, die sich über vier Stockwerke erhebt. Das von der Bibliothek und vom Kulturzentrum gemeinsam genutzte Eingangsfoyer liegt auf der Nordwestseite des Gebäudes. Von der Bibliothek aus öffnen sich Balkone zur Rotunde des Kulturzentrums und können bei Veranstaltungen auch vom Publikum genutzt werden. Auf der Westseite der Rotunde liegt an einem kleinen öffentlichen Platz ein Café, dessen Glaswände sich im Sommer öffnen lassen.
Das im dicht bebauten Zentrum einer Kleinstadt an der Ruhr liegende Projekt verlangte von seinen Architekten neue Lösungen. Diese führten zu einer innovativen architektonischen Umsetzung, die sich auf die Ausnutzung der Potentiale von passiver Solarenergie und grüner Vegetation konzentriert.
Zur optimalen Ausnutzung des Sonnenlichts überspannt ein großes, im Zickzack verlaufendes Glasdach den gesamten Gebäudekomplex. Darunter sichern Sonnenkollektoren die Wasser- und Lufterwärmung des Gebäudes. Die erwärmte Luft wird zum Beheizen der Bibliothek und der gläsernen Rotunde genutzt. Bei niedrigen Außentemperaturen kann zusätzlich auf Fernwärme (Abwärme aus einem Kraftwerk) zurückgegriffen werden. Die Betonmasse der Bibliothekswände und -decken absorbiert Wärme und ermöglicht konstante Raumtemperaturen. Das Dach des Kulturtreffs läßt sich an heißen Tagen öffnen, so daß ein thermischer Kamin zur Kühlung des darunterliegenden Raumes entsteht.
Subtropische Pflanzen auf den Balkonen und in der Rotunde dienen zur Anreicherung des Sauerstoffgehalts der Luft, zur Schallabsorption und als Schattenspender an sonnigen Tagen.

^
01

1 A.d.Ü. Die Angaben stammen aus: Astrid Schneider, Solararchitektur für Europa, Basel, 1966, S. 97.

01> Nordwestfassade mit Haupteingang. Die auskragenden Elemente sind Teil der ungewöhnlichen Glasdachkonstruktion, dem Hauptmerkmal des Gebäudes.

02> Die Gebäudeschnitte zeigen den zylindrischen Glaskuppelunterbau und die vierstöckige Bibliothek. Unterhalb des zickzackförmigen Dachs befinden sich Sonnenkollektoren zur Erwärmung von Wasser und Luft, ein für die Bauten von LOG ID bezeichnendes technologiearmes Charakteristikum.

03> Blick von Norden über den runden Jakobsplatz, der den zylindrischen Turm an der Ecke der Bibliothek und den Glaszylinder des Kulturtreffs aufgreift. Die massive Betonstruktur der Bücherei (links) speichert Wärme und kontrastiert mit dem Kuppelunterbau aus Glas und Stahl unter dem gemeinsamen Zickzack-Dach.

02>

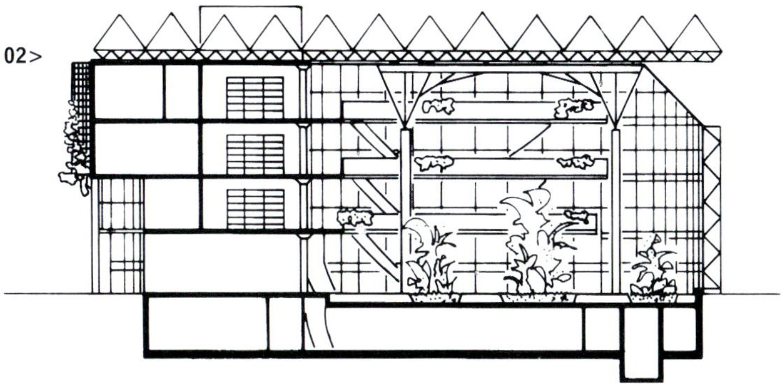

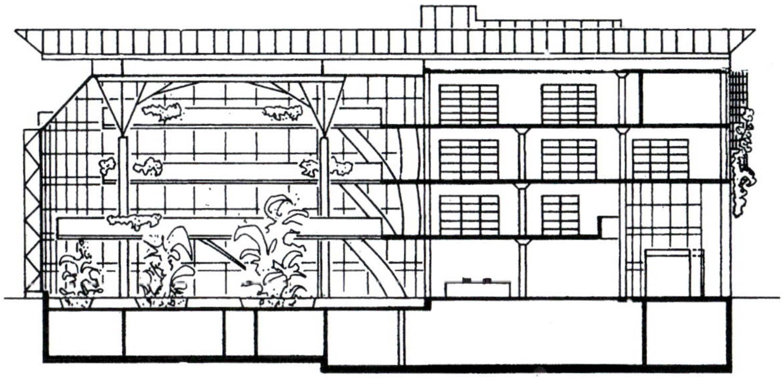

^
03

<04

04> Seitenansicht vom gläsernen Kuppelunterbau zum Dachüberstand aus Glas. Die Glaswände der Rotunde haben einen hohen Dämmwert, ihr Dach läßt sich an heißen Tagen öffnen, so daß ein thermischer Kamin entsteht, um die warme Luft abzuführen und das Gebäude zu kühlen.

05> Grundriß Erdgeschoß. Auf den ersten Blick ist das komplexe, in einem innerstädtischen Umfeld gelegene Gebäude kein ideales Medium für die Solararchitektur von LOG ID; dennoch sind die Architekten hier ihrem konzeptionellen Programm treu geblieben.

Schlüssel

1 Treppenhaus
2 Empfang
3 Aussichtsplatz am Ausgang
4 Café
5 Rotunde

^
05

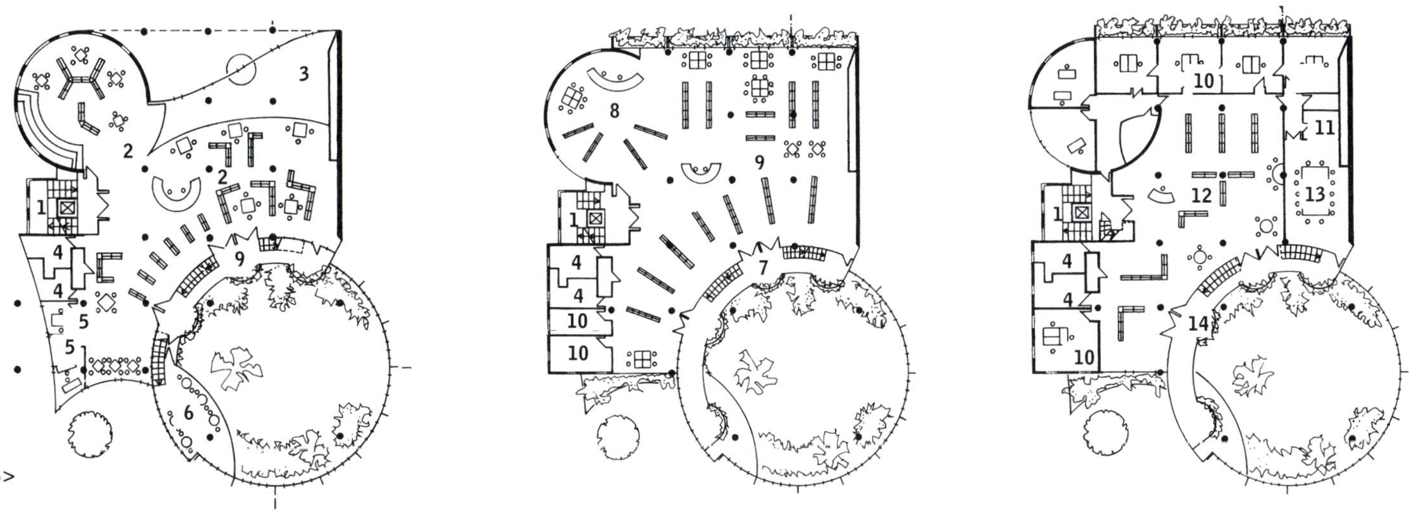

06>

^
07

06> Grundriß der oberen Geschosse.

Schlüssel

1 Treppenhaus
2 Kinderbücher
3 Luftzwischenraum
4 Toiletten
5 Arbeitsraum
6 Galerie-Café
7 Balkon der Bücherei
8 Audiovisuelle Medien
9 Sachbücher
10 Büroraum
11 Küche
12 Belletristik
13 Konferenzraum
14 Galerie

07> Blick vom Balkon des zweiten Geschosses über den Mehrzweckraum in der Glasrotunde, die einem riesigen Gewächshaus ähnelt. Die Pflanzen sind ein wichtiges Element nicht nur wegen ihrer Optik, sondern auch, weil sie Schatten spenden und den Sauerstoffgehalt im Gebäude erhöhen.

NAME DES GEBÄUDES
NREL Forschungseinrichtung für Solarenergie

Bauherr/Eigentümer
US Dept. of Energy

Nutzer
National Renewable Energy Laboratory

Gebäudestandort
Golden, Colorado, USA

Architekt
Anderson DeBartolo Pan, Inc.

Fertigstellung
Oktober 1993

Bruttogeschoßfläche
10683 m²

Baukosten
ca. 30 Mio. DM

Klimazone
Kontinental

ENERGETISCHE FAKTOREN

Ausrichtung der Hauptfassaden
Süd

Natürliche Belüftung: Ungefährer Prozentsatz der natürlich belüfteten Bruttogeschoßfläche
N/V

Versorgung mit Nachtlüftung
N/V

Wärmeleitung der Gebäudehülle
Durchschnittlich

Nutzung der wärmespeichernden Baumasse Teil des Energiekonzepts?
Ja. Verwendung von Trombe-Wand

Sonnenschutzsysteme
Außen feststehend; außen motorisch angetrieben/variierbar (Ost- und Westfassaden); Sonnenschutzverglasung (Südfassaden)

Tagesbeleuchtung Ungefährer Prozentsatz der Nettogeschoßfläche, die während der Tageszeit künstlich beleuchtet werden muß
50 %

Energiesparende Steuerung der künstlichen Beleuchtung?
Ja

Sonstiges
-

HLK-SYSTEME

Brennstoffe/ungefähre Nutzung in %
Hauptstromversorgungsnetz 100 %. Regenerative Energie (Photovoltaik). 12 KW

Heizkesseltyp
Elektrisch

Heizsystem
Wärmerückgewinnung aus Abluft

Art der Klimatechnik
Büros: Einkanal- Klimaanlage mit variablem Volumenstrom, Umlaufklimaanlage mit separater Luftstromheizung sowie Abgasvorwärmern und direkter Verdunstungskühlung. Laboratorien: Versorgung mit zusätzlicher klimatisierter Luft; Verteilersystem

ENERGIEWERTE

Insgesamt
K/A

Künstliche Beleuchtung
K/A

Kälteerzeugung
K/A

Mechanische Belüftung
K/A

Heizung
K/A

Geschätzter Kohlendioxidausstoß (insgesamt)
K/A

UMWELT-/GESUNDHEITLICHE FAKTOREN

Konzept für die Auswahl von Materialien/Komponenten zur Reduktion von gebundener und Transportenergie?
Nein

Einsatz von recycelten Materialien
Nein

Einsatz von Holz aus bewirtschafteten Quellen
Nein

Besondere Installationen zum Wassersparen
Nein

Natürlich biologische Abwasserbehandlung
Nein

Maßnahmen zur Förderung der Benutzung von öffentlichen Verkehrsmitteln
Nein

NREL Forschungseinrichtung für Solarenergie

Golden, Colorado, USA

Die Forschungseinrichtung für Solarenergie (SERF) ist ein 1394 Quadratmeter großes kombiniertes Labor-Bürogebäude für das »National Renewable Energy Laboratory« des amerikanischen Energieministeriums. Am South Table Mountain, einer semiariden Hochfläche in Colorado, gelegen, repräsentiert diese flexible, im Baukastensystem errichtete Anlage den neuesten Stand der Wissenschaft. Sie dient Studien auf dem Gebiet der Photovoltaik, der Grundlagenforschung sowie der Supraleitfähigkeit und optisch-elektrischen Konversion von Materialien. Die Einrichtung setzt sich aus drei angrenzenden, stufenweise angeordneten Modulen zusammen, von denen jedes über eine Büro-Zelle auf der Vorderseite und eine Labor-Zelle auf der Rückseite verfügt. Die Module der Büros im Ostwesten spiegeln sich gegenseitig wider, wobei jedes mit der Rückseite seinem Labor zugekehrt ist. Im mittleren Modul sind die Lobby, der Sonnenraum mit Terrasse, der Hörsaal sowie Sitzungsräume untergebracht.
Der Bürobereich liegt quer zu einem Flur und gewährleistet eine unmittelbare Nachbarschaft von Laboratorien und Bildschirmarbeitsplätzen. Die meisten Büroflächen liegen ebenerdig. Jedes Büro gestattet Ausblicke nach draußen und erhält über gestufte Oberlichtfenster Tageslicht, das bis zu einer Raumtiefe von 27,4 Metern einfällt und so die Energiewerte für die Beleuchtung auf beiden Büroebenen senkt.
Die Ausrüstung der Labore umfaßt ein Regelsystem für Umgebungsbedingungen, Kassettengeschoßplatten, schwingungsfreie Fußbodenbeläge und dem neuesten Stand der Wissenschaft entsprechende Sicherheitseinrichtungen bei der Luftbehandlung, effektiven Energieversorgung und Materialbehandlung. Versetzbare Wände und flexible Versorgungsnetze sorgen dafür, daß je nach Bedarf der Forschung die Labore ausgedehnt, verkleinert oder verlegt werden können.
In der Forschungseinrichtung für Solarenergie wird eine ganze Bandbreite energieschonender Technologien angewandt, die nach Schätzungen 200 000 Dollar jährlich an Betriebskosten einsparen werden. Zum Beispiel eine Trombe-Wand, um die Wärme in das Gebäude zu strahlen, lichtempfindliche Fensterblenden, die je nach Intensität der Sonnenstrahlung automatisch hoch- oder heruntergefahren werden, sowie ein Wärmerückgewinnungssystem aus Abluft.
Energieeinsparungen in Gebäuden resultieren teilweise aus ihrer täglichen Betriebsführung und teilweise aus der Umweltbesorgnis ihrer Nutzer und ihren Kenntnissen vom Umgang mit den bereitgestellten Energiesparmaßnahmen. Die Leitung und die Mitarbeiter einer Forschungseinrichtung für Energie sind für solche Fragestellungen natürlich besonders empfänglich. Ihr Anliegen, das Gebäude effizient zu betreiben, und ihr Wissen, wie sie dies erreichen können, dürften einen bedeutenden Einfluß auf die erzielten Energieeinsparungen gehabt haben.

<01

02>

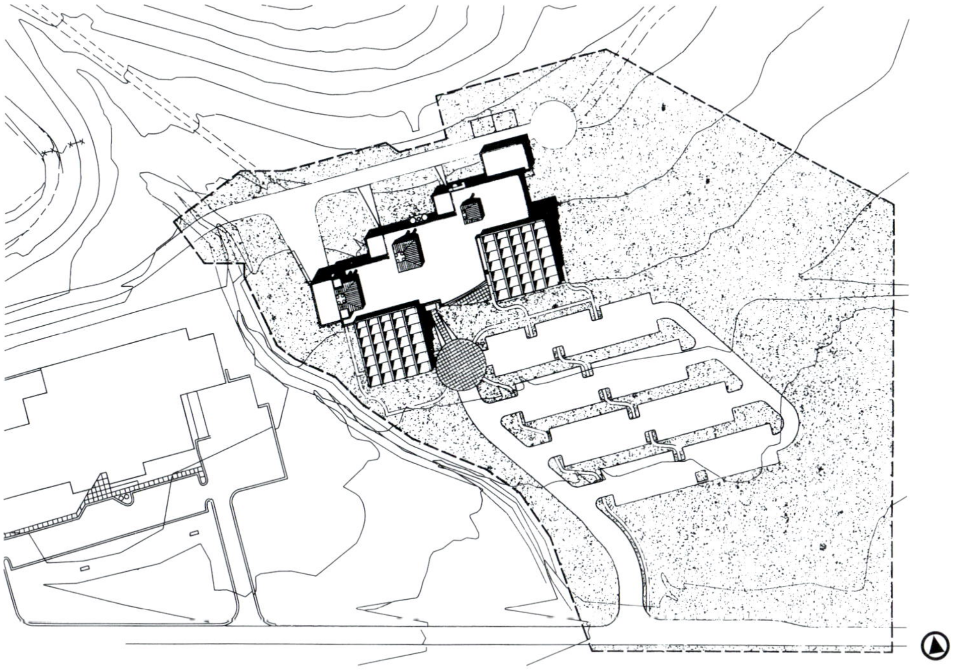

01> Der Sonnenraum mit doppelter Raumhöhe und angrenzender Terrasse liegt zwischen den zwei südlich orientierten Labor-Zellen und bietet Mitarbeitern und Besuchern einen angenehmen Ort für Begegnungen.

02> Lageplan. Das Gebäude verläuft entlang den Abhängen des Tafellandes.

03> Der Sonnenraum mit einer der beiden gestuften Labor-Zellen rechts.

^
03

^
04

05>

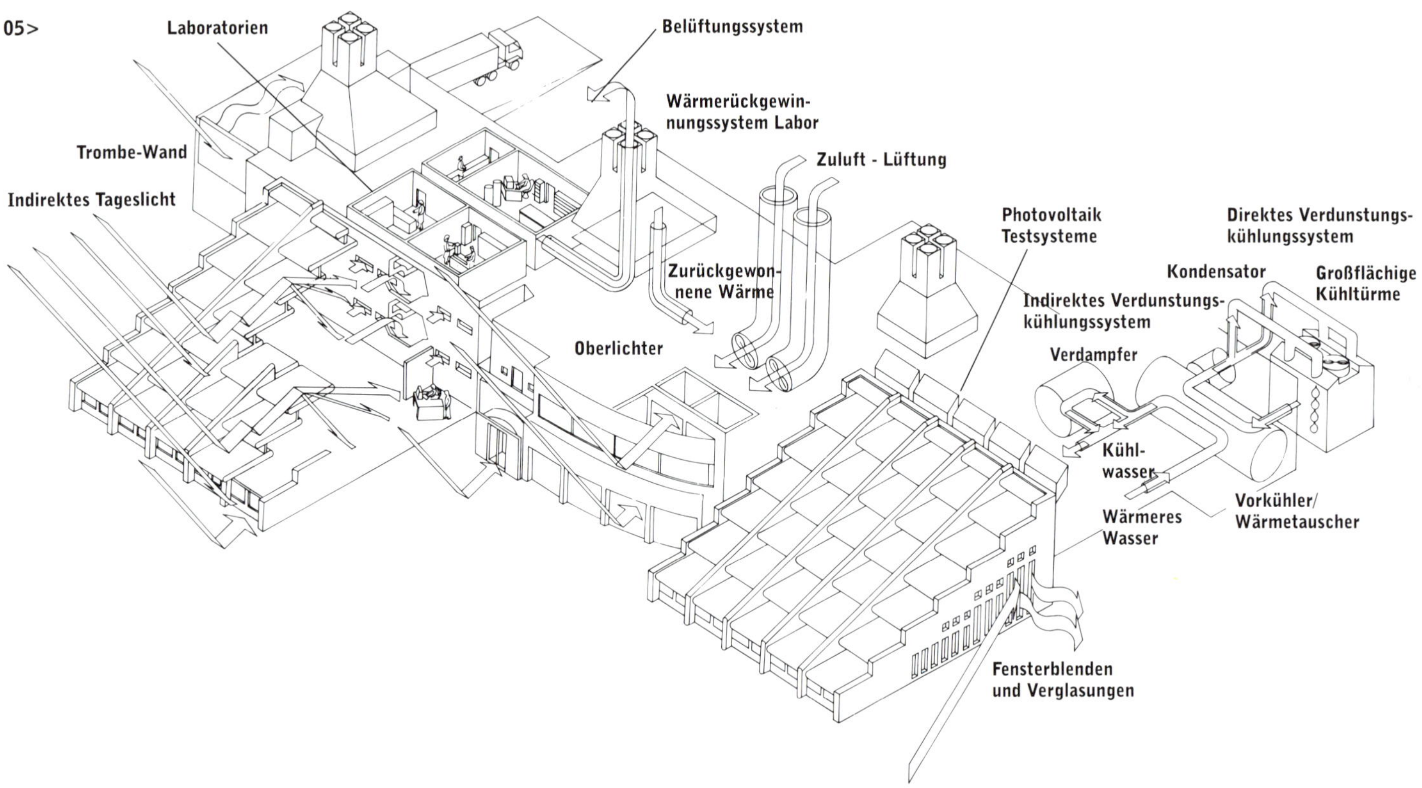

04> Die Westansicht zeigt das Grundstücksgefälle und die in Stufen angelegte östliche Büro-Zelle. Das dahinterliegende Laborgebäude wurde in den Hügel gebaut, um Energie zu sparen.

05> Die schematische Darstellung erläutert das energetische Konzept und die Systeme des Gebäudes.

06> Die Labor-Zellen verfügen über Oberlichter, die durch Überstände und sorgfältig abgestuften Tageslichteinfall vor direkter Sonneneinstrahlung geschützt werden. Luftbäume sorgen in jeder Büronische für Belüftung.

06>

NAME DES GEBÄUDES
Matsushita Electronic

Bauherr/Eigentümer
Matsushita Electric Co. Ltd

Nutzer
Matsushita Electric Co. Ltd

Gebäudestandort
Shinagawa, Japan

Architekt
Nikken Sekkei

Fertigstellung
Juni 1996

Bruttogeschoßfläche
43926 m²

Baukosten
K/A

Klimazone
Gemäßigt

ENERGETISCHE FAKTOREN

Ausrichtung der Hauptfassaden
Ost

Natürliche Belüftung: Ungefährer Prozentsatz der natürlich belüfteten Bruttogeschoßfläche
100 %

Versorgung mit Nachtlüftung
Über erhöhten Deckenraum und das Atrium

Wärmeleitung der Gebäudehülle
Durchschnittlich

Nutzung der wärmespeichernden Baumasse Teil des Energiekonzepts?
Ja

Sonnenschutzsysteme
Aluminium Sandwichglas in Oberlichtfenstern

Tagesbeleuchtung Ungefährer Prozentsatz der Nettogeschoßfläche, die während der Tageszeit künstlich beleuchtet werden muß
0 % (Atrium-Nettogeschoßfläche); circa 94 % (Nettogeschoßfläche)

Energiesparende Steuerung der künstlichen Beleuchtung?
Tageslichtsteuerung mittels Meßfühlern

Sonstiges
-

HLK-SYSTEME

Brennstoffe/ungefähre Nutzung in %
Hauptstromversorgungsnetz 81 %; Erdgas 19 %

Heizkesseltyp
Dampfkessel

Heizsystem
Fußboden Luftklimatisierungsanlage

Mechanische Belüftung
Zu- und Abluftanlage

Art der Klimatechnik
Klimaanlage mit variablem Volumenstrom, Zufuhr über Fußboden, Rückführung über Decken

Wärmerückgewinnung
-

ENERGIEWERTE

Insgesamt
502 KW/h/m²/ a

Künstliche Beleuchtung
K/A

Kälteerzeugung
K/A

Mechanische Belüftung
K/A

Heizung
K/A

Geschätzter Kohlendioxidausstoß (insgesamt)
200 ppm

UMWELT-/GESUNDHEITLICHE FAKTOREN

Konzept für die Auswahl von Materialien/Komponenten zur Reduktion von gebundener und Transportenergie?
Ja

Einsatz von recycelten Materialien
Schaumdämmung aus recycelten Glasplatten f. Außenwände

Einsatz von Holz aus bewirtschafteten Quellen
-

Besondere Installationen zum Wassersparen
Regenwasser wird für Toiletten und Kühlwasser verwendet

Natürlich biologische Abwasserbehandlung
Nein

Maßnahmen zur Förderung der Benutzung von öffentlichen Verkehrsmitteln
Stadtlage

Matsushita Electronic
Shinagawa, Japan

Das Gebäude ist das Informations- und Kommunikationszentrum des riesigen japanischen Elektronikkonzerns Matsushita. Sein Entwurf basiert auf zwei vorrangigen konzeptuellen Zielen: einmal der ausdrucksvollen Umsetzung des von Panasonic Matsushita verfolgten Kredos von der harmonischen Beziehung zwischen Mensch und Technik und zweitens der Schaffung eines effizienten und flexiblen Forschungszentrums.
Matsushita Electronic liegt in einem Tokioer Gewerbe- und Wohngebiet. Die Planer haben eine Trapezform gewählt, um die Wirkung von Masse, Verschattung und verstärkter Windgeschwindigkeit auf Bodenniveau zu minimieren. Zu diesem Zweck sind die Bodenplatten im Norden und Süden in Stufen angeordnet worden, dazwischen ist ein ähnlich geformtes trapezförmiges Atrium ausgebildet. Das östliche Kopfende des Atriums ist vollständig verglast, während die Westseite von den Aufzügen und den Versorgungskernen eingeschlossen wird.
Die Empfangsflächen liegen auf Atriumebene, wo sich auch ein kunstvoll ausgeführter Skulpturen- und Pflanzengarten befindet. Zum Garten gehört ein Wasserfall, der auf die Gebäudenutzer beruhigend wirken und die Geräusche von der Belüftungsanlage überdecken soll.
Das Energiekonzept beruht auf einer Kombination von natürlicher Belüftung und Klimaanlage sowie einem ausgewogenen Einsatz von künstlicher Beleuchtung und Tageslicht. Der Gebäudeentwurf wurde umfassend modelliert und simuliert, so daß ein höchst ausgefeiltes, ausgereiftes Gebäude entstanden ist. Frischluft wird unterhalb der Fenster angesogen und strömt mittels Luftverteilern in die Geschoßebenen. Abgeführt wird sie sowohl über die Beleuchtungskörper als auch über das Atrium. Die Etagen lassen sich zum Atrium hin entweder vollständig öffnen oder ganz oder teilweise durch Rolljalousien schließen.
Tageslicht tritt in das Atrium über verhältnismäßig schmale Öffnungen im Bereich der Dachebene ein, wo es eine Anordnung von Prismen und die Ostfassade passiert. Entlang der Nordkante der Oberlichter sind Reflexspiegel installiert, um im Winter Sonnenlicht in die Atriumebene zu führen und im Sommer die Sonnenwirkung durch das filternde Blattwerk der Pflanzen zu dämpfen. Außerdem reflektieren 104 runde Spiegelplatten künstliches Licht nach unten in das Atrium. Reflektoren leiten das Tageslicht in die Tiefe der Büroflächen. Sie sind auf tiefen Borden montiert, die außerhalb der Büros auf Geschoßniveau von den einzelnen zurückspringenden Stockwerken gebildet werden. Auf diesen Borden ist auch Platz für Pflanzen vorgesehen.

01> Der Grundriß des Erdgeschosses zeigt die Atriumebene und das Fundament der beiden sie umschließenden, gestuften Büroblöcke.

02> Die vollverglaste Kopfwand nimmt den Haupteingang auf.

03> Stufenfassade mit erdbebensicherer Tragwerkskonstruktion.

01>

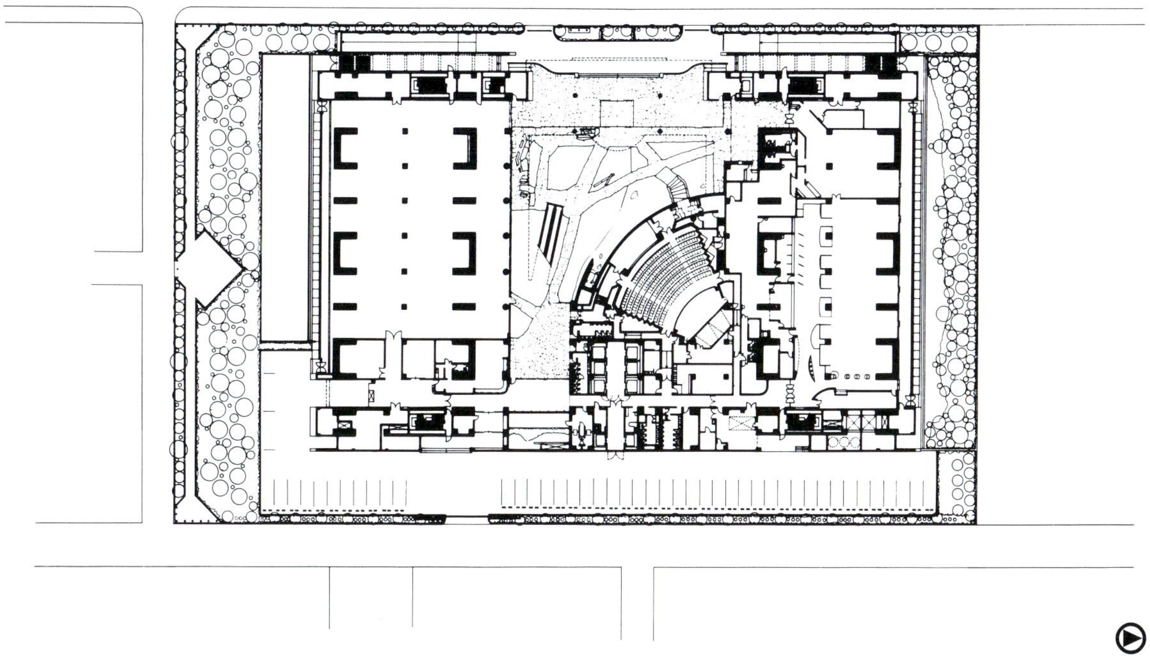

02>

<03

^
04

05>

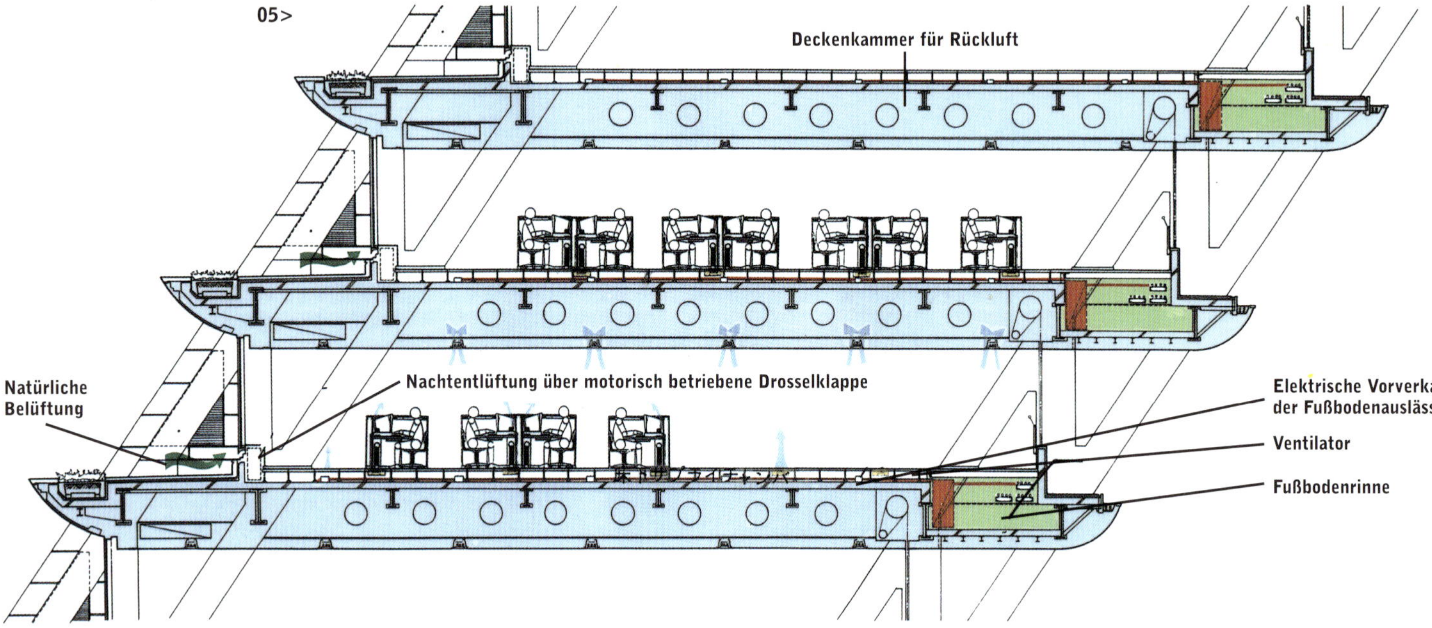

04> Die Atriumebene besticht durch ihre skulpturale Beschaffenheit.

05> Schnitt durch ein Bürogeschoß mit Erläuterung der Tageslicht- und Belüftungsstrategie.

06> Im Innern des Atriums sind die Glaswände mit Sonnenschutzelementen und Laufstegen kombiniert.

^
06

NAME DES GEBÄUDES
Barclaycard Zentrale

Bauherr/Eigentümer
Barclays Property Holdings Ltd; F.H.L. Project Managers

Nutzer
Barclaycard

Gebäudestandort
Northampton, Großbritannien

Architekt
Fitzroy Robinson Limited

Fertigstellung
Dezember 1996

Bruttogeschoßfläche
37500 m²

Baukosten
ca. 109 Mio. DM (plus ca. 15 Mio. DM Ausstattung)

Klimazone
Gemäßigt

ENERGETISCHE FAKTOREN

Ausrichtung der Hauptfassaden
Nord und Süd

Natürliche Belüftung: Ungefährer Prozentsatz der natürlich belüfteten Bruttogeschoßfläche
95 % (bei Betrieb in der Übergangszeit)

Versorgung mit Nachtlüftung
Erzwungen

Wärmeleitung der Gebäudehülle
Überdurchschnittlich

Nutzung der wärmespeichernden Baumasse Teil des Energiekonzepts?
Ja

Sonnenschutzsysteme
Außen feststehend

Tagesbeleuchtung Ungefährer Prozentsatz der Nettogeschoßfläche, die während der Tageszeit künstlich beleuchtet werden muß
0 %

Energiesparende Steuerung der künstlichen Beleuchtung?
Ja

Sonstiges
Hochfrequenz Leuchtstofflampenbeleuchtung mit Vorschaltgeräten

HLK-SYSTEME

Brennstoffe/ungefähre Nutzung in %
Hauptstromversorgungsnetz
Erdgas

Heizkesseltyp
Gas

Heizsystem
Warmluftradiatoren

Mechanische Belüftung
Durch Deckenkanäle

Art der Klimatechnik
Mit Wasser aus dem See gekühlte Balken

Wärmerückgewinnung
Nein

ENERGIEWERTE

Insgesamt
K/A

Künstliche Beleuchtung
K/A

Kälteerzeugung
K/A

Mechanische Belüftung
K/A

Heizung
K/A

Geschätzter Kohlendioxidausstoß (insgesamt)
K/A

UMWELT-/GESUNDHEITLICHE FAKTOREN

Konzept für die Auswahl von Materialien/Komponenten zur Reduktion von gebundener und Transportenergie?
Nein

Einsatz von recycelten Materialien
Abbruchmaterialien in verdichteter Kiesschicht

Einsatz von Holz aus bewirtschafteten Quellen
Ja

Besondere Installationen zum Wassersparen
WCs mit Sparspülung

Natürlich biologische Abwasserbehandlung
Nein

Maßnahmen zur Förderung der Benutzung von öffentlichen Verkehrsmitteln
Lokale Buslinien verkehren auf dem Grundstück

Barclaycard Zentrale

Northampton, Großbritannien

Die Barclaycard Zentrale ist ein Musterbeispiel für ein modernes Niedrigenergie-Bürohaus mit gemischter Betriebsart. Ihre Beurteilung nach BREEAM, dem Umweltanalyseverfahren der Bauforschungsanstalt, das in Großbritannien Energie- und Umweltstandards für neue Bürogebäude setzt, fiel mit »ausgezeichnet« aus. Das Gebäude wurde ursprünglich in Auftrag gegeben, um die 2300 britischen Beschäftigten von Barclaycard unterzubringen, allerdings mit der Auflage, drei gesonderte Gebäudetrakte später einem anderen Nutzer überlassen zu können. Eine Belegung mit dieser Personenzahl macht wegen der hohen inneren Wärmelasten durch die extensive Nutzung von Computern einen typischen Verwaltungsbau notwendig. Die Zentrale liegt in einem Gewerbegebiet am Stadtrand von Northampton in Mittelengland. Das dortige gemäßigte Klima bestimmen milde Sommer und kalte Winter.

Der Grundriß umfaßt eine Doppelreihe von 15 Meter tiefen Großraumetagenblöcken, die eine Versorgung mit Tageslicht und natürlicher Belüftung sicherstellen. Ihnen aufgesetzt ist ein neun Meter breites lineares Glasatrium oder eine »Straße«. Im Norden des Grundstücks dient ein großer See als Ausgleichsteich. Ihm zugewandt ist die großflächig verglaste Hauptfassade. Die Südfassade besitzt ein stark ausgehöhltes Mauerwerk (Ortbeton mit Steinverkleidung) mit tiefen Fensterleibungen und Lichtborden. Der mit Hohlkanälen für die technische Gebäudeinstallation ausgerüstete Stahlbetonskelettbau verfügt über hohe Sichtbetondecken, damit das Gebäude über die eigene thermische Speichermasse natürlich abkühlen kann.

Das Gebäude ist für drei unterschiedliche saisonale Betriebsarten konzipiert. In der Übergangszeit wird es natürlich belüftet. Hierbei strömt Luft von den öffenbaren Fenstern über die 15 Meter tiefen Büroebenen ins Atrium. Im Sommer erfolgt eine mechanische Luftzufuhr über den Deckenzwischenraum mit integrierter Vorrichtung für die Nachtentlüftung. Für zusätzliche Kühlung sorgen die mit Wasser aus dem See gekühlten Deckenbalken. Im Winter liefern von einem Gaskessel gespeiste Warmluftradiatoren Wärme. Alle Büroflächen werden über die Fenster und das Atrium mit optimalem Tageslicht versorgt. Zur künstlichen Beleuchtung gehören Hochfrequenz-Vorschaltgeräte mit individueller Bedienung und Meßfühlern. Das Holz stammt aus nachhaltiger Forstwirtschaft, und die Materialien und Oberflächenverarbeitungen sind mit Blick auf die Vermeidung von gesundheitsgefährdenden, flüchtigen organischen Stoffen ausgewählt worden. In den sanitären Einrichtungen wurden WCs mit Sechs-Liter Sparspülung installiert. Das Grundstück liegt an einer Busstrecke und ist auch für Radfahrer ausgelegt.

Die Barclaycard Zentrale ist eines von vielen Bürogebäuden, die von der NFU Mutual and Avon Insurance in Stratford-upon-Avon, Großbritannien, beeinflußt worden sind. Dieser Versicherungssitz wurde in den späten siebziger Jahren von den Architekten RMJM entworfen. Seine Merkmale sind ein Grundriß mit geringen Raumtiefen, Innenhöfe, Atrien oder »Straßen«, großzügige Raumhöhen, kompakte Bauweise, optimale Tageslichtnutzung und eine auf gemischte Betriebsarten ausgerichtete Energiestrategie (siehe Kapitel drei).

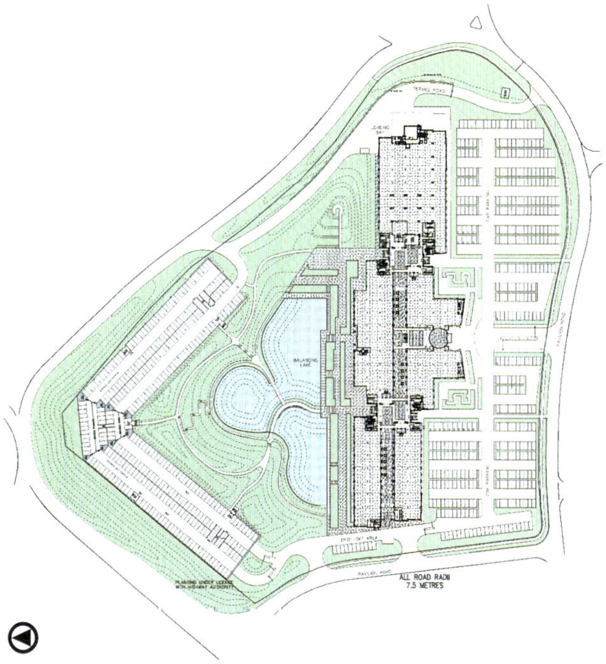

01> Lageplan.

02> Die Südfassade zeigt den linearen und gestuften Gebäudeaufbau sowie das als Lochfassade behandelte Mauerwerk.

^
02

03> Hauptеingang.

04> Typischer Querschnitt mit Darstellung der auf gemischte Betriebsarten ausgerichteten Energiestrategie.

05> Ein Rahmenkuppelbau definiert die Eingangshalle.

^ 03

04>

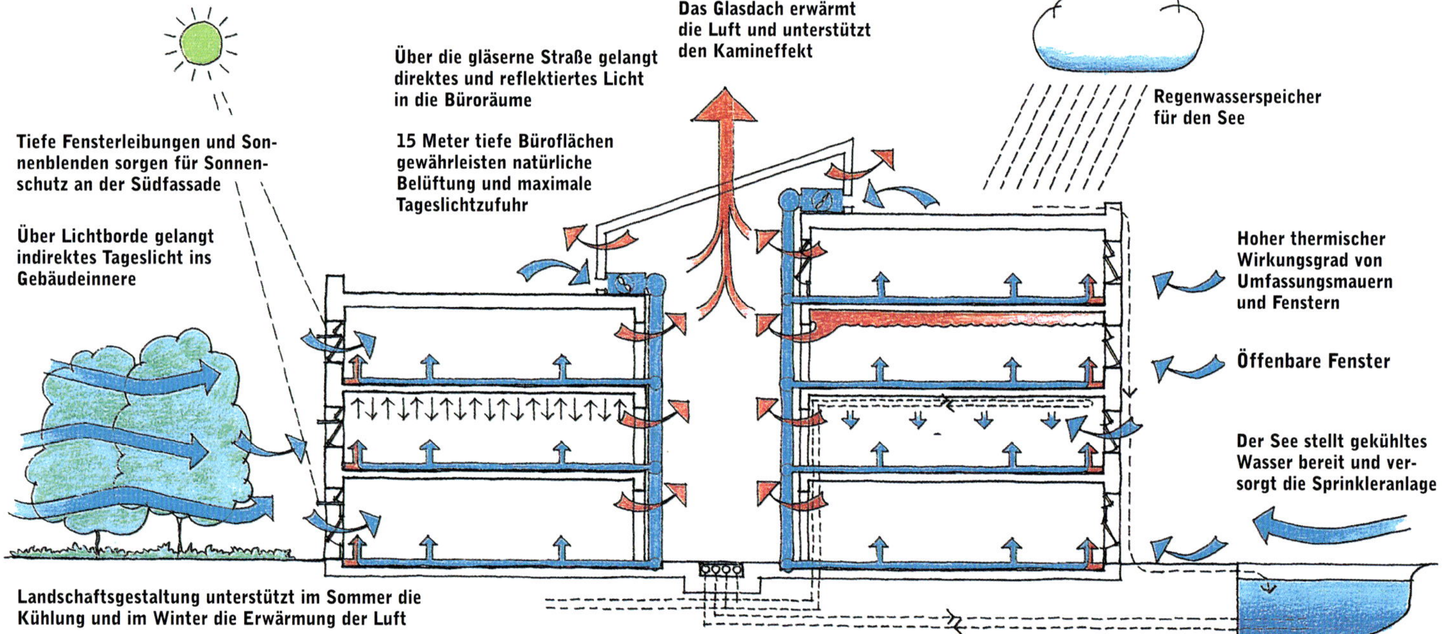

^
05

NAME DES GEBÄUDES
Wissenschaftspark Gelsenkirchen

Bauherr/Eigentümer
Land Nordrhein-Westfalen

Nutzer
Wissenschaftspark und Technologiezentrum Rheinelbe

Gebäudestandort
Gelsenkirchen, Deutschland

Architekt
Kiessler + Partner

Fertigstellung
1995

Bruttogeschoßfläche
27200 m²

Baukosten
ca. 64 Mio. DM

Klimazone
Gemäßigt

ENERGETISCHE FAKTOREN

Ausrichtung der Hauptfassaden
Westen

Natürliche Belüftung: Ungefährer Prozentsatz der natürlich belüfteten Bruttogeschoßfläche
90 %

Versorgung mit Nachtlüftung
Natürlich

Wärmeleitung der Gebäudehülle
0,81 W/m²K

Nutzung der wärmespeichernden Baumasse Teil des Energiekonzepts?
Betondeckenplatten

Sonnenschutzsysteme
Außenliegender Sonnenschutz

Tagesbeleuchtung Ungefährer Prozentsatz der Nettogeschoßfläche, die während der Tageszeit künstlich beleuchtet werden muß
5 %

Energiesparende Steuerung der künstlichen Beleuchtung?
Instabus (Einzelraumregelung)

Sonstiges
Auf dem Dach montierte Photovoltaikanlage

HLK-SYSTEME

Brennstoffe/ungefähre Nutzung in %
K/A

Heizkesseltyp
Entfällt

Heizsystem
Fernwärme: Fußbodenheizung (Arkade); Heizkörper (Büros, Labors)

Mechanische Belüftung
-

Art der Klimatechnik
»Kühldecke«

Wärmerückgewinnung
Nein

ENERGIEWERTE

Insgesamt
K/A

Künstliche Beleuchtung
K/A

Kälteerzeugung
K/A

Mechanische Belüftung
K/A

Heizung
K/A

Geschätzter Kohlendioxidausstoß (insgesamt)
K/A

UMWELT-/GESUNDHEITLICHE FAKTOREN

Konzept für die Auswahl von Materialien/Komponenten zur Reduktion von gebundener und Transportenergie?
Nein

Einsatz von recycelten Materialien
Nein

Einsatz von Holz aus bewirtschafteten Quellen
Ja

Besondere Installationen zum Wassersparen
Der See dient als Regenwasserreservoir

Natürlich biologische Abwasserbehandlung
Nein

Maßnahmen zur Förderung der Benutzung von öffentlichen Verkehrsmitteln
Nein

Wissenschaftspark
Gelsenkirchen, Deutschland

1989 stellte die nordrhein-westfälische Landesregierung ein Zehn-Jahres-Programm zur Umweltverbesserung auf. In diesem Rahmen hat die Internationale Bauausstellung Emscher Park (IBA) neben vielen anderen einfallsreichen Projekten dieses Gebäude initiiert. Es bildet die Achse des Rheinelbe Wissenschaftsparks, einem Zentrum für technologische Innovationen auf dem Gelände eines stillgelegten Gußstahlwerks. Nach der Sanierung des belasteten Bodens wurde auf diesem Terrain ein See angelegt, der auch als Regenwasserreservoir dient.
Entlang der Ostseite des Gebäudes befinden sich neun Pavillons für Forschungsinstitute sowie Eingänge zur Tiefgarage. An seiner Westseite liegt eine 300 Meter lange »Arkade«, ein öffentlicher Raum, in dem Läden und Cafés vorgesehen sind. Die Arkade nimmt die drei Geschosse des Gebäudes unmittelbar hinter einer schrägen Glasfassade ein und gewährt Ausblicke in den Park.
Effizientes Energiemanagement und ein knappes Budget spielten bei der Entwurfsausarbeitung eine zentrale Rolle. Die Anregungen für die Arkade lieferten die Landschaftsarchitektur des neunzehnten Jahrhunderts und die weiträumigen Flächen von Industriegebäuden. Der zehn Meter breite innenliegende Boulevard wirkt als Pufferzone für das Gebäude dahinter.
Die Fassade ist mit Thermoplus Wärmeisolierglas verkleidet und an saisonale Veränderungen anpaßbar. Im Winter sind die tiefer liegenden Paneele geschlossen, im Sommer dagegen gleiten sie wie Schiebefenster nach oben, um das Gebäude zu belüften und einen Zugang zum See zu schaffen. Während der Sommermonate wird das Fußbodenheizungssystem zur Raumkühlung und gleichzeitig zur Brauchwasserwärmegewinnung genutzt. Außerdem schützt ein außenliegender Sonnenschutz den Fußboden in der Arkade vor sommerlicher Überhitzung.
Die Fassaden der Pavillons bestehen aus einfachen Holz- und Aluminiumelementen mit Wärmeschutzglas und französischen Fenstern. Sie enthalten Lüftungspaneele für die Nachtkühlung der Betondeckenplatten, die folglich als thermisches Schwungrad wirken. Außerdem sind die Fassaden mit automatisch gesteuerten Stoffblenden ausgerüstet.
Auf dem Dach produziert ein riesiges Solarkraftwerk 200 000 KW jährlich. Von ihm wird behauptet, es sei weltweit die größte in einem Gebäude integrierte Photovoltaikanlage. Den energetischen Wirkungsgrad des Gebäudes steuert ein Energiemanagementsystem. Die Beleuchtung wird automatisch in Abhängigkeit vom Tageslichtniveau geregelt, und die Heizung schaltet sich aus, sobald die Lüftungspaneele geöffnet werden.
Diese Büros entstanden auf der Grundlage spekulativer Erwägungen. Sind einem Bauträger die zukünftigen Nutzer eines Gebäudes unbekannt, möchte er üblicherweise die Möglichkeit eines »Rückzugs« auf eine Klimaanlage schaffen. Im vorliegenden Fall haben die Planer ein starkes Engagement für ökologische Prinzipien gezeigt, indem sie keine solche Alternative geboten haben.

01>

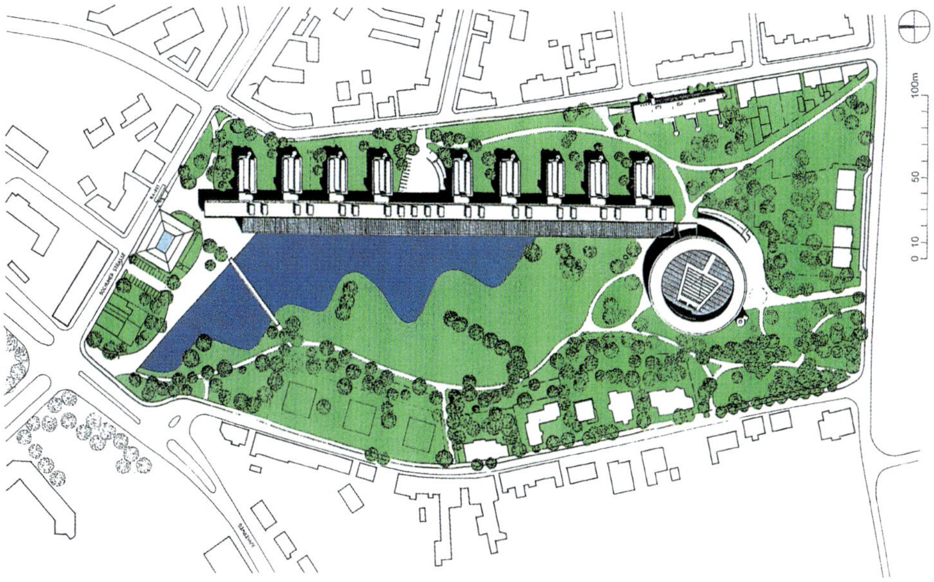

01> Lageplan des Wissenschaftsparks auf dem Gelände eines stillgelegten Gußstahlwerks. Die lange verglaste Arkade bildet mit den rückseitig angebauten Forschungspavillons das Rückgrat des Parks.

02> Die Wintergarten-Arkade verläuft an der Westseite des Gebäudes und gewährt Ausblicke auf einen See. An ihrem nördlichen Ende wird das alte Gerichtsgebäude mit Läden und Restaurants für die Öffentlichkeit zugänglich sein.

^
02

^
03

03> Abendansicht von Nordwest. Im Dach ist ein großflächiges Kollektorfeld mit photovoltaischen Paneelen integriert.

04> Schematische Darstellung der Belüftungsstrategie. Die Arkade wirkt als Wärmepuffer, und die Glasfront kann zur optimalen Energieeinsparung verschiedenen klimatischen Verhältnissen angepaßt werden.

Schlüssel

1 Wärmeschutzverglasung
2 Pufferzone
3 Solarer Wärmegewinn
4 Fußbodenheizung
5 Solarkraftwerk
6 Heizkörper
7 Außenliegender Sonnenschutz
8 Abluft
9 Zuluft
10 Arkade
11 Büro

05> Die Galerien mit Blick auf die Arkade sind über die Forschungsbüros in den angebauten Pavillons erreichbar.

06> An Sommertagen werden Schutzdächer hoch- und Stoffblenden heruntergezogen, um die Solargewinne über die große schräge Glasfassade zu reduzieren. Die unteren Paneele werden wie Schiebefenster nach oben geschoben, um den Zugang zum See zu ermöglichen.

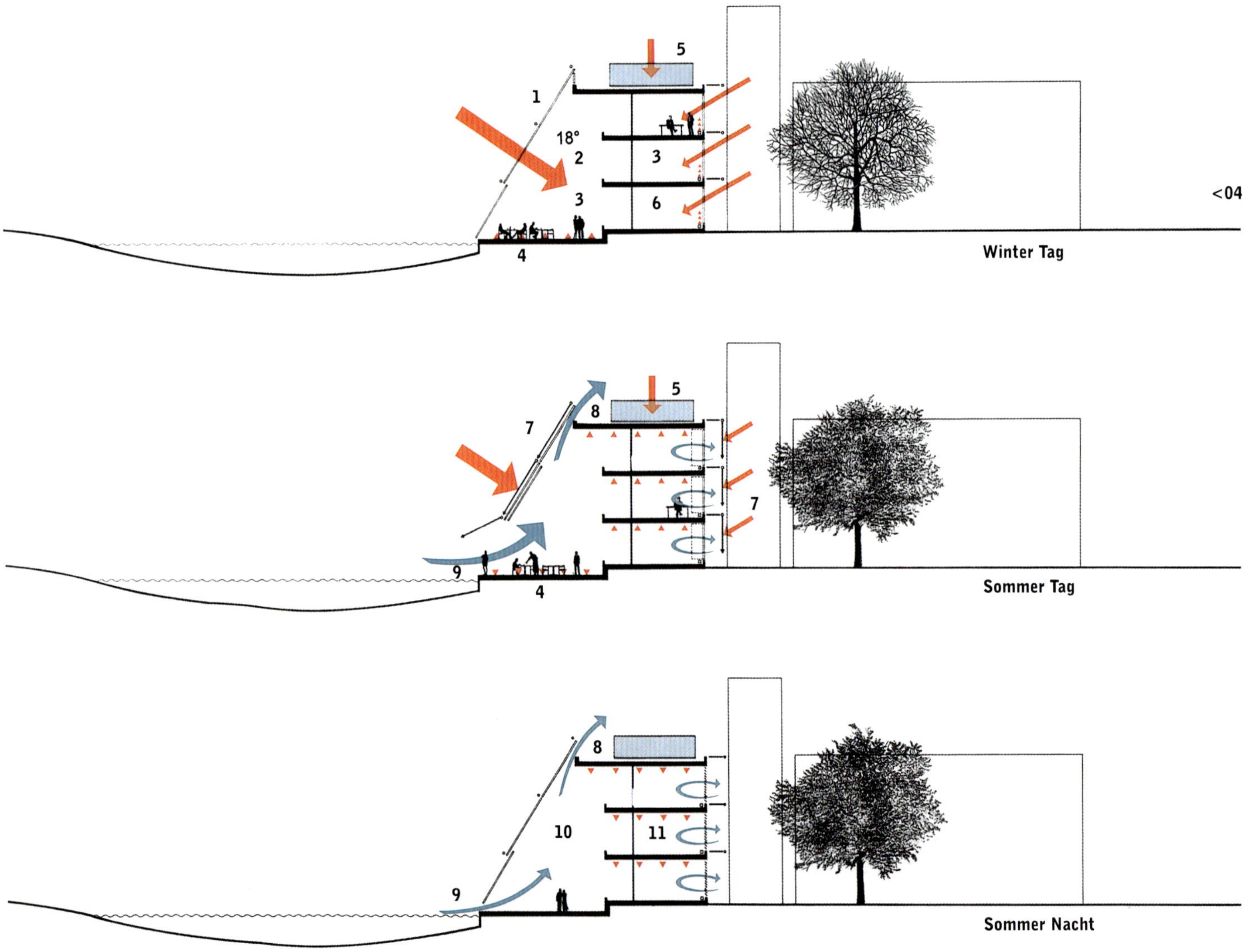

<04

^
05

^
06

NAME DES GEBÄUDES
Académie des Antilles et de la Guyane

Bauherr/Eigentümer
Ministère de l'Education Nationale

Nutzer
Universitätsverwaltung

Gebäudestandort
Martinique, Westind. Inseln

Architekt
Hauvette & Nouel

Fertigstellung
1994

Bruttogeschoßfläche
8251 m²

Baukosten
ca. 24 Mio. DM

Klimazone
Tropisch

ENERGETISCHE FAKTOREN

Ausrichtung der Hauptfassaden
Nord und Süd

Natürliche Belüftung: Ungefährer Prozentsatz der natürlich belüfteten Bruttogeschoßfläche
95 %

Versorgung mit Nachtlüftung
Natürlich

Wärmeleitung der Gebäudehülle
Durchschnittlich

Nutzung der wärmespeichernden Baumasse Teil des Energiekonzepts?
Nein

Sonnenschutzsysteme
Außen feststehend

Tagesbeleuchtung Ungefährer Prozentsatz der Nettogeschoßfläche, die während der Tageszeit künstlich beleuchtet werden muß
10 %

Energiesparende Steuerung der künstlichen Beleuchtung?
Nein

Sonstiges
-

HLK-SYSTEME

Brennstoffe/ungefähre Nutzung in %
Elektrizität 100 %

Heizkesseltyp
N/V

Heizsystem
N/V

Mechanische Belüftung
N/V

Art der Klimatechnik
Ausschließlich in Sitzungsräumen und im Informationszentrum

Wärmerückgewinnung
Nein

ENERGIEWERTE

Insgesamt
62,000 KW/h/Monat

Künstliche Beleuchtung
33,000 KW/h/Monat

Kälteerzeugung
29,000 KW/h/Monat

Mechanische Belüftung
Entfällt

Heizung
Entfällt

Geschätzter Kohlendioxidausstoß (insgesamt)
K/A

UMWELT-/GESUNDHEITLICHE FAKTOREN

Konzept für die Auswahl von Materialien/Komponenten zur Reduktion von gebundener und Transportenergie?
-

Einsatz von recycelten Materialien
-

Einsatz von Holz aus bewirtschafteten Quellen
-

Besondere Installationen zum Wassersparen
Nein

Natürlich biologische Abwasserbehandlung
Nein

Maßnahmen zur Förderung der Benutzung von öffentlichen Verkehrsmitteln
-

Bürogebäude des Vizekanzlers, Académie des Antilles et de la Guyan

Martinique, Westindische Inseln

Die Verwaltung der Universität der Westindischen Inseln und Guyanas ist in einem neuen Gebäude untergebracht, das zwischen Martiniques Westküste und seiner Hauptstadt, Fort-de-France, liegt. Seine Lage auf einer Hochebene macht das heiße, feuchte Klima etwas erträglicher, allerdings ist es hier dem Wind stärker ausgesetzt als an anderen Teilen der Insel. Der Bau ist ein faszinierendes Beispiel für die Ausnutzung der vorherrschenden Winde für die Belüftung. Die »Windmaschine« zielt darauf ab, eine behagliche Büroumwelt zu schaffen, ohne daß die Querlüftung zu unangenehmem Durchzug oder umherfliegendem Papier führt.
Grundlegend für den Entwurf des Hauptgebäudes ist die an der Nordseite flache und an der Südseite bogenförmige Grundrißform. Der Wind trifft auf die Südfassade des Gebäudes in einem Winkel von 15 Grad auf und erzeugt entlang der Südseite einen Tiefdruckbereich. Dadurch läßt sich die Luft müheloser durch eine »innere Straße« in die Flure und die Büros ziehen. Fünf, über drei Geschosse reichende Innenhöfe sorgen für eine Kaminwirkung und unterstützen diese Luftführung zusätzlich.
Vor der Nordfassade des Hauptgebäudes sind zwei kleinere Gebäude angeordnet worden. Diese sollen die Luft durch hochgelegene Öffnungen in der Mitte der Hauptfassade leiten. Großflächige, vertikale Lamellen bewegen sich automatisch entsprechend der jeweiligen Windgeschwindigkeit, um die Menge der in die viergeschossige innere Straße einströmenden Luft zu steuern. Die Luftbewegung innerhalb des Gebäudes hängt von der Stellung der horizontalen und vertikalen Lamellen ab, die ebenfalls die gesamte Gebäudewand einnehmen. Um ein angenehmes Raumklima zu erzielen, ist es wichtig, daß ein großes Luftvolumen bewegt wird, die Geschwindigkeit aber gering ist. Hierzu müssen sich die Lamellen ständig den Außenbedingungen anpassen, so daß stets ein gewisser Geräuschpegel herrscht. Die Sitzungsräume mußten daher klimatisiert werden. Außerdem treten auch windstille Tage und ungewöhnliche Windrichtungen und -stärken auf, die bisweilen den beabsichtigten Luftströmen entgegenstehen. Das Gesamtbudget der Einrichtung entspricht etwa dem eines konventionell klimatisierten Umfelds, die Betriebskosten fallen jedoch wesentlich geringer aus.

<01

02>

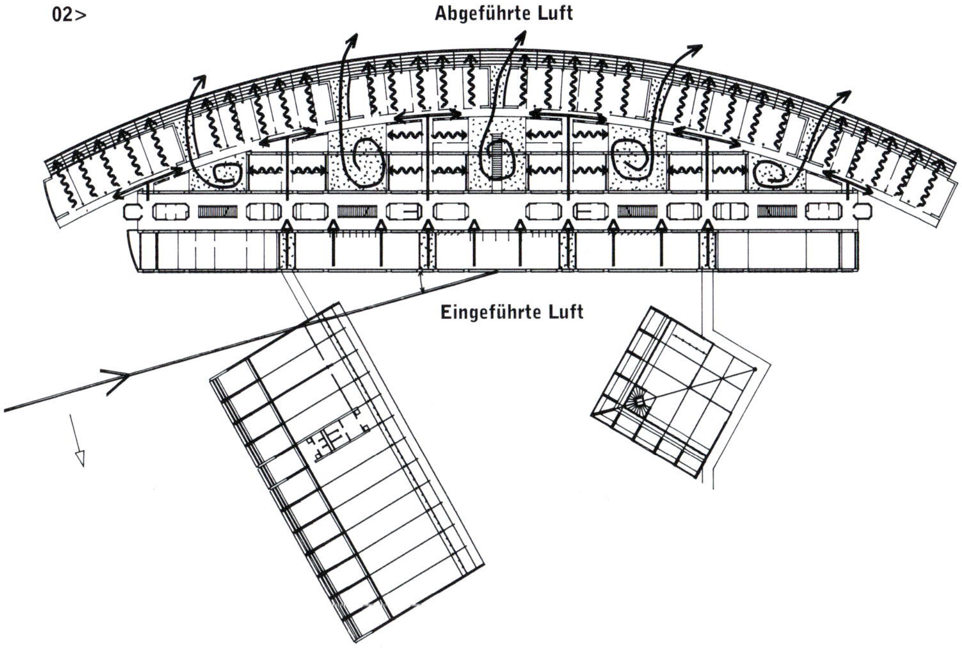

01> Sonnenjalousien verlaufen bogenförmig um die Südfassade des Gebäudes und bieten der durchströmenden Luft kaum Widerstand.

02> Der Lageplan zeigt das Hauptgebäude in bezug zu der vorherrschenden Windrichtung (mit ALIZE bezeichnet) sowie die innere Straße. Zu sehen sind auch die fünf Innenhöfe und Lichtschächte.

03> Die Hauptfassade und der Haupteingang mit dem Prüfungsgebäude links und dem Restaurant rechts.

^ 03

04> Gebäudequerschnitt. Der vorherrschende Wind tritt durch die Hauptfassade rechts ein.

05> Sitzungsraum.

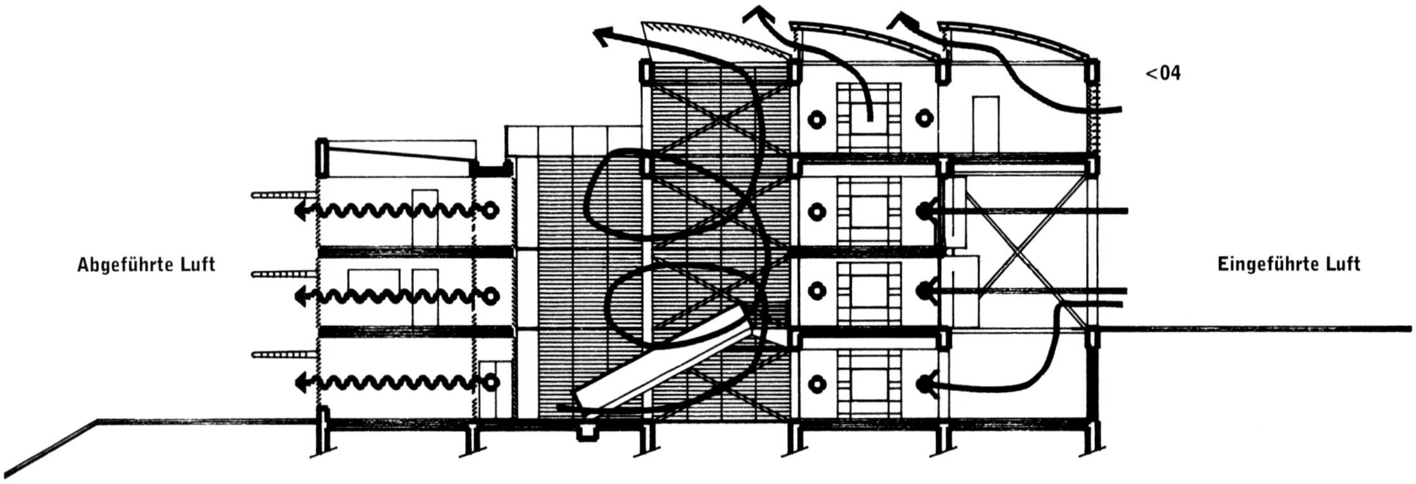

^ 05

»Es ist höchst erbärmlich, sich für sein Zuhause zu schämen«

(Charles Dickens, *Great Expectations,* Kapitel 8)

»...feuchte, rissige und undichte ›Architektur‹ muß Häusern weichen, die so sparsam sind wie ein Fahrrad«

(W.R. Lethaby, *Architecture*, 1911)

4.2 Wohnbauten

»Munstead Wood«, Codalming, Surrey, Großbritannien (1896) von Sir Edwin Luthyens.

Ein Wohnhaus hatte schon immer zwei Gesichtspunkte, einen praktischen und einen emotionalen, das »Haus« und das »Heim«. Der praktische Aspekt überwiegt: Das Haus sollte seinen Bewohnern Schutz gewähren und mit den steigenden Erwartungen an Komfort und Annehmlichkeiten Schritt halten. Als Heim ist das Wohnhaus der Sitz von Hab und Gut und ein Instrument zur Selbstdarstellung, ein Statussymbol und ein Zufluchtsort. Der sentimentale viktorianische Kult des Heims und des häuslichen Lebens hat ein einflußreiches Vermächtnis hinterlassen.

NAME DES GEBÄUDES
Gästehaus von Akira Kusumi

Bauherr/Eigentümer
Akira Kusumi

Nutzer
Akira Kusumi

Gebäudestandort
Insel Awaji, Hyogo, Japan

Architekt
Kota Kawasaki

Fertigstellung
März 1995

Bruttogeschoßfläche
61,9 m²

Baukosten
ca. 11000 DM

Klimazone
Gemäßigt

ENERGETISCHE FAKTOREN

Ausrichtung der Hauptfassaden
Nord

Natürliche Belüftung: Ungefährer Prozentsatz der natürlich belüfteten Bruttogeschoßfläche
100 %

Versorgung mit Nachtlüftung
Natürlich

Wärmeleitung der Gebäudehülle
Hoch

Nutzung der wärmespeichernden Baumasse Teil des Energiekonzepts?
Nein

Sonnenschutzsysteme
Nein

Tagesbeleuchtung Ungefährer Prozentsatz der Nettogeschoßfläche, die während der Tageszeit künstlich beleuchtet werden muß
0 %

Energiesparende Steuerung der künstlichen Beleuchtung?
Nein

Sonstiges
-

HKL-SYSTEME

Brennstoffe/ungefähre Nutzung in %
Hauptstromversorgungsnetz 100 %

Heizkesseltyp
N/V

Heizsystem
N/V

Mechanische Belüftung
N/V

Art der Klimatechnik
N/V

Wärmerückgewinnung
Nein

ENERGIEWERTE

Insgesamt
K/A

Künstliche Beleuchtung
K/A

Kälteerzeugung
Entfällt

Mechanische Belüftung
Entfällt

Heizung
Entfällt

Geschätzter Kohlendioxidausstoß (insgesamt)
K/A

UMWELT-/GESUNDHEITLICHE FAKTOREN

Konzept für die Auswahl von Materialien/Komponenten zur Reduktion von gebundener und Transportenergie?
Ja

Einsatz von recycelten Materialien
Baumstämme für Gerüstbau

Einsatz von Holz aus bewirtschafteten Quellen
Ja

Besondere Installationen zum Wassersparen
Nein

Natürlich biologische Abwasserbehandlung
Nein

Maßnahmen zur Förderung der Benutzung von öffentlichen Verkehrsmitteln
Nein

Gästehaus von Akira Kusumi

Insel Awaji, Hyogo, Japan

Hier handelt es sich um ein Gästehaus von Akira Kusumi, einem bekannten Gipser in Japan. Seine Fertigkeiten reichen von traditionellen japanischen bis zu westlich beeinflußten Gipsarbeiten. Kusumi hat über die im Westen praktizierte Verwendung von Gips Vorlesungen gehalten und außerdem innovative Gipstechniken entwickelt. Dieses Projekt wurde von den Studenten der Werkstatt an der Waseda Universität entworfen und mit den Hanasakadan gebaut, einer von Kusumi geförderten Gruppe von Gipshandwerkern. Sein Konzept beruht im wesentlichen auf der Schaffung eines schönen Raums, ohne teure oder besondere Materialien zu verwenden.
Die Konstruktion besteht aus Ashiba-maruta, das sind preiswerte, unbearbeitete Holzstämme, wie sie gewöhnlich für den Gerüstbau eingesetzt werden. Eines der Hauptthemen dieses Projekts war die bestmögliche Ausnutzung der Eigenschaften von Holz. Daher fand eine »Mitsumata Struktur« Anwendung, bei der die Enden von drei Holzelementen mit Draht gebündelt werden und die gegenüberliegenden Enden wie ein Dreibein offen bleiben. Die daraus resultierende Struktur ist einfach, stabil und flexibel.
Die Mitsumata Struktur bildet die Basis der Gestalt des Hauses. Eine Einheit umfaßt zwei, die Front bildende Holzstämme sowie einen dritten, ihnen vorgestellten Baumstamm. Miteinander verbunden bilden diese Struktureinheiten die Außenwand. Werden der Abstand zwischen zwei Einheiten sowie die Neigung der Wand im Grundriß verändert, kann darüber hinaus jede beliebige Krümmung gestaltet werden. Die Wand setzt sich aus Bohlen zusammen, die an den Holzstämmen fixiert sind und mit einer Deckschicht aus Mörtel und Erde überzogen sind. Dem Mörtel wurden zur Verstärkung der Wand und zur Vermeidung von Rissen Stroh, Sand und Leim beigemischt. Der für das Dach verwendete gewellte, durchscheinende Kunststoff läßt es sehr leicht wirken.
Als sich 1994 in Kansai das verheerende Erdbeben ereignete, lag das seismische Zentrum unweit der Insel Awaji. Viele der benachbarten Häuser des Gästehauses wurden damals vollkommen zerstört, während es selbst unversehrt blieb, ein Beweis für seine starke, biegsame Konstruktion.

01> Schnitt durch den hölzernen Gerüstpfostenbau.

02> Südansicht.

01>

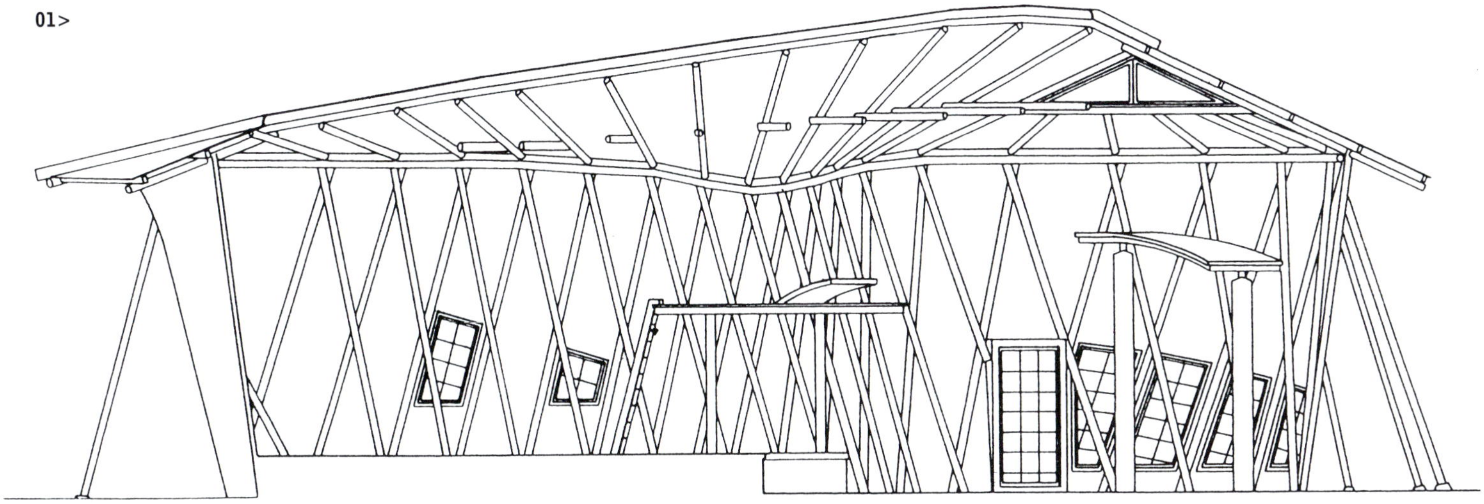

^
02

^
03

03> Innenansicht mit den verschiedenen Ebenen, der abgehängten Holzbrücke und der Plattform.

04> Die organische Grundrißform des Hauses stellt eine radikale Abwendung vom traditionellen rechteckigen Gebäudegrundriß dar und basiert auf dem Maß der Tatami-Fußbodenmatte.

05> Nordansicht.

04

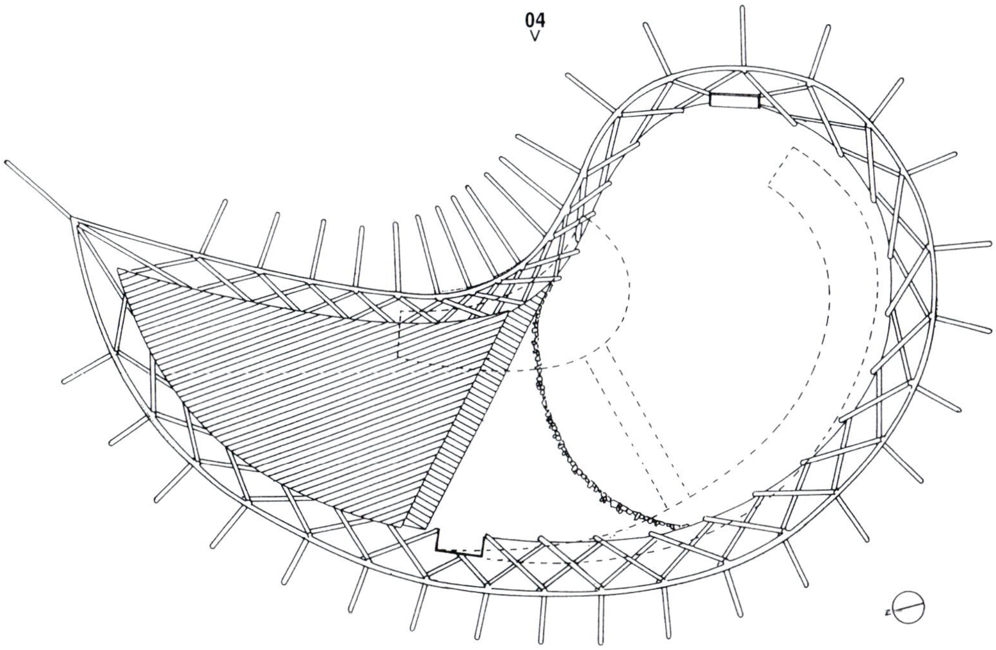

05

NAME DES GEBÄUDES
Wohngebäude

Bauherr/Eigentümer
Stettler AG

Nutzer
K/A

Gebäudestandort
Biel, Schweiz

Architekt
LOG ID, Dieter Schempp

Fertigstellung
1993

Bruttogeschoßfläche
1305 m²

Baukosten
K/A

Klimazone
Kontinental

ENERGETISCHE FAKTOREN

Ausrichtung der Hauptfassaden
Südost

Natürliche Belüftung: Ungefährer Prozentsatz der natürlich belüfteten Bruttogeschoßfläche
100 %

Versorgung mit Nachtlüftung
N/V

Wärmeleitung der Gebäudehülle
Wände: 2,0 W/m²K
Fenster: 1,3 W/m²K

Nutzung der wärmespeichernden Baumasse Teil des Energiekonzepts?
Ja

Sonnenschutzsysteme
Automatische Fensterregulierung

Tagesbeleuchtung Ungefährer Prozentsatz der Nettogeschoßfläche, die während der Tageszeit künstlich beleuchtet werden muß
N/V

Energiesparende Steuerung der künstlichen Beleuchtung?
Nein

Sonstiges
-

HLK-SYSTEME

Brennstoffe/ungefähre Nutzung in %
K/A

Heizkesseltyp
K/A

Heizsystem
Passive Solarenergie (30%)

Mechanische Belüftung
N/V

Art der Klimatechnik
N/V

Wärmerückgewinnung
Nein

ENERGIEWERTE

Insgesamt
K/A

Künstliche Beleuchtung
K/A

Kälteerzeugung
Entfällt

Mechanische Belüftung
Entfällt

Heizung
K/A

Geschätzter Kohlendioxidausstoß (insgesamt)
K/A

UMWELT-/GESUNDHEITLICHE FAKTOREN

Konzept für die Auswahl von Materialien/Komponenten zur Reduktion von gebundener und Transportenergie?
Verwendung natürlicher Materialien

Einsatz von recycelten Materialien
-

Einsatz von Holz aus bewirtschafteten Quellen
-

Besondere Installationen zum Wassersparen
-

Natürlich biologische Abwasserbehandlung
-

Maßnahmen zur Förderung der Benutzung von öffentlichen Verkehrsmitteln
-

Wohngebäude

Biel, Schweiz

Das dreistöckige private Wohnprojekt auf einem Vorortgrundstück mit einer schönen Aussicht auf eine kleine Stadt umfaßt acht unterschiedlich große Wohnungen. In den unteren Geschossen befinden sich über zwei Stockwerke reichende Maisonette-Wohnungen, im Obergeschoß einstöckige Etagenwohnungen.
Auf der für die gemeinschaftliche Nutzung vorgesehenen Dachfläche wurden Kinderspielhäuser mit Satteldächern aufgestellt, die den Stil der benachbarten Bauten widerspiegeln.
Das nach Südost ausgerichtete, steil abfallende Grundstück eignet sich ideal für das von LOG ID entwickelte Konzept der grünen Solararchitektur. Jede Wohneinheit verfügt über einen Balkon, doch zeichnet sie sich am meisten durch das Glashaus aus. Diese vor jeder Wohnung angeordneten und in sie eingebauten Wintergärten sind ein einfaches, aber effektives Mittel, um die Umgebungsenergie der Sonne voll auszunutzen. Die Glashäuser der Maisonette-Wohnungen erstrecken sich über zwei Stockwerke, die der Wohnungen im Obergeschoß überragen die Dachebene.
Im Sommer werden die Glashäuser als Wintergärten genutzt. Im Winter sind sie ungeheizt und wirken als Wärmepuffer. An heißen Sommertagen läßt sich die Außenverglasung öffnen, so daß ein thermischer Kamin entsteht, der kühle Luft von der Gebäuderückwand durch die Wohnungen zieht. Bei Sonnenschein im Winter kann man die innere Verglasung zwischen dem Wohnraum und dem Glashaus öffnen, um die Innenräume zu erwärmen.
Die Betonmasse des Gebäudes speichert die so gesammelte Wärme und hält die Wohnung in der Nacht warm. Insgesamt ist der Heizenergiebedarf um 20 bis 30 Prozent geringer als bei konventionellen Wohnbauten.
Die Glashäuser sind mit automatisch bewässerten Beeten für subtropische Pflanzen ausgerüstet. Diese sind ein wichtiger Bestandteil des Entwurfs: sie nehmen Kohlendioxid auf, produzieren Sauerstoff, reduzieren den Schadstoffgehalt der Luft, transpirieren Wasser und senken dadurch die Temperaturen im Sommer.

^
01

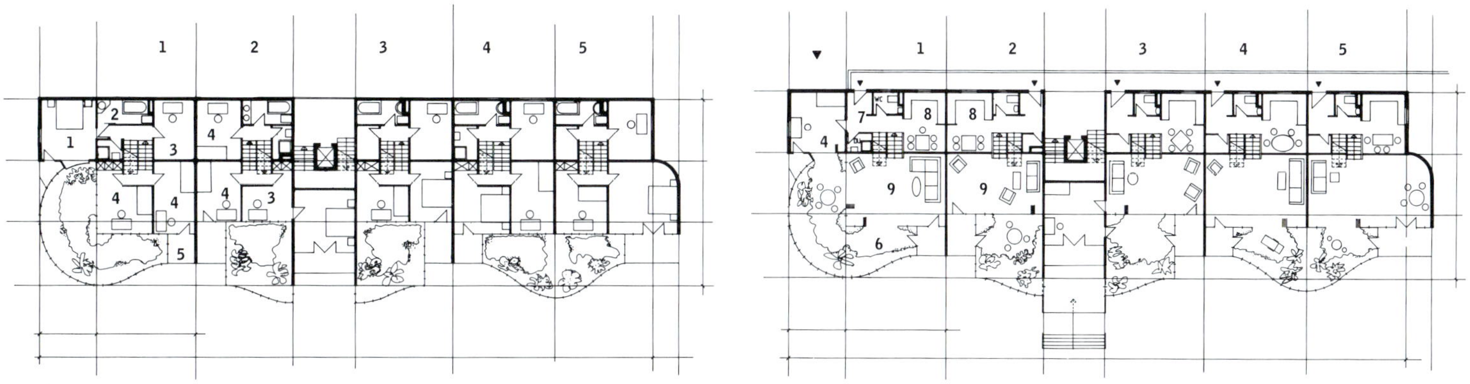

02

03

01> Südfassade.
Mit Grünpflanzen versehene Balkone und Wintergärten lassen das Gebäude gastfreundlicher erscheinen und sind der Schlüssel zur einfallsreichen, aber einfachen Energiestrategie des Architekten.

02> Grundriß- und Obergeschoßplan der fünf Maisonette-Wohnungen. Die Wintergärten erstrecken sich über zwei Stockwerke und lassen Licht in das gesamte Gebäudeinnere einfallen.

Schlüssel

1 Elternschlafzimmer
2 Badezimmer
3 Arbeitszimmer
4 Kinderzimmer
5 Balkon
6 Wintergarten
7 Flur
8 Küche
9 Wohnzimmer

03> Der Zugang zum Gebäude erfolgt über die in den Hang gebauten Maisonette-Wohnungen an der Hausrückseite. Die Giebelelemente auf dem Dach stellen Miniaturhäuser dar, deren Gestalt die Nachbarbauten aufgreift.

04>

^
05

<06

07>

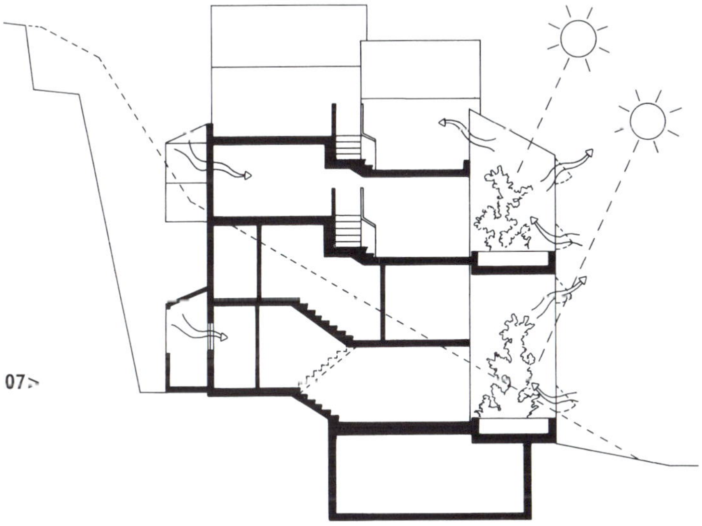

Sommer

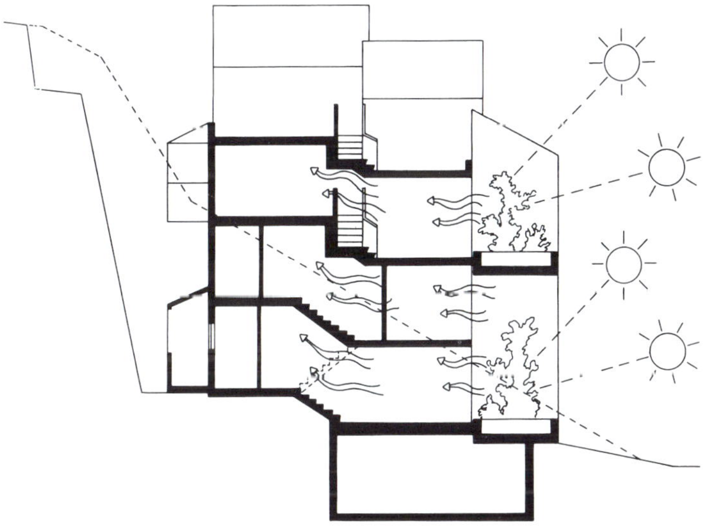

Winter

04> Wintergarten in einer der Obergeschoßwohnungen. Er reicht über die Dachebene hinaus, um ein Maximum an Sonnenlicht einzufangen und die Unterbringung großer Pflanzen zu gestatten.

05> Blick aus dem Wohnzimmer einer Maisonette-Wohnung. Der dem Süden zugewandte Wintergarten ist in den Innenraum integriert. Im Winter kann er jedoch zur Wärmedämmung mit Glaspaneelen geschlossen werden.

06> Die hohen Wintergärten der Maisonette-Wohnungen lassen die Innenräume großzügig erscheinen. Die Pflanzen bringen natürliches Grün in das Gebäude und erhöhen den Sauerstoffgehalt.

07> Schnitt durch das Wohngebäude mit Darstellung der Energiestrategie. An warmen Sommertagen (links) ist die Glaswand, die die Wintergärten vom Wohnraum abtrennt, geschlossen. Die großen Pflanzen spenden Schatten. Nachts wird das Gebäude von der Luft gekühlt, die von der Nordseite des Hauses einströmt. An sonnigen Wintertagen (rechts) ist die Innenwand geöffnet, und die erwärmte Luft zieht in die Wohnungen.

NAME DES GEBÄUDES
Palmetto Haus

Bauherr/Eigentümer
Jim Adamson (derzeitig); Lescizek/Norma Watkins (ursprüngliche Bauherrn)

Gebäudestandort
Miami, Florida, USA

Architekt
Jersey Devil (Steve Badanes/Jim Adamson)

Fertigstellung
1988

Bruttogeschoßfläche
167 m² (Werkstatt); 111,5 m² (Wohnhaus)

Baukosten
K/A

Klimazone
Tropisch

ENERGETISCHE FAKTOREN

Ausrichtung der Hauptfassaden
Ostwest und Nordsüd

Natürliche Belüftung: Ungefährer Prozentsatz der natürlich belüfteten Bruttogeschoßfläche
100 %

Versorgung mit Nachtlüftung
Natürlich

Wärmeleitung der Gebäudehülle
Durchschnittlich

Nutzung der wärmespeichernden Baumasse Teil des Energiekonzepts?
Ja

Sonnenschutzsysteme
Außen feststehend

Tagesbeleuchtung Ungefährer Prozentsatz der Nettogeschoßfläche, die während der Tageszeit künstlich beleuchtet werden muß
0 %

Energiesparende Steuerung der künstlichen Beleuchtung?
Nein

Sonstiges
-

HLK-SYSTEME

Brennstoffe/ungefähre Nutzung in %
Elektrizität 100 %

Heizkesseltyp
N/V

Heizsystem
N/V

Mechanische Belüftung
Gebläse mit radialen Schaufeln (zehn)

Art der Klimatechnik
N/V

Wärmerückgewinnung
Nein

ENERGIEWERTE

Insgesamt
K/A

Künstliche Beleuchtung
K/A

Kälteerzeugung
Entfällt

Mechanische Belüftung
K/A

Heizung
Entfällt

Geschätzter Kohlendioxidausstoß (insgesamt)
K/A

UMWELT-/GESUNDHEITLICHE FAKTOREN

Konzept für die Auswahl von Materialien/Komponenten zur Reduktion von gebundener und Transportenergie?
Ja

Einsatz von recycelten Materialien
Nein

Einsatz von Holz aus bewirtschafteten Quellen
Weichholz

Besondere Installationen zum Wassersparen
Grauwasserrecycling-System; Armaturen zur Durchflußregelung

Natürlich biologische Abwasserbehandlung
Nein

Maßnahmen zur Förderung der Benutzung von öffentlichen Verkehrsmitteln
Nein

Palmetto Haus
Miami, Florida, USA

In dem Gebäude sind die Wohn- und Arbeitsbereiche (Atelier und Werkstatt) der Bauherren, Schriftsteller und Tischler, miteinander kombiniert. Das im Süden von Miami gelegene Haus steht auf einem von Fächerpalmen, Pinien und Pfefferbäumen dicht bestandenen Grundstück. Es spiegelt sein subtropisches Klima wider und weist die Merkmale der für diese Region typischen Farmer-»Blechschuppen« auf.
Der Bau besteht aus einer leichten Holzrahmenkonstruktion, die über einem Erdgeschoß in Ständerbauweise aus Beton mit Ausfachungen aus Betonblocksteinen errichtet wurde. Das Haus verfügt über tiefe Schutzdächer und Traufen. Sein kreuzförmiger Grundriß - die untere Ebene verläuft in Nord-Süd-Richtung, während das Haupthaus darüber ostwestlich ausgerichtet ist - bezweckt eine Unterstützung der Querlüftung mittels südöstlicher Brisen. Für Sonnenschutz sorgen Dachüberstände.
Die Wohnbereiche liegen im ersten Stockwerk über dem Erdgeschoß mit der Tischlerei.
Um die Sonnenstrahlen zu reflektieren, wurde - für die Außenwandverkleidung Aluminium verwandt. In den Dächern ist eine »Strahlungs-Sperre« installiert worden. Diese besteht aus einer Metallfolienschicht mit hohem Emissionsvermögen und füllt den Luftzwischenraum zwischen Dach und Dachgeschoß aus, um das Infrarotlicht zu reflektieren. Damit sich nach Möglichkeit keine Wärme entwickelt, sorgt eine Reihe von Luftöffnungen in den Deckenwölbungen und im Dachfirst für eine Belüftung unter dem Dach. Im Schlaf-Dachgeschoß enthält ein oben plazierter Luftverteiler aus Plexiglas Leuchtstofflampen. Die Fenster sind einfachverglast. Um die Luftbewegung zu verstärken, fanden Gebläse mit radialen Schaufeln zusammen mit Metallgitterfußbodenabdeckungen zwischen dem ersten Stockwerk und dem Dachgeschoß Verwendung.

^
01

Das Wasser wird von Solarpaneelen an der Südseite des Satteldachs mit integrierten Photovoltaikpaneelen für die Pumpe erwärmt. Bei extremen Witterungsbedingungen sorgt eine zusätzliche Wärmepumpe für Wärme und Kühle.

02>

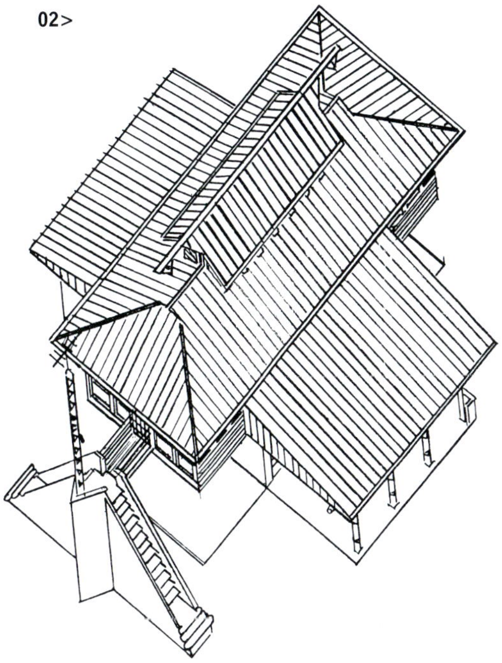

01> Blick nach unten der Hauslänge entlang auf das erste Geschoß. Die Wendeltreppe führt zum Schlafzimmer im Dachgeschoß.

02> Die Axonometrie zeigt die kreuzförmige Anlage des Hauses.

03> Dachüberstände sorgen für Sonnenschutz. Mit Aluminium verkleidete Außenwände reflektieren die Sonnenstrahlen.

^
03

04> Grundriß Erdgeschoß.

Schlüssel

1 Dusche/Plattform
2 Innenhof
3 Überdachte Arbeitsfläche
4 Dach- oder oberer Gebäudevorsprung
5 Lager
6 Fertigung/Lager
7 Büro
8 Werkstatt Tischlerei

05> Ansicht von Westen.

04>

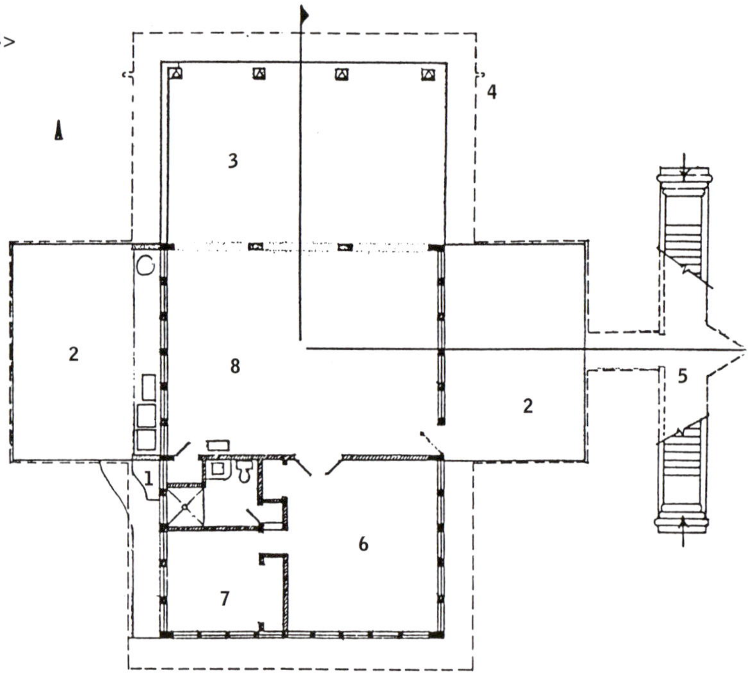

^ 05

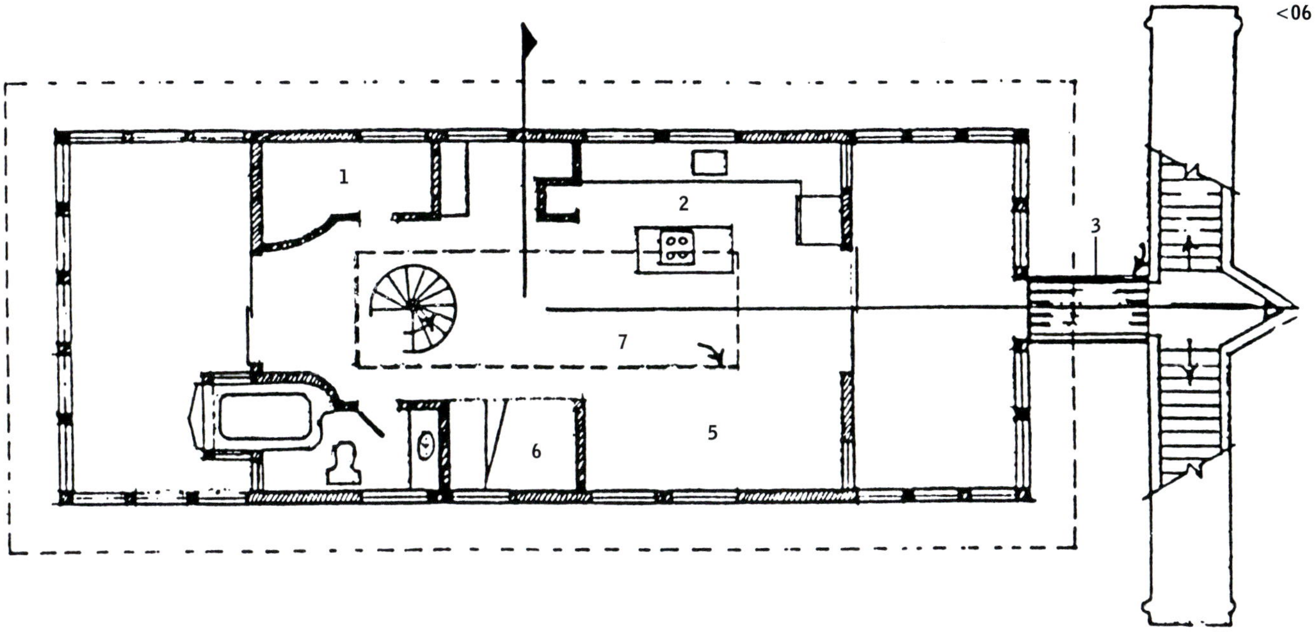

<06

^
07

06> Grundriß erstes Geschoß mit den Hauptwohnräumen.

Schlüssel

1 Abstellraum
2 Küche
3 Brücke
4 Eingangshalle
5 Wohnbereich
6 Schlaf-Alkoven
7 Dachgeschoß

07> Schlafzimmer im Obergeschoß.

NAME DES GEBÄUDES
Marika Alderton House

Bauherr/Eigentümer
Marika Alderton

Nutzer
Marika Alderton

Gebäudestandort
Arnhem Land, Australien

Architekt
Glenn Murcutt

Fertigstellung
1994

Bruttogeschoßfläche
K/A

Baukosten
K/A

Klimazone
Subtropisch

ENERGETISCHE FAKTOREN

Ausrichtung der Hauptfassaden
Nord und Süd

Natürliche Belüftung: Ungefährer Prozentsatz der natürlich belüfteten Bruttogeschoßfläche
100 %

Versorgung mit Nachtlüftung
Natürlich

Wärmeleitung der Gebäudehülle
Hoch

Nutzung der wärmespeichernden Baumasse Teil des Energiekonzepts?
Nein

Sonnenschutzsysteme
Außen motorisch angetrieben/variierbar

Tagesbeleuchtung Ungefährer Prozentsatz der Nettogeschoßfläche, die während der Tageszeit künstlich beleuchtet werden muß
0 %

Energiesparende Steuerung der künstlichen Beleuchtung?
Nein

Sonstiges
-

HLK-SYSTEME

Brennstoffe/ungefähre Nutzung in %
Hauptstromversorgungsnetz 100 %

Heizkesseltyp
N/V

Heizsystem
N/V

Mechanische Belüftung
N/V

Art der Klimatechnik
N/V

Wärmerückgewinnung
-

ENERGIEWERTE

Insgesamt
K/A

Künstliche Beleuchtung
K/A

Kälteerzeugung
Entfällt

Mechanische Belüftung
Entfällt

Heizung
Entfällt

Geschätzter Kohlendioxidausstoß (insgesamt)
K/A

UMWELT-/GESUNDHEITLICHE FAKTOREN

Konzept für die Auswahl von Materialien/Komponenten zur Reduktion von gebundener und Transportenergie?
Ja

Einsatz von recycelten Materialien
Nein

Einsatz von Holz aus bewirtschafteten Quellen
Hartholz

Besondere Installationen zum Wassersparen
Nein

Natürlich biologische Abwasserbehandlung
Nein

Maßnahmen zur Förderung der Benutzung von öffentlichen Verkehrsmitteln
Nein

Marika Alderton House

Arnhem Land, Australien

Glenn Murcutt entwirft seit über 25 Jahren Wohnbauten in ländlichen australischen Gegenden. Seine Häuser sind luftig, leicht, elegant und schlicht. Sie beziehen ihre Anregungen aus der Landschaft – weite Ebenen und gleichförmige Umrisse bilden den Hintergrund für vielgestaltige, detailreiche und bewegte Vegetations- und Wolkenformen –, sowie aus den einfachen Landhäusern in dieser Region. Murcutts Bauten sind mit sparsamen Mitteln errichtet, mit greifbaren Materialien und nach Mies van der Rohes Maxime der Zweckmäßigkeit.

Eines der jüngsten Häuser, das diesen Ansatz vortrefflich veranschaulicht, ist das Marika Alderton House. Geplant hat es Murcutt für eine einheimische Künstlerin und ihre Familie in der Yirrkala Community, Eastern Arnhem Land, Northern Territory. Bei diesem Haus mußte er zunächst seine konstruktive Methode und sein System der baulichen Durchbildung dem tropischen Klima anpassen. Anschließend unterwarf er sich den Beschränkungen, die ihm ein begrenztes Budget, die abgeschiedene Grundstückslage und fehlende lokale Baufachleute auferlegten. Auch hatte er zu prüfen, ob seine eigenen räumlichen Prinzipien, die teilweise in die Lebensart der Aborigines eingebunden waren, dem eigentlichen Anliegen gerecht wurden. Das von ihm entworfene Haus nimmt die Gestalt einer eleganten und stabilen Halle an. Sie ist nach allen Seiten hin zu öffnen und zu schließen und atmet einer Pflanze gleich.

Die Metallstruktur soll Windstärken von bis zu 227 Kilometern pro Stunde Widerstand leisten. Das Haus ist gänzlich ohne Glas gebaut worden. Die Fassaden bestehen aus breiten Sperrholz- oder jalousieartigen Talgholzabdekkungen mit acht Millimeter Öffnungen – entsprechend ihrer Ausrichtung und der Funktion der Räume, die sie umschließen. Tagsüber werden diese klappbaren Paneele wie Schutzdächer hochgestellt, so daß der Bau zu einer überdachten, zu allen Seiten hin offenen Plattform wird. Nachts sind die Paneele geschlossen. Die natürliche Querlüftung bleibt konstant, während der Grad der Privatsphäre beliebig regulierbar ist. Der Dachüberstand des Hauses ist an seiner dem See zugewandten Nordseite, wo sich auch eine Terrasse befindet, etwas breiter. Entlang des Dachfirsts installierte, sich drehende »Venturi«-Röhren, führen die darunter aufgefangene Warmluft ab.

Ein weiteres, von Murcutt entworfenes Wohnhaus ist das Simpson-Lee House. Hierbei handelt sich um das Wochenend- und Ferienhaus eines pensionierten Ehepaars in der Einsamkeit der Blauen Berge in New South Wales. Mit der Rückseite den West- und Südwest-Winden zugekehrt, liegt das Gebäude mit Blick nach Osten und Nordosten. Die beiden Pavillons der Anlage (ein Wohnhaus und ein Atelier) stehen in einer Linie beidseits eines Wasserbeckens und sind durch einen Steg miteinander verbunden. Die Pavillons und der Steg wurden über dem Boden erhöht angelegt, so daß man den Wohnpavillon über einen Anstieg erreicht. Die Formgebung ist sehr schlicht, fast wirkt sie klösterlich. Dieses Wohnhaus und das Marika Alderton House gehen wie alle Architekturen Murcutts auf einen modernistischen Puritanismus zurück, der zweifelsfrei in Mies van der Rohes »Pavillon«-Konstruktionen verwurzelt ist. Allerdings hat sich Murcutts Architektursprache als Reaktion auf die ländlichen australischen Verhältnisse rasch entwickelt, so daß es schwierig ist zu unterscheiden, inwieweit seine Bauten einen anderen australischen Regionalismus widerspiegeln oder definieren.

01>

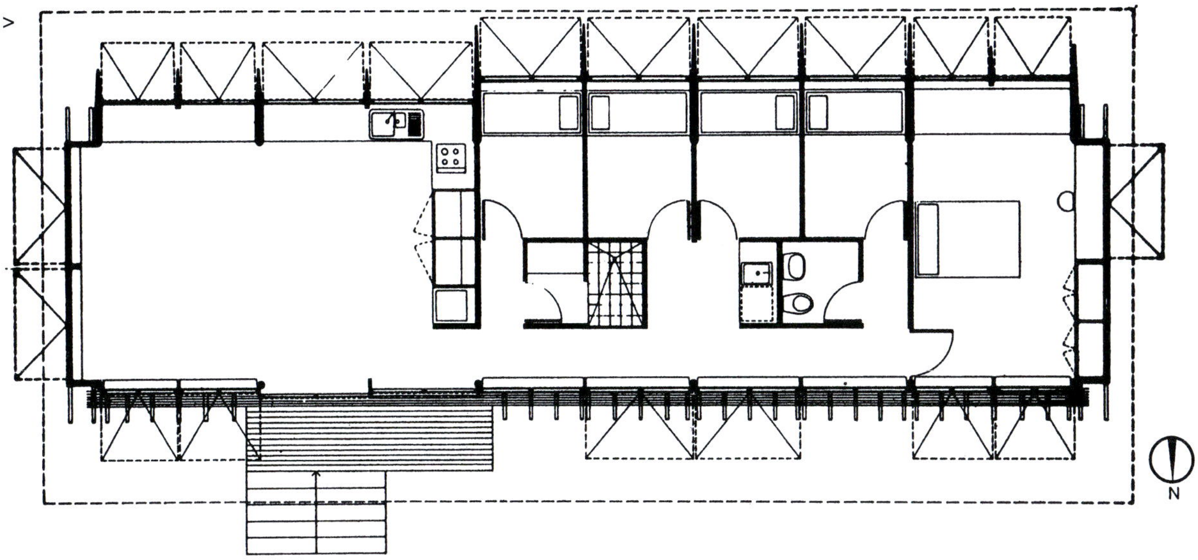

01> Der Grundriß zeigt die einfache Aufteilung des rechteckigen Volumens und die herauf- und herabklappbaren Wandpaneele.

02> Von Norden aus sind der Wärmekollektor auf dem Dach und die Entlüftungsöffnungen entlang des Dachfirsts sichtbar.

^
02

^
03

04>

^
05

06>

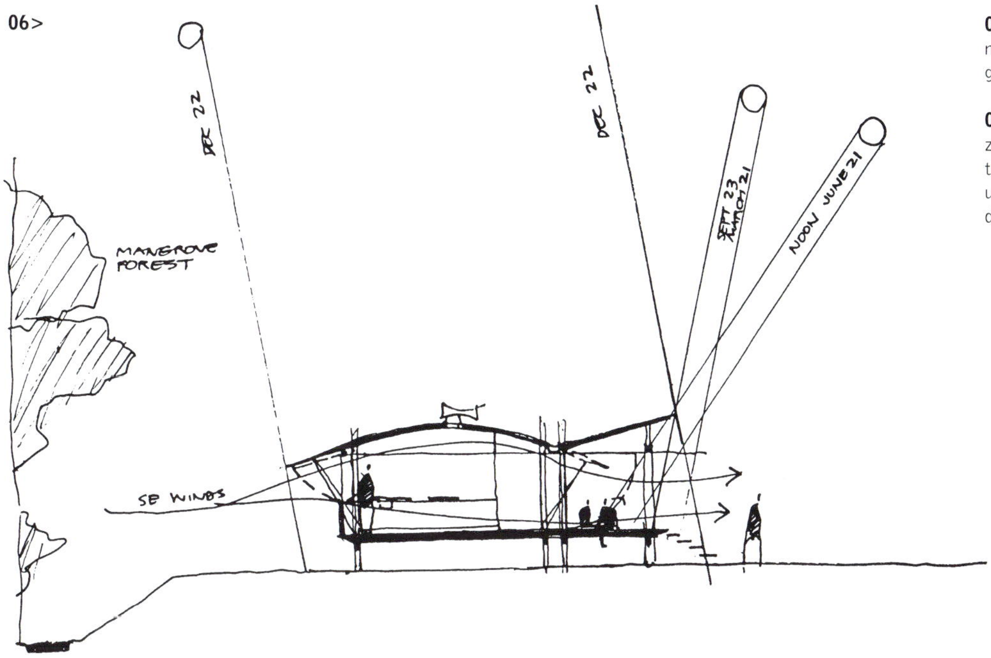

03> Östliches Hausende mit Wandpaneelen in geöffneter Stellung.

04 + 06> Studienskizzen zeigen die Konstruktion, die Belüftung und die Antwort auf das Klima.

05> Ansicht von Osten. Das überstehende Dach, senkrechte Sonnenschutzwände sowie herauf- und herabklappbare Wandpaneele sorgen für viel Schatten um das Haus.

07> Simpson-Lee House. Mit Ausnahme der stabilen Holzstufen von Treppe und Steg wurde das Haus gänzlich aus mineralischen Elementen gebaut: mit Silber plattierter Stahl und Aluminium für die Konstruktion; Metallverkleidungen für die großen geneigten Dachebenen; blaßgraue, polierte Betonfußböden sowie gekalktes Ziegelmauerwerk und Glas.

^
07

NAME DES GEBÄUDES
Tempel der Zeit oder Geteiltes Haus

Bauherr/Eigentümer
Fuije San, Arata Isozaki, Architekten

Gebäudestandort
Oshima, Toyama Tal, Japan

Architekt
Benson and Forsyth Architects

Fertigstellung
1993

Bruttogeschoßfläche
70 m²

Baukosten
ca. 657 000 DM

Klimazone
Kontinental

ENERGETISCHE FAKTOREN

Ausrichtung der Hauptfassaden
Zum Polarstern

Natürliche Belüftung: Ungefährer Prozentsatz der natürlich belüfteten Bruttogeschoßfläche
100 %

Versorgung mit Nachtlüftung
Natürlich

Wärmeleitung der Gebäudehülle
Durchschnittlich

Nutzung der wärmespeichernden Baumasse Teil des Energiekonzepts?
Ja

Sonnenschutzsysteme
Außen feststehend

Tagesbeleuchtung Ungefährer Prozentsatz der Nettogeschoßfläche, die während der Tageszeit künstlich beleuchtet werden muß
0 %

Energiesparende Steuerung der künstlichen Beleuchtung?
Nein

Sonstiges
-

HKL-SYSTEME

Brennstoffe/ungefähre Nutzung in %
Hauptstromversorgungsnetz 100 %

Heizkesseltyp
N/V

Heizsystem
N/V

Mechanische Belüftung
N/V

Art der Klimatechnik
N/V

Wärmerückgewinnung
Nein

ENERGIEWERTE

Insgesamt
Entfällt

Künstliche Beleuchtung
Entfällt

Kälteerzeugung
Entfällt

Mechanische Belüftung
Entfällt

Heizung
Entfällt

Geschätzter Kohlendioxidausstoß (insgesamt)
Entfällt

UMWELT-/GESUNDHEITLICHE FAKTOREN

Konzept für die Auswahl von Materialien/Komponenten zur Reduktion von gebundener und Transportenergie?
Verwendung lokaler, unbehandelter Materialien

Einsatz von recycelten Materialien
Bambus

Einsatz von Holz aus bewirtschafteten Quellen
Hartholz

Besondere Installationen zum Wassersparen
Regenwasser zur Bewässerung

Natürlich biologische Abwasserbehandlung
Nein

Maßnahmen zur Förderung der Benutzung von öffentlichen Verkehrsmitteln
Nein

Tempel der Zeit oder Geteiltes Haus
Oshima, Toyama Tal, Japan

Das heutige Oshima besteht aus einigen Fabriken und vereinzelten Vorstadthäusern in einer Schwemmlandebene des Toyama Tals, das keine besonderen Merkmale aufweist. Allerdings lassen sich in dem höher gelegenen Teil Häusergruppen im traditionellen Stil ausmachen. Sie sind von Reisfeldern und Gestellen für die Kultur von Schwammkürbissen und zum Trocknen von Reisgras umgeben.
Das Geteilte Haus ist nicht für die ständige Nutzung vorgesehen. Es ergründet in erster Linie einige formale, gesellschaftliche und umweltrelevante Fragestellungen und stellt Vergangenheit und Gegenwart nebeneinander. Die beiden Haushälften werden von einer doppelten Ortbetonwand getrennt, die eine unmittelbar auf den Polarstern gerichtete Treppe aufnimmt. Über dem Ganzen schwebt ein Gitter aus Stahlquadraten, die das Gebäude zu seiner Stellung in der Geometrie der Erdkugel in Beziehung setzen.
Westlich der Doppelwand spiegelt das Geteilte Haus die frühere Tradition wider. Es umfaßt eine Reihe von vertikalen geschnitzten und zu spezifischen Profilen geschichteten Holzrippen. Diese werden von einer Schicht Bambuspfählen bedeckt, die den Rippenkonturen folgen und dort, wo sich die Krümmung ändert, übereinanderliegen. Auf dem schmalen obersten Teil ist Reisgrasrohr ausgebreitet, während das offene Dach Ausblicke auf das darüberliegende Gitter gewährt. Östlich der Wand bringt ein innerhalb eines glatten Betonkubus errichteter Zylinder das Rationale und das Zeitgenössische zum Ausdruck.
Im Innern der westlichen Haushälfte fällt durch die Spalten zwischen den Bambusrohren sanftes Licht in den Raum. Der Grundriß ist so angeordnet, daß den ganzen Tag über natürliches Licht genutzt werden kann. In den Wintermonaten gelangt die tiefstehende Sonne zwischen den blanken Bambusstäben in den Raum, den sie mittels passiver Solargewinne erwärmt. Während des Sommers wird das Innere durch die dichte Reisgras abdeckung vor Sonne geschützt. Obwohl die Bambusstäbe entlang der westlichen Hälfte nicht für Wärmeschutz sorgen, trägt die Geometrie des Gebäudes dazu bei, daß im Winter der Schnee auf ihm liegenbleibt und seine natürlichen Isoliereigenschaften ausgenutzt werden können.
Der Kubus der Osthälfte hat ein kleines Verhältnis von Volumen zu Oberfläche. Die glatte Betoneinfassung absorbiert die Wärme graduell. Bedingt durch die Betonstärke bleibt der Zylinder am Tag kühl, während in der Nacht der Beton die tagsüber gespeicherte Wärme nach und nach abgibt und das Innere erwärmt. Die Bambusstäbe der westlichen Haushälfte und die unverglasten Fensteröffnungen der Osthälfte sichern jederzeit eine natürliche Belüftung.

01> Aufriß des Hauses mit seinen unterschiedlich ausgerichteten Hälften und dem sie vereinigenden Metallgitter. Westwärts spiegelt das Gebäude das Traditionelle und die Vergangenheit wider, ostwärts die Gegenwart.

02> Im Winter trägt die Geometrie des Gebäudes dazu bei, daß der Schnee auf ihm liegenbleibt und seine natürlichen Isoliereigenschaften ausgenutzt werden können.

<01

^
02

03> Bebauungsskizze.

04> Innenansicht der westlichen Haushälfte mit den Holzrippen und der Bambusverkleidung.

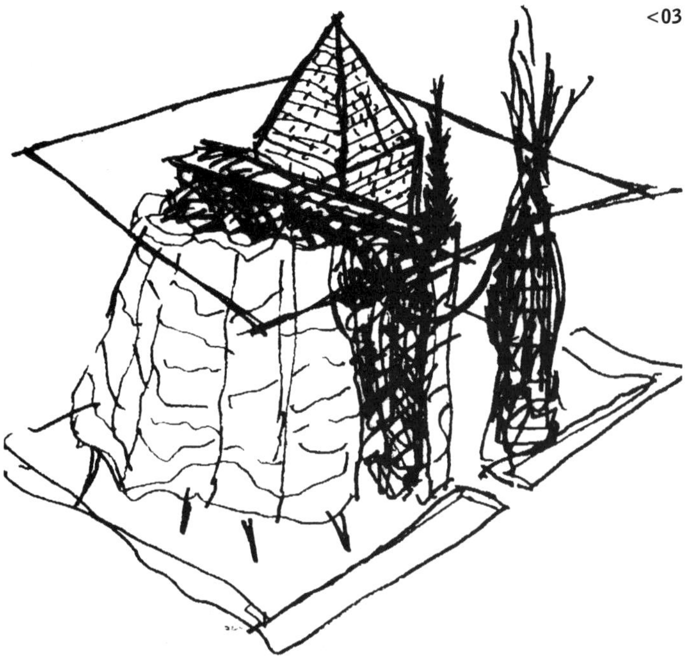

<03

^
04

»Höfe und Heere sind die einzigen Orte, in denen man die Welt kennenlernt.«

(Philip Dormer Stanhope, Earl of Chesterfield, Brief an seinen Sohn, 2. Oktober 1747)

»Die Liebe herrscht im Heer, am Hof, im Hain, Denn Lieb ist Himmel und der Himmel ist Liebe.«

(Lord Byron, *Don Juan*, Zwölfter Gesang, 13)

»Die Höhle und das Lager bleiben, das Sonnenlicht und das Schwert.«

(Rudyard Kipling, *Sussex*)

4.3 Campus-Anlagen

Ausbildungsstätten, Campus-Anlagen, Einkaufszentren, Laborkomplexe, Gefängnisse und Bauernhöfe sind miteinander verbundene, zusammenhängende Anordnungen von Bauten. Die zwischen ihnen bestehenden Verbindungen und Wechselbeziehungen geben Aufschluß über jene ihrer Nutzer und spiegeln Funktion, Status, Kommunikation und den Verlauf der Zeit wider. Gebäude gestalten Räume, und Räume verlangen Abgeschlossenheit. Campus-Anlagen können positiv wie negativ gelesen werden, weshalb die Räume zwischen den Bauten, wie die in einer Stadt, ebenso wichtig sind wie die im Gebäudeinneren.

Alhambra, Granada, Spanien (erbaut im 13. und 14. Jahrhundert).

NAME DES GEBÄUDES
Women's Humane Society Tierheim

Bauherr/Eigentümer
Women's Humane Society

Nutzer
Women's Humane Society

Gebäudestandort
Bensalem, Pennsylvania, USA

Architekt
Susan Maxman Architects

Fertigstellung
Juni 1994

Bruttogeschoßfläche
2450 m²

Baukosten
ca. 4,5 Mio. DM

Klimazone
Gemäßigt

ENERGETISCHE FAKTOREN

Ausrichtung der Hauptfassaden
Ost und West

Natürliche Belüftung: Ungefährer Prozentsatz der natürlich belüfteten Bruttogeschoßfläche
60 %

Versorgung mit Nachtlüftung
Erzwungen

Wärmeleitung der Gebäudehülle
Überdurchschnittlich

Nutzung der wärmespeichernden Baumasse Teil des Energiekonzepts?
Nein

Sonnenschutzsysteme
Außen feststehend; Sonnenschutzverglasung; Laubbäume im Osten und Westen; wärmereflektierendes Glas zum Osten und Westen

Tagesbeleuchtung Ungefährer Prozentsatz der Nettogeschoßfläche, die während der Tageszeit künstlich beleuchtet werden muß
K/A

Energiesparende Steuerung der künstlichen Beleuchtung?
Belegungssensoren

Sonstiges
-

HLK-SYSTEME

Brennstoffe/ungefähre Nutzung in %
Erdgas 100 %

Heizkesseltyp
Gas

Heizsystem
Fußbodenheizung im Hundezwinger; in den übrigen Bereichen Klimaanlage mit variablem Volumenstrom

Mechanische Belüftung
Klimaanlage mit konstantem/variablem Volumenstrom

Art der Klimatechnik
Absorptions-Kühler; mit Kondensator-Wärmerückgewinnung

Wärmerückgewinnung
-

ENERGIEWERTE

Insgesamt
8,08 KW/h/m²

Künstliche Beleuchtung
1,17 KW/h/m²

Kälteerzeugung
1,28 KW/h/m²

Mechanische Belüftung
4,60 KW/h/m²

Heizung
1,03 KW/h/m²

Geschätzter Kohlendioxidausstoß (insgesamt)
K/A

UMWELT-/GESUNDHEITLICHE FAKTOREN

Konzept für die Auswahl von Materialien/Komponenten zur Reduktion von gebundener und Transportenergie?
Ja

Einsatz von recycelten Materialien
Recycelte Teppiche, Futter von Lastkraftwagenreifen

Einsatz von Holz aus bewirtschafteten Quellen
-

Besondere Installationen zum Wassersparen
Toiletten mit Sparspülung; Brunnenwasser zum Reinigen der Hundezwinger

Natürlich biologische Abwasserbehandlung
Nein

Maßnahmen zur Förderung der Benutzung von öffentlichen Verkehrsmitteln
Nein

Women's Humane Society Tierheim

Bensalem, Pennsylvania, USA

Das Women's Humane Society Tierheim im vorstädtischen Bensalem wurde in Auftrag gegeben, um eine innerstädtische Einrichtung zu ersetzen, in deren Einzugsgebiet zunehmend weniger Tierbesitzer zu verzeichnen waren. Der neue Bau steht auf einem 4,5 Hektar großen Wiesengrundstück, zu dem ein Feuchtgebiet gehört, auf dem Wildblumen wachsen. Über das Gelände führt eine Hochspannungsleitung. Im Gebäude sind ein Tierheim mit einer Tierklinik und Behandlungsräumen, Hundezwinger, Verwaltungsräume, ein Konferenz- und ein Gemeinschaftsraum mit Mehrzweckfunktion untergebracht.

Das lokale Klima ist mäßig warm mit feuchten Sommern und kalten Wintern. Für Susan Maxman Architects stand daher im Vordergrund, das Gebäude und die Verglasung so auszurichten, daß übermäßige Solargewinne im Sommer vermieden, natürliches Tageslicht aber gewährleistet sein würde. Der Bau ist um zwei offene Hofräume angelegt, wobei der Eingangsvorplatz dem Osten zugewandt ist (in Richtung der Hauptzufahrtsstraße und der Busroute). Die Hauptfassaden und die Hundezwingerbereiche sind ostwestlich orientiert mit eingeschränkten Glasflächen nach Westen sowie im Osten und Westen gepflanzten Laubbäumen.

Zur Vermeidung von Sonneneinstrahlung im Sommer wurden in den Bereichen mit den Hundezwingern Oberlichter und in der Klinik, den Wartezimmern und Fluren Obergaden mit Überständen geplant. Um die von der Beleuchtung hervorgerufenen Wärmelasten zu reduzieren, sind Hochleistungsleuchtstofflampen mit Vorschaltgeräten und Photomeßfühlern verwendet worden.

Das Tierheim ist aus einem doppelschaligen Hohlsteinmauerwerk konstruiert, das vollständig mit einer Schaumdämmung aus verkittetem Leichtbeton gefüllt ist. Die mit Stahl verstrebten Dächer verfügen über eine Dämmung aus Glasfaser-Wärmedämmatten oder Hartschaumdämmaterial aus Polylsocyanurat. Bei den Fenstern handelt es sich um eine transparente Doppelverglasung mit wärmereflektierenden Eigenschaften und einem geringen Wärmeabgabevermögen. Die Westfenster weisen eine stärkere Isolierung auf.

Das Heizungs-, Lüftungs- und Klimatechniksystem ist entsprechend der verschiedenen Funktionsbereiche zonenweise angeordnet. Ein zentraler erdgasbefeuerter Kessel speist ein wärmeübertragendes (Wasserleitungs-) Verteilersystem. Die Kühlung wird von einem erd-gasbefeuerten Absorptions-Kühler gewährleistet, so daß umweltbelastende Chlorfluorkohlenstoffe und teilhalogenierte Kohlenwasserstoffe in der Klimaanlage vermieden und gleichzeitig Kohlendioxidemissionen reduziert werden. Die Bürobereiche werden von einer Klimaanlage mit variablem Volumenstrom und einem Zonen-Nacherhitzer vollklimatisiert. Für die Klinik und die Flächen für die Tierhaltung sind zur Geruchsvermeidung 100 Prozent Frischluft nötig. Hierzu gewinnt ein Rotationswärmetauscher die Wärme der Abluft mit einem Wirkungsgrad von 80 Prozent zurück. Die beheizten Hundezwingerbereiche werden ausschließlich mechanisch mittels eines trockenbeschichteten Wärmerückgewinnungssystems belüftet. Dabei wird die einströmende Luft im Winter getrocknet und erwärmt und im Sommer getrocknet und gekühlt. Die Wärme für die Fußbodenheizung liefert ein Absorptionskühler mit Kondensator.

01>

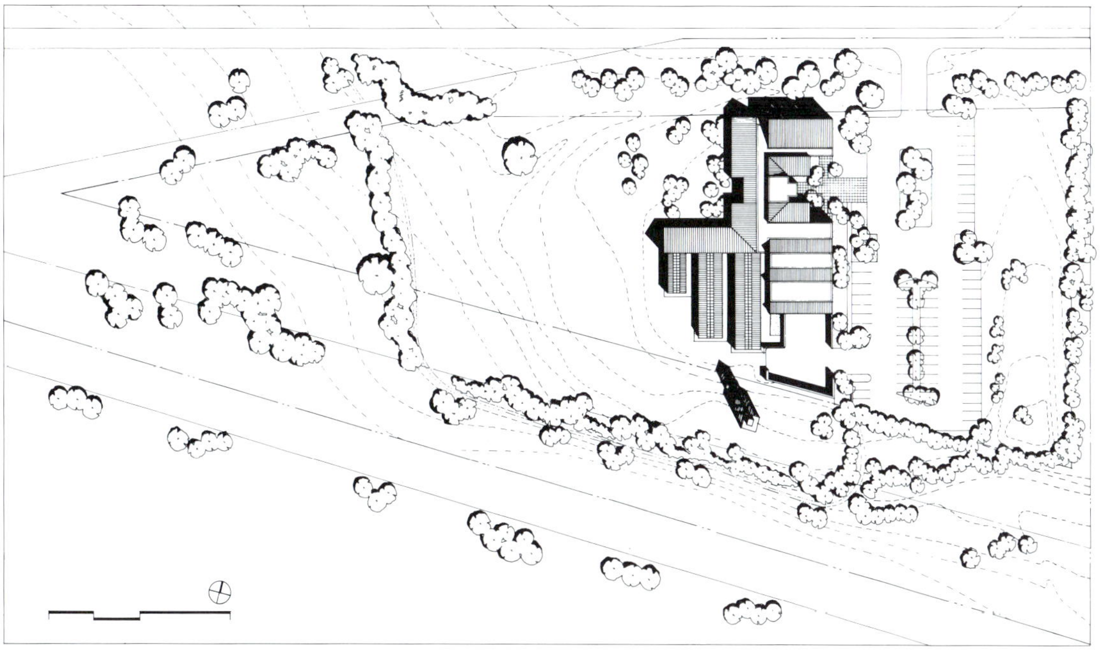

01> Lageplan mit dem Eingangsvorplatz im Osten.

02> Westansicht. Das Gebäude wurde so organisiert, daß es die Hochspannungsleitung nicht einbezieht und in das benachbarte Naturreservat minimal eingreift.

^
02

<03

03> Die Fassade der Hundezwinger ist mit einer wartungsarmen Wellblechhaut verkleidet.

04> Schnitt durch den Operationssaal. Recycelte Materialien wurden bei den Trennwänden in den WCs, den Fußbodenfliesen und bei der Dämmung (recyceltes Styropor) verwendet. Toiletten mit Sparspülung sind vorgeschrieben.

05> Der Schnitt durch den Flur und das Labor veranschaulicht, wie der Entwurf der Oberlichter zu einer reduzierten Sonneneinstrahlung im Sommer führt, im Winter aber Sonnenlicht zuläßt.

06> Raum für die Tierhaltung mit Lichtgaden.

04>

05>

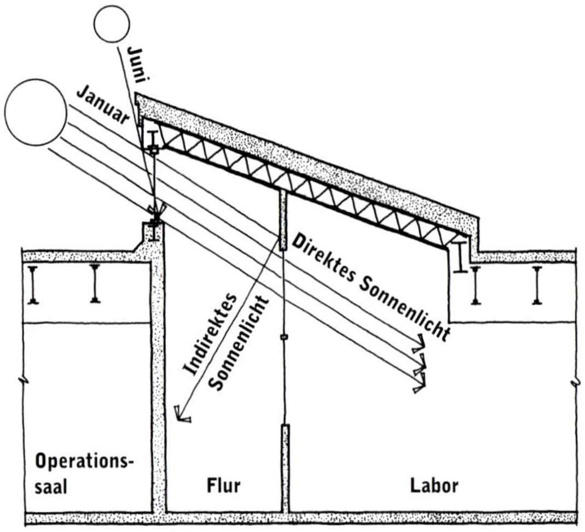

06>

NAME DES GEBÄUDES
Ukichiro Nakaya Museum Für Schnee und Eis

Bauherr/Eigentümer
Kaga City

Nutzer
Museum für Schnee und Eis

Gebäudestandort
Kaga, Präfektur Ishikawa, Japan

Architekt
Arata Isozaki and Associates

Fertigstellung
Juni 1994

Bruttogeschoßfläche
760 m^2

Baukosten
ca. 19 Mio. DM

Klimazone
Gemäßigt

ENERGETISCHE FAKTOREN

Ausrichtung der Hauptfassaden
Ost und West

Natürliche Belüftung: Ungefährer Prozentsatz der natürlich belüfteten Bruttogeschoßfläche
73 %

Versorgung mit Nachtlüftung
Nein

Wärmeleitung der Gebäudehülle
Überdurchschnittlich

Nutzung der wärmespeichernden Baumasse Teil des Energiekonzepts?
Ja

Sonnenschutzsysteme
Nein

Tagesbeleuchtung Ungefährer Prozentsatz der Nettogeschoßfläche, die während der Tageszeit künstlich beleuchtet werden muß
60 %

Energiesparende Steuerung der künstlichen Beleuchtung?
Ja

Sonstiges
-

HLK-SYSTEME

Brennstoffe/ungefähre Nutzung in %
K/A

Heizkesseltyp
Kalt- und Warmwassererzeuger

Heizsystem
Teil-Wärmestau-Heizsystem; elektrische Fußbodenheizung

Mechanische Belüftung
Zu- und Abluftanlage

Art der Klimatechnik
Klimaanlage mit variablem Volumenstrom (Ausstellungsfläche); Ventilator-Konvektoren (Bürofläche)

Wärmerückgewinnung
-

ENERGIEWERTE

Insgesamt
0,495 KW/h/m^2

Künstliche Beleuchtung
0,057 KW/h/m^2

Kälteerzeugung
0,185 KW/h/m^2

Mechanische Belüftung
0,009 KW/h/m^2

Heizung
0,244 KW/h/m^2

Geschätzter Kohlendioxidausstoß (insgesamt)
K/A

UMWELT-/GESUNDHEITLICHE FAKTOREN

Konzept für die Auswahl von Materialien/Komponenten zur Reduktion von gebundener und Transportenergie?
Ja, einschließlich Seegras und Schlammwände

Einsatz von recycelten Materialien
Nein

Einsatz von Holz aus bewirtschafteten Quellen
Ja

Besondere Installationen zum Wassersparen
Nein

Natürlich biologische Abwasserbehandlung
Nein

Maßnahmen zur Förderung der Benutzung von öffentlichen Verkehrsmitteln
Nein

Ukichiro Nakaya Museum für Schnee und Eis

Kaga, Präfektur Ishikawa , Japan

Das Museum wurde zum Andenken an Dr. Ukichiro Nakaya entworfen, einem weltweit anerkannten Physiker und Schnee-Experten. Er war für seinen Ausspruch »ein Schneekristall ist eine Hieroglyphe vom Himmel« berühmt, und ihm gelang als erstem die künstliche Erzeugung von Schneekristallen. Das in einem Park in Nakayas Heimatstadt liegende Museum sammelt, bewahrt und zeigt seine Werke und die über ihn verfaßten Arbeiten ebenso wie es Informationen über Schnee zusammenträgt und verbreitet. Von dem Projekt mußten drei Entwürfe angefertigt werden, bis die Parkbehörden den Bezug zwischen dem Gebäude und seiner Umgebung für angemessen hielten.
Bei der Standortwahl des Gebäudes schenkte man der herrlichen Aussicht auf den Shibayamagata See und den dahinterliegenden heiligen Berg Haku-san besondere Aufmerksamkeit. Die Verkehrsführung im Museum wurde stufenweise entwickelt, so daß sich die Besucher zum Ufer hin orientieren. Beim Betreten des Museums vom sanft abfallenden Anfahrtshof, sieht man zunächst eine Reihe von drei sechseckigen, mit facettierten Dächern versehenen Türmen. Beim Näherkommen wird man ihrer vollen Höhe gewahr.
Die Turmfundamente bestehen aus Schlamm, für den die von der nahegelegenen Halbinsel Noto stammende Kieselgur verwendet wurde. Damit das Museum mit der Landschaft harmoniert, sind viele natürliche, von der traditionellen japanischen Kultur überlieferte Materialien – Hölzer, Gräser und Steine – eingesetzt worden. Eine von Nakayas Tochter Fujiko geschaffene »Nebel Skulptur« zeichnet die Komposition aus.
Die bioklimatischen Attribute dieses Museums sind wie bei einigen anderen in diesem Teil behandelten Bauten vorwiegend mit den Sinnen und gefühlsmäßig wahrnehmbar. Die meisten Museumsbesucher dürften aus einer der von Menschen wimmelnden japanischen Städte kommen. Diesen gibt das Museum Gelegenheit, Ruhe zu finden und sich mit der Natur verbunden zu fühlen.

^
01

02>

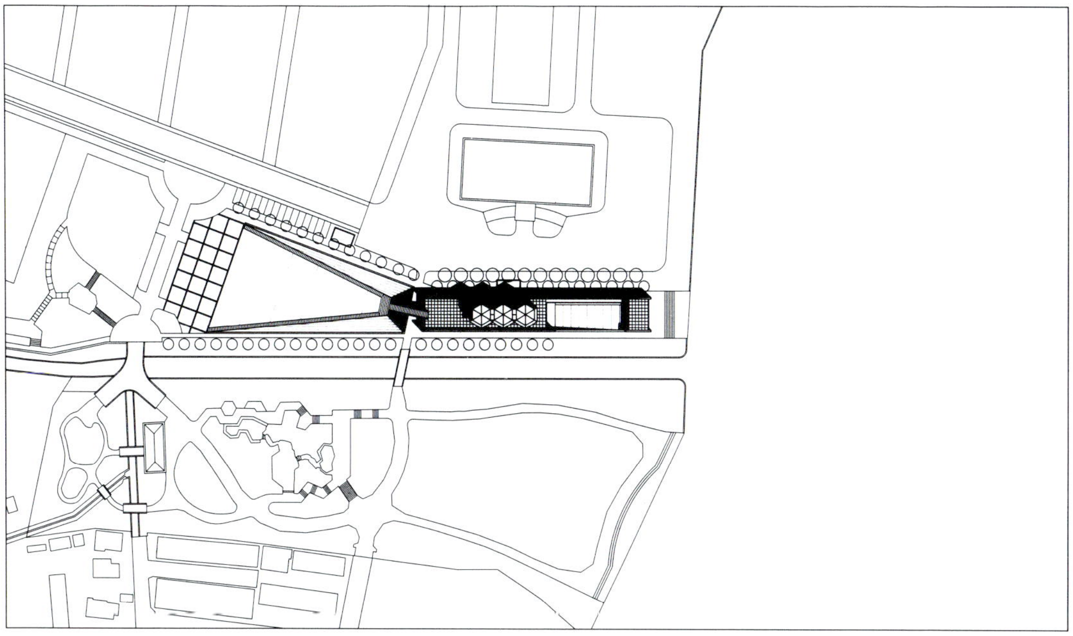

01> »Nebel Skulptur«.

02> Der Lageplan zeigt den abfallenden, sich verjüngenden Eingangshof, die Brücke, die drei Türme sowie die »Nebel Skulptur« auf dem Sockel. Dargestellt ist auch der Bezug vom Gebäude zum See.

03> Blick über die »Nebel Skulptur« zum Shibayamagata See und dem heiligen Berg Haku-san.

^
03

04>

04> Obere Ebene der Ausstellungsfläche mit den drei Türmen.

05> Blick vom Vorplatz zu den Türmen und dem dahinterliegenden See.

06> Grundrisse Terrassenebene (unten) und Ausstellungsebenen.

^
05

06>

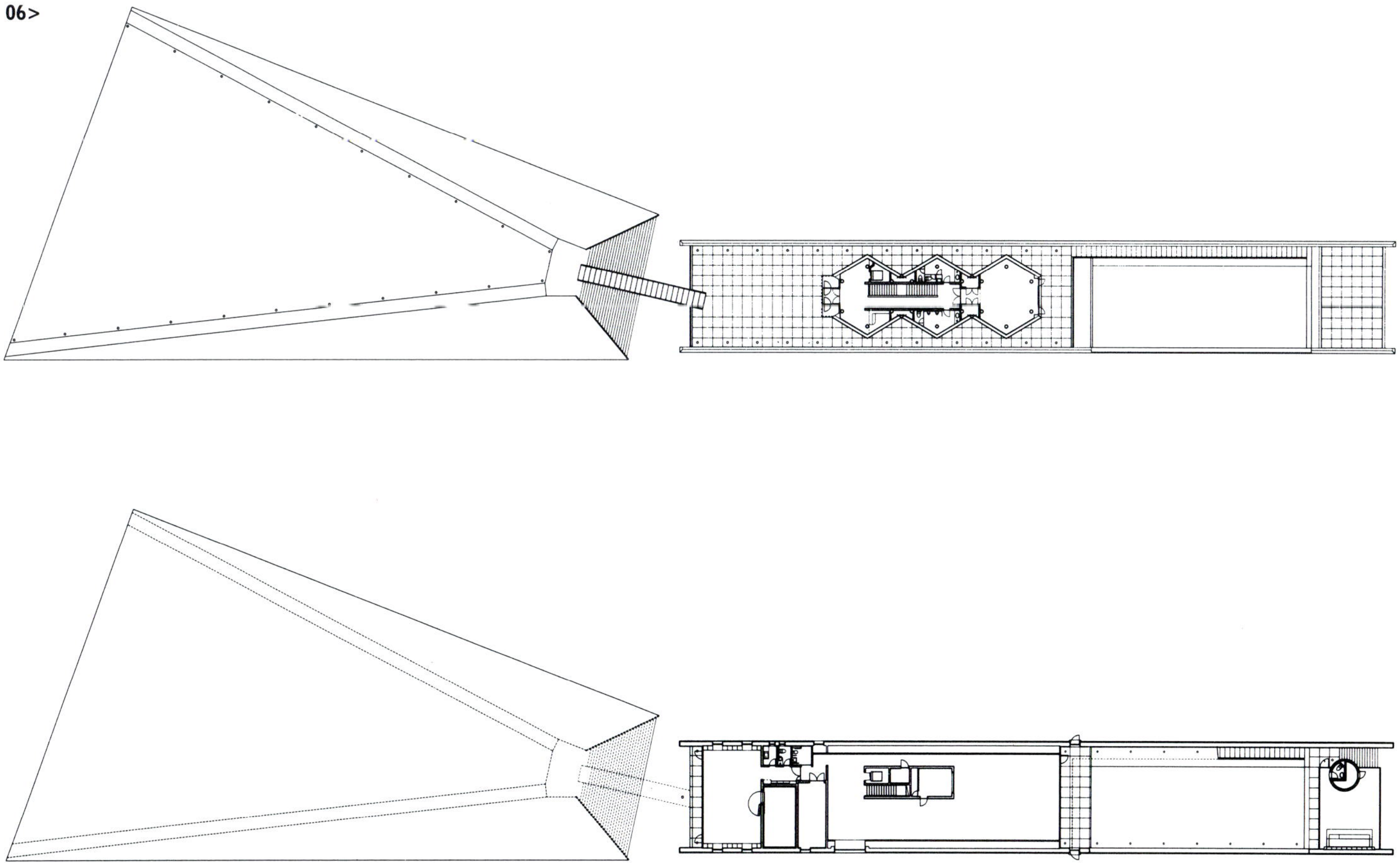

NAME DES GEBÄUDES
Jugendhaus Windberg, Katholische Bildungsstätte

Bauherr/Eigentümer/Nutzer
Prämonstratenserabtei Windberg

Gebäudestandort
Windberg, Deutschland

Architekt
Thomas Herzog, Peter Bonfig (Mitarbeiter)

Fertigstellung
1991

Bruttogeschoßfläche
1720 m² (beheizte Fläche)

Baukosten
ca. 3,9 Mio. DM

Klimazone
Gemäßigt

ENERGETISCHE FAKTOREN

Ausrichtung der Hauptfassaden
Nord und Süd

Natürliche Belüftung: Ungefährer Prozentsatz der natürlich belüfteten Bruttogeschoßfläche
100 %

Versorgung mit Nachtlüftung
Natürlich

Wärmeleitung der Gebäudehülle
Durchschnittlich

Nutzung der wärmespeichernden Baumasse Teil des Energiekonzepts?
Ja

Sonnenschutzsysteme
Außen feststehend (Dachüberhang); Sonnenschutzverglasung (Isolierglas)

Tagesbeleuchtung Ungefährer Prozentsatz der Nettogeschoßfläche, die während der Tageszeit künstlich beleuchtet werden muß
85 %

Energiesparende Steuerung der künstlichen Beleuchtung?
Nein

Sonstiges
-

HLK-SYSTEME

Brennstoffe/ungefähre Nutzung in %
Hauptstromversorgungsnetz 40 %; Erdgas 60 %

Heizkesseltyp
Gaskessel

Heizsystem
Geführte Warmluft

Mechanische Belüftung
N/V

Art der Klimatechnik
N/V

Wärmerückgewinnung
Ja

ENERGIEWERTE

Insgesamt
K/A

Künstliche Beleuchtung
K/A

Kälteerzeugung
K/A

Mechanische Belüftung
Entfällt

Heizung
45 KW/h/m²/ a

Geschätzter Kohlendioxidausstoß (insgesamt)
K/A

UMWELT-/GESUNDHEITLICHE FAKTOREN

Konzept für die Auswahl von Materialien/Komponenten zur Reduktion von gebundener und Transportenergie?
Ja

Einsatz von recycelten Materialien
Nein

Einsatz von Holz aus bewirtschafteten Quellen
Nadelschnittholz

Besondere Installationen zum Wassersparen
Nein

Natürlich biologische Abwasserbehandlung
Nein

Maßnahmen zur Förderung der Benutzung von öffentlichen Verkehrsmitteln
Busverkehr

Jugendhaus Windberg Katholische Bildungsstätte
Windberg, Deutschland

Windberg ist eine kleine Gemeinde an den südlichen Hängen des Bayerischen Waldes. Mitten im Ort befindet sich eine Klosteranlage, zu der mehrere Gebäude für den geistlichen Orden sowie eine Bildungsstätte für junge Menschen gehören. Das Schulungszentrum ist für etwa hundert Personen ausgelegt, die sich dort normalerweise mehrmals jährlich insgesamt ein bis zwei Wochen aufhalten.
Um Energie zu sparen, wurden die für jeden Gebäudebereich erforderlichen Temperaturen sowie deren Nutzungsdauer in Betracht gezogen. So trennte man die für eine Belegung von mehreren Stunden nacheinander vorgesehenen Räume von denen, die nur kurzfristig genutzt werden, und verwendete außerdem unterschiedliche Baumaterialien.
Im südlichen Gebäudeteil sind die für eine längere Verweildauer bestimmten Zimmer untergebracht. Seine Außenmauer ist mit einer außenliegenden lichtdurchlässigen Wärmedämmschicht verkleidet. Sie soll sonnige Plätze schaffen, vor übermäßiger Wärme schützen und in der Heizperiode Wärmeverlusten vorbeugen. In den Sommermonaten schützen ein tiefer Dachüberstand und außenliegende Jalousien die Räume vor Überhitzung. Im Nordteil des Gebäudes befinden sich die sanitären Einrichtungen, Lager und die Verkehrsflächen. Diese Bereiche werden nur zu bestimmten Tageszeiten kurz genutzt.
Für warmes Wasser sorgen in die südliche Dachneigung integrierte Röhrenkollektoren; das Gebäude verfügt über ein flinkes Warmluftheizsystem. Zur Minimierung von lüftungsbedingten Wärmeverlusten wurde im Dachbereich eine Wärmerückgewinnungsanlage installiert.

^ 01

02>

01> Fassadenbehandlung des nordseitigen Versorgungsblocks. Die Wände sind mit Holz, das Dach mit Blech verkleidet.

02> Grundriß. Das Jugendhaus liegt östlich der Hauptanlage.

Schlüssel

1 Kloster
2 Neues Jugendhaus
3 Altes Gebäude
4 Nebengebäude
5 Überdachter Parkplatz

03> Eingang und überdachter Fußgängerweg.

^
03

^
04

05>

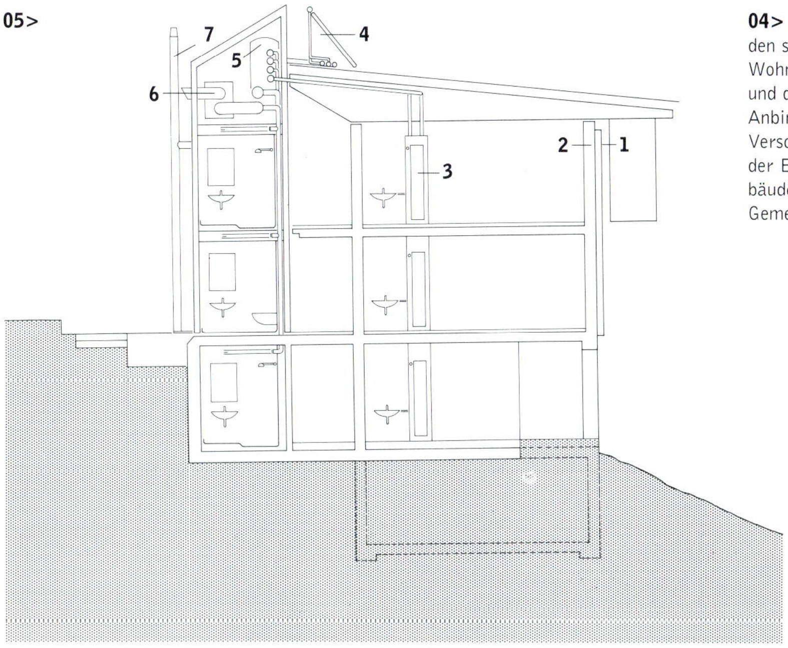

04> Ostansicht mit den südlich gelegenen Wohnunterkünften und deren rückseitige Anbindung an den Versorgungsblock. An der Ecke des Wohngebäudes befinden sich die Gemeinschaftsräume.

05> Querschnitt.

Schlüssel

1 Lichtdurchlässige Wärmedämmung und Sonnenschutz
2 Lüftung oberhalb des Fensters
3 Niedrigtemperaturheizkörper
4 Thermischer Sonnenkollektor
5 Warmwassertank
6 Mechanische Lüfter
7 Schornstein

06> Ostansicht mit Dachüberstand und darüberliegenden Wärmekollektoren. Das Erdgeschoß ist zurückgesetzt und weist einen Säulengang auf.

^ 06

NAME DES GEBÄUDES
Zentrum für Regenerative Studien

Bauherr/Eigentümer
California State University

Nutzer
Center for Regenerative Studies

Gebäudestandort
Pomona, Kalifornien, USA

Architekt
Dougherty + Dougherty

Fertigstellung
1994 (1. Bauphase); 1996

Bruttogeschoßfläche
1667 m²

Baukosten
ca. 5,5 Mio. DM

Klimazone
Mediterran

ENERGETISCHE FAKTOREN

Ausrichtung der Hauptfassaden
Süd

Natürliche Belüftung: Ungefährer Prozentsatz der natürlich belüfteten Bruttogeschoßfläche
100 %

Versorgung mit Nachtlüftung
Natürlich

Wärmeleitung der Gebäudehülle
Überdurchschnittlich

Nutzung der wärmespeichernden Baumasse Teil des Energiekonzepts?
Ja (passive Speicherung)

Sonnenschutzsysteme
Außen feststehend; Pergolen mit Kletterpflanzen

Tagesbeleuchtung Ungefährer Prozentsatz der Nettogeschoßfläche, die während der Tageszeit künstlich beleuchtet werden muß
Unter 10 %

Energiesparende Steuerung der künstlichen Beleuchtung?
Zeitschalter

Sonstiges
Kompakte Leuchtstoff- und Metallhalogenlampen

HLK-SYSTEME

Brennstoffe/ungefähre Nutzung in %
Hauptstromversorgungsnetz 5 %; Photovoltaikanlagen 10 %; indirekte Solarenergie 75 %; Biomasse 10 %

Heizkesseltyp
Entfällt

Heizsystem
Elektrisch (1. Bauphase); Ventilator-Konvektoren mit solar gewonnenem Warmwasser (2. Bauphase)

Mechanische Belüftung
Umwälzlüfter

Art der Klimatechnik
N/V

Wärmerückgewinnung
Nein

ENERGIEWERTE

Insgesamt
K/A

Künstliche Beleuchtung
K/A

Kälteerzeugung
K/A

Mechanische Belüftung
K/A

Heizung
K/A

Geschätzter Kohlendioxidausstoß (insgesamt)
K/A

UMWELT-/GESUNDHEITLICHE FAKTOREN

Konzept für die Auswahl von Materialien/Komponenten zur Reduktion von gebundener und Transportenergie?
Ja

Einsatz von recycelten Materialien
Steinwolle aus der Stahlerzeugung

Einsatz von Holz aus bewirtschafteten Quellen
Weichholz

Besondere Installationen zum Wassersparen
Verwendung von aufbereitetem Wasser

Natürlich biologische Abwasserbehandlung
Ja

Maßnahmen zur Förderung der Benutzung von öffentlichen Verkehrsmitteln
Pendelbus zum Campus sowie Fahrräder

Zentrum für Regenerative Studien

Pomona, Kalifornien, USA

Das Zentrum für Regenerative Studien in Cal Poly von Dougherty + Dougherty beherbergt eine studentische Internatsgemeinschaft, die interdisziplinäre Studien zur Umwelt betreibt. Die Häusergruppe stellt sich selbst als anschauliche ökologische Gemeinschaft dar. Der Entwurf optimiert den effizienten Gebrauch von Energie, Materialien und Wasser als Antwort auf das südkalifornische Klima mit heißen trockenen Sommern und milden Wintern. Das 6,5 Hektar große Grundstück grenzt an den Cal Poly Campus in einem südwestlich orientierten Tal mit nahezu baumlosen Abhängen (sie wurden früher als Weideland genutzt). Mehrere für die Fischzucht bestimmte Teiche, die eventuell später mit einer vollständigen Klär- und Bewässerungsanlage verbunden werden, reihen sich entlang des Riverfront-Gebäudes. Diese leichte Holzrahmenkonstruktion auf Betonpfeilern schwebt über dem Wasser. Mit den Verkleidungen aus Zedern- und Douglasfichtenholz, mit den weiten Balkonen, den Holzpergolen und den Kupferdächern erinnern die Gebäude auf dem Grundstück an den Schindelstil von Greene & Greene. Die höhergelegenen Bauten schmiegen sich an den Hang. In ihnen sind die Unterkünfte für den Lehrkörper, Hörsäle sowie Speise- und Gemeinschaftsräume untergebracht. Sie wurden mit Stützmauern aus Beton konstruiert. Ihre Obergeschosse sind mit Zedernholz verschalt. Die Decken im Innern bestehen aus unverputztem Beton oder Kunststeinplatten.
Alle Bauten sind zur Unterstützung von Querlüftung mit hoch und niedrig plazierten, öffenbaren Fenstern ausgerüstet. Deckenventilatoren dienen im Sommer zum Kühlen und im Winter zum Mischen der Luftschichten. An der Nordseite wurden über der Dachebene Lüftungstürme für die passive Belüftung plaziert. Die Dämmung liegt über den von lokalen Bauvorschriften gesetzten Werten. Die kompakten elektrischen Raumheizgeräte aus der ersten Bauphase werden möglicherweise zukünftig mit vor Ort regenerativ erzeugtem Strom betrieben. Die Raumheizung in der zweiten Bauphase nutzt das solar gewonnene Warmwasser in fest montierten Ventilator-Konvektoren. Für die Beleuchtung sorgen hocheffiziente kompakte Leuchtstoff- und Metallhalogenlampen. Die Auswahl der Materialien für den Innenausbau bestimmten ein niedriger Giftstoffgehalt und Dauerhaftigkeit sowie die Vermeidung von Mineralölerzeugnissen. Für die Warmwasserbereitung werden Sonnenkollektoren verwendet. Außerdem wurden Toiletten mit Sparspülung und Duschen mit geringem Wasserverbrauch installiert.
Auf dem Grundstück befinden sich eine Solar-Farm-Anlage mit fokussierenden Sonnenkollektoren und Photovoltaikanlagen sowie ein Windgenerator. Zu einem späteren Zeitpunkt wird eine bestehende, vom County (Landkreis) of Los Angeles gebaute und mit Biogas betriebene Kraft-Wärme-Koppelungsanlage mit der benachbarten Deponie an die Universität übergehen.

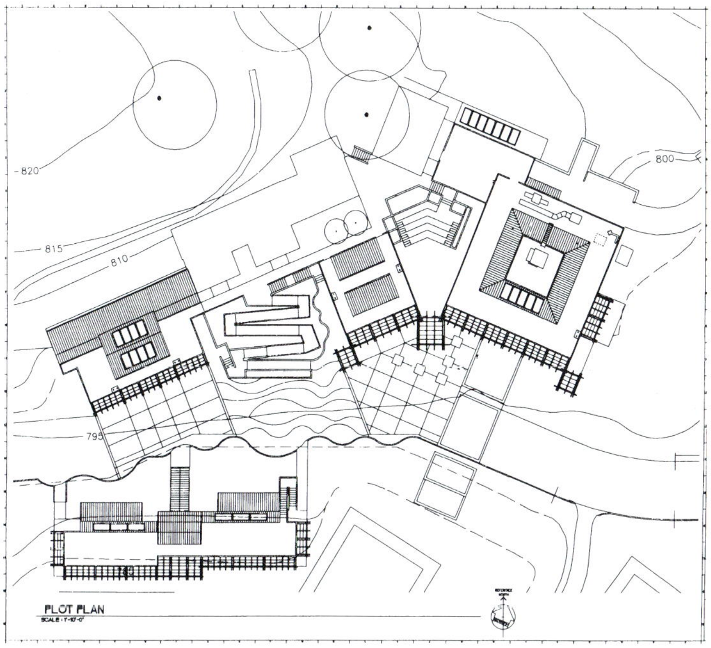

<01

01> Der Lageplan zeigt den Aufbau der vier Gebäude, die um einen Dorfplatz angeordnet wurden.

02> Blick auf die Gebäude vom nördlichen Abhang auf die Bebauung. Das Zentrum befindet sich circa 65 Kilometer von Los Angeles entfernt in einem semiariden Tal, das zwischen dem Polytechnikum des kalifornischen Bundesstaates und einer Deponie des Landkreises liegt.

^
02

^
03

03> Das mit Zedernholz verkleidete Hörsaal- und Seminargebäude von der scherenförmigen Rampe aus gesehen.

04> Grundriß Erdgeschoß von den Gebäuden auf der südlichen Terrasse.

05> Ansicht von Nordwesten zum »Sunspace«-Gebäude mit den Wohnungen für den Lehrkörper. Das Gitterwerk wird bepflanzt und mit Kletterpflanzen versehen, um zur Beschattung der Gebäude beizutragen.

Schlüssel

1 Wohnungen Lehrkörper
2 Scherenförmige Rampe
3 Wissenschaftliche Einrichtungen
4 Hörsaal/Seminar
5 Amphitheater
6 Gemeinschaftsräume
7 Vorlesungsgebäude
8 Öffentliche Toiletten

04
v

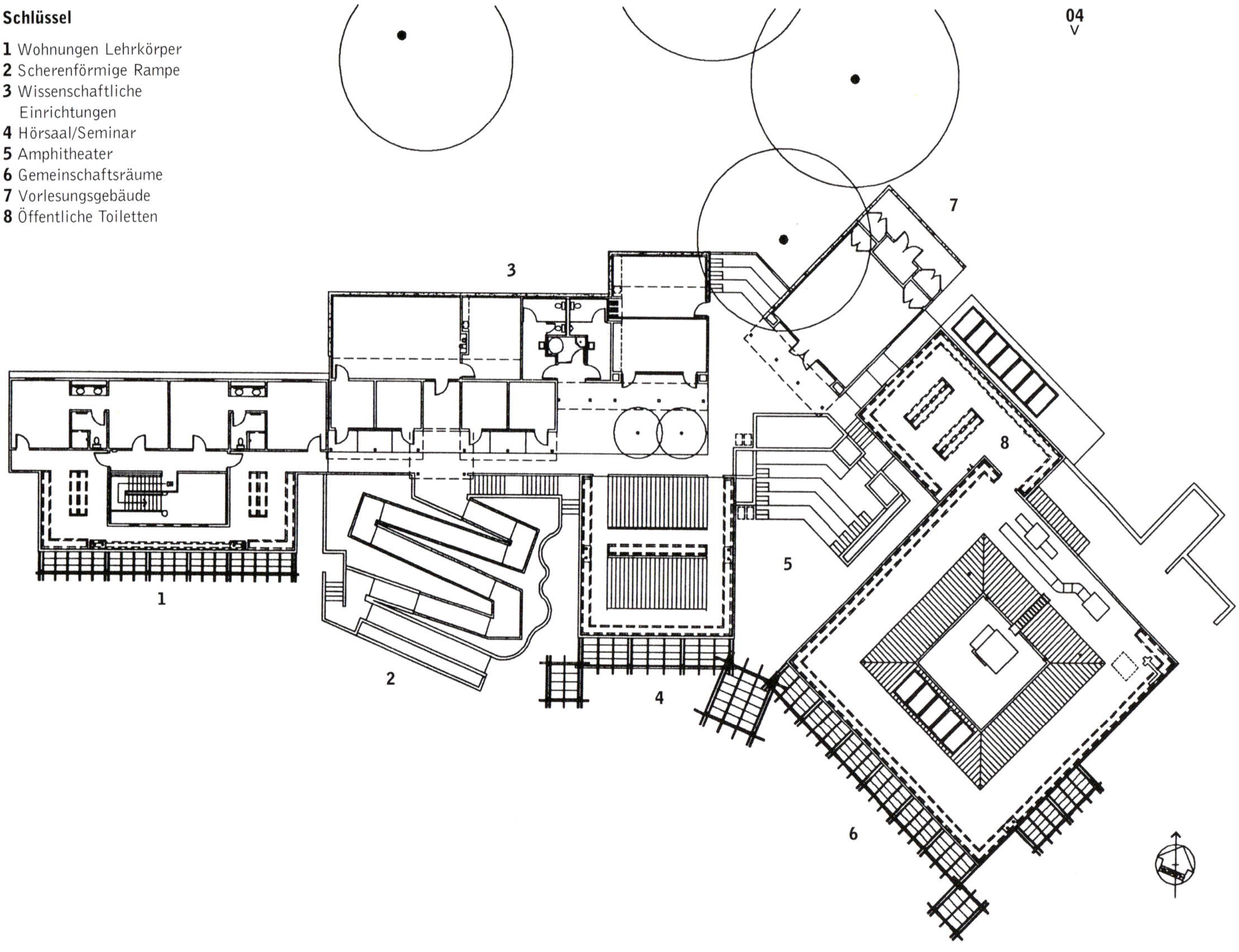

5>

NAME DES GEBÄUDES
Zentrum für japanische Studien, Universität von Indonesien

Bauherr/Eigentümer
Universität von Indonesien

Nutzer
Universität von Indonesien

Gebäudestandort
Westjava, Indonesien

Architekt
Akihiko Takeuchi

Fertigstellung
März 1995

Bruttogeschoßfläche
6269 m²

Baukosten
ca. 14 Mio. DM

Klimazone
Regenwald/tropisch

ENERGETISCHE FAKTOREN

Ausrichtung der Hauptfassaden
Nord und Süd

Natürliche Belüftung: Ungefährer Prozentsatz der natürlich belüfteten Bruttogeschoßfläche
78 %

Versorgung mit Nachtlüftung
Natürlich

Wärmeleitung der Gebäudehülle
Durchschnittlich

Nutzung der wärmespeichernden Baumasse Teil des Energiekonzepts?
Nein

Sonnenschutzsysteme
Tiefe Dachtraufen

Tagesbeleuchtung Ungefährer Prozentsatz der Nettogeschoßfläche, die während der Tageszeit künstlich beleuchtet werden muß
5 %

Energiesparende Steuerung der künstlichen Beleuchtung?
Nein

Sonstiges
-

HLK-SYSTEME

Brennstoffe/ungefähre Nutzung in %
K/A

Heizkesseltyp
K/A

Heizsystem
Entfällt

Mechanische Belüftung
Fenster-Sauggebläse

Art der Klimatechnik
Ventilator-Konvektoren/ Wärmepumpenpaket mit System Luftkühlung

Wärmerückgewinnung
-

ENERGIEWERTE

Insgesamt
0,066 KW/h/m²

Künstliche Beleuchtung
0,048 KW/h/m²

Kälteerzeugung
0,018 KW/h/m²

Mechanische Belüftung
K/A

Heizung
Entfällt

Geschätzter Kohlendioxidausstoß (insgesamt)
K/A

UMWELT-/GESUNDHEITLICHE FAKTOREN

Konzept für die Auswahl von Materialien/Komponenten zur Reduktion von gebundener und Transportenergie?
Nein

Einsatz von recycelten Materialien
Nein

Einsatz von Holz aus bewirtschafteten Quellen
Nein

Besondere Installationen zum Wassersparen
Nein

Natürlich biologische Abwasserbehandlung
Ja

Maßnahmen zur Förderung der Benutzung von öffentlichen Verkehrsmitteln
Nein

Zentrum für japanische Studien Universität von Indonesien

Westjava, Indonesien

Die Universität von Indonesien ist eine der größten im Land. Auf dem Universitätsgelände finden sich die Einrichtungen vereint, die früher auf drei verschiedene Stellen in Jakarta verteilt waren. Die derzeitige regionstypische städtische Architektur wird wie in den meisten Städten am Pacific Rim von klimatisierten Hochhäusern bestimmt. Für diesen Campus wurde ein unterschiedlicher Ansatz gewählt. Die Gebäude auf ihm sind ein- und zweigeschossig auf dem Gelände verstreut. Ohne spezifische Anleihen an eine Tradition spiegelt der Entwurf sowohl die Vielfalt der Völker Indonesiens als auch die Klarheit der überlieferten japanischen Architektur wider. Jede Fakultät repräsentiert einen Aspekt der traditionellen indonesischen Baukunst. Das verbindende Element sind die 45° geneigten, mit Tonfliesen gedeckten Dächer sowie die weiße Tragkonstruktion.

Die einzelnen Bauten auf dem Gelände folgen einer traditionellen japanischen Organisation und sind zwanglos um eine zentrale Seminarhalle angeordnet. Die Landschaft ist von sanften grasbewachsenen Hügeln geprägt, die von Bäumen beschattet werden, die sich auf diesem früher bewaldeten Grundstück erhalten haben.

Jakarta zeichnet ein feuchtes Klima mit starken Regenfällen aus. Die Architekten trugen dem Rechnung, indem sie dort, wo es möglich war, das Gebäude natürlich belüfteten. Die tieferen und stark genutzten Räume wurden klimatisiert. In Form von überstehenden Dachtraufen sorgten sie für eine großflächige Beschattung und stellten sicher, daß die Verbindungswege zwischen den Bauten offen, aber vor Regen angemessen geschützt waren.

Die größer dimensionierten Innenräume ragen empor, um auf hoher Ebene das großzügige, von den tiefen Satteldächern gebildete Volumen aufzunehmen. Dadurch wird ihnen eine angenehme Größe und Leichtigkeit verliehen. Das über die Dachebene einfallende Tageslicht läßt die Räume noch weitläufiger erscheinen.

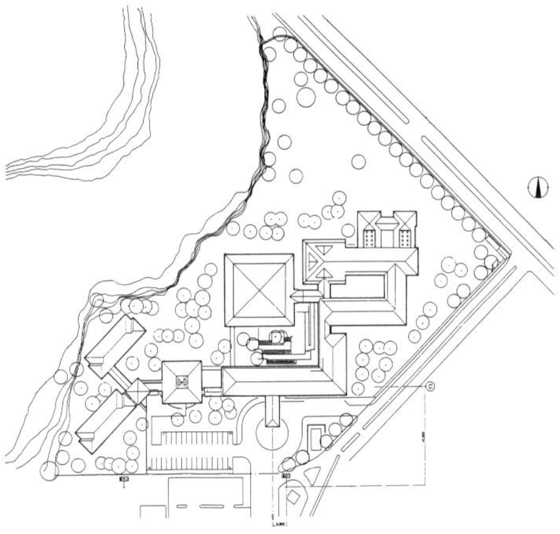

^
01

01> Lageplan. Die Bauten auf dem Campus entwickeln sich um das zentrale Seminargebäude.

02> Schnitt durch eine der Haupthallen.

03> Die mit Tonziegeln gedeckten Dächer der Gebäude auf dem Campus beherrschen die sorgfältig entworfene großzügige Landschaft.

02>

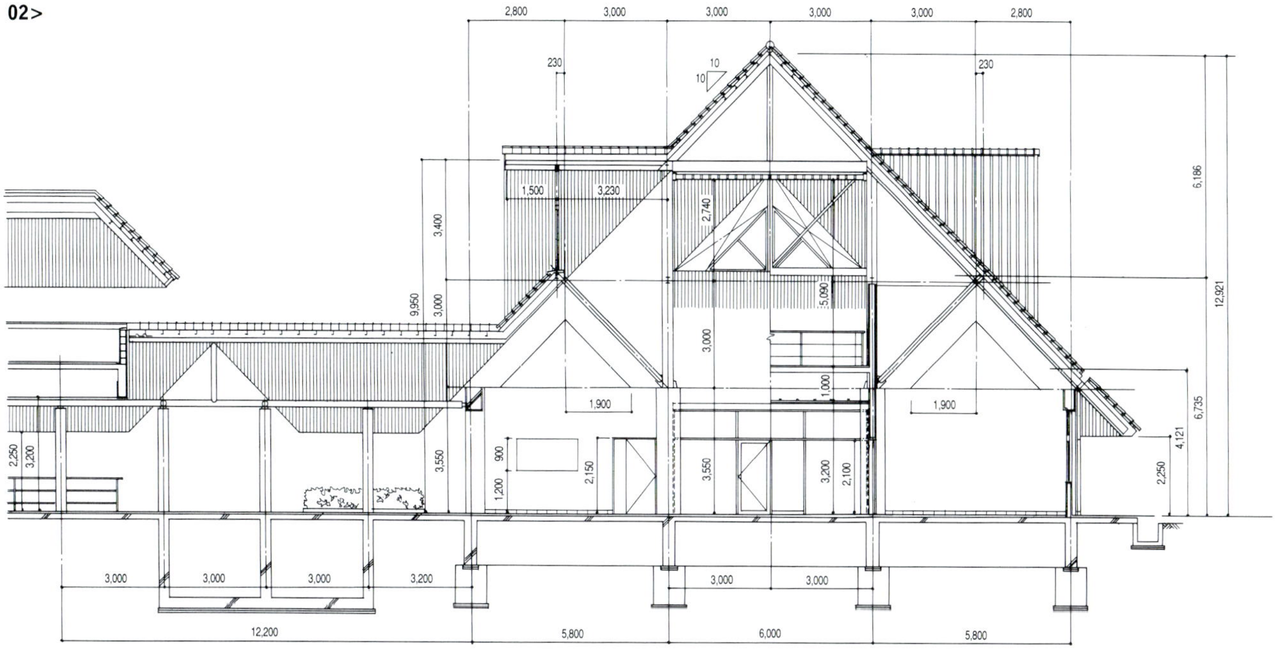

2,800
3,000
3,000
3,000
3,000
2,800
230
10
10
230
1,500
3,230
2,740
3,400
9,950
3,000
5,090
3,000
1,000
1,900
1,900
6,186
12,921
6,735
4,121
2,250
2,250
3,200
3,550
900
1,200
2,150
3,550
3,200
2,100
3,000
3,000
3,000
3,200
3,000
3,000
12,200
5,800
6,000
5,800

^
03

^ 04

^ 05

06

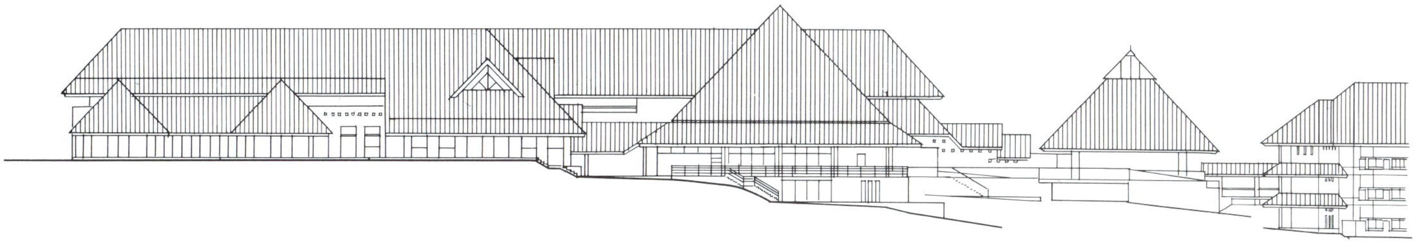

04> Die Außenansicht zeigt die einfache und konsequente Verwendung einer beschränkten Materialpalette.

05> Überdachter Verbindungsweg zwischen den Bauten.

06> Aufriß.

07> Innenhof.

07

NAME DES GEBÄUDES
Uluru-Kata Tjuta Nationalpark Kulturzentrum

Bauherr/Eigentümer/Nutzer
Mufifjulu Community and Parks Australia - Environment Australia

Gebäudestandort
Northern Territory, Australien

Architekt
Gregory Burgess Architects

Fertigstellung
Oktober 1995

Bruttogeschoßfläche
1500 m²

Baukosten
ca. 4,2 Mio. DM

Klimazone
Wüste

ENERGETISCHE FAKTOREN

Ausrichtung der Hauptfassaden
Mehrfach

Natürliche Belüftung: Ungefährer Prozentsatz der natürlich belüfteten Bruttogeschoßfläche
100 %

Versorgung mit Nachtlüftung
Natürlich

Wärmeleitung der Gebäudehülle
Durchschnittlich

Nutzung der wärmespeichernden Baumasse Teil des Energiekonzepts?
Ja

Sonnenschutzsysteme
Außen feststehend; Wände aus Sandziegellochsteinen; Schindeln

Tagesbeleuchtung Ungefährer Prozentsatz der Nettogeschoßfläche, die während der Tageszeit künstlich beleuchtet werden muß
15 %

Energiesparende Steuerung der künstlichen Beleuchtung?
Nein

Sonstiges
-

HLK-SYSTEME

Brennstoffe/ungefähre Nutzung in %
Dieselgenerator 100 %

Heizkesseltyp
Gasbrennwertkessel

Heizsystem
Nicht vorhanden; Punkterwärmung mit Gas

Mechanische Belüftung
In WCs und Küche

Art der Klimatechnik
-

Wärmerückgewinnung
-

ENERGIEWERTE

Insgesamt
K/A

Künstliche Beleuchtung
K/A

Kälteerzeugung
K/A

Mechanische Belüftung
K/A

Heizung
K/A

Geschätzter Kohlendioxidausstoß (insgesamt)
K/A

UMWELT-/GESUNDHEITLICHE FAKTOREN

Konzept für die Auswahl von Materialien/Komponenten zur Reduktion von gebundener und Transportenergie?
Ja

Einsatz von recycelten Materialien
Nein

Einsatz von Holz aus bewirtschafteten Quellen
Hartholz

Besondere Installationen zum Wassersparen
Regenwasserspeicher für Trinkwasser auf dem Dach

Natürlich biologische Abwasserbehandlung
Diston »Trinkwasser« Abwassersystem

Maßnahmen zur Förderung der Benutzung von öffentlichen Verkehrsmitteln
Entfällt

Uluru-Kata Tjuta Nationalpark Kulturzentrum

Northern Territory, Australien

Das Gebäude liegt im Schatten des mächtigen Ayers Rock (Uluru). Dieser berühmte Berg ist die Hauptattraktion im Uluru-Kata Tjuta Nationalpark und bildet geographisch wie symbolisch den Mittelpunkt des australischen Hinterlandes. Im Kulturzentrum wird Touristen die Kultur der Anangu aufgezeigt, den in dieser Region lebenden Aborigines sowie deren Verhältnis zu diesem heiligen Ort.
Bevor die Architekten mit dem Entwurf begannen, verbrachten sie über einen Monat vor Ort, wo sie in Zusammenarbeit mit der lokalen Gemeinschaft ein Konzept entwickelten. Sie wollten den Standort und seine Umgebung begreifen und erfahren, wie sie das Wesen dieses Ortes und seine geistige Bedeutung am besten vermitteln könnten. Die Planer stellten ein Programm auf und skizzierten die vorläufigen Ideen in den Sand. Eine wichtige Entscheidung war, das Gebäude dort zu errichten, wo die Sanddünen der Wüste auf die vom Uluru geschaffene, von Regenschirmbüschen, Kino-Gummibäumen und Bartgras geprägte Landschaft treffen. Auch sollte unbedingt gewährleistet werden, daß die Ungestörtheit des Schauplatzes weitgehend erhalten blieb. Man beschloß, eine alte Wüsteneiche zum Zentrum der Anlage zu machen.
Das Gebäude erinnert an die Wanderdünen in der Wüste. Wie die Wüstenlandschaft enthält es Taschen, die zu Ruheplätzen ausgebildet sind. Der Bau umfaßt zwei Teile: Im südlichen Gebäude liegen der Eingang und die wichtigsten Ausstellungsgalerien; das nördliche Gebäude beherbergt einen Laden, ein Café und eine runde Mehrzweckhalle. Beide Bauten sind durch Einfriedungen und beschattete Verandas miteinander verbunden, auf denen sich Freiluft-Ausstellungsbereiche und eine Tanzfläche befinden. Letzteren werden im Laufe der Zeit traditionelle Wiltja Strukturen und Strauchbäume Schatten spenden. Für die einheimische Bevölkerung repräsentieren inzwischen die beiden in Serpentinen verlaufenden Gebäude mythische, zwischen Trennung und Annäherung hin und her gerissene Schlangen.
Die Bauweise trägt zum Verständnis des Ortes bei. Einige Materialien stammen vom Grundstück selbst. Die Wände sind aus Wüstensand geformte Ziegelsteine und bilden in Kombination mit den Fußböden aus lagefest gemachtem Sand die thermisch wirksame Masse.
Bei den verwendeten Hölzern handelt es sich größtenteils um Spiegelhartholz aus Pflanzungen oder um natürliche Pfähle. Für Behaglichkeit sorgt eine natürliche Belüftung. Von dem wenigen Regen, der auf das Dach fällt, wird ein Teil für Trinkwasser zurückbehalten.
Mit dem Gebäude ist es gelungen, den Geist und die Poesie von Uluru einzufangen, ohne wie für touristische Einrichtungen häufig charakteristisch, in Kitsch zu verfallen.

<01

01> Das Gebäude in seinem Umfeld unterhalb des Ayers Rock.

02> Lageplan mit den beiden, einander zugewandten, serpentinenförmigen Gebäuden in der Wüstenumgebung.

03> Die alte Eiche bildet den Mittelpunkt der Anlage.

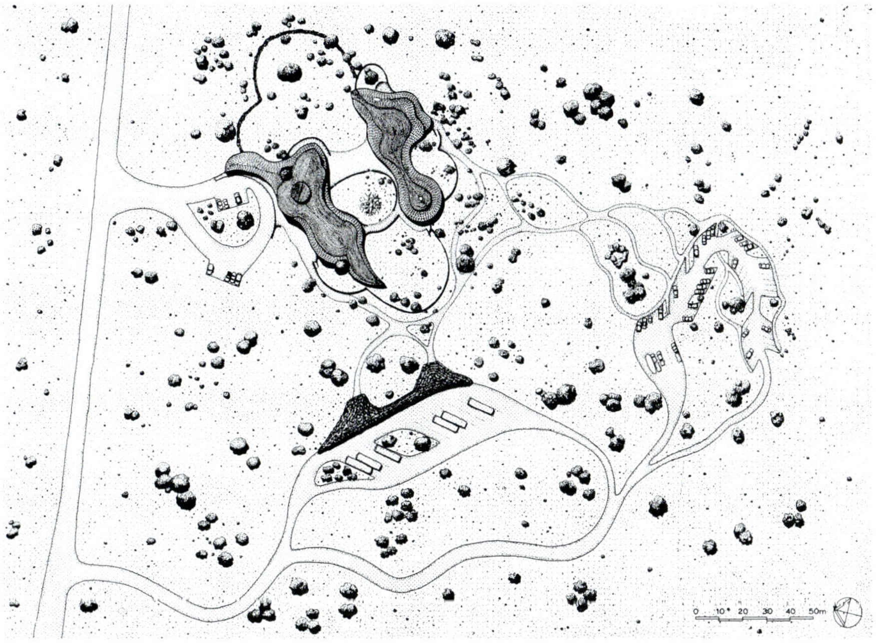

^
02

^
03

04> Ausstellungsinnenraum mit einer zentralen, baumähnlichen Säule, die durch ihre Zweige den Tageslichteinfall sorgfältig kontrolliert und filtert.

05> Ansicht des südlichen Gebäudes mit dem sehr großzügigen Dachüberstand.

06> Schnitt durch das nördliche und südliche Gebäude.

^
05

06>

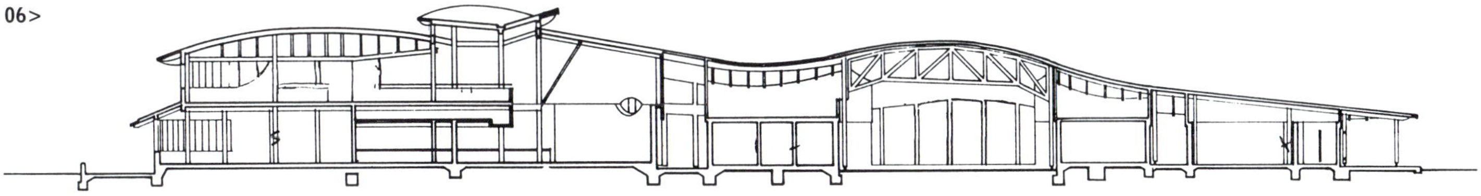

NÖRDLICHES GEBÄUDE

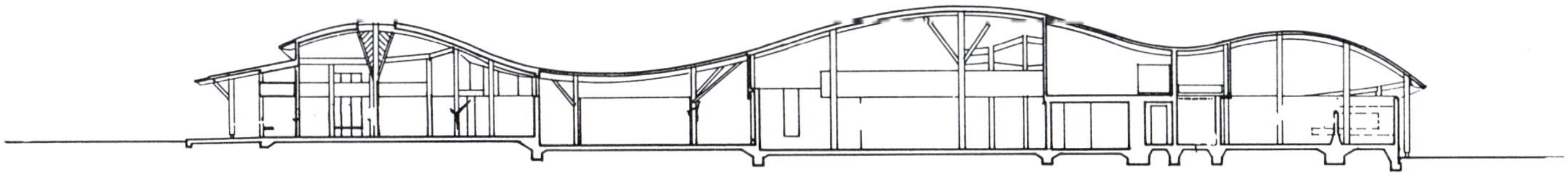

SÜDLICHES GEBÄUDE

<04

NAME DES GEBÄUDES
Elizabeth Fry Building, University of East Anglia

Bauherr/Eigentümer
University of East Anglia

Nutzer
University of East Anglia

Gebäudestandort
Norwich, Norfolk, Großbritannien

Architekt
John Miller & Partners

Fertigstellung
Januar 1996

Bruttogeschoßfläche
3250 m²

Baukosten
ca. 7,6 Mio. DM

Klimazone
Gemäßigt

ENERGETISCHE FAKTOREN

Ausrichtung der Hauptfassaden
Nord und Süd

Natürliche Belüftung: Ungefährer Prozentsatz der natürlich belüfteten Bruttogeschoßfläche
100 %

Versorgung mit Nachtlüftung
Erzwungen

Wärmeleitung der Gebäudehülle
Überdurchschnittlich

Nutzung der wärmespeichernden Baumasse Teil des Energiekonzepts?
Ja

Sonnenschutzsysteme
Außen feststehend; interne Blenden/Lamellen

Tagesbeleuchtung Ungefährer Prozentsatz der Nettogeschoßfläche, die während der Tageszeit künstlich beleuchtet werden muß
20 %

Energiesparende Steuerung der künstlichen Beleuchtung?
Nein

Sonstiges
-

HLK-SYSTEME

Brennstoffe/ungefähre Nutzung in %
Hauptstromversorgungsnetz 40 %; Erdgas 60 %

Heizkesseltyp
Gasbrennwertkessel (insgesamt 60KW)

Heizsystem
Kein Verteilerheizsystem

Mechanische Belüftung
Gemäßigte Zufuhr

Art der Klimatechnik
-

Wärmerückgewinnung
Regenerative Wärmerückgewinnung

ENERGIEWERTE

Insgesamt
71 KW/h/m²/a

Künstliche Beleuchtung
15 KW/h/m²

Kälteerzeugung
Entfällt

Mechanische Belüftung
16 KW/h/m²

Heizung
40 KW/h/m²

Geschätzter Kohlendioxidausstoß (insgesamt)
K/A

UMWELT-/GESUNDHEITLICHE FAKTOREN

Konzept für die Auswahl von Materialien/Komponenten zur Reduktion von gebundener und Transportenergie?
Ja

Einsatz von recycelten Materialien
Nein

Einsatz von Holz aus bewirtschafteten Quellen
Ja

Besondere Installationen zum Wassersparen
Regenwasser zur Bewässerung

Natürlich biologische Abwasserbehandlung
Nein

Maßnahmen zur Förderung der Benutzung von öffentlichen Verkehrsmitteln
Busverkehr

Elizabeth Fry Building University of East Anglia

Norwich, Norfolk, Großbritannien

Das Lehrgebäude gehört zu einer konzentrierten Bebauung mit neuen Lehr- und Studenteneinrichtungen am westlichen Ende des Campus der University of East Anglia. Der Bau beinhaltet in der unteren Bodenebene Hörsäle für die allgemeine Studentennutzung und in der oberen eine Reihe von flexibel nutzbaren Räumen für Vorlesungen, Seminare und Dozenten, in denen externe Kurzlehrgänge stattfinden. Außerdem sind dort Eßsäle und Garküchen untergebracht. In den Obergeschossen befinden sich Büros, vom Lehrkörper und der Verwaltung genutzte Bereiche, Gemeinschaftsräume, Serviceeinrichtungen sowie Studentenzimmer. Damit die Behaglichkeit im Gebäude mit wenig Energieaufwand zu erzielen ist, wurden die Umgebungsbedingungen maximiert. Dafür wurde die Gebäudestruktur als Energiespeicher eingesetzt, kombiniert mit einer mechanischen Niederdruck-Belüftung, einer Wärmerückgewinnungsanlage sowie zu öffnenden Fenstern. Für eine vollständige Belüftung mit Frischluft sorgen Hohlkerne in den Deckensteinen, durch die sich die Luft im Gebäude verteilen läßt.
Zur Unterstützung eines geringen Energieverbrauchs wurde die Gebäudehülle mit einer 200 Millimeter dicken Mineralwolle, einem schweren Betonblockvorsatz und einer Dreifachverglasung hochgedämmt. Spezialmaßnahmen wie doppelte Fensterdichtungen und mechanische Verbindungen zwischen Fenstern und Wänden gewährleisten minimale Luftverluste. Die Bausubstanz enthält keine Wärmebrücken, sommerliche Solargewinne sind durch Sonnenschutz minimiert. Das Ergebnis ist ein Gebäude, dessen Gesamtwärmebedarf aus Kesseln 24 KW beträgt und das ohne mechanische Kühlung auskommt: all dies bei einem Bau mit 3000 Quadratmetern und einer möglichen Belegung von 780 Personen.

Das äußerst energiesparende Gebäude erreicht seine Ziele mit einer zurückhaltenden Präsentation der Mittel. Sein architektonischer Ausdruck beruft sich auf die universalen Werte von Form, Raum und Licht und bringt sie großartig zur Geltung.

01> Lageplan mit dem Elizabeth Fry Building im Nordosten der Universitätsanlage.

02> Das zentrale Fassadenfeld bildet den Eingang zum Gebäude.

01>

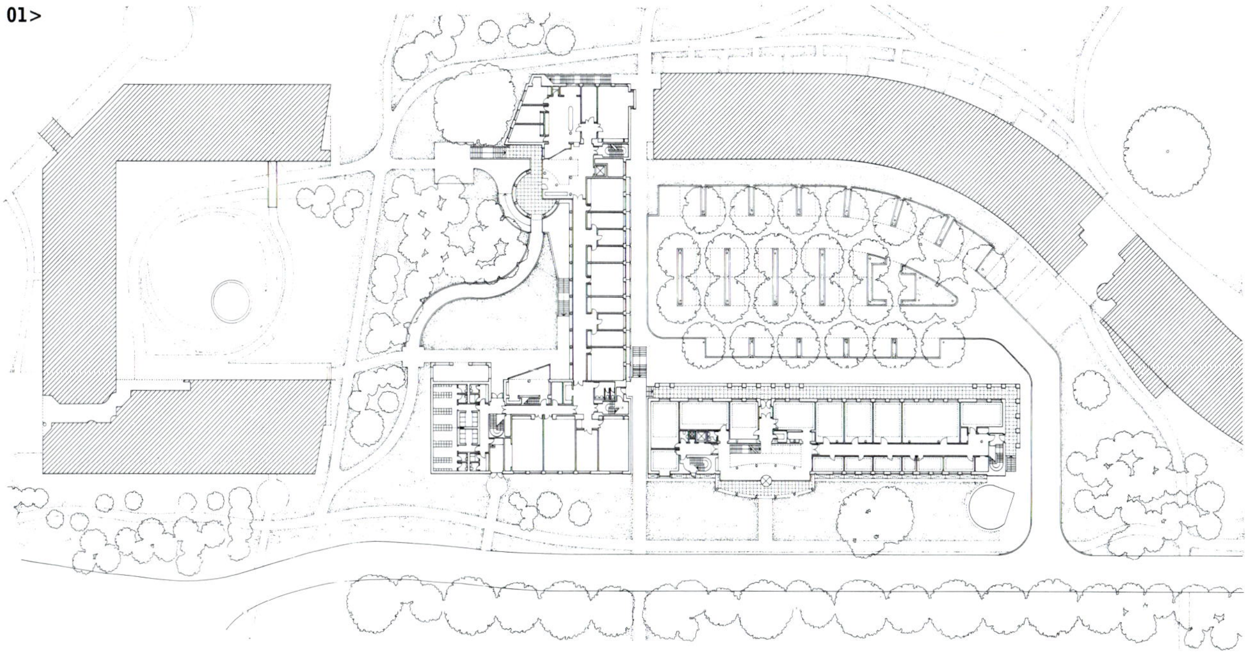

<02

03

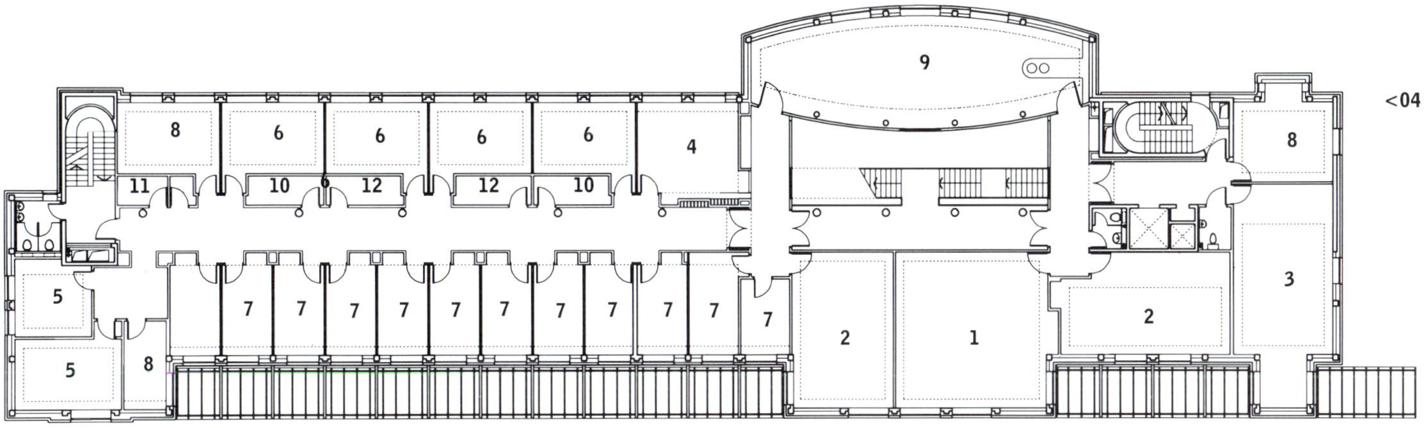

<04

03> Durch Dachoberlichter gelangt Tageslicht in das zentrale Treppenhaus.

04> Grundriß erstes Geschoß.

Schlüssel

1 Hörsaal
2 Seminarraum
3 Empfangszimmer – Forschungsabteilung
4 Empfangsbüro – Verwaltungsabteilung
5 Räume für Dozenten/Lehrgänge Büro des Leiters
6 (Doppel-) Büro Lehrkörper
7 (Einzel-) Büro Lehrkörper
8 Sekretariatsbüro
9 Gemeinschaftsraum
10 Magazin Dokumente/ Monographien
11 Lagerraum
12 Photokopierraum

05> Mit Sonnenschutz ausgestattete Balkons an der Südfassade.

^
05

06> Der Gebäudeschnitt zeigt die starke Dämmung – vor allem des Dachs – sowie die »Thermodeck« Fertigdeckenpaneele, durch die die Luft geleitet wird.

07> Der Hauptversammlungsraum im dritten Geschoß verfügt über ein nördlich ausgerichtetes Fensterband.

06>

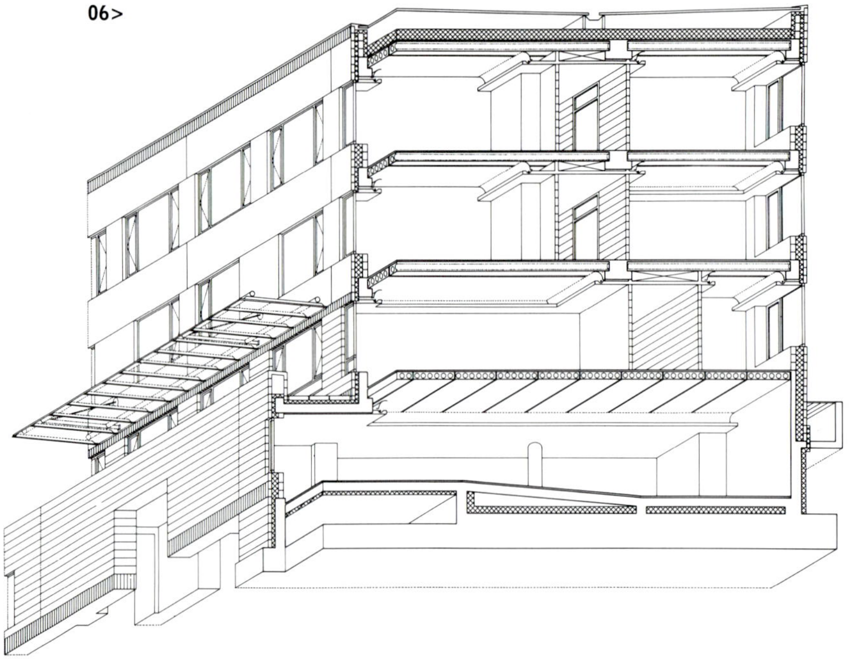

^ 07

»Und mitten darin, von Büschen mit Lorbeer
Und Myrthe bedeckt, und nur dem Tag entgegen schimmernd
Schlummerte ein Pavillon – ein herrlicher Anblick –
Klein, marmorn, gut proportioniert, in zartem Weiß...«

(Leigh Hunt, *The Story of Rimini*, Canto III)

4.4 Pavillons

Rekonstruierter Deutscher Pavillon, gebaut für die Internationale Ausstellung in Barcelona, Spanien, 1929 von Mies van der Rohe.

Kleindimensionierte Gebäude sind nicht immer an die betriebstechnischen Vorschriften größerer gebunden; sie dürfen verspielt sein. Beim Entwurf von Pavillons, Vergnügungsstätten und exzentrischen Prachtbauten auf Privatgrundstücken wußten Architekten und ihre Mäzene, daß die Bühne frei war für architektonische Kunstschöpfungen und Experimente. Während Großprojekte nach Lösungen für komplexere Anforderungen verlangen, sind Pavillons häufig Gelegenheitsbauten, Bagatellen. Das soll nicht heißen, sie seien belanglos. Nichtsdestoweniger begannen neue Wege in der Architektur oft mit solch scheinbar unbedeutenden Gebäuden.

NAME DES GEBÄUDES
Spring Lake Park Visitors Center

Bauherr/Eigentümer
Sonoma County Water Agency

Nutzer
Sonoma County Parks and Recreation

Gebäudestandort
Santa Rosa, Kalifornien, USA

Architekt
Obie G. Bowman

Fertigstellung
1992

Bruttogeschoßfläche
186 m²

Baukosten
ca. 600 000 DM

Klimazone
Mediterran

ENERGETISCHE FAKTOREN

Ausrichtung der Hauptfassaden
Nord, Süd, Ost, West (Sonnenkollektoren im Südosten)

Natürliche Belüftung: Ungefährer Prozentsatz der natürlich belüfteten Bruttogeschoßfläche
100 %

Versorgung mit Nachtlüftung
Entfällt

Wärmeleitung der Gebäudehülle
Durchschnittlich

Nutzung der wärmespeichernden Baumasse Teil des Energiekonzepts?
Ja

Sonnenschutzsysteme
Außen feststehend

Tagesbeleuchtung Ungefährer Prozentsatz der Nettogeschoßfläche, die während der Tageszeit künstlich beleuchtet werden muß
0 %

Energiesparende Steuerung der künstlichen Beleuchtung?
Nein

Sonstiges
Dimmer

HLK-SYSTEME

Brennstoffe/ungefähre Nutzung in %
Indirekte Solarenergie 95 %
Holz 5 %

Heizkesseltyp
Holzbrennofen

Heizsystem
Solare Luftkollektoren und Lüfter

Mechanische Belüftung
Luftrohre und Luftöffnungen; Ventilator

Art der Klimatechnik
N/V

Wärmerückgewinnung
Nein

ENERGIEWERTE

Insgesamt
K/A

Künstliche Beleuchtung
K/A

Kälteerzeugung
K/A

Mechanische Belüftung
K/A

Heizung
K/A

Geschätzter Kohlendioxidausstoß (insgesamt)
K/A

UMWELT-/GESUNDHEITLICHE FAKTOREN

Konzept für die Auswahl von Materialien/Komponenten zur Reduktion von gebundener und Transportenergie?
Ja

Einsatz von recycelten Materialien
Nein

Einsatz von Holz aus bewirtschafteten Quellen
Weichholz

Besondere Installationen zum Wassersparen
Entfällt

Natürlich biologische Abwasserbehandlung
Entfällt

Maßnahmen zur Förderung der Benutzung von öffentlichen Verkehrsmitteln
-

Spring Lake Park Visitors Center
Santa Rosa, Kalifornien, USA

Das Spring Lake Park Visitors Center bildet eine über quadratischem Grundriß errichtete Pyramide. Sie besteht aus Holz und Glas und wurde in einen dicht bewaldeten Abhang mit Blick auf Spring Lake in Nordkalifornien gesetzt. Die Eichen und Roßkastanien in ihrem Umkreis sind aufgrund des vulkanischen Bodens besonders anfällig. Das Gebäude und seine Landschaftsgestaltung schneiden behutsam eine Reihe offener und geschlossener Räume in den Hang, die Ausblicken, Naturstudien und Gesprächen dienen sollen. Ein Pfad schlängelt sich vom Autoparkplatz den Hügel hinauf zu einer kreisförmigen Eingangsfläche und weiter zu einer abgeschlossenen »Vorlese«-Grotte. Diese hat einen Durchmesser von 2,5 Metern und wird von den während des Baus entfernten Felsblöcken und Baumstümpfen gebildet. Hinter dem Zentrum im Südosten befindet sich ein in den Hügel gehauenes Freilufttheater und westlich davon eine Beobachtungsplattform. Im Gebäude finden interaktive Ausstellungen statt, und eine kreisförmige Vertiefung ist für Kinderaktivitäten vorgesehen; letztere umschließt ein Zeltdach, das an der Decke abgehängt ist und von großen Findlingen an seiner Basis gespannt wird. Die Pyramide des Visitors Center liegt auf einem nordwestlich orientierten Grundstück. Ihre doppelt verglasten, einem Betonfundament aufgesetzten Wände werden von einem biegesteifen Stahlrahmen getragen und von einem mit Tannenholz verschalten Dachboden bedeckt. Ein außenliegendes System aus schichtweise angeordneten, nach oben hin schmaler werdenden Redwood-Lamellen sorgt für den Schutz der Glaswände und gewährt gleichzeitig eine freie Aussicht auf das darunterliegende Tal. Die Südostfassade ist mit einem großflächigen Solarpaneel ausgerüstet, das die warme Luft im Dachboden sammelt. Mit Lüftern wird diese Luft durch ein unverkleidetes Luftkanalsystem in den darunterliegenden Einraumbereich geblasen. Zum Nachheizen bei kalter Witterung steht ein mit Katalysator ausgestatteter Holzbrennofen zur Verfügung. Mittels eines unterirdischen

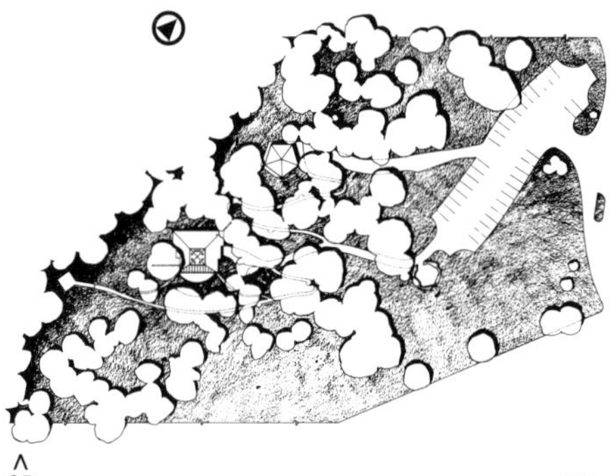

^
01

02>

Systems aus Kühlrohren strömt im Sommer durch Luftöffnungen im Fundament von der kühlen Nordfassade Luft ins Gebäudeinnere. Die Abluft wird mit Hilfe eines Deckenventilators durch sich öffnende Lüftungsschlitze in der Dachtraufe ausgestoßen.

01> Der Lageplan zeigt das in den Wald gebaute Visitors Center und den Parkplatz.

02> Von Norden aus gesehen ist das Gebäude völlig in sein Umfeld integriert. Durch die Wiederverwendung des bestehenden Parkplatzes und nur Fußgängern vorbehaltene Zugänge konnten die Eingriffe in die Waldung minimiert werden.

Schlüssel

1 Holzbrennofen mit katalytischem Verbrenner
2 Solarer Luftkollektor
3 Luftzufuhr über ein Luftkanalsystem mit Lüftern
4 Gefilterte Zuluft über ein Luftkanalsystem mit Luftöffnungen

Schlüssel

1 Zuluft über unterirdische Kühlrohre
2 Deckenventilator führt die Warmluft über Luftöffnungen in der Traufe ab
3 Selbsttätige Lamellen entlüften den Kollektor mittels Luftöffnungen im Dach

03>

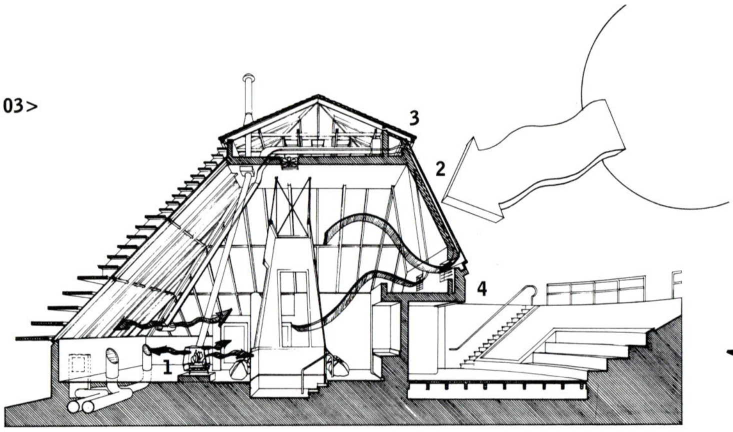

Schnitt Heizbetrieb

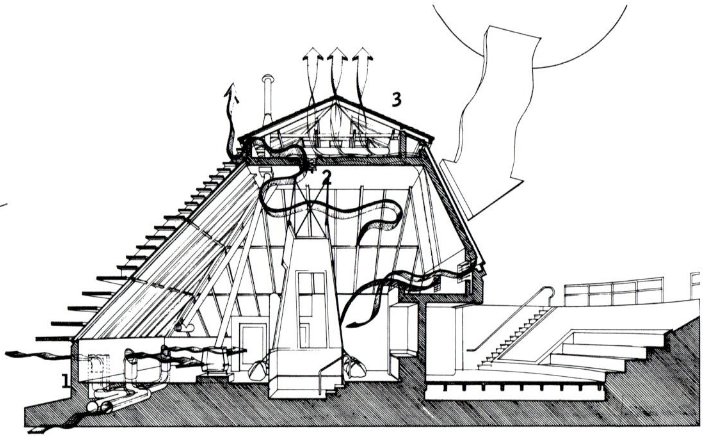

Schnitt Kühlbetrieb

^
04

03> Der Nordsüdschnitt durch den Pavillon zeigt die Betriebsweise im Winter mit dem nach Süden ausgerichteten Luftkollektor (links). Im Sommerbetrieb bedeckt eine reflektierende Dämmplatte den Luftkollektor, und die Luftöffnungen im Dachboden öffenen sich, um die Warmluft abzuführen (rechts).

04> Der Pavillon mit seiner verglasten Wand und Holzpaneelen. Das Stoffzelt, in dem vorgelesen wird, befindet sich auf der linken Seite.

05> Südfassade des Pavillons. Unterhalb von ihm befindet sich ein Freilicht-Amphitheater, über ihm sind solare Luftkollektoren installiert.

06> Nordwestliche Gebäudeecke. Die Lamellen sorgen für Tageslicht und Ausblicke in den Wald, doch schützen sie das Innere vor direktem Sonnenlicht.

^
05

^
06

NAME DES GEBÄUDES
Sea Folk Museum

Bauherr/Eigentümer
The Foundation of Tokai Suisan Kagaku Kyoukai

Gebäudestandort
Toba-City, Präfektur Mie, Japan

Architekt
Naito Architect & Associates

Fertigstellung
Juni 1992

Bruttogeschoßfläche
18058 m²

Baukosten
ca. 3,9 Mio. DM

Klimazone
Gemäßigt

ENERGETISCHE FAKTOREN

Ausrichtung der Hauptfassaden
Mehrfach

Natürliche Belüftung: Ungefährer Prozentsatz der natürlich belüfteten Bruttogeschoßfläche
N/V

Versorgung mit Nachtlüftung
N/V

Wärmeleitung der Gebäudehülle
Durchschnittlich

Nutzung der wärmespeichernden Baumasse Teil des Energiekonzepts?
Ja

Sonnenschutzsysteme
Bausubstanz

Tagesbeleuchtung Ungefährer Prozentsatz der Nettogeschoßfläche, die während der Tageszeit künstlich beleuchtet werden muß
Entfällt

Energiesparende Steuerung der künstlichen Beleuchtung?
Entfällt

Sonstiges
-

HLK-SYSTEME

Brennstoffe/ungefähre Nutzung in %
Hauptstromversorgungsnetz 100 %

Heizkesseltyp
N/V

Heizsystem
Wärmepumpe mit System Luftkühlung

Mechanische Belüftung
Luftkanal-Gebläse (Ausstellungshalle); Industrieventilator (Depot)

Art der Klimatechnik
Wärmepumpe mit System Luftkühlung

Wärmerückgewinnung
Nein

ENERGIEWERTE

Insgesamt
K/A

Künstliche Beleuchtung
K/A

Kälteerzeugung
K/A

Mechanische Belüftung
K/A

Heizung
K/A

Geschätzter Kohlendioxidausstoß (insgesamt)
K/A

UMWELT-/GESUNDHEITLICHE FAKTOREN

Konzept für die Auswahl von Materialien/Komponenten zur Reduktion von gebundener und Transportenergie?
K/A

Einsatz von recycelten Materialien
K/A

Einsatz von Holz aus bewirtschafteten Quellen
K/A

Besondere Installationen zum Wassersparen
Umwälzpumpe im Teich

Natürlich biologische Abwasserbehandlung
Nein

Maßnahmen zur Förderung der Benutzung von öffentlichen Verkehrsmitteln
Busverkehr

Sea Folk Museum

Toba-City, Präfektur Mie, Japan

Das Museum widmet sich Fischern, ihrer Ausrüstung und Kultur. Seine Exponate stammen hauptsächlich aus der lokalen Umgebung, der Shima Region in der Präfektur Mie. Die Gegend zeichnet ein schöner Küstenstreifen aus, und das Sea Folk Museum liegt auf einem Hügel nahe der Küste. Eines der wichtigsten Anliegen dieses Projekts war der Umgang mit den regionstypischen Salzerosionen, heftigen Winden und starken Regenfällen. Dabei sollte sich das Lösungskonzept der regionalen traditionellen Architektur anpassen.
Ein Metalldach kam wegen der schädlichen Meersalze nicht in Frage, so daß man statt dessen auf ein traditionelles japanisches Ziegeldach zurückgriff. Da eine Ziegeleindekkung für hohe Windstärken anfällig ist, mußten zum Ausgleich Bäume als Windbrecher gepflanzt und am Rande des Geländes Erdarbeiten ausgeführt werden. Die einfachen Giebeldächer stellen eine harmonische Verbindung zwischen dem Museum und seiner Umgebung her.
Das Museum ist primär in eine Ausstellungshalle mit einem Depot. Letzteres erforderte zur Aufbewahrung von Fischerbooten und -netzen eine hohe Raumluftfeuchtigkeit und wurde deswegen mit einer Betonstruktur versehen. Diese setzt sich wegen des knappen Budgets aus Betonfertigteilen zusammen, deren Beförderung mit Anhängerfahrzeugen die Module auf eine Breite von 2,25 Metern beschränkte bei einer Spannweite von fünf Einheiten mit nachträglichem Verbund. Zum Schutz der Wände wurden die aus vorgefertigten Betonteilen zusammengesetzten Außenflächen direkt mit Harz besprüht.
Für die Ausstellungshalle wählte man eine Holzkonstruktion, die dem Wesen der Museumsstücke mehr entgegenkommt. Ihre aus Holzpaneelen bestehenden Außenwände wurden mit einer auf Teer basierenden Schicht behandelt, die dem bei lokalen Häusern traditionell verwendeten Überzug aus Walöl ähnelt. Im Innern sind Weitspannbalken konstruktiv zusammengesetzt, um den Eindruck eines Schiffskiels zu vermitteln. Diese Art der Holzkonstruktion bewirkt zusammen mit dem Verzicht auf Ausstellungswände (die meisten Exponate stehen frei im Raum) eine enge Sichtverbindung zwischen den Objekten und dem Gebäudeumfeld. Indem beim Sea Folk Museum neue Techniken (wie Spannbeton mit nachträglichem Verbund) mit traditionellen Methoden kombiniert wurden, erweckt es trotz eines engen Finanzrahmens den Eindruck von Haltbarkeit und Standfestigkeit.

^ 01

01> Die beiden Museumshallen für die Dauerausstellung.

02> Der Lageplan zeigt die Bezüge zwischen Magazin, Ausstellungs- und Außenräumen.

Schlüssel

1 Eingangsraum
2 Ausstellungsflügel A
3 Ausstellungsflügel B
4 Haupteingang
5 Wasserfläche
6 Hof

03> Mit Dachziegeln bedeckte Dachlandschaft in nordwestlicher Richtung.

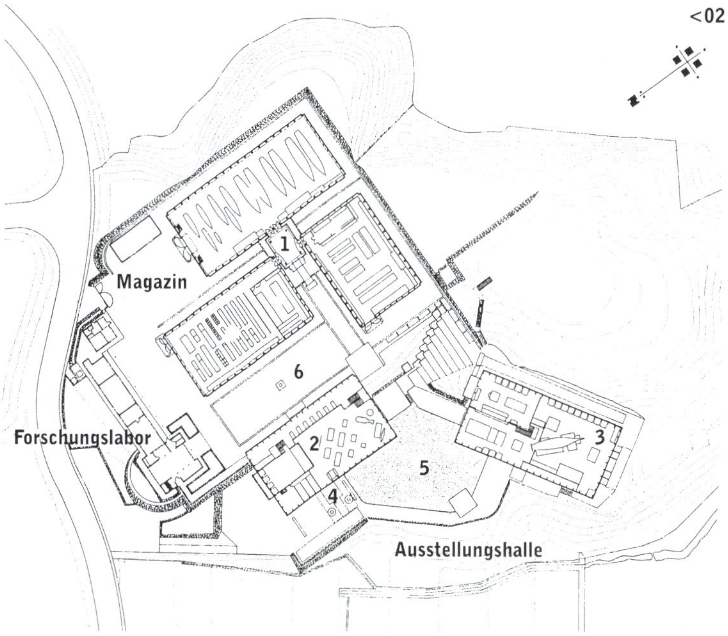

<02

^
03

^
04

04> Blick zwischen den zwei mit Holz verkleideten Ausstellungshallen über den Wasserhof zu den Depotgebäuden aus Beton.

05> Nordansicht

06> Schnitt durch den Ausstellungsflügel A mit einem Höhenwechsel und Darstellung der Holzkonstruktion.

07> Die Holzdachkonstruktion einer der Ausstellungshallen mit integriertem Oberlicht.

<05

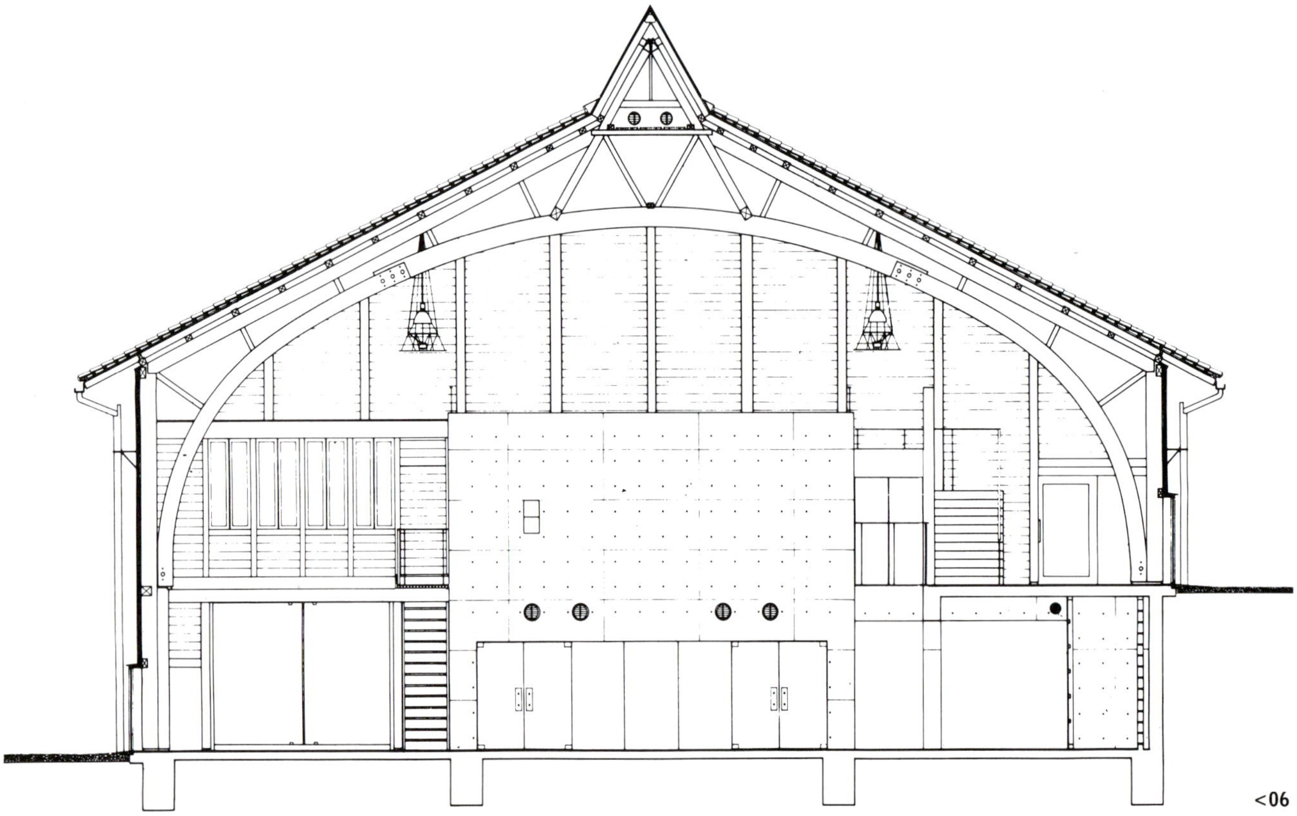

<06 07>

NAME DES GEBÄUDES
Papierkirche

Bauherr/Eigentümer
Takatori Catholic Church

Nutzer
Lokale Gemeinschaft

Gebäudestandort
Nagata, Kobe, Japan

Architekt
Shigeru Ban

Fertigstellung
September 1996

Bruttogeschoßfläche
150 m²

Baukosten
K/A

Klimazone
Mediterran

ENERGETISCHE FAKTOREN

Ausrichtung der Hauptfassaden
Entfällt

Natürliche Belüftung: Ungefährer Prozentsatz der natürlich belüfteten Bruttogeschoßfläche
100 %

Versorgung mit Nachtlüftung
Natürlich

Wärmeleitung der Gebäudehülle
Hoch

Nutzung der wärmespeichernden Baumasse Teil des Energiekonzepts?
Nein

Sonnenschutzsysteme
Außen feststehend; außen motorisch angetrieben/variierbar

Tagesbeleuchtung Ungefährer Prozentsatz der Nettogeschoßfläche, die während der Tageszeit künstlich beleuchtet werden muß
0 %

Energiesparende Steuerung der künstlichen Beleuchtung?
Nein

Sonstiges
-

HLK-SYSTEME

Brennstoffe/ungefähre Nutzung in %
Hauptstromversorgungsnetz 100 %

Heizkesseltyp
N/V

Heizsystem
N/V

Mechanische Belüftung
N/V

Art der Klimatechnik
N/V

Wärmerückgewinnung
Nein

ENERGIEWERTE

Insgesamt
Entfällt

Künstliche Beleuchtung
Entfällt

Kälteerzeugung
Entfällt

Mechanische Belüftung
Entfällt

Heizung
Entfällt

Geschätzter Kohlendioxidausstoß (insgesamt)
Entfällt

UMWELT-/GESUNDHEITLICHE FAKTOREN

Konzept für die Auswahl von Materialien/Komponenten zur Reduktion von gebundener und Transportenergie?
Ja

Einsatz von recycelten Materialien
Papier

Einsatz von Holz aus bewirtschafteten Quellen
Weichholz

Besondere Installationen zum Wassersparen
Nein

Natürlich biologische Abwasserbehandlung
Nein

Maßnahmen zur Förderung der Benutzung von öffentlichen Verkehrsmitteln
Nein

Papierkirche und Blockbau aus Papier

Nagata, Kobe, Japan

Der Architekt Shigeru Ban hat sowohl eine neue Architektursprache als auch eine radikale Bautechnik entwickelt, indem er großformatige Röhren aus recyceltem Papier als Primärbaustoff einsetzte. Zunächst verwandte er die Röhren in Innenräumen wie in seiner Installation für eine Ausstellung über Alvar Aalto. Später baute er seine Methode aus und konstruierte zuerst Gebäude mit zeitweiliger und dann mit ständiger Nutzung.
Mit seinen Erfahrungen bei der Konstruktion von Notunterkünften besuchte Ban im Januar 1995 das Erdbebengebiet von Kobe. Inmitten der zerstörten Stadt stieß er auf eine Gemeinschaft katholischer Koreaner und Vietnamesen, deren Wohnhäuser und Kirche dem Erdbeben zum Opfer gefallen waren.
Er bot ihnen seine Hilfe an und errichtete eine neue Kirche.
Der Bau bildet ein Oval aus 58 Röhren. Diese sind von handelsüblicher Qualität mit einem Durchmesser von 330 Millimetern und tragen eine gespannte Dachhaut aus einem mit Teflon beschichteten Gewebe. Sie ist in einen rechtwinkligen, 150 Quadratmeter großen Container eingebaut. Dieser besteht aus zusammenklappbaren, mit Lüftungsschlitzen versehenen Paneelen aus durchsichtigem Kunststoff auf einem Stahlrahmen in Leichtbauweise. Das Resultat ist eine Ein-Raum-Konstruktion, deren inhärente Harmonie und Heiterkeit ihren Zweck als Gemeinschaftshalle und Ort des Gebets vortrefflich erfüllt.
Der Architekt selbst trug die Verantwortung für die Beschaffung des Kapitals, den Bauentwurf und seine Realisierung. Die anstrengendste Aufgabe bestand dabei in dem Aufbringen des Geldes, da das Gros der Finanzmittel aus Privatspenden stammte. Daneben wurden für die Errichtung der Kirche auch Schenkungen in Form von Naturalien bereitgestellt. Das Gebäude haben in der Hauptsache Architekturstudenten errichtet,und zwar innerhalb eines Zeitraums von fünf Wochen. Die Kirche öffnete genau acht Monate nach der Katastrophe ihre Tore.
Außer für die Kirche war Shigeru Ban nach dem Erdbeben auch für die Konstruktion mehrerer Notunterkünfte zuständig. Sie basieren auf einem typisierten Plan und sind so entworfen, daß sie schnell, ohne Fachkenntnisse und mit minimalen Ressourcen gebaut werden können. In Kobe verfügt jede dieser papierenen Blockhütten über einen quadratischen, 4 x 4 Meter messenden Grundriß. Fußböden, Wände und Dachstühle sind allesamt aus Papierröhren mit einem Durchmesser von 108 Millimetern konstruiert. Das Fundament jedes Blockbaus setzt sich aus sandgefüllten Bierkästen zusammen, an denen der Überbau befestigt ist. Das Dach umfaßt eine doppelte Lage aus einem teflonbeschichteten Gewebe und weist an einer der Giebelwände eine Lüftungsklappe auf.
Die Verwendung von Papierrohren entsprang einer ästhetischen Antwort auf einen spezifischen Bedarf, die sich jedoch zum Ausdruck eines gesellschaftlichen und ökologischen Anliegens entwickelte, ohne dabei ihre unverwechselbaren stilistischen Attribute zu verlieren. Diese Konstruktionsmethode stellt ein bemerkenswertes Beispiel für den Einsatz standardisierter, energiearmer Komponenten dar und bezweckt keine an dringende soziale und ökologische Bedürfnisse angepaßte Gebäude.

01>

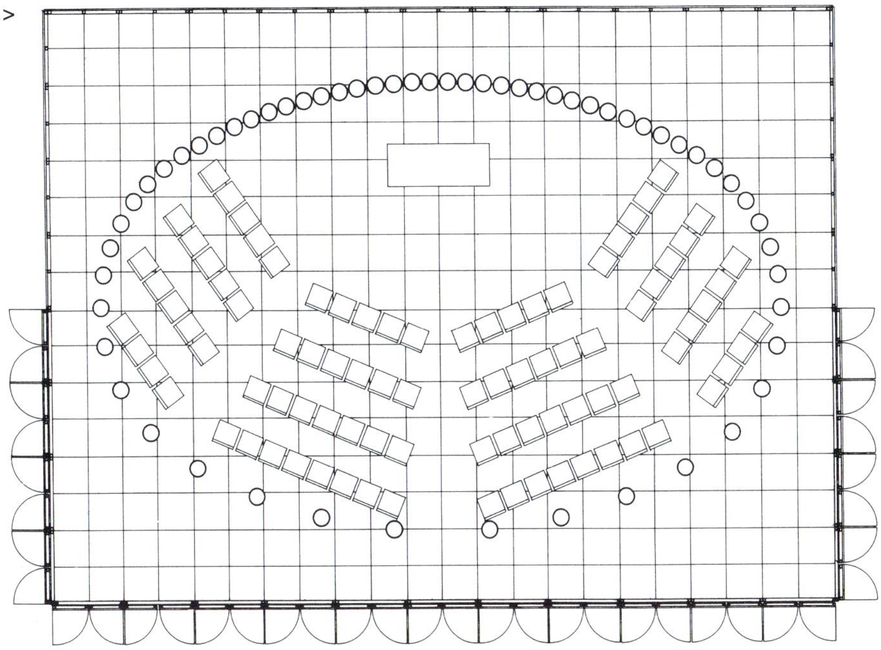

01> Grundriß der Kirche/ Gemeinschaftshalle.

02> Im Gebäudeinnern sorgt eine Kombination von Röhren und mit Luftschlitzen versehenen Paneelen für eine stufenweise Regulierung der gewünschten Zurückgezogenheit.

^
02

<03

04>

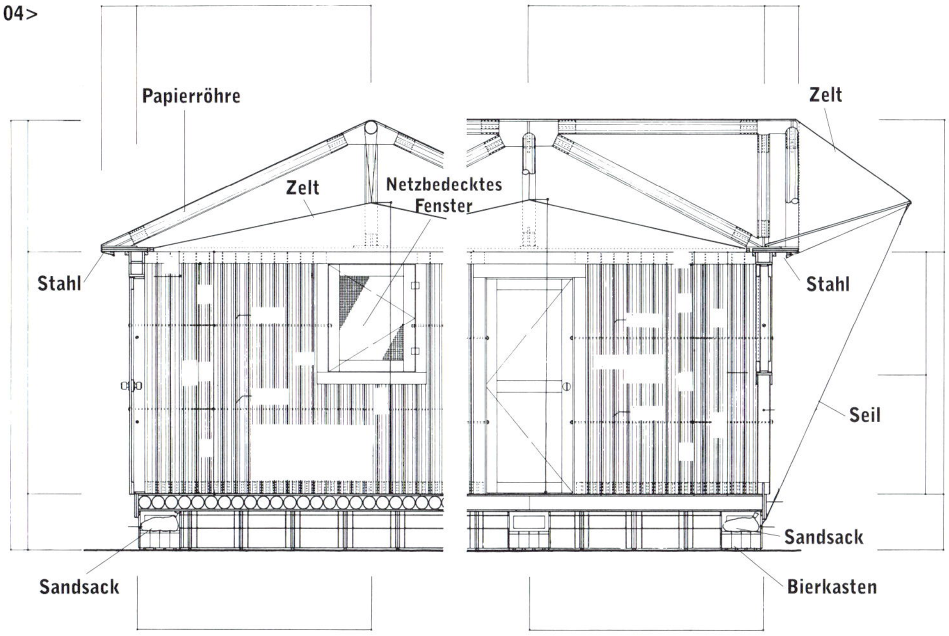

03> Der Raum zwischen dem Säulengang aus Papierrohren und den Abschirmungen in Leichtbauweise schafft eine harmonische Verbindung zwischen innen und außen.

04> Schnitt durch eine Notunterkunft mit quadratischem Grundriß. Wände und Dachkonstruktion bestehen aus Röhren. Die Dachoberfläche bildet eine Haut, die am Gebäudefundament fixiert ist und eine Lüftungsklappe enthält.

05> Notwohnungen in Gebrauch.

^
05

NAME DES GEBÄUDES
Halle 26, Hannover Messe

Bauherr/Eigentümer
Deutsche Messe AG

Nutzer
Verschiedene

Gebäudestandort
Hannover, Deutschland

Architekt
Herzog & Partner

Fertigstellung
1996

Bruttogeschoßfläche
25400 m²

Baukosten
K/A

Klimazone
Gemäßigt

ENERGETISCHE FAKTOREN

Ausrichtung der Hauptfassaden
Nord und Süd

Natürliche Belüftung: Ungefährer Prozentsatz der natürlich belüfteten Bruttogeschoßfläche
100 %

Versorgung mit Nachtlüftung
Erzwungen

Wärmeleitung der Gebäudehülle
Durchschnittlich

Nutzung der wärmespeichernden Baumasse Teil des Energiekonzepts?
Nein

Sonnenschutzsysteme
Außen feststehend; Sonnenschutzverglasung

Tagesbeleuchtung Ungefährer Prozentsatz der Nettogeschoßfläche, die während der Tageszeit künstlich beleuchtet werden muß
10 %

Energiesparende Steuerung der künstlichen Beleuchtung?
K/A

Sonstiges
-

HLK-SYSTEME

Brennstoffe/ungefähre Nutzung in %
K/A

Heizkesseltyp
K/A

Heizsystem
Luftheizsystem mit Gaslufterhitzern

Mechanische Belüftung
N/V

Art der Klimatechnik
Klimaanlage mit variablem Volumenstrom (Gesamtkühlkapazität 4,450 KW)

Wärmerückgewinnung
Ja

ENERGIEWERTE

Insgesamt
K/A

Künstliche Beleuchtung
K/A

Kälteerzeugung
K/A

Mechanische Belüftung
K/A

Heizung
K/A

Geschätzter Kohlendioxidausstoß (insgesamt)
K/A

UMWELT-/GESUNDHEITLICHE FAKTOREN

Konzept für die Auswahl von Materialien/Komponenten zur Reduktion von gebundener und Transportenergie?
Nein

Einsatz von recycelten Materialien
Nein

Einsatz von Holz aus bewirtschafteten Quellen
K/A

Besondere Installationen zum Wassersparen
Nein

Natürlich biologische Abwasserbehandlung
Nein

Maßnahmen zur Förderung der Benutzung von öffentlichen Verkehrsmitteln
Entfällt

Halle 26, Hannover Messe
Hannover, Deutschland

Bei der Halle 26 handelt es sich um eine 25 400 Quadratmeter große Ausstellungsfläche auf dem riesigen Messegelände der Deutschen Messe AG in Hannover, um dessen Masterplan die Architekten ebenfalls gebeten wurden. Der Ausstellungsraum umfaßt drei 70 Meter lange Hallenschiffe mit Versorgungskernen an jeweils beiden Stirnseiten eines Schiffs. Das Dach ist an vier Fachwerkböcken der Stahlkonstruktion aufgehängt, die Wände bestehen aus gläsernen Vorhangfassaden mit Holzverkleidungen an den Betonkörpern der Serviceräume. Die Dachhaut wurde mit vorgefertigten Holzpaneelen ausgeführt.
Eine Verdrängungslüftung sorgt für ein angenehmes Raumklima. Allerdings wird die Luft nicht über den Fußboden eingeführt, sondern über großformatige, verglaste Lüftungskanäle, die 4,1 Meter über dem Boden entlang des Tragwerks verlaufen. Die gläsernen Lüftungskanäle vermitteln ein Gefühl der räumlichen Kontinuität. Die Frischluft strömt von oben nach unten und verteilt sich gleichmäßig über den Boden. Anschließend wird die Luft durch die Wärmelasten der Nutzung langsam nach oben befördert und entweicht über die aneinandergereihten Firstöffnungen jeder Zone. Die Öffnungen werden von regulierbaren Zu- und Abluftklappen gesteuert. Zu Heizzwecken kann das Belüftungssystem auf eine andere Betriebsart umgestellt und vorgewärmte Luft mittels regelbarer weitreichender Düsen horizontal eingeblasen werden.
Ein Teil der Warmluft läßt sich rezirkulieren.
Die natürliche Belichtung in der Halle erfolgt über nordseitige großflächige Verglasungen entlang des Haupttragwerks und über Tageslichtgitter im Dach, die an den tiefsten Punkten der Hängedachkonstruktion installiert sind. Lichtlenkende Elemente leiten das Tageslicht an die Unterseite des Hängedachs und weiter nach unten zu den öffentlichen Flächen.

Die Zusatzbeleuchtung und die vollständig künstliche Beleuchtung folgen den gleichen Prinzipien.
Die verschiedenen in Halle 26 eingesetzten passiven und aktiven Systeme sind völlig integriert und unterstützen sich gegenseitig.
Das Ergebnis ist ein sowohl elegantes wie praktisches Gebäude.

^ 01

01> Die Stirnseite der Halle zeigt an der Fassade die Fachwerkböcke des Tragwerks und die Sonnenschutzelemente auf Dachebene.

02> Schematische Darstellung der Konstruktionsprinzipien.

03> Die aufgehängten Dächer kontrastieren mit den rechtwinkligen Baukörpern der dienenden Räume.

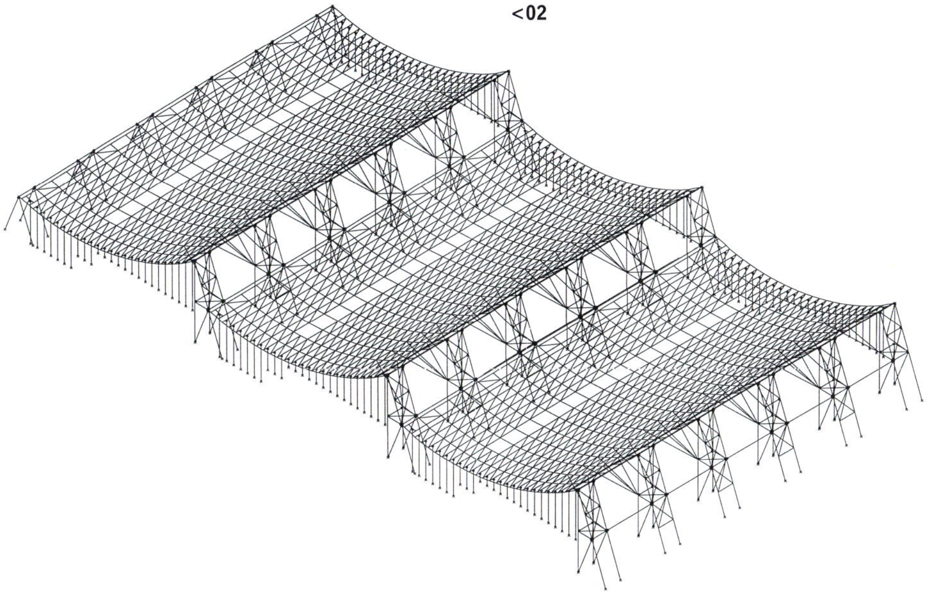

<02

^03

04> Die markante Dachlandschaft des Gebäudes.

05> Der verglaste Fußgängertunnel durch den Belüftungsschacht mit gerichteten Luftverteilerdüsen.

06> Der verglaste Belüftungsschacht erlaubt den gesamten Hallenraum ohne Sichtbeschränkung wahrzunehmen.

07> Schematische Schnitte.

^ 04

^ 05

07A> Mechanische und natürliche Lüftung

Kühlbetrieb:
1 Die Versorgung mit natürlicher Luft erfolgt über Zu- und Abluftklappen in der Fassade
2 Gläserner Lüftungskanal mit Kühlluftauslässen am Boden des Lüftungskanals
3 Thermischer Auftrieb aus inneren Wärmequellen
4 Natürliche Belüftung über Zu- und Abluftklappen im Dachfirst

Heizbetrieb:
5 Mechanische Verteilung der erwärmten Luft über weitreichende Düsen
6 Absaugen der Luft mittels seitlich gelegener Lüftungsanlagen

07B> Tagesbeleuchtungssystem
1 Direktes Sonnenlicht
2 Außenjalousien
3 Dreifachverglasung mit Tageslichtgittern; reflektiertes Sonnenlicht
4 Gestreutes Tageslicht
5 Lamellen für die Lichtlenkung
6 Gewölbte Spiegel

07C> Künstliches Beleuchtungssystem
1 Glaskanal mit seitlich gelegenen Beleuchtungskörpern
2 Indirekte Beleuchtung über gewölbte Spiegel
3 Aufgehängte Lichtbänder

^
06

07>

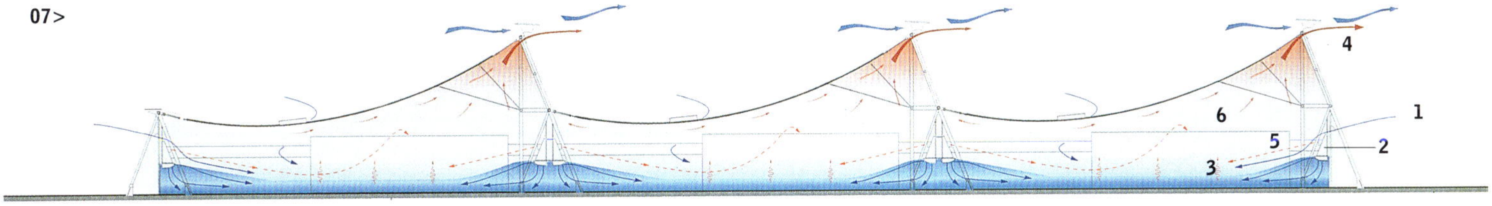

A

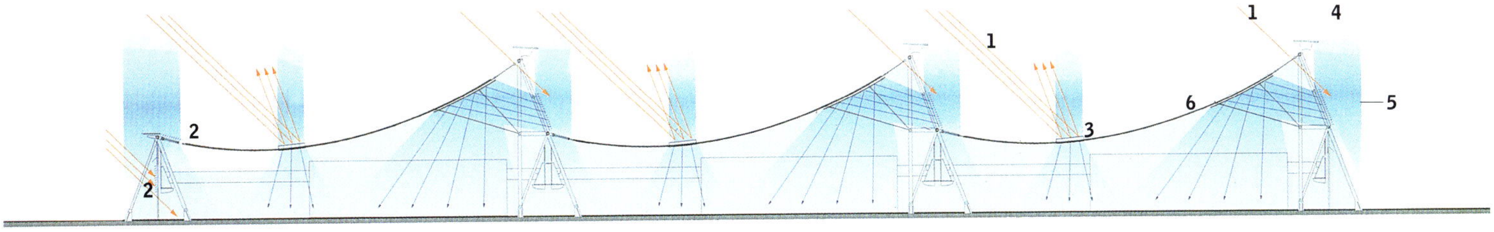

B

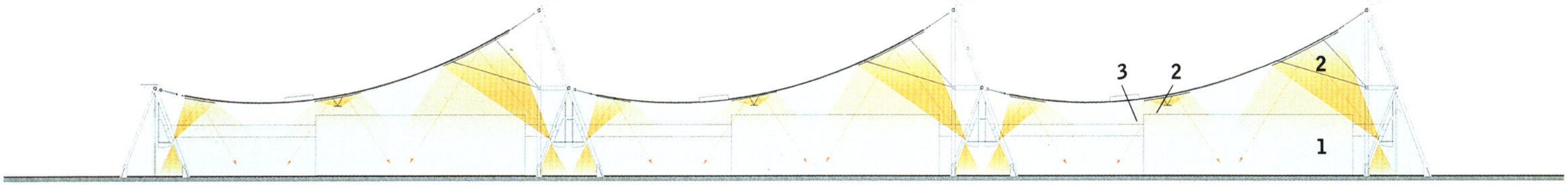

C

NAME DES GEBÄUDES
Holzmuseum

Bauherr/Eigentümer
Präfektur Hyogo

Nutzer
-

Gebäudestandort
Mikata-gun, Hyogo, Japan

Architekt
Tadao Ando

Fertigstellung
April 1994

Bruttogeschoßfläche
2695 m^2

Baukosten
K/A

Klimazone
Gemäßigt

ENERGETISCHE FAKTOREN

Ausrichtung der Hauptfassaden
Mehrfach

Natürliche Belüftung: Ungefährer Prozentsatz der natürlich belüfteten Bruttogeschoßfläche
Entfällt

Versorgung mit Nachtlüftung
Entfällt

Wärmeleitung der Gebäudehülle
Durchschnittlich

Nutzung der wärmespeichernden Baumasse Teil des Energiekonzepts?
Entfällt

Sonnenschutzsysteme
Bausubstanz

Tagesbeleuchtung Ungefährer Prozentsatz der Nettogeschoßfläche, die während der Tageszeit künstlich beleuchtet werden muß
Entfällt

Energiesparende Steuerung der künstlichen Beleuchtung?
Entfällt

Sonstiges
-

HLK-SYSTEME

Brennstoffe/ungefähre Nutzung in %
Hauptstromversorgungsnetz

Heizkesseltyp
-

Heizsystem
N/V

Mechanische Belüftung
K/A

Art der Klimatechnik
K/A

Wärmerückgewinnung
Nein

ENERGIEWERTE

Insgesamt
K/A

Künstliche Beleuchtung
K/A

Kälteerzeugung
K/A

Mechanische Belüftung
K/A

Heizung
K/A

Geschätzter Kohlendioxidausstoß (insgesamt)
K/A

UMWELT-/GESUNDHEITLICHE FAKTOREN

Konzept für die Auswahl von Materialien/Komponenten zur Reduktion von gebundener und Transportenergie?
Ja

Einsatz von recycelten Materialien
K/A

Einsatz von Holz aus bewirtschafteten Quellen
K/A

Besondere Installationen zum Wassersparen
Nein

Natürlich biologische Abwasserbehandlung
Nein

Maßnahmen zur Förderung der Benutzung von öffentlichen Verkehrsmitteln
Nein

Holzmuseum

Mikata-gun, Hyogo, Japan

»Heute, da wir die Krise unserer Umwelt und die Zerstörung unserer geistigen Kultur begreifen, ist es wichtig, daß wir nach einem neuen Anfang suchen - in einem neuen Verständnis unserer Umwelt und in einer neuen Würdigung von Wäldern und Waldwirtschaft, da diese die menschliche Seele bereichern können.« (Tadao Ando) Das Museum zeigt alle Aspekte von Holz auf sowie die von seiner Nutzung angeregten Traditionen und Kulturformen. Der Vorgängerbau dieser Konstruktion war der von Tadao Ando für die Weltausstellung von Sevilla 1992 entworfene Japanische Pavillon. Ursprünglich war beabsichtigt, ihn nach Ausstellungsende zur Feier des Nationalen Tags des Baums nach Japan zu verschiffen. Allerdings mußte dieser Plan wegen rechtlicher und technischer Komplikationen aufgegeben werden. Deshalb wurde an seiner Statt ein neues Gebäude entworfen.
Der Standort des Museums liegt in einem abgelegenen Fleckchen Erde in den Bergen der Präfektur Hyogo. Sein ringförmiger Bau wurde in diese dicht bewaldete Landschaft fast ohne Eingriffe in das natürliche Umfeld eingefügt. In der Gebäudemitte befindet sich ein Hohlraum mit einem Wasserbecken, in dem auf einem Gitter Wasserzerstäuber plaziert sind. Die Wände des Innenhofs bestehen aus facettierten und überblatteten Holzplanken, die senkrecht nach oben zu einem runden Himmelsausschnitt streben. So vermittelt das Gebäude auf eindrucksvolle Weise zwischen dem darüberliegenden Himmel und dem Wasser darunter.
Das Museum umfaßt einen einzigen, ringförmigen 18 Meter hohen Raum, in dem auf einem Kreisbogen Pfeiler angeordnet sind. Dieser demonstriert die charakteristische räumliche Wirkung einer aus Holzpfeilern und Balken gebildeten Konstruktion. Durch den Raum windet sich eine krummlinige Rampe, entlang derer Exponate zur Wald- und Holzwirtschaft zu sehen sind. Eine abschüssige Brücke durchdringt den Bau und führt über den Teich zu einem Nebengebäude. Sie bietet Ausblicke auf den sie umschließenden prächtigen Wald.
Den Besuchern des Museums wird sowohl der bedeutende Reichtum des tiefen Waldes bewußt als auch das von Menschenhand geschaffene Walderbe, das von dem wirkungsvollen musealen Raum repräsentiert wird. Auf ihrem Weg durch das Museum gelangen sie nun in den Bereich zwischen geläutertem Himmel und Wasser. Auf diese Weise liefert das Museum das Instrument, mit dem der Besucher die tiefgreifende, die Kultur des Menschen mit der Natur vereinigende Beziehung erfahren kann. Die Lage des Museums mitten im Wald, seine Konstruktion und der elementare Charakter der Ausstellung verknüpfen Ort, Natur und Ressourcen besonders eindringlich.

01>

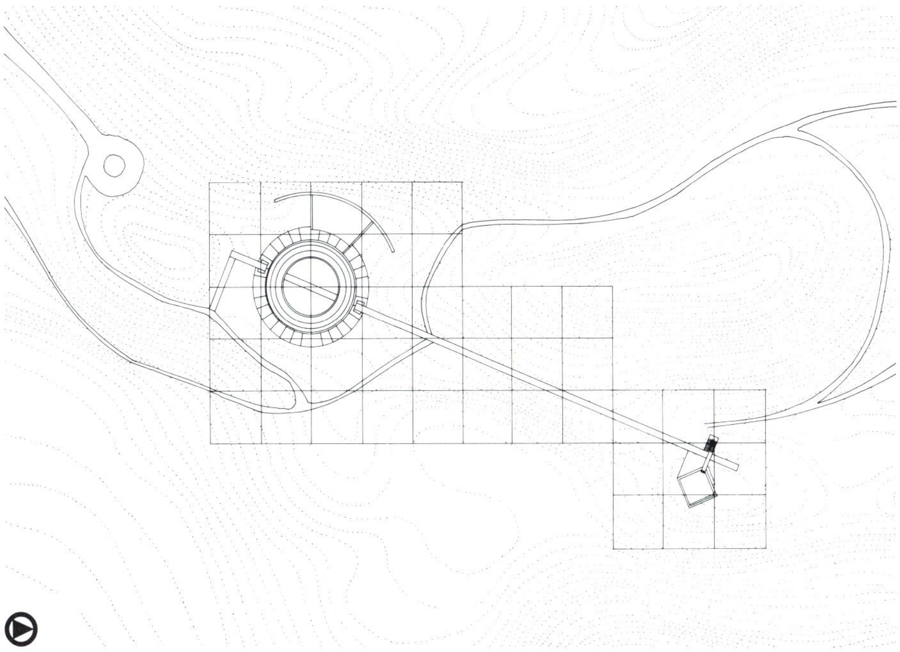

^
02

01> Lageplan.

02> Luftaufnahme des mitten im Wald errichteten Museums.

03>

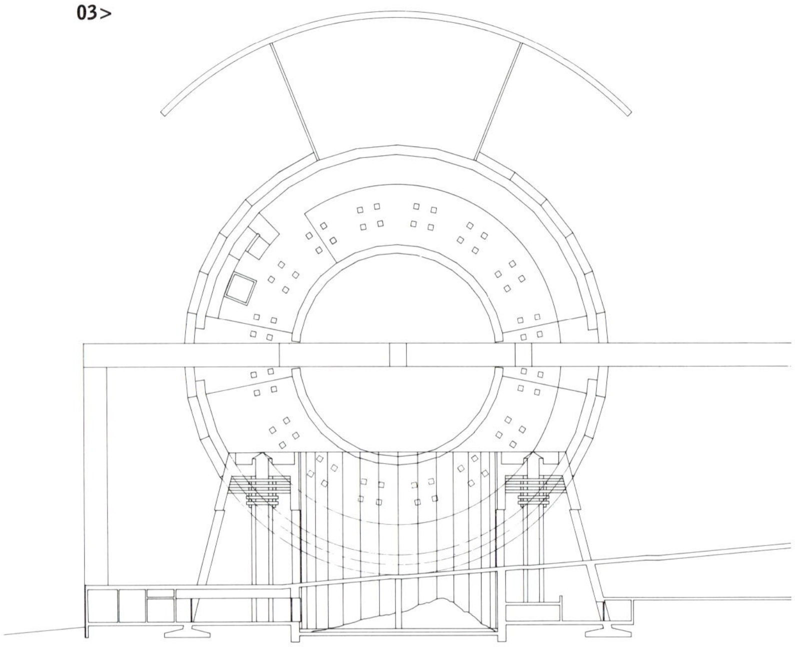

^ 04

^ 05

^
06

03> Grundriß des Hauptausstellungsraums mit aufgelegtem Gebäudeschnitt.

04> Durch den zentralen runden Innenhof führende Rampe mit dem Himmel über ihr und dem Wasser darunter.

05> Vom Museumseingang in einem Glashaus auf Baumkronen-Ebene werden die Besucher zum holzverkleideten Zylinder des Ausstellungsraums geführt.

06> Der hölzerne »Wald« inmitten des Ausstellungsraums.

NAME DES GEBÄUDES
BRE Office of the Future (Bürogebäude der Zukunft)

Bauherr/Eigentümer
BRE

Nutzer
BRE

Gebäudestandort
Garston, Hertfordshire, Großbritannien

Architekt
Feilden Clegg Architects

Fertigstellung
Dezember 1996

Bruttogeschoßfläche
2000 m²

Baukosten
ca. 7,8 Mio. DM

Klimazone
Gemäßigt

ENERGETISCHE FAKTOREN

Ausrichtung der Hauptfassaden
Süd

Natürliche Belüftung: Ungefährer Prozentsatz der natürlich belüfteten Bruttogeschoßfläche
100 %

Versorgung mit Nachtlüftung
Natürlich

Wärmeleitung der Gebäudehülle
Überdurchschnittlich

Nutzung der wärmespeichernden Baumasse Teil des Energiekonzepts?
Ja

Sonnenschutzsysteme
Außen motorisch angetrieben/variierbar; Interne Jalousien/Lamellen

Tagesbeleuchtung Ungefährer Prozentsatz der Nettogeschoßfläche, die während der Tageszeit künstlich beleuchtet werden muß
5 %

Energiesparende Steuerung der künstlichen Beleuchtung?
Ja

Sonstiges
-

HLK-SYSTEME

Brennstoffe/ungefähre Nutzung in %
Hauptstromversorgungsnetz 28 %; Photovoltaik 5 %; Passive Solarwärme und Tageslicht 22 %; Erdgas 45 %

Heizkesseltyp
Schadstoffarmer Brennwertkessel aus Blei und schadstoffarmer Gaskessel

Heizsystem
Niederdruckwarmwasserheizung mit Fußbodenheizung und Warmluftradiatoren

Mechanische Belüftung
Sauglüfter in den WCs

Art der Klimatechnik
Entfällt

Wärmerückgewinnung
Nein

ENERGIEWERTE

Insgesamt
83 KW/h/m²/ a

Künstliche Beleuchtung
9 KW/h/m²/ a

Kälteerzeugung
2-3,5 KW/h/m²/ a

Mechanische Belüftung
0,5 KW/h/m²/ a

Heizung
47 KW/h/m²/ a

Geschätzter Kohlendioxidausstoß (insgesamt)
31 KW/h/m²/ a

UMWELT-/GESUNDHEITLICHE FAKTOREN

Konzept für die Auswahl von Materialien/Komponenten zur Reduktion von gebundener und Transportenergie?
Ja

Einsatz von recycelten Materialien
Beton und Ziegelmauerwerk für verdichtete Kiesschicht

Einsatz von Holz aus bewirtschafteten Quellen
Nein

Besondere Installationen zum Wassersparen
Toiletten mit Sparspülung

Natürlich biologische Abwasserbehandlung
Nein

Maßnahmen zur Förderung der Benutzung von öffentlichen Verkehrsmitteln
Nein

BRE Office of the Future (Bürogebäude der Zukunft)

Garston, Hertfordshire, Großbritannie

Das Office of the Future am Building Research Establishment (BRE) (Bauforschungsanstalt) am Stadtrand von Watford liegt im gemäßigten Klima Südenglands. An seinem Standort gibt es kaum Probleme mit Lärm oder der Luftqualität. Das Bürogebäude demonstriert mit einer Kombination wegweisender Energiesparmaßnahmen den britischen Stand der Wissenschaft auf dem Gebiet der Energienutzung. Damit fungiert es als Prüfstand für die vom BRE betriebene Umweltforschung.
Die Büroräume sind auf drei Stockwerken angeordnet, nahezu nach Ostwest orientiert und umfassen Großraum- und Zellenbüros sowie Seminarräume. Der asymmetrische Grundriß beinhaltet einen 7,5 Meter breiten Raum zur Südfassade, eine mittlere Flurzone und einen 4,5 Meter breiten Raum zur Nordfassade.
Die Gebäudehülle verfügt über eine gute Dämmung, die doppelverglasten, mit Argon gefüllten und nur wenig abstrahlenden Fenster lassen sich öffnen und machen etwa 50 Prozent der Hauptfassadenflächen aus. Diese sind an der Südseite mit motorisch betriebenen Glaslamellen ausgerüstet, um die Büros vor Sonne zu schützen (eine Belüftung über Nachströmöffnungen gewährleisten im allgemeinen die von der Gebäudeleittechnik, GLT, gesteuerten hochgelegenen Fenster, mit manuell zu betätigenden Nachströmöffnungen im obersten Stockwerk).
Die 3,7 Meter hohen Geschosse sind beträchtlich höher als die eines herkömmlichen Bürogebäudes. In der wellenförmigen Betondeckenplatte sind erhöhte Deckenpaneele integriert, um eine ebene Oberfläche herzustellen und die technische Gebäudeausrüstung aufzunehmen. Sie enthält außerdem große widerstandsarme Öffnungen für Luftbewegung sowie Platten für die Fußbodenheizung und Kühlrohre in einem Estrich. Über die GLT- gesteuerten Fenster kann die Außenluft direkt (an »hohen Stellen« der Betondeckenplatte) in die Räume gelangen oder über die Hohlräume im Baukörper (an den »tiefen Stellen« der Betondeckenplatte) eintreten.
Die fünf Lüftungsschornsteine der Südfassade sind verglast und können zur Nutzung von Solarenergie beitragen; sie sind mit langsamen Propellerventilatoren ausgestattet, um bei warmen, windstillen Wetterbedingungen die durch Schornsteineffekt bewirkte Lüftung zu unterstützen. In der Übergangszeit wird das Gebäude durch einfaches Fensteröffnen gelüftet. Bei kalter Witterung beheizen eine Fußbodenheizung und Warmluftradiatoren das Gebäude, die von einem Brennwertkessel aus Blei in Kombination mit einem herkömmlichen schadstoffarmen Kessel gespeist werden. Die Frischluftzufuhr erfolgt über die GLT-gesteuerten hochgelegenen Fenster. Die Fenster sorgen auch für eine zusätzliche Belüftung und Nachtkühlung bei warmen Temperaturen. Zum Nachkühlen der Betondeckenplatten steht Wasser aus einem grundstückseigenen Bohrloch bereit.
Die Hochfrequenz-Leuchtstofflampenbeleuchtung mit den neuen T5 Lampen ist mit Lichtreglern ausgestattet und so konzipiert, daß sie die Gebäudenutzer steuern können. Eingebaut sind außerdem Photomeßfühler (von der Gebäudeleittechnik gesteuert), um den Bedarf an Kunstlicht minimal zu halten.
Das Gebäude liefert außerdem ein Beispiel für vorbildlich praktizierte Umweltplanung. Sechsundneunzig Prozent der ursprünglich vom Grundstück eingenommenen Baustruktur sind recycelt worden. In dem neuen Bau sind auch erstmals in Großbritannien recycelte Ziegelsteine und recycelte Zuschlagstoffe aus einem zerstörten Betonplattenbau ver wendet worden, um sie für den konstruktiven Beton in den Fundamenten, den Bodenplatten und im Überbau einzusetzen.

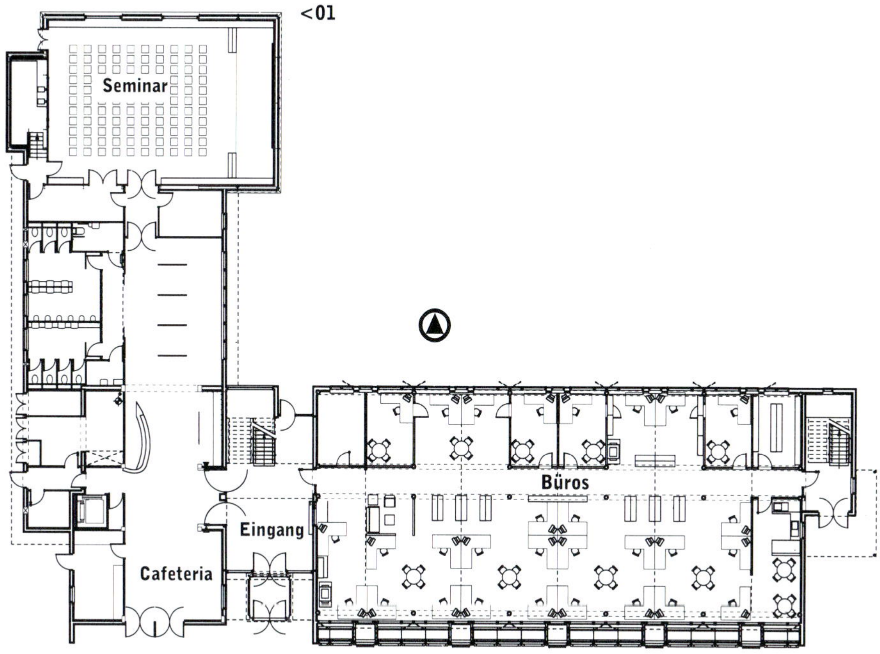

<01

^
02

01> Grundriß Erdgeschoß.

02> Die Südfassade mit den Lüftungsschornsteinen und dem außenliegenden Glaslamellensystem. Das an das Netz angeschlossene kleine photovoltaische Kollektorfeld wurde nachträglich hinzugefügt und senkrecht montiert.

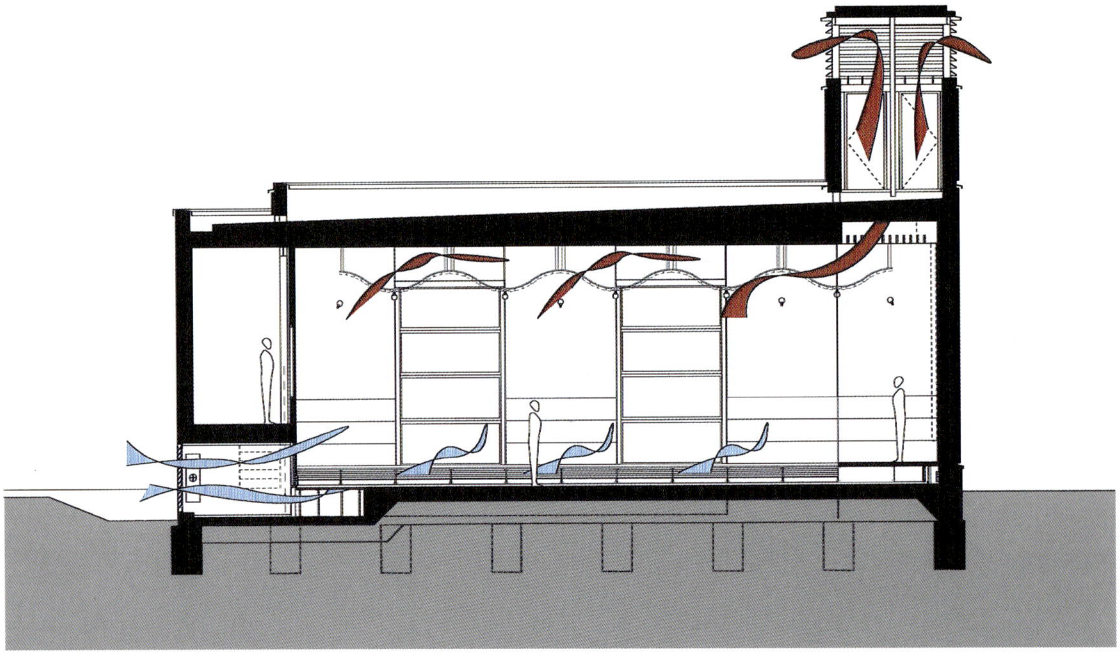

^
03

^
04

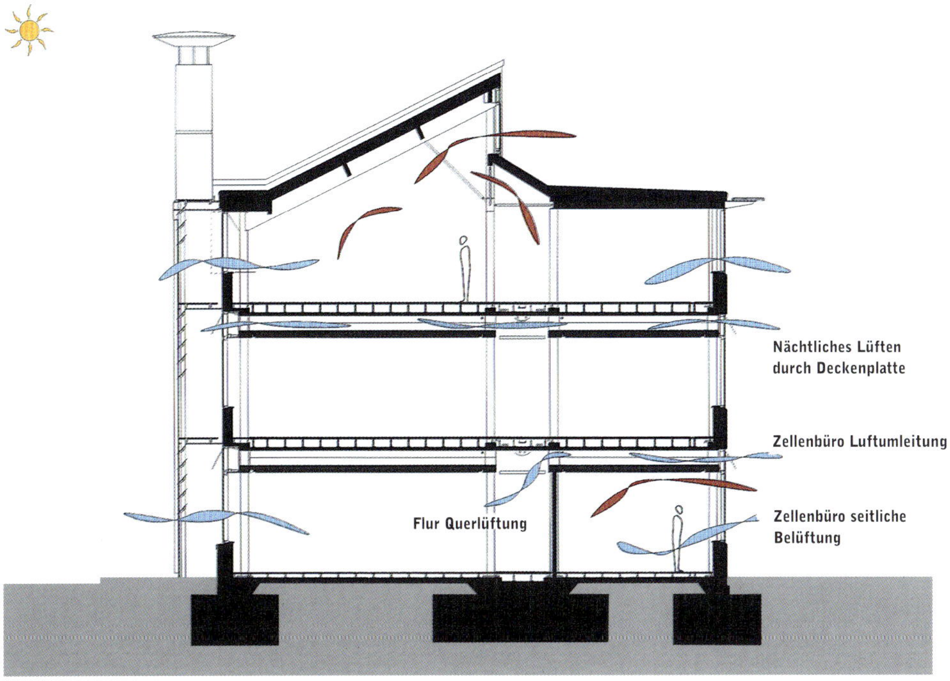

05

03> Schnitt durch den Seminarraum mit Darstellung des natürlichen Belüftungskonzepts.

04> Externe Glaslamellen in horizontaler Stellung dienen als Sonnenschutz.

05> Schnitt durch den Bürorflügel mit Darstellung der Luftbewegung.

06> Büroinnenraum mit wellenförmiger Deckenunterseite. Die Zellenbüros befinden sich auf der rechten Seite.

06

NAME DES GEBÄUDES
Sämerei und Zentrum für Forstwirtschaft

Bauherr/Eigentümer
Ministerium der Wallonischen Region

Nutzer
Abteilung Forsten und Natur

Gebäudestandort
Marche-en-Famenne, Belgien

Architekt
Samyn & Partners

Fertigstellung
November 1995

Bruttogeschoßfläche
1144 m²

Baukosten
ca. 1,8 Mio. DM

Klimazone
Gemäßigt

ENERGETISCHE FAKTOREN

Ausrichtung der Hauptfassaden
Ost und West

Natürliche Belüftung: Ungefährer Prozentsatz der natürlich belüfteten Bruttogeschoßfläche
0 %

Versorgung mit Nachtlüftung
Erzwungen

Wärmeleitung der Gebäudehülle
Unterdurchschnittlich

Nutzung der wärmespeichernden Baumasse Teil des Energiekonzepts?
Ja

Sonnenschutzsysteme
Sonnenschutzverglasung

Tagesbeleuchtung Ungefährer Prozentsatz der Nettogeschoßfläche, die während der Tageszeit künstlich beleuchtet werden muß
17 %

Energiesparende Steuerung der künstlichen Beleuchtung?
Nein

Sonstiges
-

HLK-SYSTEME

Brennstoffe/ungefähre Nutzung in %
Hauptstromversorgungsnetz; Hauptgasleitung

Heizkesseltyp
K/A

Heizsystem
Strahlungsheizung

Mechanische Belüftung
Geführte Sauglüftung

Art der Klimatechnik
Entfällt

Wärmerückgewinnung
Nein

ENERGIEWERTE

Insgesamt
K/A

Künstliche Beleuchtung
K/A

Kälteerzeugung
Entfällt

Mechanische Belüftung
K/A

Heizung
K/A

Geschätzter Kohlendioxidausstoß (insgesamt)
K/A

UMWELT-/GESUNDHEITLICHE FAKTOREN

Konzept für die Auswahl von Materialien/Komponenten zur Reduktion von gebundener und Transportenergie?
Ja

Einsatz von recycelten Materialien
Nein

Einsatz von Holz aus bewirtschafteten Quellen
Ja

Besondere Installationen zum Wassersparen
Nein

Natürlich biologische Abwasserbehandlung
Nein

Maßnahmen zur Förderung der Benutzung von öffentlichen Verkehrsmitteln
Entfällt

Sämerei und Zentrum für Forstwirtschaft

Marche-en-Famenne, Belgien

Die öffentliche Verwaltung in der wallonischen Region Südbelgiens wollte die lokale Umweltforschung fördern. Als ein Zentrum für Forstkultur (Forstwirtschaft) geplant wurde, bestand sie darauf, daß dieses die Potentiale von Holz anschaulich darstellen müsse.
Das Zentrum besteht aus einer langgezogenen 12,5 Meter hohen und 43 Meter langen Kuppel. Ihr hölzernes Rippengefüge bildet Bögen aus, die sich in Querrichtung aus zwei Schichten und in Längsrichtung aus drei Schichten zusammensetzen. Alle in Querrichtung verlaufenden Hölzer verfügen über den gleichen Radius, wodurch standardisierte Bauteile möglich waren. Dagegen weisen die Hölzer in Längsrichtung entsprechend ihrer Lage in der Kuppel unterschiedliche Radien auf.
Die Bögen kreuzen sich im rechten Winkel zu einem Rahmentragwerk, um ein Dach aus 1691 laminierten Glaspaneelen aufzunehmen. Die Holzbalken haben meist einen viereckigen Querschnitt und wurden mittels Dampf zu der benötigten Krümmung gebogen. Im Innern der Kuppel befinden sich zwei Längskonstruktionen aus Betonblocksteinmauerwerk, in denen Büros und andere Funktionsbereiche untergebracht sind. Der viel höhere Zwischenbereich nimmt die maschinelle Einrichtung auf. Das Projekt stellt eine Glanzleistung auf dem Gebiet der modernen konstruktiven Holznutzung dar. Der geschaffene Innenraum ist bemerkenswert schön, obgleich angesichts eines solch eindrucksvollen Volumens die prosaischen Aktivitäten darin etwas deplaziert erscheinen.
Dafür ist das Energiekonzept etwas weniger sorgfältig durchdacht. Es existiert keine Dämmung und wenig Sonnenschutz für die Innenräume im Sommer, wodurch ein hoher Bedarf an mechanischer Sauglüftung entsteht, um das Gebäude in den wärmsten Monaten zu kühlen. Im Winter werden große Heizstrahler eingesetzt; inzwischen ist beabsichtigt, nachträglich eine horizontale lichtdurchlässige Membrane einzufügen, um das Volumen zu reduzieren und die Wärmelast zu verringern. Die Dacheindeckung bildet einen Panzer, der einer riesigen Kugelassel ähnelt. Alle Eingänge liegen ebenerdig, und durch das Schalenbauwerk führen keine Anschlußrohre, was die Verwendbarkeit des Gebäudes in der Zukunft einschränken könnte. Trotz einiger Mängel repräsentiert der Bau dennoch die hervorragende Nutzung einer erneuerbaren natürlichen Ressource.

^ 01

01> Das in einer Waldrodung gelegene Zentrum für Forstkultur.

02> Der Gebäudegrundriß zeigt die klare Außenform mit den innenliegenden Nutzungsbereichen.

03> Nachts strahlt die Innenbeleuchtung durch die Glaspaneele.

<02

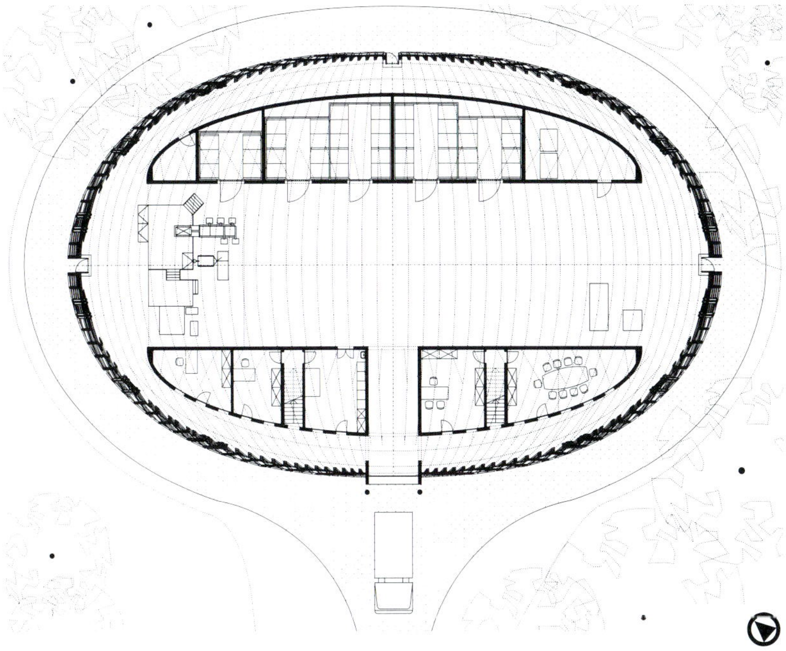

^ 03

<04

05>

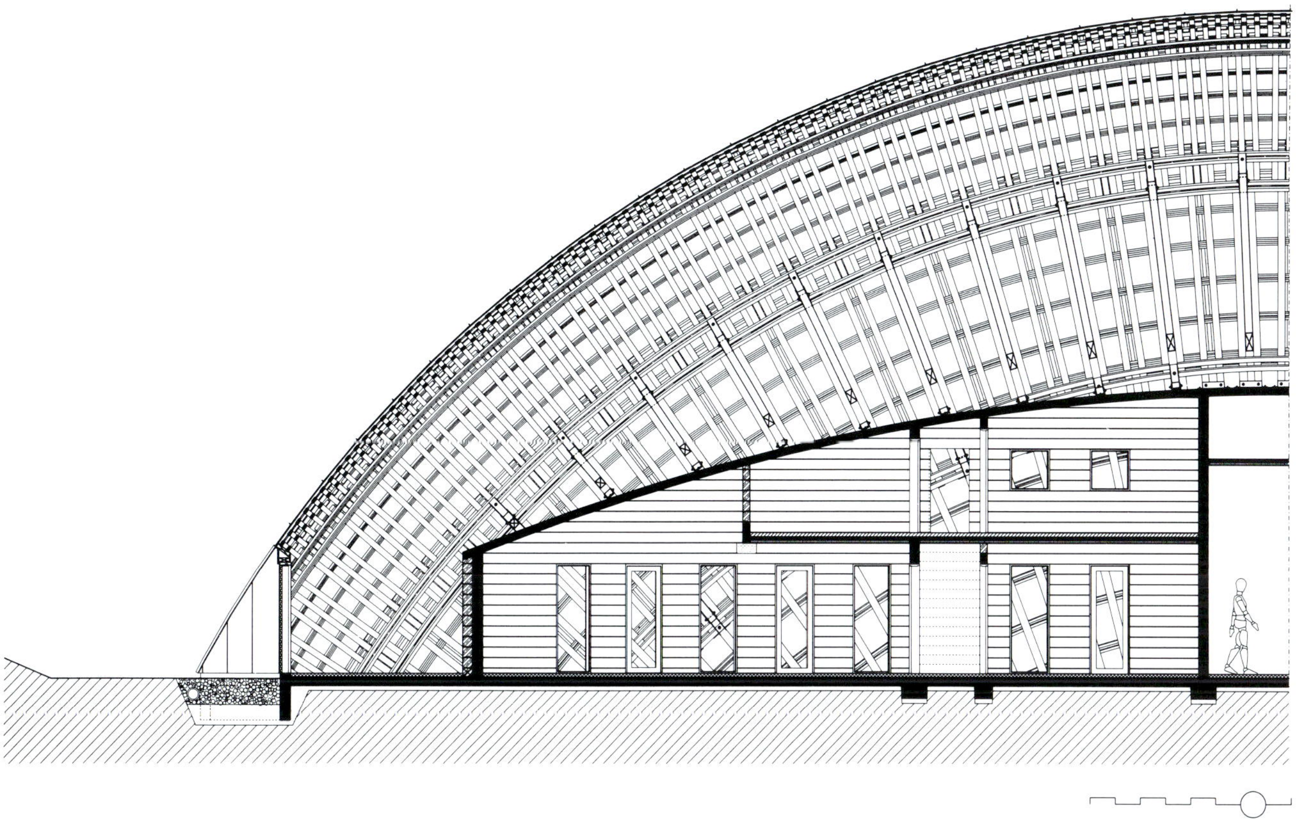

04> In dem Raum zwischen dem äußeren Holzfachwerk und dem Blocksteinmauerwerk aus Beton sind Büros untergebracht. Den im Vergleich zur Holzkonstruktion hohen Anteil an Glasflächen zeigt das Muster des Sonnenlichts auf.

05> Längsschnitt durch das Gebäudeende. Die Vorfertigung der Holzkonstruktion ist erheblich erleichtert worden, indem alle in Querrichtung verlaufenden Hölzer den gleichen Radius erhielten.

06> Das Gebäude wirkt wie eine auf dem Boden sitzende riesige Kugelassel. Augenfällig ist die Vielschichtigkeit und Exaktheit der Holzkonstruktion. Die Außenhaut besteht aus laminierten Glaspaneelen.

^
06

NAME DES GEBÄUDES
Toyo Village Mason Museum

Bauherr/Eigentümer/Nutzer
Toyo Village

Gebäudestandort
Präfektur Kumamoto, Japan

Architekt
Yasfumi Kijima & Yas and Urbanists

Fertigstellung
Dezember 1993

Bruttogeschoßfläche
830 m^2

Baukosten
ca. 4,6 Mio. DM

Klimazone
Gemäßigt

ENERGETISCHE FAKTOREN

Ausrichtung der Hauptfassaden
Mehrfach

Natürliche Belüftung: Ungefährer Prozentsatz der natürlich belüfteten Bruttogeschoßfläche
100 %

Versorgung mit Nachtlüftung
N/V

Wärmeleitung der Gebäudehülle
Durchschnittlich

Nutzung der wärmespeichernden Baumasse Teil des Energiekonzepts?
Ja

Sonnenschutzsysteme
Entfällt

Tagesbeleuchtung Ungefährer Prozentsatz der Nettogeschoßfläche, die während der Tageszeit künstlich beleuchtet werden muß
80 %

Energiesparende Steuerung der künstlichen Beleuchtung?
Entfällt

Sonstiges
-

HLK-SYSTEME

Brennstoffe/ungefähre Nutzung in %
K/A

Heizkesseltyp
K/A

Heizsystem
K/A

Mechanische Belüftung
K/A

Art der Klimatechnik
(Luft-) Wärmepumpe

Wärmerückgewinnung
Nein

ENERGIEWERTE

Insgesamt
K/A

Künstliche Beleuchtung
K/A

Kälteerzeugung
K/A

Mechanische Belüftung
K/A

Heizung
K/A

Geschätzter Kohlendioxidausstoß (insgesamt)
K/A

UMWELT-/GESUNDHEITLICHE FAKTOREN

Konzept für die Auswahl von Materialien/Komponenten zur Reduktion von gebundener und Transportenergie?
Ja

Einsatz von recycelten Materialien
-

Einsatz von Holz aus bewirtschafteten Quellen
-

Besondere Installationen zum Wassersparen
Nein

Natürlich biologische Abwasserbehandlung
Nein

Maßnahmen zur Förderung der Benutzung von öffentlichen Verkehrsmitteln
Nein

Toyo Village Mason Museum
Präfektur Kumamoto, Japan

Das Museum huldigt dem Steinmetzgewerbe. Toyo ist ein kleiner Ort im Süden von Kyushu, aus dem früher viele Maurer kamen. Die sogenannten Taneyama Maurer bauten hauptsächlich in Kyushu zahlreiche prächtige Brücken, doch stammt auch die Steinbrücke im Tokioer Palast von ihnen.
Der Architekt hat das Gebäude selbst zu einem integralen Bestandteil der Museumsexponate gemacht. Seine Mauern veranschaulichen die überlieferten Steinmetztechniken und werden vom Dach, einer traditionellen japanischen Holzkonstruktion, ergänzt. Der Erfolg des Gebäudes hing vom fachlichen Können der Maurer ab. Allerdings waren in Toyo nur wenige zurückgeblieben, so daß Steinmetze aus China hinzugezogen werden mußten, wo sich diese Fertigkeiten erhalten hatten. In Zusammenarbeit mit den Maurern in Toyo nahmen sie eine Neuinterpretation der traditionellen Bauweise vor und entwickelten sie weiter. Dabei bezogen sie alle handwerklichen Aspekte vom Schneiden bis zum Verlegen der Steine ein.
Ein weiteres Ziel dieses Projekts bestand darin, die Technik lokaler Holzdachkonstruktionen in ein rationalisiertes modernes Verfahren zu übertragen. Holz hat in der zeitgenössischen japanischen Architektur an Beliebtheit verloren. Dies liegt teilweise an seinem »primitiven« Beiklang, aber auch an der erforderlichen Detailvielfalt einer traditionellen japanischen Konstruktion. In diesem Fall kamen den Architekten Computer zu Hilfe. Die Planer maßen jeden Baumstamm und gaben alle für baustatische Berechnungen notwendigen Informationen in das Computerprogramm ein. Durch die Anwendung einer innovativen konstruktiven Logik auf ein aufgezeichnetes Datenmaterial fanden sie heraus, daß sich Baumstämme in einer bestimmten Verbindung für die Gestaltung eines Kuppeldachs sehr gut eignen. Das Ergebnis ist ein Gebäude, das eine kombinierte Holz- und Steinkonstruktion markant zum Ausdruck bringt.

^
01

01> Das Museum liegt in der herrlichen Hügellandschaft von Kyushu.

02> Lageplan.

03> Das Museumsäußere wird durch die Verwendung verschiedener Steinmauerwerkstechniken bestimmt.

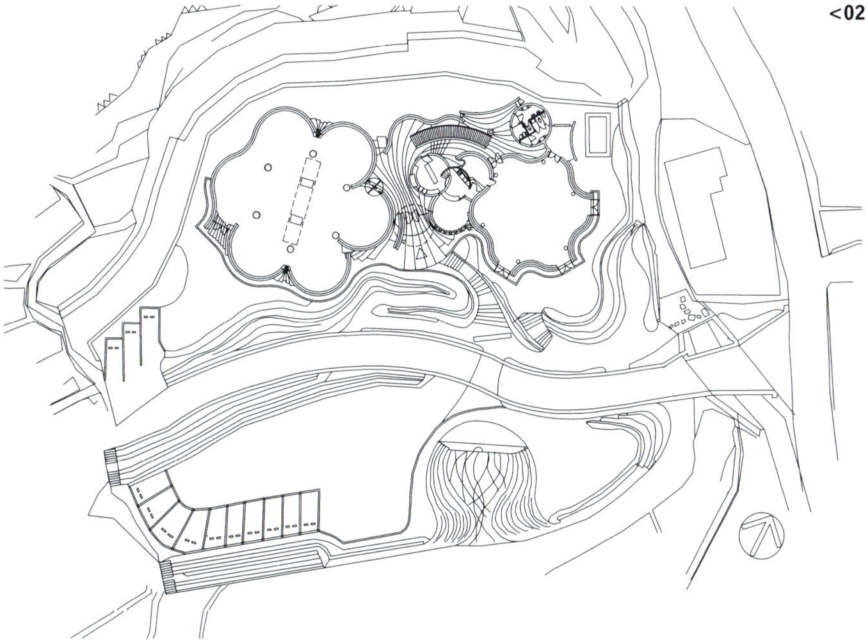

<02

^ 03

<04

05>

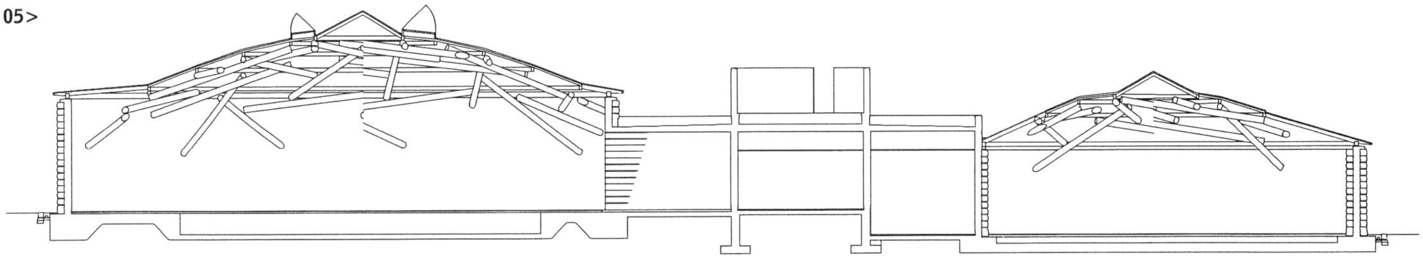

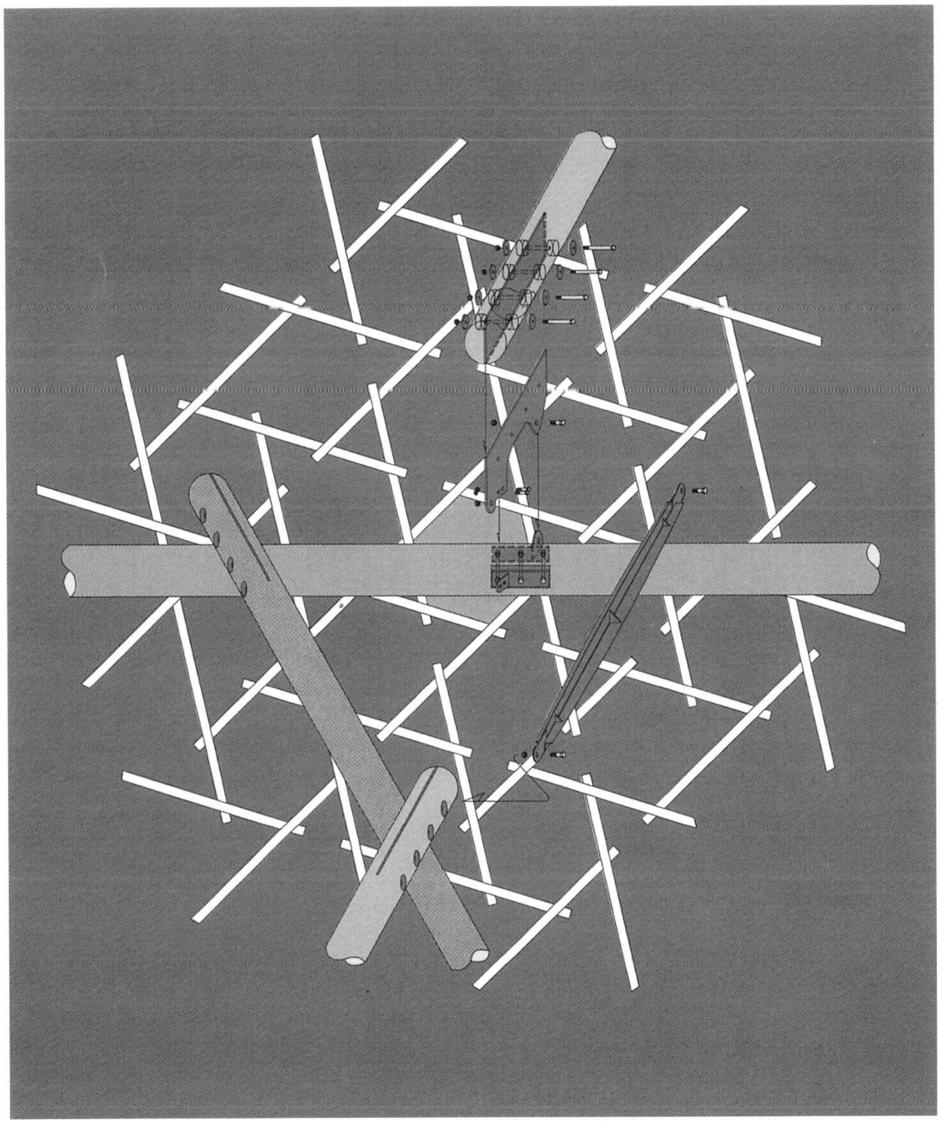

06

04> Das Dach des Hauptausstellungsraums besteht aus einer komplexen Holzkonstruktion. Hauptmerkmal ist ein Steingewölbe mit einem Schalgerüst aus Holz.

05> Schnitt durch die Ausstellungsräume.

06> Schematische Darstellung der Dachkonstruktionsprinzipien.

NAME DES GEBÄUDES
EDF (Electricité de France) – Regionale Zentrale

Bauherr/Eigentümer
Electricité de France

Nutzer
Electricité de France

Gebäudestandort
Bordeaux, Frankreich

Architekt
Foster and Partners

Fertigstellung
Juli 1996

Nettogeschoßfläche
7230 m²

Baukosten
ca. 16,6 Mio. DM

Klimazone
Mediterran

ENERGETISCHE FAKTOREN

Ausrichtung der Hauptfassaden
Ost und West

Natürliche Belüftung: Ungefährer Prozentsatz der natürlich belüfteten Bruttogeschoßfläche
(Mischlüftung)

Versorgung mit Nachtlüftung
Natürlich

Wärmeleitung der Gebäudehülle
Durchschnittlich (transparente Isolierung und Low-E-Gläser)

Nutzung der wärmespeichernden Baumasse Teil des Energiekonzepts?
Ja

Sonnenschutzsysteme
Außen feststehend

Tagesbeleuchtung Ungefährer Prozentsatz der Nettogeschoßfläche, die während der Tageszeit künstlich beleuchtet werden muß
50 %

Energiesparende Steuerung der künstlichen Beleuchtung?
Ja

Sonstiges
-

HLK-SYSTEME

Brennstoffe/ungefähre Nutzung in %
Hauptstromversorgungsnetz 100 %

Heizkesseltyp
Wärmepumpe

Heizsystem
APELSA Wassermatten im Fußboden

Mechanische Belüftung
Ventilator-Konvektoren mit zentraler Entlüftung

Art der Klimatechnik
Kühlungs- und Beheizungssystem; reduzierte Werte nur bei der Luftfeuchtigkeitsmessung

Wärmerückgewinnung
Nein

ENERGIEWERTE

Insgesamt
65 KW/h/m² (Grundlast)

Künstliche Beleuchtung
8 KW/h/m²/ a

Kälteerzeugung
31 KW/h/m²/ a

Mechanische Belüftung
13 KW/h/m²/ a

Heizung
13 KW/h/m²/ a

Geschätzter Kohlendioxidausstoß (insgesamt)
Gering (Stromerzeugung erfolgt mit Kern-/Wasserkraft)

UMWELT-/GESUNDHEITLICHE FAKTOREN

Konzept für die Auswahl von Materialien/Komponenten zur Reduktion von gebundener und Transportenergie?
Ja

Einsatz von recycelten Materialien
Nein

Einsatz von Holz aus bewirtschafteten Quellen
Ja

Besondere Installationen zum Wassersparen
Ja

Natürlich biologische Abwasserbehandlung
Nein

Maßnahmen zur Förderung der Benutzung von öffentlichen Verkehrsmitteln
Nein

EDF (Electricité de France) Regionale Zentrale

Bordeaux, Frankreich

Der neue regionale Verwaltungssitz der staatlichen Elektrizitätsgesellschaft (Electricité de France) vereint verschiedene zuvor auf die Stadt verteilte Abteilungen. Das Gebäude ist als Schaustück für die innovative Nutzung von Elektrizität gedacht. Dank des ausgeklügelten Einsatzes von natürlicher Belüftung und anderer, für das warme südfranzösische Klima geeigneter Energiesparvorrichtungen wird der viergeschossige, mit Strom betriebene Bau voraussichtlich etwa 30 % weniger Energie verbrauchen als vergleichbare Gebäudetypen in Frankreich. In bezug auf die Energieeinsparung kann die EDF-Zentrale mit Bauten konkurrieren, die mit Erdgas betrieben werden.
Die Gebäudehülle minimiert Wärmezuwächse und -verluste und reduziert den Verkehrslärm der stark befahrenen Straße auf der Westseite. Um Solargewinne zu verhindern, ist die Fassade mit gebleichten Lüftungslamellen aus Zedernholz ausgerüstet, dem dominierenden Element der Außengestaltung. Die feststehenden Holzlamellen sorgen für Schatten ohne auf Ausblicke verzichten zu müssen. Im Gebäudeinneren sind die Wärmezuwächse minimiert worden, indem die wärmeproduzierenden Bürogeräte auf eine zentrale, klimatisierte Zone beschränkt wurden.
Wo es möglich ist, wird das Gebäude natürlich belüftet. Die thermisch wirksame Masse der gewölbten Sichtbetondecken trägt während des Tages zu behaglichen Innentemperaturen bei. Nachts öffnen sich automatisch die Fenster auf der Ost- und Westseite, damit die Luft den Beton abkühlen kann.
Das energieschonende, auf Wasser basierende Beheizungs- und Kühlungssystem wird von einer Elektrowärmepumpe angetrieben und die Abluft über einen zentralen Lüftungsschornstein abgeführt. Der mit Wasser gekühlte Fußboden wird im Sommer bei einer Umgebungstemperatur von 20 Grad Celsius und im Winter von 22 Grad Celsius gehalten. Die Beleuchtung erfolgt möglichst über natürliches Licht; der geplante Tageslichtbeleuchtungsfaktor beträgt 200 Lux im Eingangsatrium und 450 Lux in den Büros.
Leuchtende Farben kontrastieren mit den Naturtönen der Holzblenden: Die Verkehrswege im Innern sind in lebhaftem Gelb gehalten, dagegen sind außen hinter dem Sonnenschutz die blau gestrichenen Betonstrukturen zu sehen. Entlang der Eingangsachse steht eine Reihe einheimischer Bäume, die Geometrie des nahe gelegenen Château Raba aufgreifend.

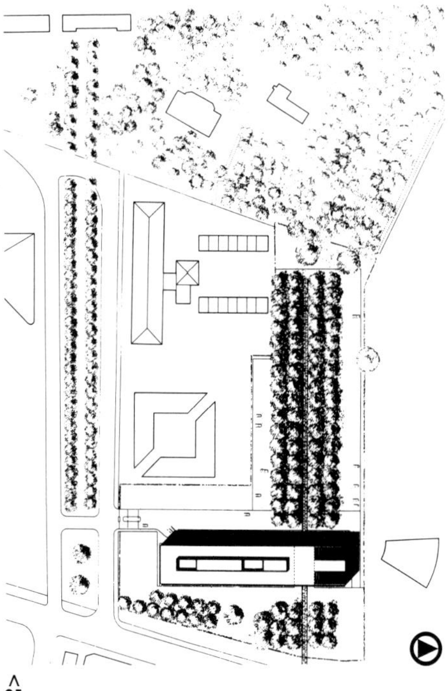

^ 01

02>

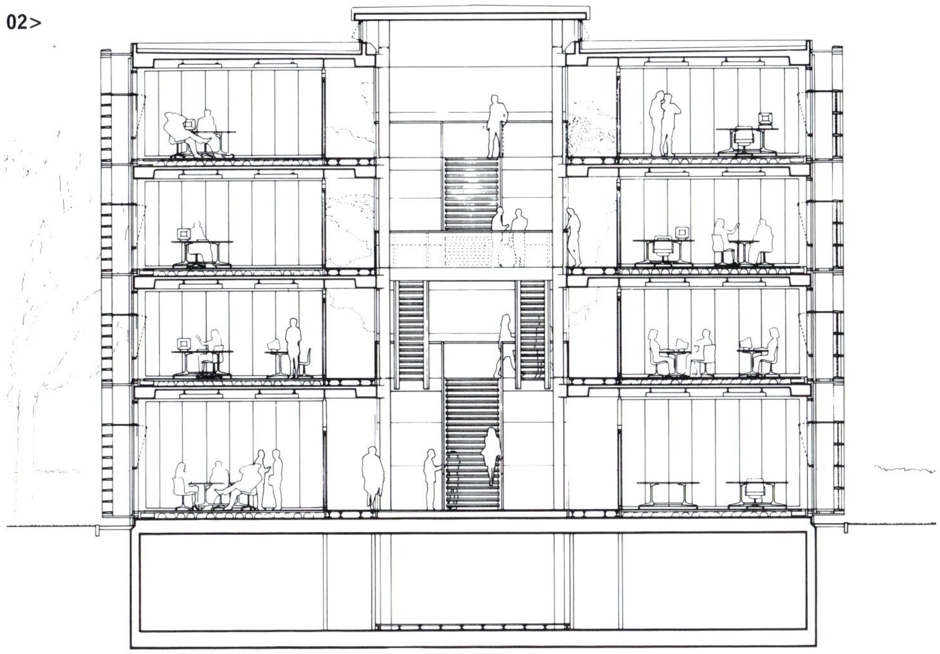

01> Lageplan. Der Entwurf des Gebäudes soll mit der Geometrie des nahe gelegenen Château Raba in Beziehung stehen. Eine Baumreihe führt zum Eingang.

02> Der Schnitt zeigt die Anordnung der Zellenbüros und Seminarräume um eine zentrale Verkehrsfläche. Wärmezuwächse stellen im Klima von Bordeaux das Hauptproblem dar. Die elektrischen Bürogeräte sind in einem zentralen, klimatisierten Bereich untergebracht. Die Gebäudehülle gewährleistet eine starke Isolierung, und der fest montierte Sonnenschutz reduziert die Wärmezuwächse auf beiden Fassadenseiten.

03> Außenansicht von Südwest. Die Lüftungslamellen an der Westfassade sind so konzipiert worden, daß sie Ausblicke aus dem Gebäude gestatten. In dem kleineren Block rechts befinden sich Gewerkschaftsbüros und die Kantine für die Mitarbeiter.

^
03

<04

05A

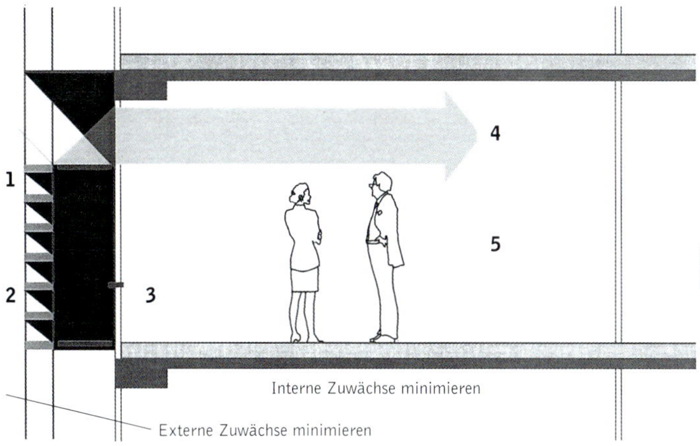

05B

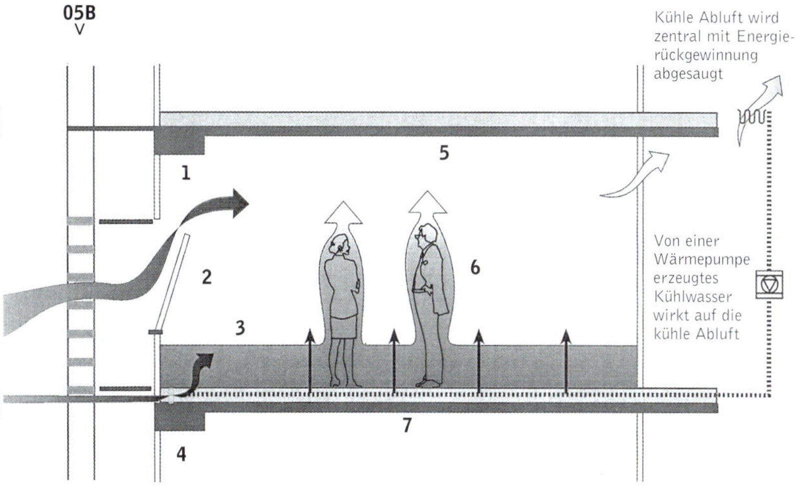

Schlüssel

05A> Reduktion des Energiebedarfs

1 Transparente Isolierung und Reflektorenpaneele zur Optimierung der natürlichen Belichtung

2 Fest montierter Sonnenschutz zur Minimierung von Solargewinnen

3 Hochleistungsfähige Gebäudehülle verringert Wärmezuwächse aus der Umgebung

4 Natürliche Belichtung reduziert die von künstlicher Beleuchtung verursachte Wärmelast

5 Wärmeproduzierende Geräte von Büros in Sonderbereiche verlegt

05B> Energierecycling und Nutzung natürlicher Kühlung

1 Nachtkühlung der Betonstruktur

2 Öffnen des Fensters schaltet den Fußboden-Ventilator aus

3 Schicht mit kühler Frischluft

4 Steuerung der Fußboden-Ventilatoren und der Luftfeuchtigkeit

5 Nachtgekühlte Betondeckenplatten senken den Bedarf an mechanischer Kühlung

6 Frischluftanstieg im Umkreis von Personen

7 Fußboden wird von wassergekühlten Matten gekühlt

04> Haupteingang des Bürogebäudes. Die beiden Gebäudeblöcke trennt ein offener Raum, der von einer Brücke im Obergeschoß überspannt wird.

05> Die Schemaskizzen veranschaulichen Energiesparkonzepte. Nach Möglichkeit werden überall natürliche Lüftung und Tageslicht genutzt. Die thermisch wirksame Masse der Betondecken trägt im Gebäudeinneren zu konstanten Iagestemperaturen bei; wassergefüllte Fußböden sind Teil eines effizienten Kühlungs- und Beheizungssystems.

06> Detail der fest montierten Zedernholzlamellen an der Ostfassade. Die Holzlamellen unterscheiden sich von denen an der Westseite.

06

NAME DES GEBÄUDES
Westminster Lodge

Bauherr/Eigentümer
Parnham Trust

Nutzer
Parnham Trust

Gebäudestandort
Dorset, Großbritannien

Architekt
Edward Cullinan Architects

Fertigstellung
April 1996

Nettogeschoßfläche
190 m²

Baukosten
ca. 430000 DM

Klimazone
Gemäßigt

ENERGETISCHE FAKTOREN

Ausrichtung der Hauptfassaden
Mehrfach

Natürliche Belüftung: Ungefährer Prozentsatz der natürlich belüfteten Bruttogeschoßfläche
100 %

Versorgung mit Nachtlüftung
Natürlich

Wärmeleitung der Gebäudehülle
Überdurchschnittlich

Nutzung der wärmespeichernden Baumasse Teil des Energiekonzepts?
Nein

Sonnenschutzsysteme
Außen feststehend

Tagesbeleuchtung Ungefährer Prozentsatz der Nettogeschoßfläche, die während der Tageszeit künstlich beleuchtet werden muß
0 %

Energiesparende Steuerung der künstlichen Beleuchtung?
Nein

Sonstiges
-

HLK-SYSTEME

Brennstoffe/ungefähre Nutzung in %
Hauptstromversorgungsnetz 100 %

Heizkesseltyp
N/V

Heizsystem
Elektrospeicherheizgeräte

Mechanische Belüftung
N/V

Art der Klimatechnik
N/V

Wärmerückgewinnung
N/V

ENERGIEWERTE

Insgesamt
0,0686 KW/h/m²

Künstliche Beleuchtung
0,0136 KW/h/m²

Kälteerzeugung
Entfällt

Mechanische Belüftung
Entfällt

Heizung
0,055 KW/h/m²

Geschätzter Kohlendioxidausstoß (insgesamt)
K/A

UMWELT-/GESUNDHEITLICHE FAKTOREN

Konzept für die Auswahl von Materialien/Komponenten zur Reduktion von gebundener und Transportenergie?
Ja

Einsatz von recycelten Materialien
Nein

Einsatz von Holz aus bewirtschafteten Quellen
Ja

Besondere Installationen zum Wassersparen
Nein

Natürlich biologische Abwasserbehandlung
Nein

Maßnahmen zur Förderung der Benutzung von öffentlichen Verkehrsmitteln
Nein

Westminster Lodge

Dorset, Großbritannien

Westminster Lodge ist als Wohnheim für die Studenten des Hooke Park College vorgesehen. Das College, das derzeit unweit des Parnham House angesiedelt ist, wurde gegründet, um den Gebrauch von Holzprodukten, insbesondere von Durchforstungsholz (für herkömmliche Bauweise zu schlanke junge grüne Schößlinge), zu erforschen und zu veranschaulichen. Die Collegegebäude selbst sind angewandte Beispiele einer innovativen Holztechnik und dienen einer ökologisch orientierten Gemeinschaft. Sie liegen in einem bewaldeten Gebiet des ländlichen Dorset, wo ein gemäßigtes Küstenklima mit kalten Wintern und milden Sommern herrscht.
Westminster Lodge ist das erste Gebäude auf dem Gelände, bei dem ausgeforstete Rundhölzer verwendet worden sind, um einen zellen-förmigen Raum zu errichten. Da Durchforstungsholz über wenig Schubfestigkeit verfügt, eignet es sich besonders für eine Anordnung »im Kreis«. Die Rundhölzer sind nicht in einzelne Teile zersägt worden, so daß ihre ge-samte Festigkeit genutzt werden konnte. Das Gebäude steht auf einer von Holzstreben auf Einzelfundamenten getragenen Plattform und umfaßt vier Paare von Doppelzimmern um einen zentralen Wohn- und Eßraum. Das schalenförmige Dach besteht aus Durchforstungsholz, das zu einem doppelten Gitterwerk ausgebildet und mit einer Dämmschicht und einem Grasdach versehen wurde. Ein rundes Dachfenster versorgt den zentralen Bereich mit Tageslicht. Auch die Trennwände sind mit ausgeforsteten Rundhölzern konstruiert. Das Ergebnis ist ein wunderbares, über den Glokkenblumen einer Waldlandschaft schwebendes Haus.

^ 01

<02

01> Zentraler Versammlungraum. Das Dach wird von Durchforstungsholz getragen, das über den Trennwänden gebogen und in ein doppeltes Gitterwerk eingebaut wurde.

02> Schnitt durch das Holzrahmenwerk und das Grasdach. Ein Oberlicht sorgt für Licht und Belüftung.

03> Ansicht der Südseite. Das Gebäude liegt einer Plattform auf, die über dem Waldboden auf Stelzen gebaut wurde. Das Dach bildet einen grasbewachsenen, gewölbten Baldachin.

^
03

NAME DES GEBÄUDES
Wassertempel

Bauherr/Eigentümer
Hompukuji

Nutzer
Hompukuji

Gebäudestandort
Tsuna-gun, Hyogo, Japan

Architekt
Tadao Ando

Fertigstellung
September 1991

Bruttogeschoßfläche
417 m²

Baukosten
K/A

Klimazone
Gemäßigt

ENERGETISCHE FAKTOREN

Ausrichtung der Hauptfassaden
Mehrfach

Natürliche Belüftung: Ungefährer Prozentsatz der natürlich belüfteten Bruttogeschoßfläche
K/A

Versorgung mit Nachtlüftung
Entfällt

Wärmeleitung der Gebäudehülle
Gering

Nutzung der wärmespeichernden Baumasse Teil des Energiekonzepts?
K/A

Sonnenschutzsysteme
Entfällt

Tagesbeleuchtung Ungefährer Prozentsatz der Nettogeschoßfläche, die während der Tageszeit künstlich beleuchtet werden muß
Entfällt

Energiesparende Steuerung der künstlichen Beleuchtung?
Entfällt

Sonstiges
-

HLK-SYSTEME

Brennstoffe/ungefähre Nutzung in %
K/A

Heizkesseltyp
K/A

Heizsystem
K/A

Mechanische Belüftung
K/A

Art der Klimatechnik
K/A

Wärmerückgewinnung
K/A

ENERGIEWERTE

Insgesamt
K/A

Künstliche Beleuchtung
K/A

Kälteerzeugung
K/A

Mechanische Belüftung
K/A

Heizung
K/A

Geschätzter Kohlendioxidausstoß (insgesamt)
K/A

UMWELT-/GESUNDHEITLICHE FAKTOREN

Konzept für die Auswahl von Materialien/Komponenten zur Reduktion von gebundener und Transportenergie?
K/A

Einsatz von recycelten Materialien
K/A

Einsatz von Holz aus bewirtschafteten Quellen
K/A

Besondere Installationen zum Wassersparen
Nein

Natürlich biologische Abwasserbehandlung
Nein

Maßnahmen zur Förderung der Benutzung von öffentlichen Verkehrsmitteln
Nein

Wassertempel

Tsuna-gun, Hyogo, Japan

Nach dem buddhistischen Geburtsmythos von der Erschaffung der Welt war Wasser das erste Element. Es erweckte den Lotos zum Leben, und die Lotosblume symbolisiert Buddhas geistiges Erwachen. Die neue Haupthalle (Mizumido) für Hompukuji - ein Zeittempel der Shingon Sekte - wurde in den Erdraum gebaut, der sich unmittelbar unterhalb eines ovalen 40 x 30 Meter messenden Lotos-Wasserbeckens befindet. Im Südosten schirmen sie zwei 6 Meter hohe Mauern aus Ortbeton ab, eine verläuft gerade, die zweite bogenförmig. Der Tempel steht auf einer Felsklippe auf der kleinen Insel Awaji und bietet eine überwältigende Aussicht auf die Bucht von Osaka. Der Weg zur Mizumido-Halle steigt entlang eines weißen Sandpfades an und passiert die geradlinige Außenmauer. Der Besucher steht nun vor einer nach innen gewölbten Mauer, die beiderseits Ausblicke aufs Meer gestattet. Hinter dieser Mauer verläuft der Pfad hinauf zu einer Rampe und zurück zur Hauptachse. Von hier aus führt eine Treppe hinunter, vorbei am Wasserbecken zur darunterliegenden Haupthalle.
Der Gebetsraum wurde asymmetrisch unterhalb der einwärts gekrümmten Unterseite des Wasserbeckens angeordnet. Seine äußere Gestalt basiert auf einem Kreis und einem Quadrat und besteht aus einem viereckigen Raster aus hölzernen Schutzschirmen und Paneelen, die in einen ähnlich gebauten Kuppelunterbau gesetzt wurden. Die Räume sind zweckentsprechend einfach, heiter und beschaulich. Das Tageslicht tritt von Nordwesten ein, wo der Abhang des Wasserbeckens zur Bucht abfällt. Die Wände sind zinnoberrot, und wenn die Sonne in den Raum scheint, erfüllt sie ihn mit einem rötlichen Glühen. Der Tempel stellt eine grandiose Inszenierung des Elementaren und des Geistigen dar. Der verschlungene Weg zum Heiligtum trägt dazu bei, daß der Pilger die Unruhe des Alltags ablegt, sich geistig auf die Kontemplation einstellt und sanft in einen transzendentalen Raum der Harmonie und Stille eintaucht.

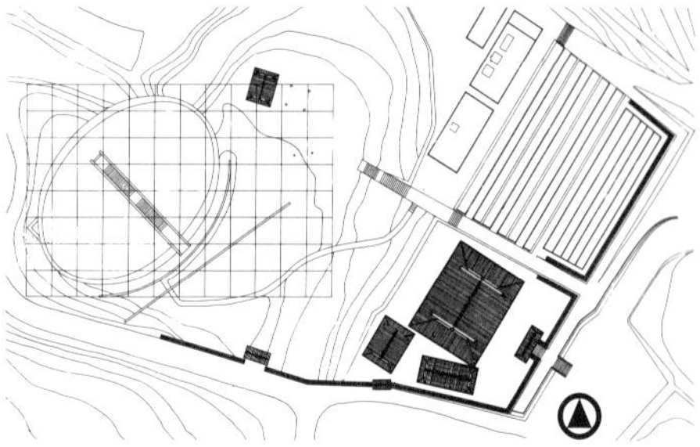

^ 01

02>

01> Lageplan. Der neue Tempel mit Blick auf die Bucht von Osaka.

02> Blick über das Wasserbecken mit Lotosblüten auf die Bucht von Osaka.

<03

03> Der Abstieg vorbei am Wasserbecken zur Mizumido-Halle.

04> Aufriß sowie zwei Querschnitte durch den Tempel mit Darstellung des Wasserbeckens/Dachs und der Art seines Einbaus in den Abhang.

04>

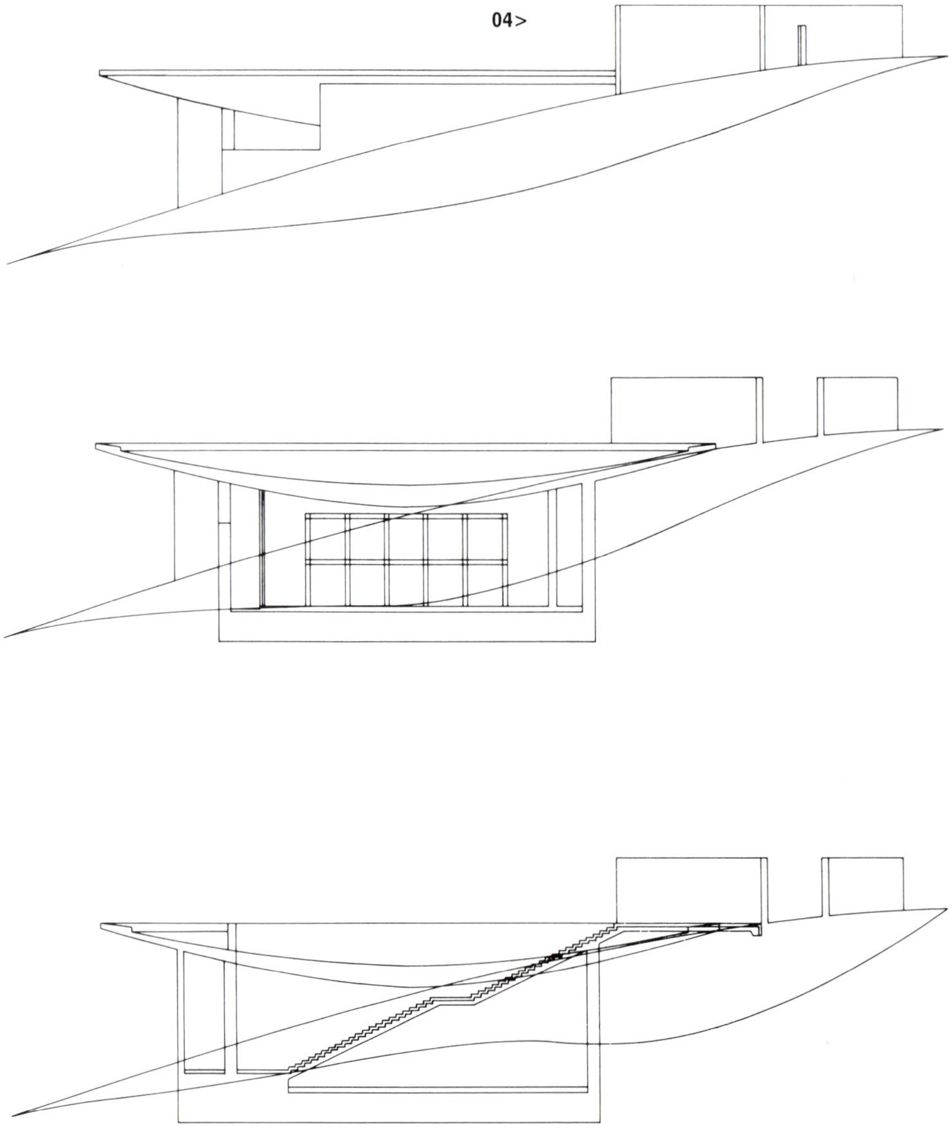

»Menschen kommen in Städten zusammen, um dort zu leben: sie bleiben zusammen, um ein gutes Leben zu führen.«

(Aristoteles, zitiert von L. Mumford, *The Culture of Cities,* 1938)

4.5 Metropolen

Die Menschheit hat von idealen Städten geträumt: Die Künstler im Mittelalter malten sie in ihren Buchillustrationen leuchtend hell wie Edelsteine, die Renaissancefürsten schufen sie als Ausdruck von Schönheit und Rang, die Architekten der Moderne entwarfen sie für eine schöne neue Welt[1] der Technik. Doch herrschte stets Ambivalenz. Die Stadt ist der Schauplatz zivilisierten Lebens, dennoch stellt das Leben in ihr häufig eine harte wirtschaftliche Notwendigkeit dar. Städte sind in einem ständigen Wandel begriffen und passen sich fortwährend wirtschaftlichen Veränderungen und gesellschaftlichen Verhältnissen an. In einer sich zunehmend schneller entwickelnden Welt, in der immer neue Dienstleistungen, neue Transportmittel und neue Wohnungsbauten bereitgestellt und gleichzeitig zivilisierte Stadträume geschaffen werden, erweisen sich der Abbau der Umweltzerstörung und der Bezug zum geerbten Stadtgefüge als heikel, schwierig und unabdingbar.

1 A.d.Ü.: »Schöne neue Welt« lautet der Titel eines Romans von Aldous Huxley (1932).

Fruili, Italien (1935),

NAME DES GEBÄUDES
Eastgate

Bauherr/Eigentümer
Old Mutual Properties

Nutzer
Gemischte Gebäudenutzung

Gebäudestandort
Harare, Simbabwe

Architekt
Pearce Partnership

Fertigstellung
April 1996

Bruttogeschoßfläche
44650 m²

Baukosten
350 Millionen Dollar

Klimazone
Tropisch

ENERGETISCHE FAKTOREN

Ausrichtung der Hauptfassaden
Nord und Süd

Natürliche Belüftung: Ungefährer Prozentsatz der natürlich belüfteten Bruttogeschoßfläche

Versorgung mit Nachtlüftung
Erzwungen

Wärmeleitung der Gebäudehülle
Dach: 1,5 W/m²K; Wände: 2,3 W/m²K; Fenster: 5,9 W/m²K

Nutzung der wärmespeichernden Baumasse Teil des Energiekonzepts?
Ja

Sonnenschutzsysteme
Außen feststehend

Tagesbeleuchtung Ungefährer Prozentsatz der Nettogeschoßfläche, die während der Tageszeit künstlich beleuchtet werden muß
60 %

Energiesparende Steuerung der künstlichen Beleuchtung?
Tageslichtniveau-Helligkeitsfühler zur Überwachung des gewünschten Kunstlichtniveaus

HLK-SYSTEME

Brennstoffe/ungefähre Nutzung in %
Hauptstromversorgungsnetz 100 %

Heizkesseltyp
N/V

Heizsystem
Elektrische Warmluftheizer

Mechanische Belüftung
Passive Kühlung und Belüftung; Zwangslüftung mit natürlicher Entlüftung durch Kamineffekt

Art der Klimatechnik
N/V

Wärmerückgewinnung
-

ENERGIEWERTE (im Durchschnitt pro Monat)

Insgesamt
9,1 KW/h/m²

Künstliche Beleuchtung
4,1 KW/h/m²

Kälteerzeugung
Entfällt

Mechanische Belüftung
0,8 KW/h/m² (Tag);
0,6 KW/h/m² (Nacht)

Heizung
4,2 KW/h/m²

Geschätzter Kohlendioxidausstoß (insgesamt)
K/A

UMWELT-/GESUNDHEITLICHE FAKTOREN

Konzept für die Auswahl von Materialien/Komponenten zur Reduktion von gebundener und Transportenergie?
Minimaler Einsatz von Glas und Aluminium; größtenteils Verwendung von örtlichen Materialien. In der Region gewachsene Hölzer dienen als Auflager für Dachsteine

Einsatz von recycelten Materialien
Nein

Besondere Installationen zum Wassersparen
Im Kellergeschoß ausgeschachtetes Bohrloch zur Pflanzenbewässerung

Natürlich biologische Abwasserbehandlung
Nein

Maßnahmen zur Förderung der Benutzung von öffentlichen Verkehrsmitteln
Stadtlage

Eastgate
Harare, Simbabwe

Bei diesem bemerkenswerten Projekt wurden viele anerkannte Prinzipien zur drastischen Senkung des Energieverbrauchs angewendet. Das Klima in Harare ist besonders angenehm, warm und trocken, mit nur einer kurzen heißen und feuchten Periode. Die Nächte sind das ganze Jahr über kühl und klar, so daß die dortigen Bauten die tagsüber gespeicherte Wärme während der Nacht durch Übertragung und Abstrahlung abgeben und für den nächsten Tag abkühlen.
Das Eastgate-Gebäude ist die größte Bebauung mit gemischter Gebäudenutzung durch Büros und Einzelhandelsgeschäfte in Simbabwe. Zwei schmale 150 Meter lange Häuserblöcke liegen Seite an Seite und verlaufen von Ost nach West (die beste Ausrichtung zur Minimierung von Wärmegewinnen). Zwischen ihnen liegt ein gebäudehohes Atrium mit einer inneren Straße sowie Treppenanlagen und Stegen für die innere Erschließung des Gebäudekomplexes.
Die sieben oberen Geschosse der beiden Baukörper beherbergen Büros, während im Erdgeschoß und in den unteren Stockwerken Läden und ein Parkhaus untergebracht sind. Zwischen dem ersten und zweiten Geschoß befindet sich ein ausgedehnter Luftraum, in den Ventilatoren die Luft von der Straße hereinziehen (auf der Höhe des ersten Stockwerks) und mittels senkrechter großformatiger Kanäle (16 pro Baukörper) in den darüberliegenden Büros verteilen. Anschließend strömt die Luft durch einen in jedem Büro vorhandenen doppelten Boden, der zur besseren Wärmeübertragung zahllose Betonfertigteile enthält. Über Warmluftgitter unterhalb der Fensterbrüstungen zieht die Luft wieder ab.
Die verhältnismäßig kühle Gebäudestruktur bewirkt eine Temperatursenkung der einströmenden Außenluft. Die wärmere Luft, vor allem im Umkreis der Beleuchtungskörper, wird sodann in Deckenhöhe gegenüber den Fenstern abgezogen, steigt durch Kamineffekt nach oben, um über Schornsteine zu entweichen. Am Tag sorgen kleine Ventilatoren für einen zweifachen Luftwechsel pro Stunde. Dieser ist für eine angemessene Belüftung der Büroräume und zur Aufnahme von Wärmelasten, ohne die Temperatur übermäßig zu erhöhen, ausreichend. Nachts, wenn die Luft kühler ist, werden größere Ventilatoren eingesetzt, um zehn Luftwechsel pro Stunde zu erzeugen. Auf diese Weise wird die Gebäudemasse für den nächsten Tag abgekühlt.
Der durchdachte Gebäudeentwurf hat die Sonneneinstrahlung reduziert und die Innenraumflächen optimiert, um die von der Beleuchtung und anderen Quellen freigesetzte Wärme besser absorbieren zu können. Die Innenraumtemperaturen bewegen sich normalerweise zwischen 21°C und 25°C bei äußeren Umgebungstemperaturen von 5°C bis 33°C. Allerdings verzeichneten die Architekten an insgesamt zehn Oktobertagen, an drei voneinander unabhängigen Tagen, jeweils zwei Stunden lang 28°C. An diesen Tagen herrschte hohe Luftfeuchtigkeit bei hohen Trockentemperaturen und häufig bedeckten Nachthimmeln. Die jährliche Ersparnis an Energiekosten im Vergleich zu einem vollklimatisierten Gebäude in Harare wurde in Abhängigkeit von der Effizienz der Klimaanlage mit 655 000 DM errechnet. Das Verdienst für dieses ausgezeichnete, zweckdienliche Projekt gebührt nicht nur dem Architekten und Ingenieur, sondern auch dem weitblickenden Bauherrn, der diese Entwurfsphilosophie initiierte.

^
01

01> An der inneren Straße oder im Atrium befinden sich Geschäfte sowie Treppenanlagen und Stege für die Erschließung des Gebäudekomplexes. Ein stattliches Aufgebot an ausdrucksvollen Balkonen und Balustraden aus Metall kontrastiert mit den schweren, massiveren Bauteilen aus Beton.

02> Ansicht der stark durchgebildeten Fassade aus Stahlbeton mit den Lüftungsschornsteinen des Zwangslüftungssystems.

^
02

NAME DES GEBÄUDES
Athener Zentralmarkt

Bauherr/Eigentümer
Stadtverwaltung Athen

Nutzer
Kaufleute

Gebäudestandort
Athen, Griechenland

Architekt
N. Fintikakis – Synthesis and Research Ltd

Fertigstellung
1997

Bruttogeschoßfläche
3216 m²

Baukosten
400 Millionen ECU

Klimazone
Mediterran

ENERGETISCHE FAKTOREN

Ausrichtung der Hauptfassaden
Nordost

Natürliche Belüftung: Ungefährer Prozentsatz der natürlich belüfteten Bruttogeschoßfläche
0 %

Versorgung mit Nachtlüftung
Erzwungen

Wärmeleitung der Gebäudehülle
Durchschnittlich

Nutzung der wärmespeichernden Baumasse Teil des Energiekonzepts?
Ja

Sonnenschutzsysteme
Außen feststehend; außen motorisch angetrieben/variierbar; Sonnenschutzverglasung; laubabwerfende Pflanzen

Tagesbeleuchtung Ungefährer Prozentsatz der Nettogeschoßfläche, die während der Tageszeit künstlich beleuchtet werden muß
10 %

Energiesparende Steuerung der künstlichen Beleuchtung?
Nein

Sonstiges
-

HLK-SYSTEME

Brennstoffe/ungefähre Nutzung in %
Hauptstromversorgungsnetz 100 %; Photovoltaik; indirekte Solarenergie

Heizkesseltyp
N/V

Heizsystem
Erde-Luft-Wärmetauscher; solare Luftheizer

Mechanische Belüftung
Ja

Art der Klimatechnik
-

Wärmerückgewinnung
-

ENERGIEWERTE (vorausgesagt)

Insgesamt
41 KW/h/m²

Künstliche Beleuchtung
17 KW/h/m²

Kälteerzeugung
Entfällt

Mechanische Belüftung
12 KW/h/m²

Heizung
12 KW/h/m²

Geschätzter Kohlendioxidausstoß (insgesamt)
K/A

UMWELT-/GESUNDHEITLICHE FAKTOREN

Konzept für die Auswahl von Materialien/Komponenten zur Reduktion von gebundener und Transportenergie?
Nein

Einsatz von recycelten Materialien
Nein

Einsatz von Holz aus bewirtschafteten Quellen
Nein

Besondere Installationen zum Wassersparen
Entfällt

Natürlich biologische Abwasserbehandlung
Entfällt

Maßnahmen zur Förderung der Benutzung von öffentlichen Verkehrsmitteln
Stadtlage

Athener Zentralmarkt
Athen, Griechenland

Der alte Zentralmarkt in Athen ist ein ausgezeichnetes Beispiel für die Architektur des neunzehnten Jahrhunderts. Außerdem bildet er einen wichtigen Bestandteil im gesellschaftlichen und wirtschaftlichen Leben der Stadt. Er versorgt hauptsächlich die Bürger mit geringerem Einkommen und ist seit seiner Fertigstellung ununterbrochen in Betrieb gewesen. 1995 wurde beschlossen, das Gebäude zu renovieren und umzurüsten. Der dafür gewählte Ansatz beinhaltete umfassende und harmonisch integrierte umweltgerechte Maßnahmen.
Die vier Türme in den Ecken des Gebäudes dienen als »Luftkamine« für die Luftzufuhr und Entlüftung. Zum Nachheizen im Winter wurde auf dem Dach eine Abwärmerückgewinnungsanlage installiert. Auch sind Filter eingebaut worden, um den Schutz vor Luftverunreinigungen sicherzustellen. Das mit Sonnenschutzglas versehene Dach soll den Einfall von mehr Tageslicht gestatten und Wärmegewinne reduzieren. Oberhalb der Verglasung wachsende laubabwerfende Pflanzen gewähren im Sommer zusätzlichen Schatten.
Thermostatisch geregelte Lamellen und »Luftvorhänge« an den Haupteingängen ermöglichen, daß die Türen ohne Wärmeverluste offenbleiben können. Die selbsttätigen Elemente (wie die Lamellen) werden von photovoltaischen Kollektorfeldern betrieben. Für die Kühlung und Heizung wurde ein Mischsystem verwendet. Es besteht aus einem Luft-Luft-Wärmetauscher (Erdrohr), einem Luftkollektor (einer Reihe von solaren Luftheizern) und einer Luftverteileranlage.
Bei Wiedereröffnung des Gebäudes werden diese Maßnahmen den früher im Winter zugigen und im Sommer schadstoffbelasteten, stickigen Raum in einen Marktplatz mit durchgängig sauberer Luft, guter Belichtung und angenehmem Raumklima verwandeln; und all dies bei niedrigen Betriebskosten.

^ 01

01> Computer-Darstellung der Markthalle von innen nach Abschluß der Baumaßnahmen.

02> Schnitt durch die Markthalle mit Veranschaulichung des Lüftungskonzepts.

03> Schematische Darstellung der Konzepte für Beleuchtung, Belüftung und Wärmerückgewinnung im Winterbetrieb.

02>

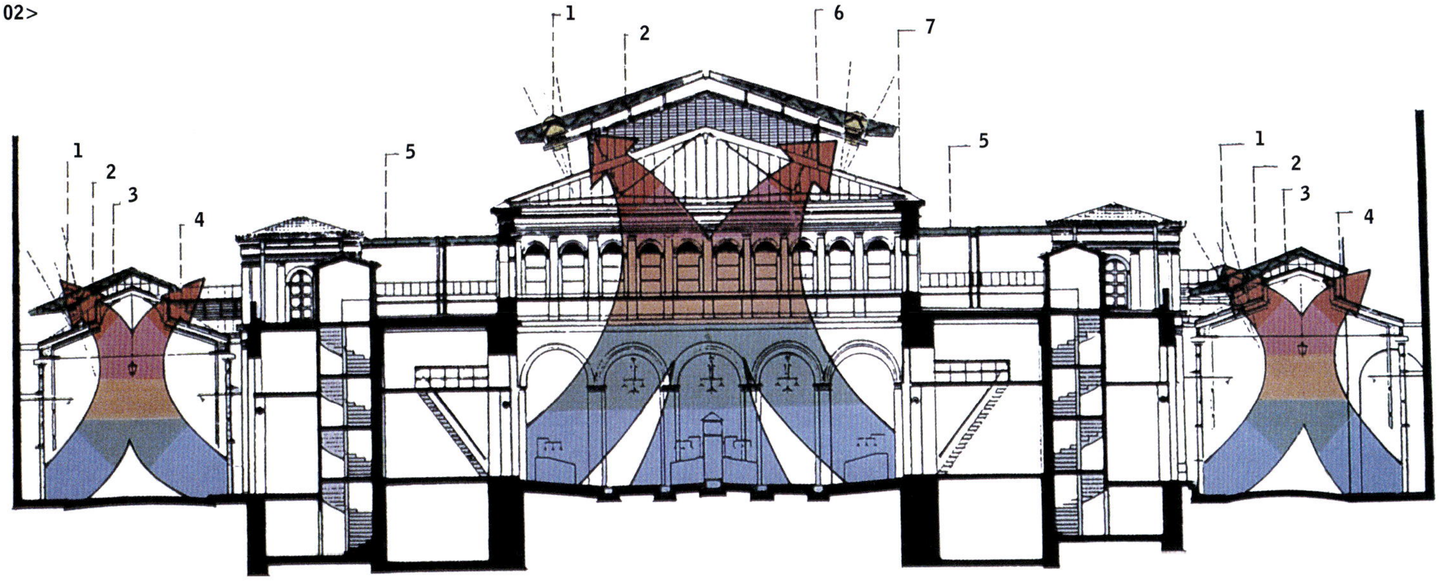

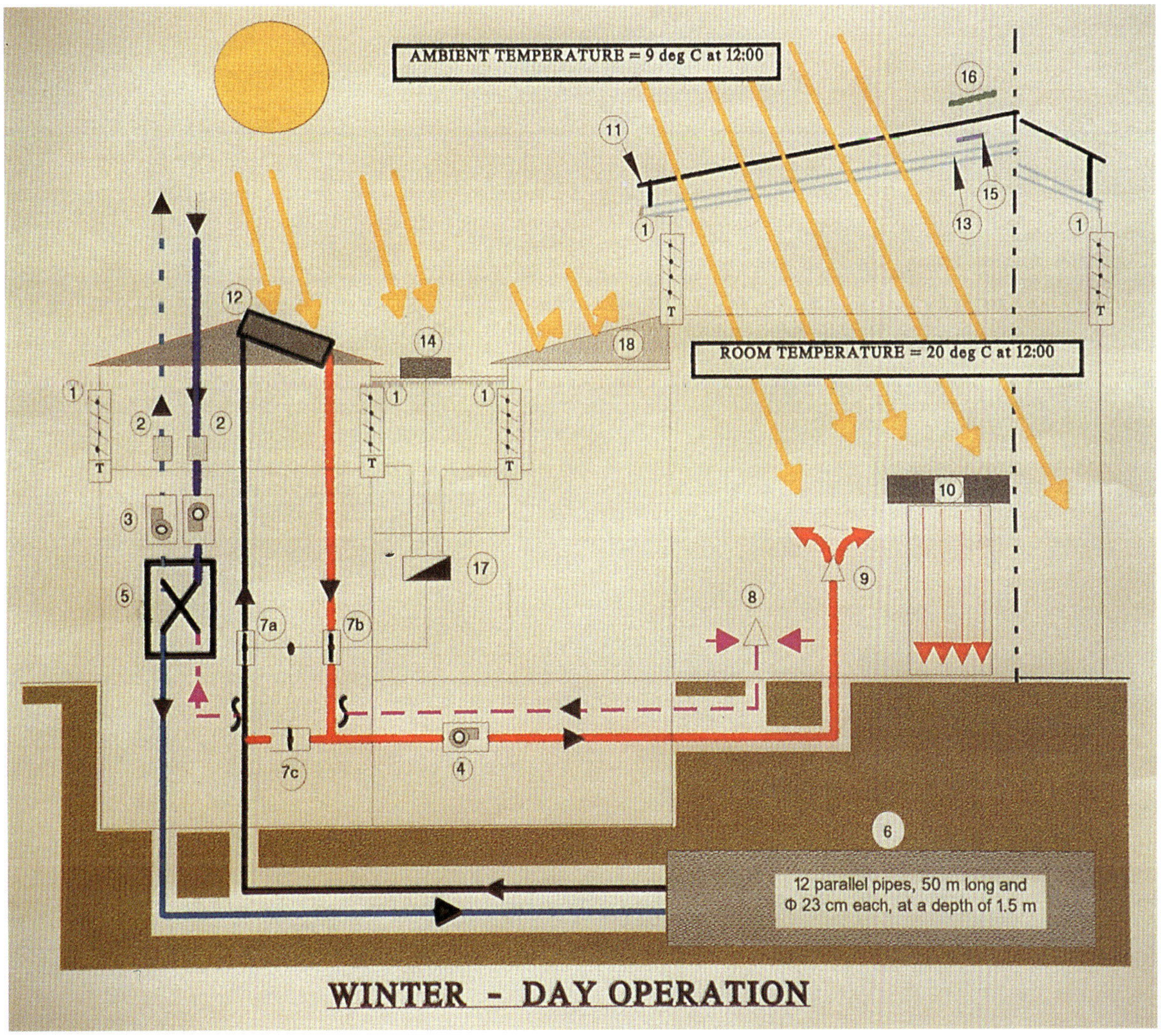

02> Schlüssel

1 Fresnel-Linsen Vorrichtungen
2 Umwelt-Paneele
3 Glasdach
4 Dampalon Paneel
5 Pergola
6 Lamellen
7 Nicht-transparente Dachpaneele

^
03

NAME DES GEBÄUDES
Helicon

Bauherr/Eigentümer
London and Manchester Insurance

Nutzer
Marks & Spencer

Gebäudestandort
London, Großbritannien

Architekt
Sheppard Robson

Fertigstellung
Oktober 1996

Bruttogeschoßfläche
20530 m²

Baukosten
ca. 76 Mio. DM

Klimazone
Gemäßigt

ENERGETISCHE FAKTOREN

Ausrichtung der Hauptfassaden
Ost und West

Natürliche Belüftung: Ungefährer Prozentsatz der natürlich belüfteten Bruttogeschoßfläche
0 %

Versorgung mit Nachtlüftung
N/V

Wärmeleitung der Gebäudehülle
Durchschnittlich

Nutzung der wärmespeichernden Baumasse Teil des Energiekonzepts?
Deckenzwischenraum dient als Luftraum

Sonnenschutzsysteme
Sonnenschutzverglasung im obersten Geschoß und zum Atrium hin; vollautomatisch einziehbare Jalousien innerhalb des belüfteten Fassadenzwischenraums

Tagesbeleuchtung Ungefährer Prozentsatz der Nettogeschoßfläche, die während der Tageszeit künstlich beleuchtet werden muß
30 % (Büroräume)

Energiesparende Steuerung der künstlichen Beleuchtung?
Ja

Sonstiges
-

HLK-SYSTEME

Brennstoffe/ungefähre Nutzung in %
Hauptstromversorgungsnetz für die Kühlung; Haupterdgasleitung für die Heizung

Heizkesseltyp
Erdgasbefeuert

Heizsystem
Warmluftheizungsrohrsystem

Mechanische Belüftung
Verdrängungslüftungssystem

Art der Klimatechnik
Kühldecken und Belüftung über Bodenauslässe

Wärmerückgewinnung
Aus den Belüftungssystemen (Rezirkulation)

ENERGIEWERTE

Insgesamt
(Grundlast einschließlich Ventilatoren, Aufzügen und Pumpen) 237 KW/h/m²/ a

Künstliche Beleuchtung
34 KW/h/m²/ a

Kälteerzeugung
25 KW/h/m²/ a

Mechanische Belüftung
36 KW/h/m²/ a

Heizung
70 KW/h/m²/ a

Geschätzter Kohlendioxidausstoß (insgesamt)
K/A

UMWELT-/GESUNDHEITLICHE FAKTOREN

Konzept für die Auswahl von Materialien/Komponenten zur Reduktion von gebundener und Transportenergie?
Nein

Einsatz von recycelten Materialien
Nein

Einsatz von Holz aus bewirtschafteten Quellen
Ja (Türen und Türrahmen)

Besondere Installationen zum Wassersparen
Nein

Natürlich biologische Abwasserbehandlung
Nein

Maßnahmen zur Förderung der Benutzung von öffentlichen Verkehrsmitteln
Stadtlage

Helicon
London, Großbritannien

Das Helicon-Gebäude nimmt in der City von London einen ganzen Häuserblock ein. Es umfaßt sechs Stockwerke mit Büros über fünf Ladengeschossen, von denen zwei unterirdisch liegen. Das Umfeld von Einzelhandelsgeschäften mit seinen vielen Hinweisschildern und seinem hohen Bedarf an Vorplätzen für Waren und Abfälle lenkt nach allgemeiner Auffassung von repräsentativen Büroräumen ab. In diesem Fall hatten die Bauträger das Glück, als alleinigen Einzelhändler Marks & Spencer zu gewinnen, dessen Präsenz die darüberliegenden Büros nicht allzu sehr in den Hintergrund drängt.
Die für das Gebäudeäußere eingesetzten beträchtlichen Mengen an Glas und Metall legen keine besondere Vorliebe für umweltverträgliches Bauen nahe. Bei näherer Betrachtung jedoch zeigt das Energiekonzept für die Büros einen durchdachteren und effektiveren Ansatz als die »benzinschluckenden« Entwicklungen der achtziger Jahre. Anstatt auf eine Vollklimatisierung zurückzugreifen, wählte man eine ausgeklügelte, auf einer »Mischform« basierende Methode, die eine hochdämmende, vor Sonne schützende Gebäudehülle mit einer sensiblen Luftbehandlung kombiniert.
Das Gebäude verfügt über keine zu öffnenden Fenster und ist mit einem Verdrängungslüftungssystem und Kühldecken ausgerüstet.
An einer abgehängten metallenen Decke sind wassergekühlte (15°C) Paneele befestigt. Die Entlüftung der Räume erfolgt auf hoher Ebene über Beleuchtungskörper. Über einen erhöhten Fußboden mit integrierten Luftverteilern kommt Zuluft in den Raum. Für eine »freie Kühlung« sorgt die Zufuhr von gefilterter Außenluft. Im Winter wird die Frischluft mit gefilterter Rückluft gemischt. Bei Bedarf dienen Warmluftheizungsrippenrohre für zusätzliche Wärme.

Die Architekten wünschten sich sehr transparente Außenwände, so daß sie eine vom Boden bis zur Decke reichende, dreifache gläserne Gebäudehaut konstruierten. Die Ost- und Westfassaden bestehen jeweils aus einer äußeren einfachen Verglasung, die mit Bolzen an den inneren Fensterpfosten befestigt ist, einem 900 mm breiten, begehbaren Fassadenzwischenraum sowie einer inneren Doppelverglasung. Im Zwischenraum sind perforierte Lamellenjalousien installiert, deren Entfaltung und Neigung von einem hochentwickelten automatischen Antriebssystem gesteuert wird. Zur Verringerung von weiteren Solargewinnen wird er belüftet. Über das zentrale Atrium der Büroebenen gelangt Tageslicht in das Gebäudeinnere und wird die Luft abgeführt, wodurch weniger große Entlüftungskanäle in den Bürodecken nötig sind.
Ein sparsamer Energieverbrauch in Gebäuden mit Innenstadtlage ist schwierig, da sie einen guten Schutz vor Luftverunreinigungen und Lärm benötigen. Niedrigenergie-Lösungen verlangen demzufolge in städtischen Gebäuden gemeinhin eine höhere Stufe der Technisierung als ihre außerhalb der Stadt gelegenen Pendants. Helicon ist ein solcher Fall. Der Erfolg des Energiekonzepts für den Helicon-Bau wird in beträchtlichem Maße von seiner Bewirtschaftung abhängen.

01> Grundriß Erdgeschoß, drittes und siebtes Geschoß sowie Dachgeschoß.

02> Blick zum Eingang des Kaufhauses.

01>

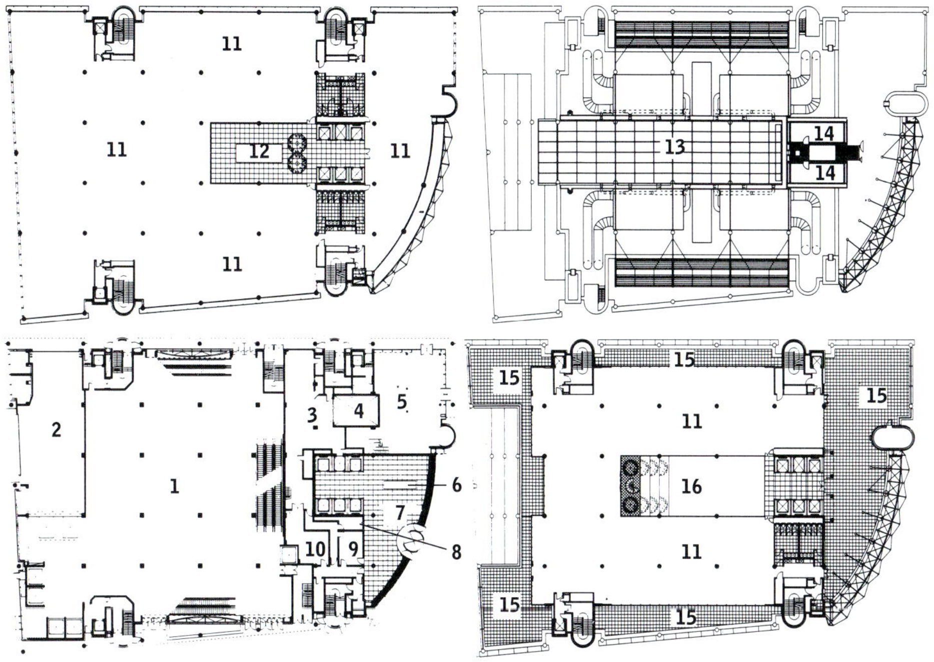

Schlüssel

1 Ladengeschäft
2 Ladengeschäft Be- und Entladerampe
3 Be- und Entladerampe
4 Hebebühne
5 Bankfiliale
6 Wasserbecken
7 Eingangsfoyer
8 Serviceräume
9 Sicherheit
10 Abfallager
11 Büro
12 Atrium Wasserbecken
13 Atrium Dach
14 Kühlturm
15 Terrasse
16 Atrium

<02

^ 03

^
04

03> In die Ost- und Westfassaden ist ein 900 mm breiter Zwischenraum integriert, in dem Lamellenjalousien angeordnet sind. Durch diesen Zwischenraum wird kühle Luft geführt, um der Sonnenwärme entgegenzuwirken.

04> Das sechsgeschossige Büroatrium verfügt über ein Glasdach in Form eines Tonnengewölbes. Durchsichtiges, ungetöntes Glas gewährleistet ein Maximum an natürlichem Tageslicht.

05> Schematische Darstellung der Zwangslüftung und des Kühlkonzepts.

05>

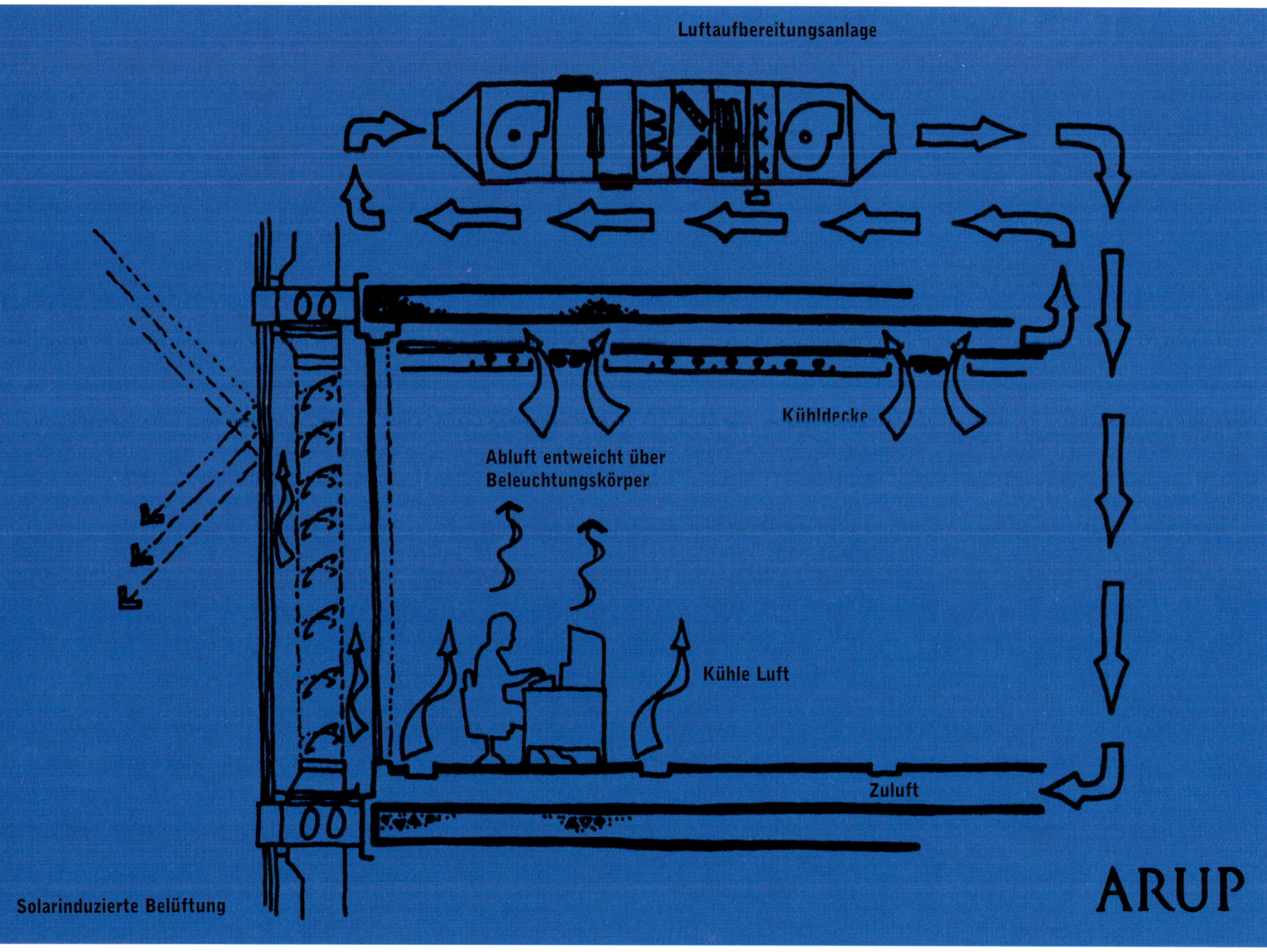

Yasuda Akademie

Tokio, Japan

NAME DES GEBÄUDES
Yasuda Akademie

Bauherr/Eigentümer
The YASUDA Mutual Life Insurance Company

Nutzer
Yasuda Insurance

Gebäudestandort
Tokio, Japan

Architekt
Nihon Sekkei Inc.

Fertigstellung
März 1994

Bruttogeschoßfläche
33609 m²

Baukosten
ca. 250 Mio. DM

Klimazone
Gemäßigt

ENERGETISCHE FAKTOREN

Ausrichtung der Hauptfassaden
Mehrfach

Natürliche Belüftung: Ungefährer Prozentsatz der natürlich belüfteten Bruttogeschoßfläche
K/A

Versorgung mit Nachtlüftung
K/A

Wärmeleitung der Gebäudehülle
Durchschnittlich

Nutzung der wärmespeichernden Baumasse Teil des Energiekonzepts?
Nein

Sonnenschutzsysteme
Sonnenschutzverglasung; Jalousien/Lamellen

Tagesbeleuchtung Ungefährer Prozentsatz der Nettogeschoßfläche, die während der Tageszeit künstlich beleuchtet werden muß
K/A

Energiesparende Steuerung der künstlichen Beleuchtung?
-

Sonstiges
-

HLK-SYSTEME

Brennstoffe/ungefähre Nutzung in %
Hauptstromversorgungsnetz 100 %

Heizkesseltyp
Wärmepumpe

Heizsystem
Entfällt

Mechanische Belüftung
Sauggebläse und Ventilator; Lüftungskanal

Art der Klimatechnik
Klimatruhen im Raum; Ventilator-Konvektor-Anlage

Wärmerückgewinnung
-

ENERGIEWERTE

Insgesamt
0,063 KW/h/m²

Künstliche Beleuchtung
0,020 KW/h/m²

Kälteerzeugung
0,029 KW/h/m²

Mechanische Belüftung
0,014 KW/h/m²

Heizung
Entfällt

Geschätzter Kohlendioxidausstoß (insgesamt)
K/A

UMWELT-/GESUNDHEITLICHE FAKTOREN

Konzept für die Auswahl von Materialien/Komponenten zur Reduktion von gebundener und Transportenergie?
Nein

Einsatz von recycelten Materialien
Nein

Einsatz von Holz aus bewirtschafteten Quellen
Nein

Besondere Installationen zum Wassersparen
Abwasseraufbereitung

Natürlich biologische Abwasserbehandlung
Ja

Maßnahmen zur Förderung der Benutzung von öffentlichen Verkehrsmitteln
Stadtlage

Die Yasuda Akademie ist ein Ausbildungszentrum der Yasuda Versicherungsgesellschaft. Nach Aussagen der Architekten lauten die zentralen Entwurfsthemen des Gebäudes »Intelligenz«, »Feingefühl« und »Gesundheit«. Der Bau bezweckt die Schaffung eines Umfelds, das zur Entwicklung jeder charakterlichen Facette des Auszubildenden beiträgt und ihn dabei unterstützt, sein volles Leistungsvermögen zu erkennen. Er spiegelt einen Hauptaspekt der japanischen Unternehmenskultur wider. Mit ihrer Hilfe bietet die Gesellschaft jedem Mitglied mehr als nur das Rüstzeug für eine lebenslange Laufbahn. Sie spielt auch eine bedeutende Rolle für sein gesellschaftliches Leben, für sein eigenes Wohlergehen und das seiner Familie.
Das Gebäude ist einem Hotel nicht unähnlich, da es Wohnunterkünfte sowie Schulungs- und Freizeiteinrichtungen bereitstellt. Die Obergeschosse beherbergen die Schlafräume. Im dritten Stockwerk befindet sich ein Restaurant; der Ausbildungsbereich liegt im ersten und zweiten Geschoß, und die Empfangsflächen nehmen das Erdgeschoß ein. Im Kellergeschoß sind eine Turnhalle und eine Versammlungshalle für 900 Personen untergebracht.
Das Gebäude bildet im wesentlichen ein »gezogenes« Profil – zwei Blöcke liegen einem zentralen Atrium gegenüber –, das nordsüdlich zu einem Stadtviertel ausgerichtet ist. Den Architekten ist es gelungen, den Eindruck von einer langen Wohnzeile zu vermeiden, die zur Anpassung an die Grundstücksmaße abgehackt worden ist. Allerdings erreichen sie dies, indem sie dem Atrium einen ovalen Grundriß gaben. Diese weiträumige Fläche hält das Gebäude zusammen, schafft einen zentralen Raum für alle Aktivitäten und verstärkt so die Botschaft des Unternehmens, das einzelne Mitglied entwickele sich zugunsten des Gemeinwohls.

Das Atrium ist natürlich belüftet. Bei warmem Wetter tritt die Luft in der Erdgeschoß- und in der Mittelebene ein, steigt im Atrium durch natürlichen Auftrieb auf und entweicht über das Dach des Atriums. Der mittlere Abschnitt des Glasdachs wird zurückgeschoben, damit Luft durchziehen kann. Die umliegenden Schlafräume in den Obergeschossen werden querbelüftet, indem die von außen angezogene Luft in die Atriumhalle einströmt. Eine auf dem Dach des Atriums installierte Wärmerückgewinnungsanlage trägt dazu bei, daß das Gebäude mit der warmen Abluft warmgehalten wird. Die Schulungseinrichtungen, das Restaurant und das Kellergeschoß sind klimatisiert.
Die Ost- und Westfassaden werden in den oberen Ebenen durch ein System von Laufstegen beschattet. Allerdings können sie die Räume nicht vor den Strahlen der tiefen Morgen- und Abendsonne schützen, so daß die Fenster mit wärmereflektierendem Glas und Jalousien ausgerüstet wurden.
Die Yasuda Akademie liegt auf einem sanierten Industriegelände in einem Vorort von Tokio. Zusammen mit den angrenzenden öffentlichen Freiflächen geht von ihr eine entscheidende Initiative beim Stadterneuerungsprojekt dieses Teils von Tokio aus.

01>

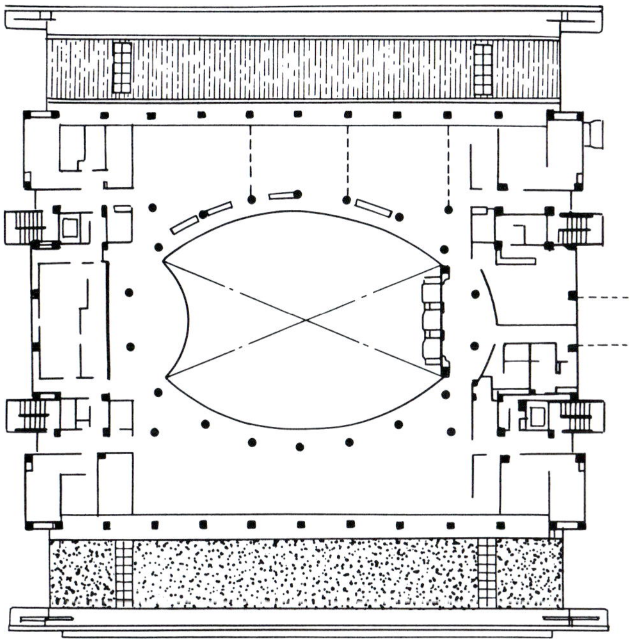

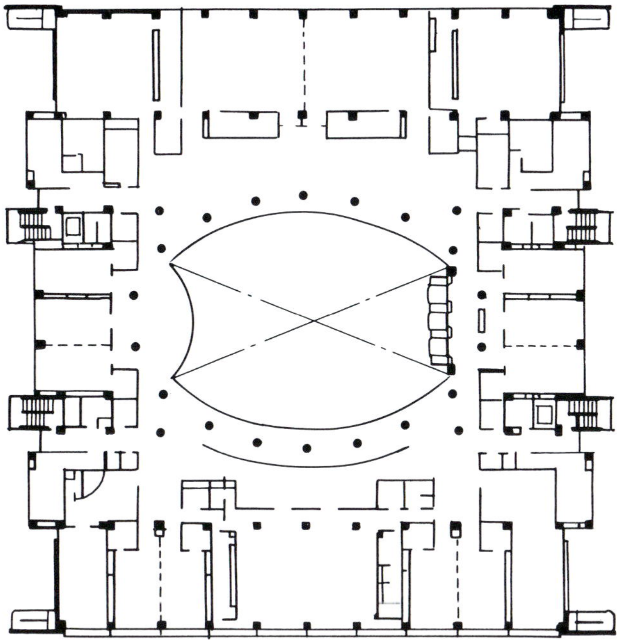

^
02

01> Grundrißpläne des Unter- und Obergeschosses.

02> Ansicht der Westfassade.

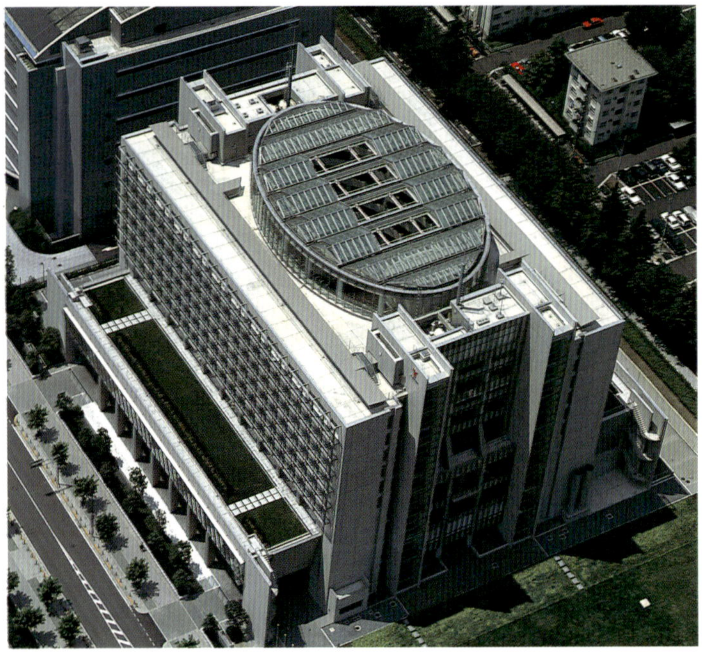

^
03

03> Luftaufnahme mit dem Oval des Atriums, das sich im Schema der Dachoberlichter widerspiegelt.

04> Gebäudequerschnitt mit Darstellung der natürlichen Belüftungsstrategie. Auf Dachebene ist eine Wärmerückgewinnungsanlage integriert.

05> Die Aufzüge vom üppig bepflanzten Atrium aus gesehen.

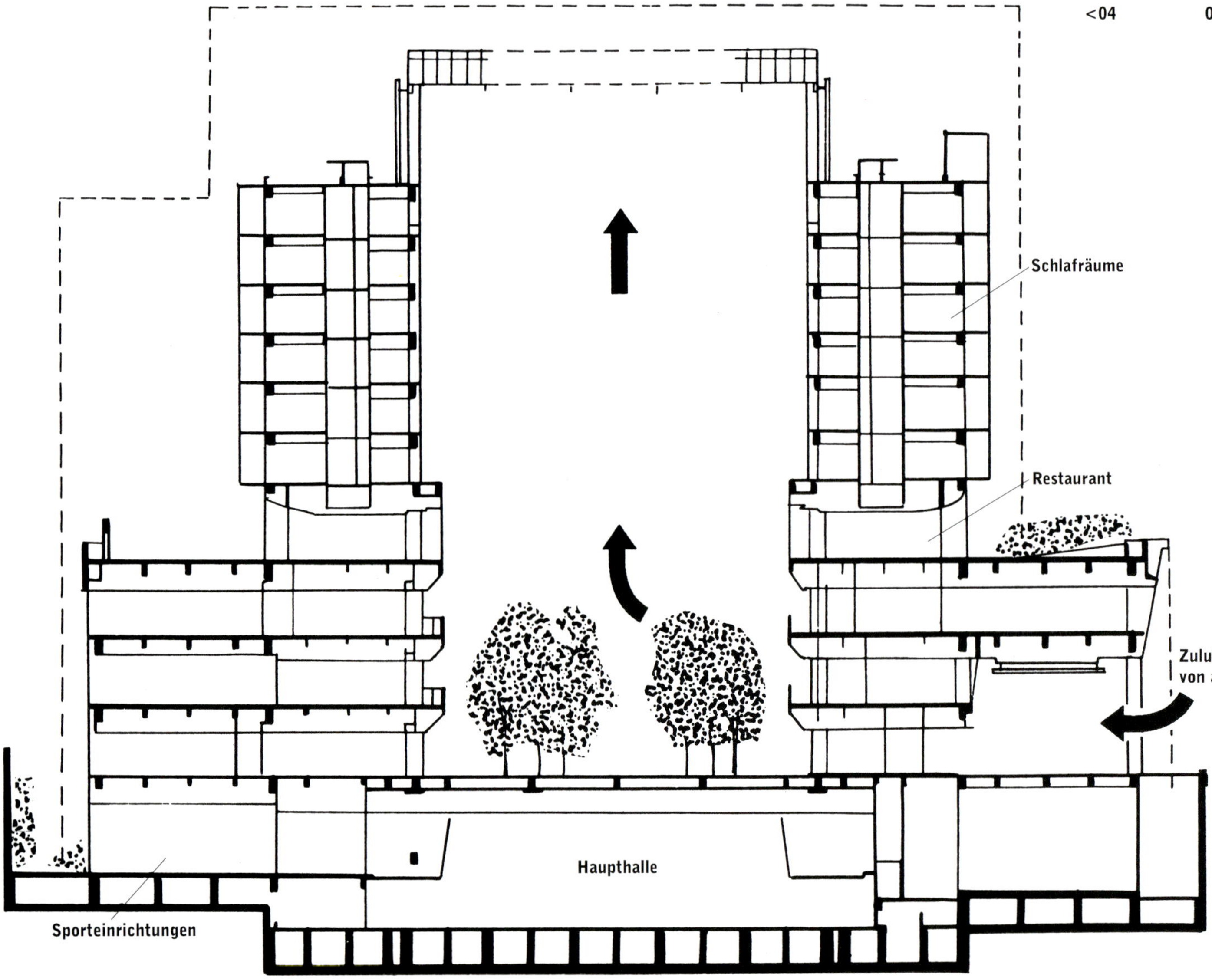

<04

05>

NAME DES GEBÄUDES
Viadukt-Modernisierung

Bauherr/Eigentümer
(SEMAEST) Société d'Economie Mixte d'Aménagement de l'Est de Paris

Nutzer
Verschiedene

Gebäudestandort
Paris, Frankreich

Architekt
Patrick Berger

Fertigstellung
1995

Bruttogeschoßfläche
12600 m²

Baukosten
ca. 16 Mio. DM

Klimazone
Kontinental

ENERGETISCHE FAKTOREN

Ausrichtung der Hauptfassaden
Entfällt

Natürliche Belüftung: Ungefährer Prozentsatz der natürlich belüfteten Bruttogeschoßfläche
Entfällt

Versorgung mit Nachtlüftung
Entfällt

Wärmeleitung der Gebäudehülle
Entfällt

Nutzung der wärmespeichernden Baumasse Teil des Energiekonzepts?
Entfällt

Sonnenschutzsysteme
Entfällt

Tagesbeleuchtung Ungefährer Prozentsatz der Nettogeschoßfläche, die während der Tageszeit künstlich beleuchtet werden muß
Entfällt

Energiesparende Steuerung der künstlichen Beleuchtung?
Entfällt

Sonstiges
-

HLK-SYSTEME

Brennstoffe/ungefähre Nutzung in %
K/A

Heizkesseltyp
K/A

Heizsystem
K/A

Mechanische Belüftung
K/A

Art der Klimatechnik
-

Wärmerückgewinnung
Nein

ENERGIEWERTE

Insgesamt
Entfällt

Künstliche Beleuchtung
Entfällt

Kälteerzeugung
Entfällt

Mechanische Belüftung
Entfällt

Heizung
Entfällt

Geschätzter Kohlendioxidausstoß (insgesamt)
Entfällt

UMWELT-/GESUNDHEITLICHE FAKTOREN

Konzept für die Auswahl von Materialien/Komponenten zur Reduktion von gebundener und Transportenergie?
Nein

Einsatz von recycelten Materialien
Nein

Einsatz von Holz aus bewirtschafteten Quellen
Nein

Besondere Installationen zum Wassersparen
Nein

Natürlich biologische Abwasserbehandlung
Nein

Maßnahmen zur Förderung der Benutzung von öffentlichen Verkehrsmitteln
Stadtlage

Viadukt-Modernisierung

Paris, Frankreich

Was kann man mit einer 1,4 Kilometer langen, stillgelegten Hochbahnstrecke und ihrem Bogentragwerk machen, die mitten durch eine belebte Stadt verlaufen? Diese Frage stellte sich den Pariser Planern, als sie die Potentiale des Bastille-Eisenbahnviadukts untersuchten. Dieser erstreckt sich vom neuen Opernhaus in Richtung Osten zur Gare de Reuilly.
Der Viadukt wurde Mitte des vergangenen Jahrhunderts gebaut, doch seit 1969 nicht mehr genutzt. Die Gewölbe unter den Eisenbahnschienen waren heruntergekommen und beherbergten eine bunte Sammlung kleiner gewerblicher Läden. Der Abbruch des Viadukts wurde in Erwägung gezogen, doch dann wieder verworfen, da er ein unbeschreibliches Wirrwarr an Giebelwänden, Höfen und Schuppen freigelegt hätte, die gegen die Konstruktion errichtet worden waren. Der Architekt löste das Problem, indem er kleinen Gewerbebetrieben und Ladenbesitzern die Nutzung der Gewölbe zubilligte. Voraussetzung war allerdings, daß sie die Anordnungen hinsichtlich der äußeren Gestaltungsmerkmale wie Verglasung und Beschilderung einhielten und die von den Eisenbahnlinien selbst eingenommenen Flächen in einen linearen Garten oder eine »promenade plantée« verwandelten.
Das fertiggestellte Projekt hat bei den Parisern und den Touristen gleichermaßen Anklang gefunden, und dies aus mehreren Gründen. Das ursprüngliche Gebäude war von erlesener architektonischer Qualität. Es besaß steinerne Gewölbe, Brückenpfeiler und Bögen sowie Gewölbezwickel aus Ziegelstein. Das Ganze umgaben ausdrucksvolle Steingesimse und Mauerbänder. Der Viadukt hatte stattliche Ausmaße, wie es sich für eine Hauptstadt geziemt, und diese Integrität blieb bei der Modernisierung unangetastet. Neue Elemente, wie die Schaufensterfronten, wurden in Anlehnung an die Originalstruktur behandelt. Für die Promenade auf der Brückenkonstruktion hat man auf verschiedene Mittel zurückgegriffen, um sie behutsam in das Stadtgefüge zu integrieren - neue Bäume sind beispielsweise genau in der Achse der bestehenden Stützen gepflanzt worden. Der Spazierweg bietet dem Besucher eine verlockende Neuinterpretation der Stadt: Er durchschneidet die städtische Struktur, indem er bisweilen überraschende Ausblicke auf Paris gewährt und dann wieder in einen von neuem Grün gesäumten Einschnitt mündet.
Das Projekt demonstriert, wie ein einfallsreiches und wohlüberlegtes Entwurfskonzept aus einem großartigen historischen Bauwerk ein neues, reizvolles Element in der modernen Stadt macht.

01> Verlauf des Viadukts vom Opernhaus an der Bastille zur Gare de Reuilly (oben). Perspektivische Teilansicht des Viadukts (unten).

02> Der neu bepflanzte Viadukt fungiert als erhöhter Spazierweg. Er zieht sich beinahe wie eine Mole durch dieses dicht bebaute Gebiet im östlichen Teil von Paris.

01>

^
02

03> Die Gewölbe innerhalb des Viadukts eignen sich ausgezeichnet für Läden und Ateliers.

04> Die auserlesene Qualität und die beträchtlichen Ausmaße des Originalbauwerks kommen durch den sorgfältigen Entwurf der Geschäftsfassaden vorteilhaft zur Geltung.

^ 03

^ 04

4.6 Türme

Die berühmten Türme von San Gimignano aus dem 13. Jahrhundert, Italien.

Gruppen von Hochhaustürmen prägen die Zentren der heutigen Städte. Sie sind nicht nur ein Symptom für die hohen Grundstückspreise. Ihre Vertikalität formt auch das Stadtbild baulich, intellektuell und emotional und verleiht ihm eine Richtung. Göttliche Eingebungen ließen Kirchtürme aufwärtsstreben und die Schwerkraft der Minarette von Moscheen überwinden; heute übernimmt dies der Mammon. Doch wachsen alle Türme zum Himmel. Gleichwohl haben der Turm von Babel und die seinen Erbauern verhängte Strafe Türme vor allen anderen Architekturformen zum Symbol für menschlichen Hochmut gemacht. Von den Türmen, die die Silhouette von San Gimignano bevölkern, bis zu den dicht aneinandergereihten Büroblöcken in den Städten des zwanzigsten Jahrhunderts manifestieren sie den Stolz und den Wettstreit von Staaten und Städten, von Familien und Gesellschaften.

NAME DES GEBÄUDES
Konzernzentrale der RWE AG

Bauherr/Eigentümer
Hochtief AG

Nutzer
RWE AG

Gebäudestandort
Essen, Deutschland

Architekt
Ingenhoven, Overdiek Kahlen und Partner

Fertigstellung
Dezember 1996

Bruttogeschoßfläche
35000 m²

Baukosten
ca. 235 Mio. DM

Klimazone
Gemäßigt

ENERGETISCHE FAKTOREN

Ausrichtung der Hauptfassaden
Kreisförmiger Grundriß

Natürliche Belüftung: Ungefährer Prozentsatz der natürlich belüfteten Bruttogeschoßfläche
70 %

Versorgung mit Nachtlüftung
Natürlich

Wärmeleitung der Gebäudehülle
Überdurchschnittlich

Nutzung der wärmespeichernden Baumasse Teil des Energiekonzepts?
Ja

Sonnenschutzsysteme
Außen motorisch angetrieben/variierbar; Sonnenschutzverglasung (Optiwhite Climaplus)

Tagesbeleuchtung Ungefährer Prozentsatz der Nettogeschoßfläche, die während der Tageszeit künstlich beleuchtet werden muß
30 %

Energiesparende Steuerung der künstlichen Beleuchtung?
Ja

Sonstiges
-

HLK-SYSTEME

Brennstoffe/ungefähre Nutzung in %
Hauptstromversorgungsnetz: 99 %; Photovoltaik: 1%

Heizkesseltyp
N/V

Heizsystem
Fernheizung

Mechanische Belüftung
Nur-Luft-Anlage; Wasserkühlsysteme

Art der Klimatechnik
Unterstützende Lüftungsanlage und Kühldecken

Wärmerückgewinnung
Ja

ENERGIEWERTE

Insgesamt
0,278 KW/h/m²/ a

Künstliche Beleuchtung
0,011 KW/h/m²/ a

Kälteerzeugung
0,020 KW/h/m²/ a

Mechanische Belüftung
0,015 KW/h/m²/ a

Heizung
0,072 KW/h/m²/ a

Geschätzter Kohlendioxidausstoß (insgesamt)
K/A

UMWELT-/GESUNDHEITLICHE FAKTOREN

Konzept für die Auswahl von Materialien/Komponenten zur Reduktion von gebundener und Transportenergie?
Ja

Einsatz von recycelten Materialien
Nein

Einsatz von Holz aus bewirtschafteten Quellen
Ja

Besondere Installationen zum Wassersparen
Ja

Natürlich biologische Abwasserbehandlung
Nein

Maßnahmen zur Förderung der Benutzung von öffentlichen Verkehrsmitteln
Ja

Konzernzentrale der RWE AG
Essen, Deutschland

Der zylindrische Büroturm mit Blick auf einen See und einen Park umfaßt dreißig Stockwerke über einem Sockelgeschoß. Der 163 Meter hohe Turm wird von einer doppelten Glashaut umhüllt. Die äußere Schicht besteht aus einer Einfachverglasung aus Verbundsicherheitsglas, die innere aus einer Wärmeschutzverglasung aus Climaplus Weißglas, das eine maximale Ausnutzung des Tageslichts erlaubt. Zwischen den Glasschichten wirkt ein 50 Zentimeter breiter Hohlraum als Wärmepuffer. Alle Bürofenster verfügen über Schiebepaneele und lassen sich zum Lüften öffnen. Außer bei extremen Witterungsverhältnissen (wie in etwa 20% der Zeit) ist das Gebäude natürlich zu belüften.
Wesentlich für den Entwurf sind mehrere speziell entwickelte, innovative Bauteile zur Minimierung des Energiebedarfs. Die zwischen den Glasschichten plazierten Fischmaul-Elemente dienen zur Aufnahme von Sonnenschutz- und Blendschutzvorrichtungen sowie eines Luftaustauschsystems. Dabei schützen die elektronisch gesteuerten Aluminiumlamellen dieser Elemente vor Sonne, während die auf Wunsch motorisch betriebenen textilen Innenrollos Blendlicht abhalten. Luftleichtbleche steuern das Ein- und Ausströmen der Luft im Glaskorridor.
Die Umgebungsbedingungen werden von der Gebäudeleittechnik (GLT) gesteuert, zu der in jedem Raum ein einzelnes Bedienungstableau gehört, so daß sich Licht, Raumtemperatur, Fassade und Sonnenschutz den individuellen Bedürfnissen anpassen lassen. Auch die im Beton integrierten Deckenelemente sind multifunktional und enthalten Energiesparlampen, wassergefüllte Leitungssysteme für die Kühlung wie auch Rauchmelder und Sprinkleranlagen.
Das Energiekonzept nutzt die Wärmespeicherkapazität der Betondecken. Die Heizleistung kann zusätzlich über die Fernwärmeheizung erhöht werden.
Einen Teil (0,1 Prozent) der Gebäudeenergie erzeugen photovoltaische Paneele; diese sind auf verstellbaren Halterungen installiert und in eigens entworfenen Elementen auf dem gebäudehohen Loggiadach eingebaut.

^
01

01> Verbindungsgang vom Aufzugsturm zum Hauptgebäude. Die elektronisch gesteuerten Lamellen zum Schutz vor Solargewinnen sind Teil eines integrierten und flexiblen Systems.

02> Querschnitt. Die doppelte Glashaut des Gebäudes dient der Dämmung und enthält ein speziell entworfenes natürliches Belüftungssystem. Die Büros können über zu öffnende Fenster natürlich belüftet werden.

03> Der zylindrische, 163 Meter hohe Turm ist das neue Wahrzeichen von Essen.

02>

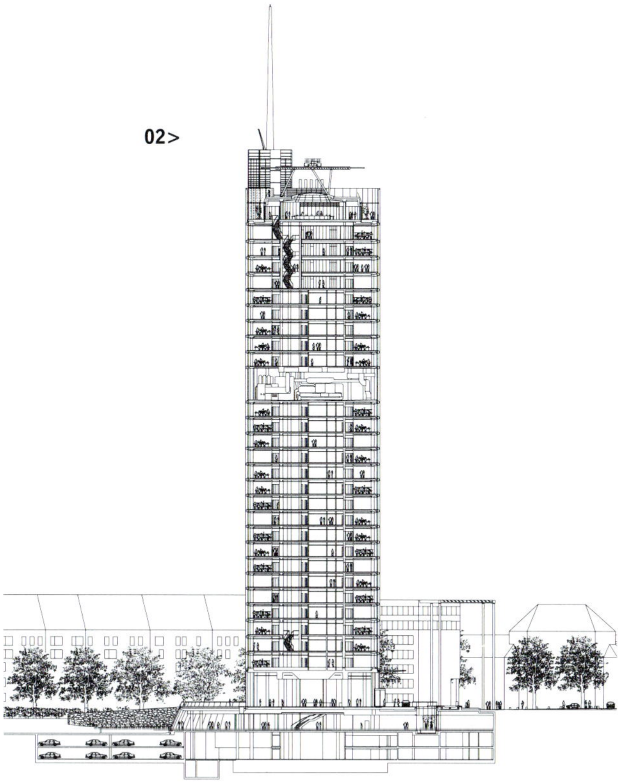

^
03

^
04

^
05

<06

04> Die Dachgarten-Loggia. Etwas Energie erzeugen die im Dach integrierten photovoltaischen Paneele.

05> Die Treppe verläuft um einen Teil des Gebäudekerns. Der Aufzugsschacht befindet sich in einem separaten Versorgungsblock.

06> Ansicht des Aufzugsvorraums.

07> Grundriß eines oberen Geschosses. Eine automatisch gesteuerte Gebäudeleittechnik (GLT) gewährleistet optimale Effizienz; zusätzlich ist jedes Büro mit einem Steuerungstableau ausgestattet, das mittels geschickt integrierter Elemente die individuelle Regelung der Umweltbedingungen gestattet.

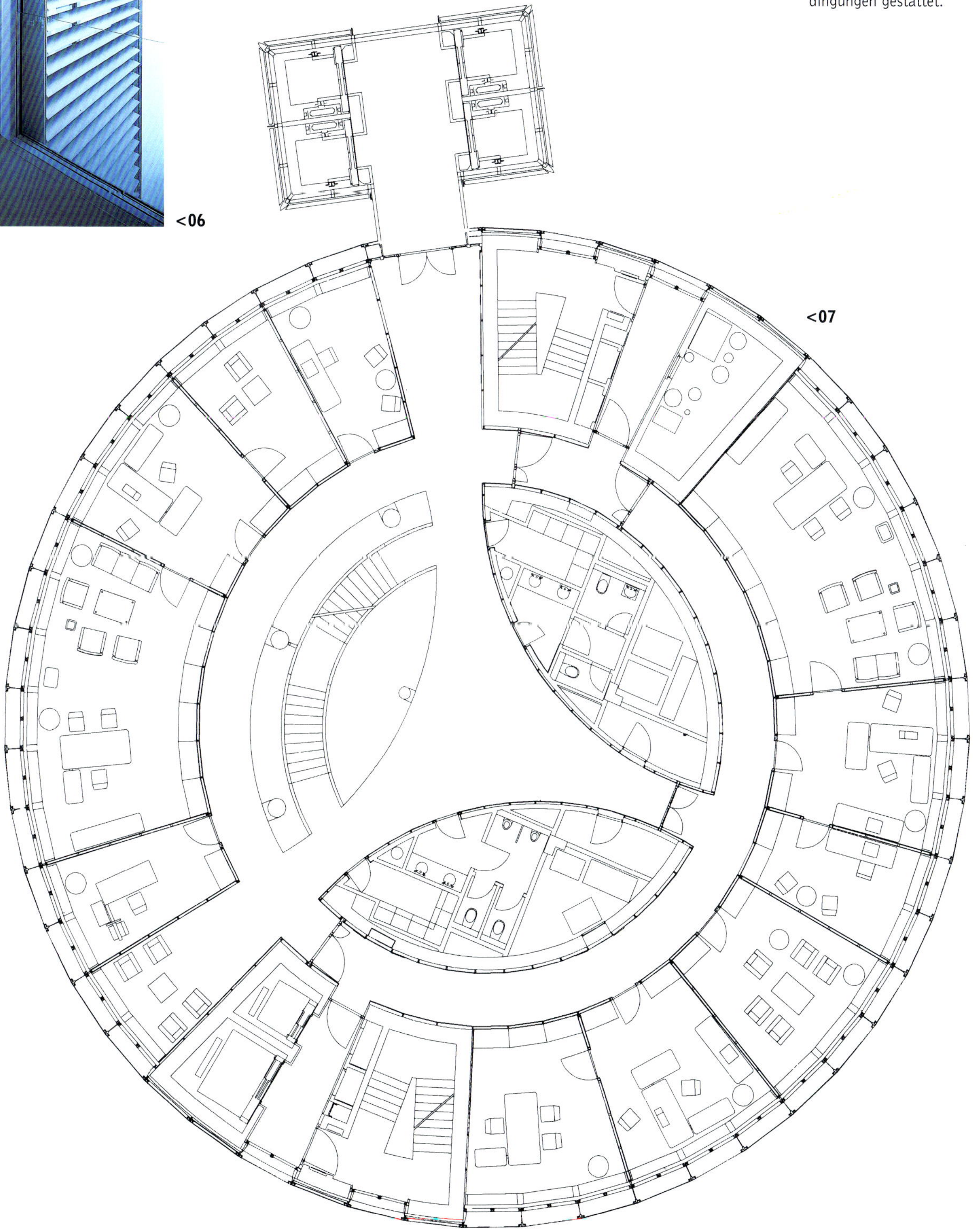

<07

NAME DES GEBÄUDES
The Thames Tower

Bauherr/Eigentümer
Thames Water

Nutzer
Entfällt

Gebäudestandort
London, Großbritannien

Architekt
Brookes Stacey Randall Fursdon

Fertigstellung
Herbst 1995

Bruttogeschoßfläche
Entfällt

Baukosten
K/A

Klimazone
Gemäßigt

ENERGETISCHE FAKTOREN

Ausrichtung der Hauptfassaden
Mehrfach

Natürliche Belüftung: Ungefährer Prozentsatz der natürlich belüfteten Bruttogeschoßfläche
Entfällt

Versorgung mit Nachtlüftung
Entfällt

Wärmeleitung der Gebäudehülle
Entfällt

Nutzung der wärmespeichernden Baumasse Teil des Energiekonzepts?
Entfällt

Sonnenschutzsysteme
Entfällt

Tagesbeleuchtung Ungefährer Prozentsatz der Nettogeschoßfläche, die während der Tageszeit künstlich beleuchtet werden muß
Entfällt

Energiesparende Steuerung der künstlichen Beleuchtung?
Entfällt

Sonstiges
-

HLK-SYSTEME

Brennstoffe/ungefähre Nutzung in %
Entfällt

Heizkesseltyp
Entfällt

Heizsystem
Entfällt

Mechanische Belüftung
Zwangslüftung bei Wartungsarbeiten

Art der Klimatechnik
Entfällt

Wärmerückgewinnung
Entfällt

ENERGIEWERTE

Insgesamt
Entfällt

Künstliche Beleuchtung
Entfällt

Kälteerzeugung
Entfällt

Mechanische Belüftung
Entfällt

Heizung
Entfällt

Geschätzter Kohlendioxidausstoß (insgesamt)
Entfällt

UMWELT-/GESUNDHEITLICHE FAKTOREN

Konzept für die Auswahl von Materialien/Komponenten zur Reduktion von gebundener und Transportenergie?
Nein

Einsatz von recycelten Materialien
Nein

Einsatz von Holz aus bewirtschafteten Quellen
Nein

Besondere Installationen zum Wassersparen
Recycling

Natürlich biologische Abwasserbehandlung
Nein

Maßnahmen zur Förderung der Benutzung von öffentlichen Verkehrsmitteln
Nein

The Thames Tower

Shepherd's Bush, London, Großbritannien

Der Wasserturm an der Themse liegt an einem Verteilerkreis im Londoner Westen und bildet einen integralen Bestandteil der neuen 80 Kilometer langen Hauptringstraße um die Stadt. Der Turm enthält eine von drei Röhren mit großflächigem Durchmesser, die oberirdisch emporragen, um Kompressorpumpen in der Hauptwasserleitung aufzunehmen. Dieser Bau ist nicht für die Unterbringung von Personen vorgesehen, sondern vereint einen technischen Zweck mit einer von der Umwelt angeregten plastischen Wirkung.
Das Konzept für den Turm ging aus einem Ideenwettbewerb hervor, den die Studenten Damien O'Sullivan und Tania Doufa gewannen. Anschließend wurden die Architekten Brookes Stacey Randall Fursdon mit einem Entwurf, einer Stellungnahme und einer Empfehlung über seine praktische Brauchbarkeit beauftragt. Es sollte eine Konstruktion geschaffen werden, an der die wechselnden klimatischen Druckhöhen deutlich abzulesen sein würden. Der 16 Meter hohe Turm ist in fünf Abschnitte unterteilt. Jede Veränderung des klimatischen Drucks wird von einem elektronischen Barometer erfaßt, das (über ein Steuerungspaneel) ein Signal sendet und so das Versprühen blauen Wassers auf dem benötigten Niveau innerhalb des Turms aktiviert. Das versprühte Wasser bildet einen dünnen Film auf der Innenseite des ausgesteiften Glaszylinders. Das Barometer und die Steuerungsinstrumente werden mit Solarenergie von den auf der Turmspitze montierten photovoltaischen Paneelen betrieben. Den barometrischen Druck zeigen Trägerroste aus rostfreiem Stahl an, die in den Turm in zwei Meter hohe senkrechte Zentren gesetzt wurden und von rostfreien Gußstücken getragen werden. Die Gußstücke dienen auch als freitragende Auflage für die aufgehängte Glashülle. Das Wasser gelangt zum Turm über Rohrverbindungen innerhalb des blanken mit rostfreiem Stahl verkleideten Turmkerns, läuft sodann durch eine Reihe von horizontalen Wasserringen und fließt durch Sprühdüsen hinaus.
Während des Entwurfsprozesses mußten viele Fragen gelöst werden. Die Haftung des Wassers am Glas war zu testen wie auch die Strömungsgeschwindigkeit von Wasser. Die Architekten entwickelten ein spezielles organisch gefärbtes Wasser mit Frostschutz, Algenschutz sowie der Eigenschaft, UV-Strahlen zu stabilisieren. Die zur Übertragung von atmosphärischem Druck benötigte Wassermenge ist minimal und wird wieder dem Kreislauf zugeführt.
Der Wasserturm an der Themse ist ein Arbeitsmodell für eine reagierende Konstruktion. Der Architekt versuchte die Struktur so zu gestalten, daß sie das Spiel mit dem Licht unterstützt, sobald das Glas und der transparente blaue Wasserfilm von Licht durchdrungen werden. Die dadurch einfach abzulesenden Wetterverhältnisse und voraussichtlichen Veränderungen sind eine nützliche und an-regende Bereicherung der städtischen Landschaft.

01> Der obere Teil des Turms mit runden Röhren und Düsen des Sprühmechanismus. Die Plattform zeigt das Maß des barometrischen Drucks an.

<02

03>

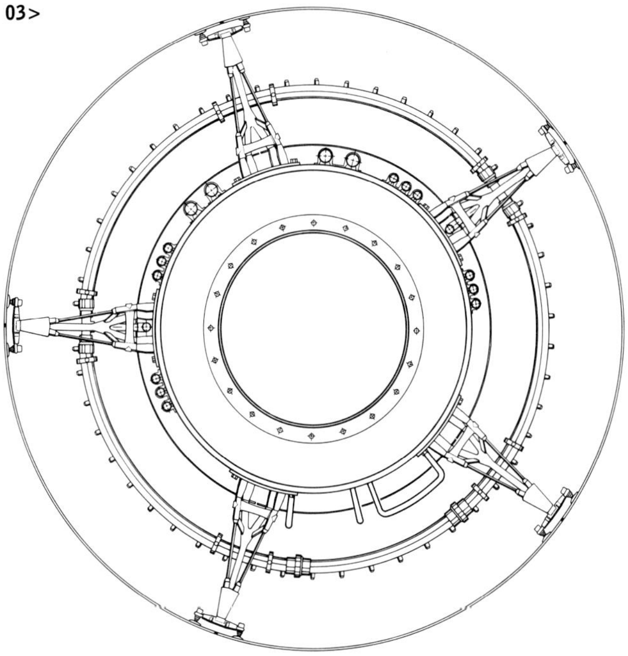

02> Der Turm wird vom photovoltaischen Kollektorfeld überragt.

03> Grundriß Obergeschoß

04> Schnitt durch den Turm.

Schlüssel

1 Verglasung
2 Pumpenrohr
3 Glasbefestigung
4 Glastragarm
5 Zugängliche Versorgungszone
6 Verkleidung des Turmkerns
7 Zugangsträgerrost
8 Glasverbindung
9 Glashülle
10 Tank mit Rücknahmewasser
11 Verkleidung des Schafts
12 Verkleidung des Schafts (öffenbar)
13 Tür im Schaft
14 Schaftstützkonsole

04>

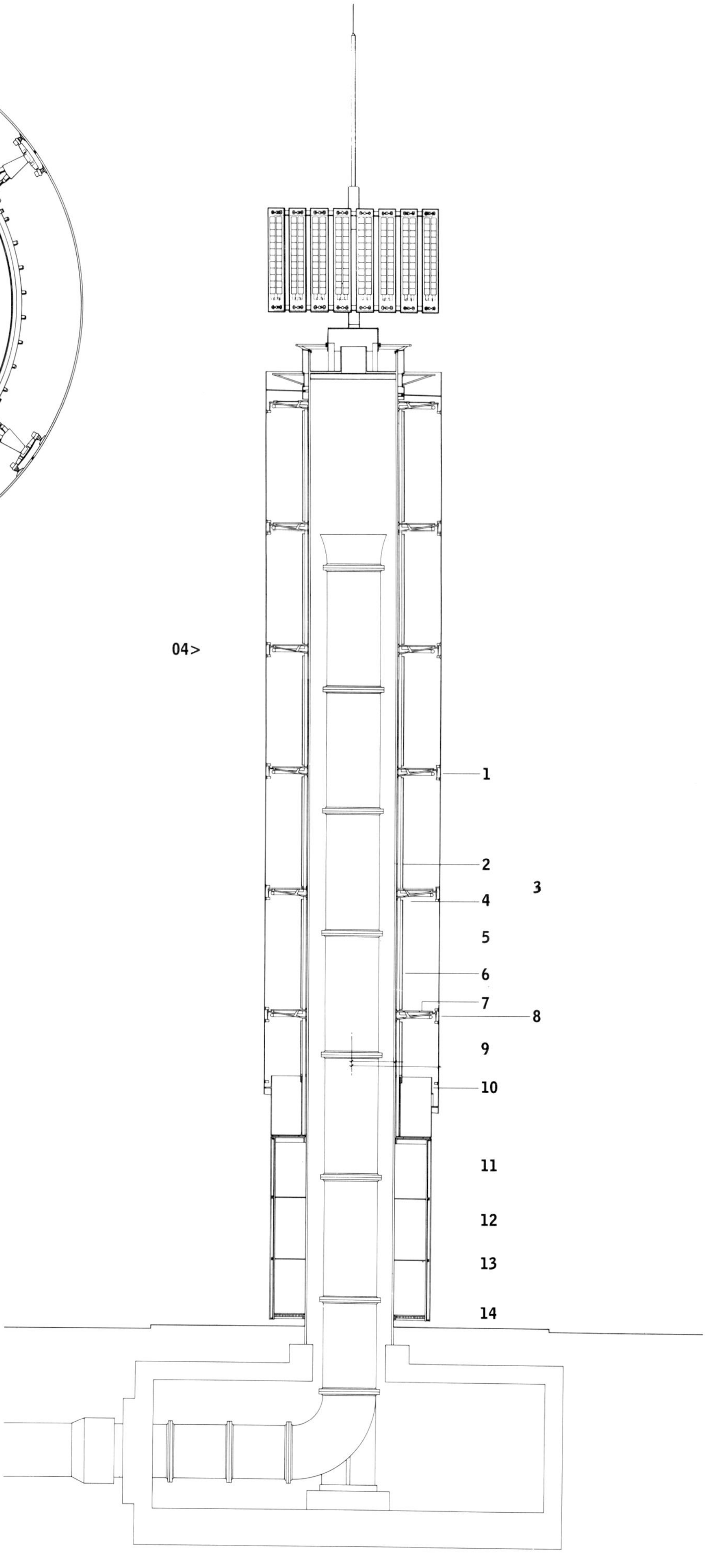

NAME DES GEBÄUDES
Stadttor

Bauherr/Eigentümer
Düsseldorfer Stadttor GmbH

Nutzer
-

Gebäudestandort
Düsseldorf, Deutschland

Architekt
Petzinka, Pink und Partner

Fertigstellung
August 1997

Bruttogeschoßfläche
40000 m²

Baukosten
ca. 137 Mio. DM

Klimazone
Gemäßigt

ENERGETISCHE FAKTOREN

Ausrichtung der Hauptfassaden
Mehrfach

Natürliche Belüftung: Ungefährer Prozentsatz der natürlich belüfteten Bruttogeschoßfläche
0 %

Versorgung mit Nachtlüftung
Natürlich

Wärmeleitung der Gebäudehülle
Überdurchschnittlich

Nutzung der wärmespeichernden Baumasse Teil des Energiekonzepts?
Ja

Sonnenschutzsysteme
Interne Jalousien/Lamellen

Tagesbeleuchtung Ungefährer Prozentsatz der Nettogeschoßfläche, die während der Tageszeit künstlich beleuchtet werden muß
15 %

Energiesparende Steuerung der künstlichen Beleuchtung?
Ja

Sonstiges
Tageslichtabhängige Beleuchtung

HLK-SYSTEME

Brennstoffe/ungefähre Nutzung in %
K/A

Heizkesseltyp
-

Heizsystem
Deckenheizung

Mechanische Belüftung
-

Art der Klimatechnik
Versorgung mit Außenluft in Kombination mit Kühldecken und Deckenheizung

Wärmerückgewinnung
-

ENERGIEWERTE

Insgesamt
115 KW/h/m²

Künstliche Beleuchtung
14 KW/h/m²

Kälteerzeugung
-

Mechanische Belüftung/Heizung
115 KW/h/m²

Geschätzter Kohlendioxidausstoß (insgesamt)
K/A

UMWELT-/GESUNDHEITLICHE FAKTOREN

Konzept für die Auswahl von Materialien/Komponenten zur Reduktion von gebundener und Transportenergie?
K/A

Einsatz von recycelten Materialien
K/A

Einsatz von Holz aus bewirtschafteten Quellen
K/A

Besondere Installationen zum Wassersparen
Nein

Natürlich biologische Abwasserbehandlung
Nein

Maßnahmen zur Förderung der Benutzung von öffentlichen Verkehrsmitteln
Stadtlage

Stadttor
Düsseldorf, Deutschland

Das Bürogebäude liegt am Rande des Rheinparks und wurde über dem Tunnelmund der vielbefahrenen Rheinuferstraße errichtet.
Es ist als neues Wahrzeichen der Stadt und als Musterobjekt einer flexiblen, energieschonenden Architektur gedacht.
Das auf einem rhombenförmigen Grundriß aufgebaute Gebäude besteht aus zwei 16geschossigen Türmen, die ein Atrium flankieren und von einer drei Stockwerke hohen Brückenkonstruktion überragt werden. Den gesamten Gebäudekomplex umschließt eine Glashülle. Die Innenfassade der Türme enthält holzgerahmte, doppelverglaste Fenster mit einem Wärmeschutzglas. Zwischen der einfachen und doppelten Fassadenverglasung befinden sich begehbare 0,9 bis 1,4 Meter breite Balkone als Schall- und Wärmedämpfer. In die Fenster integrierte elektronisch gesteuerte Jalousien schützen an sonnigen Tagen vor Sonnenlicht und -blendung und bewirken außerdem einen Auftrieb, mit dem die warme Luft aus dem Fassadenkorridor abgeführt wird.
Das wichtigste Element des natürlichen Belüftungssystems sind die speziell entworfenen, ober- und unterhalb jeden Fensters in der Fassade installierten Lüftungskästen. Sie sind 60 Zentimeter hoch und mit empfindlichen aerodynamischen Klappen ausgestattet. Diese werden elektronisch gesteuert, um die Klimabedingungen optimal auszunutzen und Windgeräusche zu verhindern.
Liegen die Außentemperaturen zwischen 5°C und 20°C sind die Verglasung und die natürliche Lüftung des Gebäudes ausreichend. Bei extremeren Bedingungen steht eine umweltfreundliche Klimaanlage zur Verfügung. Diese umfaßt ein zweifaches Luftaustauschsystem, das eine Sorptions- und adiabatische Kühlung in den Decken mit der Ausnutzung des unter dem Flußgrundstück vorhandenen kühlen Grundwassers kombiniert. Es werden keine Fluorchlorkohlenwasserstoffe verwendet. Die Decken sind auch über den lokalen Fernwärmeanschluß beheizbar.
Bei Außentemperaturen zwischen −12°C und +28°C bedarf es keiner zusätzlichen Energie zum Heizen oder Kühlen. Die Kosten für die Gebäudeinstandhaltung liegen etwas über dem Durchschnitt, doch werden sie von den wesentlich niedrigeren Betriebskosten aufgewogen.

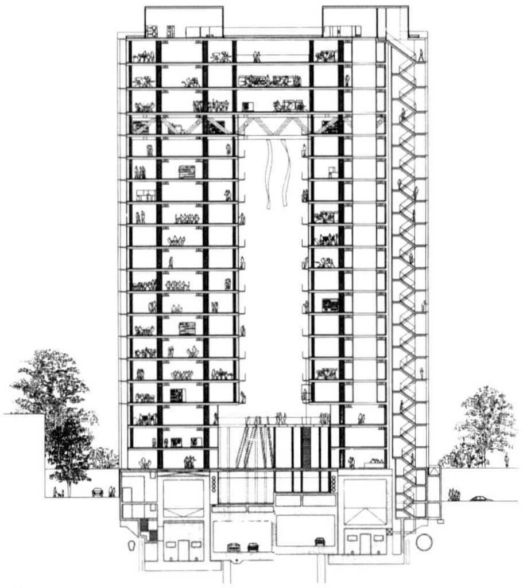
^
01

02>

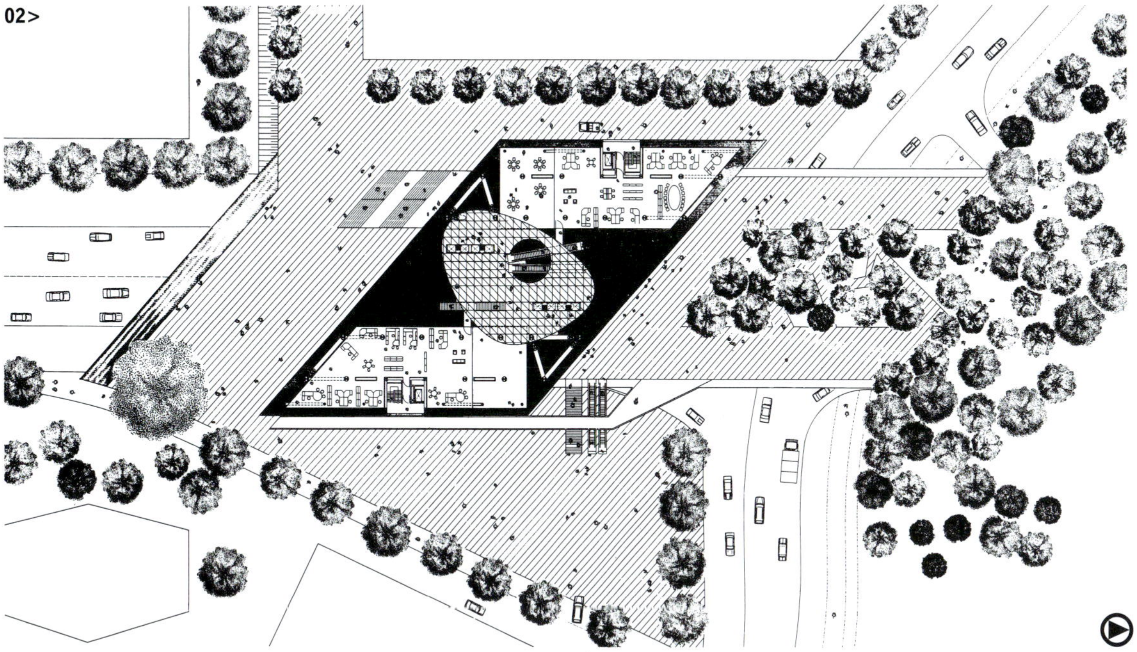

^
03

01> Querschnitt. Der über dem Tunnelmund einer stark befahrenen Straße errichtete Torbogen besteht aus zwei 16geschossigen Türmen mit einem dazwischenliegenden Atrium aus Glas. Die Türme sind durch ein drei Stockwerke hohes Brückenelement miteinander verbunden.

02> Der Lageplan zeigt den Standort des Gebäudes über der Tunneleinfahrt am Rande des neuen Rheinparks.

03> Der Torbogen im Bau. Er soll das neue Wahrzeichen der Stadt Düsseldorf werden.

^
04

04> Fassadendetail. Bei Außentemperaturen zwischen 5°C und 20°C sorgen speziell entworfene Lüftungskästen ober- und unterhalb eines jeden Fensters für eine ausreichende natürliche Belüftung. Verfügbar ist außerdem ein umweltfreundliches, auf Sorption basierendes Luftklimatisierungssystem, das Grundwasser nutzt.

05> Das Modell zeigt die beidseits des Atriums gelegenen Bürotürme. Der gesamte Gebäudekomplex wird von einer Glashülle ummantelt, wobei die Büroräume mit einer Doppelverglasung versehen sind.

06> Graphische Darstellung der Lüftungskästen. Ihre elektronisch gesteuerten Klappen ermöglichen eine optimale Ausnutzung der Klimabedingungen. Der Zwischenraum zwischen der äußeren Glashülle und der inneren Verglasung dient als Wärme- und Schallpuffer.

^ **05**

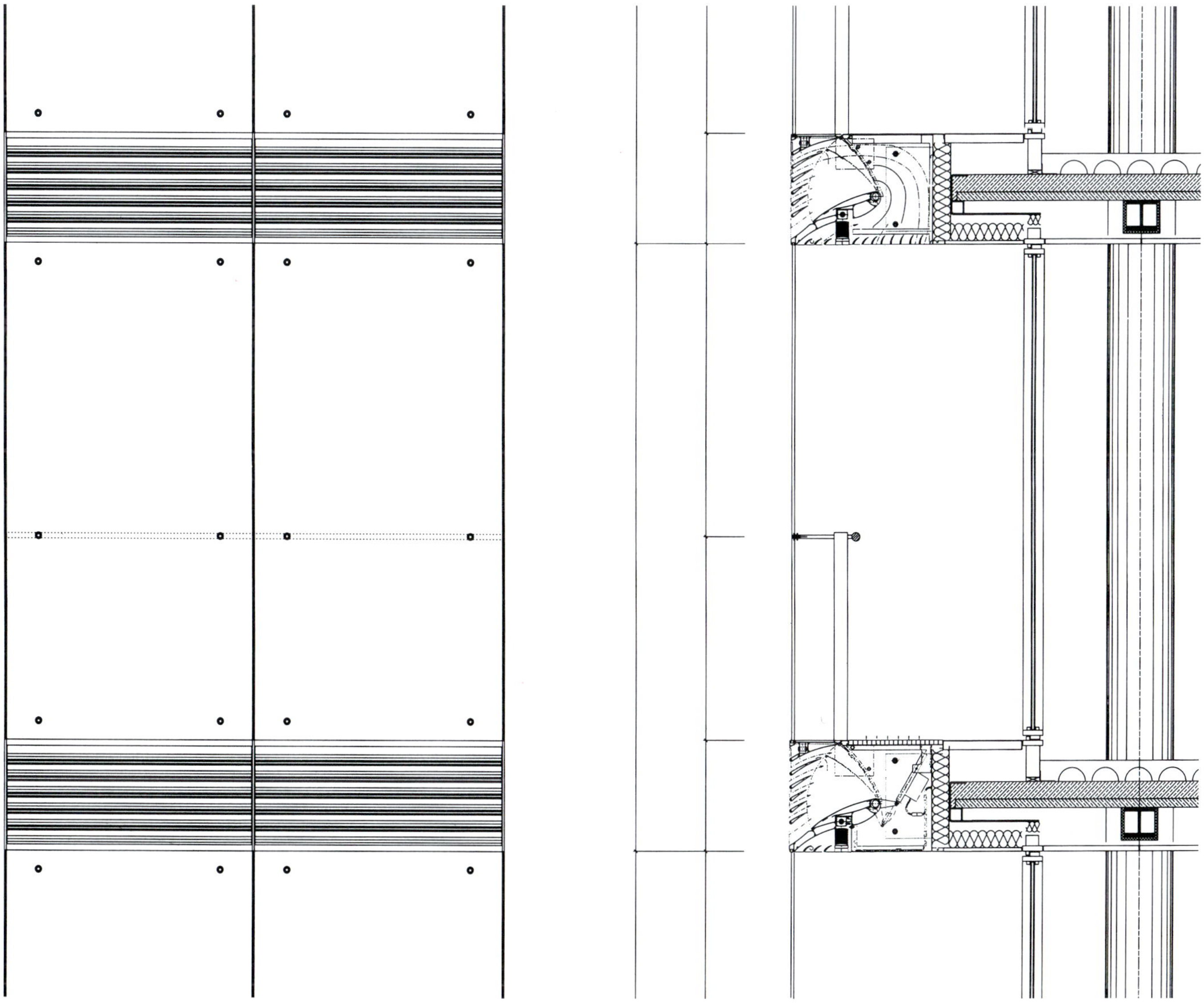

<06

NAME DES GEBÄUDES
Commerzbank Zentrale

Bauherr/Eigentümer
Commerzbank

Nutzer
Commerzbank

Gebäudestandort
Frankfurt, Deutschland

Architekt
Foster & Partners

Fertigstellung
Juni 1997

Bruttogeschoßfläche
130000 m²

Baukosten
ca. 656 Mio. DM

Klimazone
Gemäßigt

ENERGETISCHE FAKTOREN

Ausrichtung der Hauptfassaden
Mehrfach

Natürliche Belüftung: Ungefährer Prozentsatz der natürlich belüfteten Bruttogeschoßfläche
100 % (+ Klimatisierung)

Versorgung mit Nachtlüftung
Natürlich

Wärmeleitung der Gebäudehülle
K/A

Nutzung der wärmespeichernden Baumasse Teil des Energiekonzepts?
Freie Nachtkühlung

Sonnenschutzsysteme
Motorisch angetriebene Jalousien

Tagesbeleuchtung Ungefährer Prozentsatz der Nettogeschoßfläche, die während der Tageszeit künstlich beleuchtet werden muß
0 % (Vorgabeziel)

Energiesparende Steuerung der künstlichen Beleuchtung?
Zeitschalter und Bewegungsmelder

Sonstiges
-

HLK-SYSTEME

Brennstoffe/ungefähre Nutzung in %
K/A

Heizkesseltyp
Wärmetauscher

Heizsystem
Konventionelle Heizkörper, Warmluftheizung

Mechanische Belüftung/ Art der Klimatechnik
Klimatechnik auf den Mindestaußenluftanteil ausgelegt, Kühldecken

Wärmerückgewinnung
Wärmerückgewinnung in der Heizzentrale; aufgrund der Kühldecken nur 2 bis 3-facher Luftwechsel nötig

ENERGIEWERTE (prognostizierte)

Insgesamt
185 KW/h/m²/ a

Künstliche Beleuchtung
16 KW/h/m²/ a

Kälteerzeugung
115 KW/h/m²/ a

Mechanische Belüftung
18 KW/h/m²/ a

Heizung
36 KW/h/m²/ a

Geschätzter Kohlendioxidausstoß (insgesamt)
K/A

UMWELT-/GESUNDHEITLICHE FAKTOREN

Konzept für die Auswahl von Materialien/Komponenten zur Reduktion von gebundener und Transportenergie?
K/A

Einsatz von recycelten Materialien
Nein

Einsatz von Holz aus bewirtschafteten Quellen
Ja

Besondere Installationen zum Wassersparen
Abschlämmwasser der Kühltürme wird für die Toilettenspülung verwendet

Natürlich biologische Abwasserbehandlung
Für Restaurationsabfälle

Maßnahmen zur Förderung der Benutzung von öffentlichen Verkehrsmitteln
Kaum Parkplätze; Stadtlage

Commerzbank Zentrale

Frankfurt, Deutschland

Der 60geschossige Turm bildet das Mittelstück der neuen Commerzbank Zentrale in der Innenstadt von Frankfurt. Mit seinen 298 Metern Höhe ist er das höchste Gebäude in Europa und beansprucht für sich, das erste ökologisch orientierte Bürohochhaus in der Welt zu sein.
Die Grundrißform des Hochhauses ist ein gleichseitiges Dreieck mit einer Schenkellänge von 60 Metern. Seine Seiten sind nach außen gewölbt, um mehr Büroraum zu schaffen, und umschließen ein Atrium. In den Ecken des Dreiecks befinden sich jeweils die Aufzüge, Treppenhäuser und Versorgungseinrichtungen. Um das Tageslicht und die natürliche Belüftung maximal auszunutzen, werden die Turmseiten alle acht Stockwerke von viergeschossigen Wintergärten unterbrochen. Diese sind spiralförmig angeordnet, so daß in jedem Geschoß zwei Seiten mit Büroräumen und eine mit einem Garten belegt sind. Die Gärten sorgen in allen innenliegenden Büros nicht nur für natürliches Sonnenlicht, sondern dienen den Mitarbeitern auch als Eß- und Pausenzonen. Der Turm ist vertikal in fünf zwölfgeschossige »Dörfer« gegliedert.
Alle Fenster sind mittels einer Kippbewegung manuell zu öffnen. Eine äußere Glasscheibe vor jedem Fenster mit einer oberen und unteren Lüftungsöffnung verhindert den Eintritt von Wind und Regen. Falls die Wetterverhältnisse eine natürliche Belüftung nicht erlauben, können alle Fenster über eine Zentralsteuerung geschlossen und ein Vollklimatisierungssystem eingesetzt werden. Die Gärten schützt ausschließlich die äußere Schicht der Festverglasung. Das Atrium wirkt für die innenliegenden Büros als Lüftungskamin. Es ist alle zwölf Geschosse von einer Glasdecke unterteilt, so daß die warme Luft durch die Gärten nach außen abziehen kann und übermäßige Zugerscheinungen vermieden werden.

Die Stahlskelettkonstruktion erlaubt stützenfreie Büroräume und Gärten. Vertikale Stützenpaare an jeder Gebäudeecke tragen die achtgeschossigen Träger.
Ein Gebäude dieser Höhe hat erhebliche demographische Auswirkungen und impliziert die Verwendung großer Materialmengen mit einem hohen Verbrauch an »gebundener« Energie. Es wird aufschlußreich sein, zu erfahren, inwieweit sich nachteilige Einflüsse der Umgebung und defizitäre Ressourcen durch stimulierende, ansprechende Büroräume und niedrige Energiewerte ausgleichen lassen.

01>

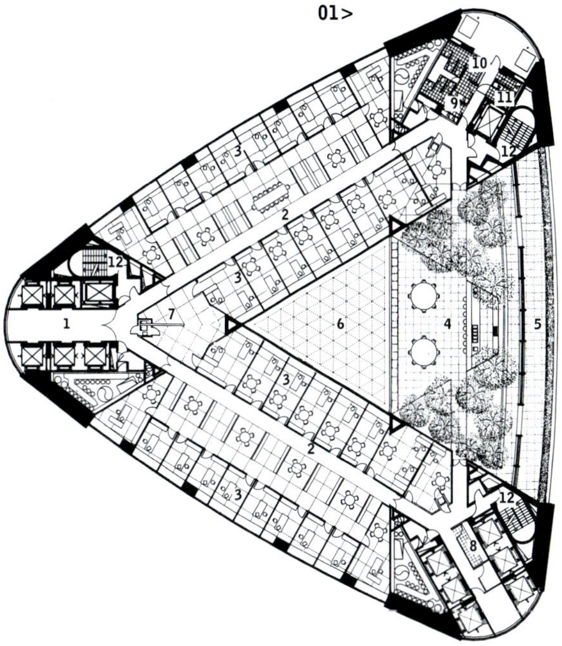

Schlüssel

1 Aufzugsvorraum
2 Bürobereich
3 Büro
4 Himmelsgarten
5 Terrasse
6 Atrium
7 Aktenförderanlage
8 Küche
9 Damen-WC
10 Herren-WC
11 Behinderten-WC
12 Fluchttreppe

^
02

01> Grundriß Normalgeschoß. Auf jedem Geschoß sind nur zwei Seiten des Dreiecks mit Büroräumen belegt; die dritte nimmt einen Wintergarten ein, über den natürliches Licht in das Innere des Gebäudes einfällt. Aufzüge und Versorgungseinrichtungen befinden sich in den Ecken des Dreiecks.

02> Die eindrucksvolle Höhe des Turms, seine ungewöhnliche Gestalt und seine bis zum sechzigsten Stockwerk spiralförmig aufsteigenden Wintergärten haben Frankfurt ein neues Wahrzeichen verliehen.

<04

03> Blick auf eine der Turmfassaden durch das Glasdach des Empfangsbereichs. Die Büros sind mit zwei Glasschichten versehen, und alle Fenster sind manuell zu öffnen.

04> Die Wintergärten sind einfachverglast und zum zentralen Atrium hin offen. Sie sind vielfältig bepflanzt und bieten den Mitarbeitern Raum zum Essen und zum Entspannen. Die Verwendung von Vierendeelträgern ermöglicht ein Tragwerk ohne Stützen im Gebäudeinneren.

05> Senkrechter Schnitt durch den Turm. Das im Zentrum angeordnete Atrium wird von Glasdecken unterbrochen, die das Gebäude in fünf zwölfgeschossige »Dörfer« unterteilen. Jede der vier Geschosse umfassenden Einheit besitzt einen eigenen Wintergarten.

<03

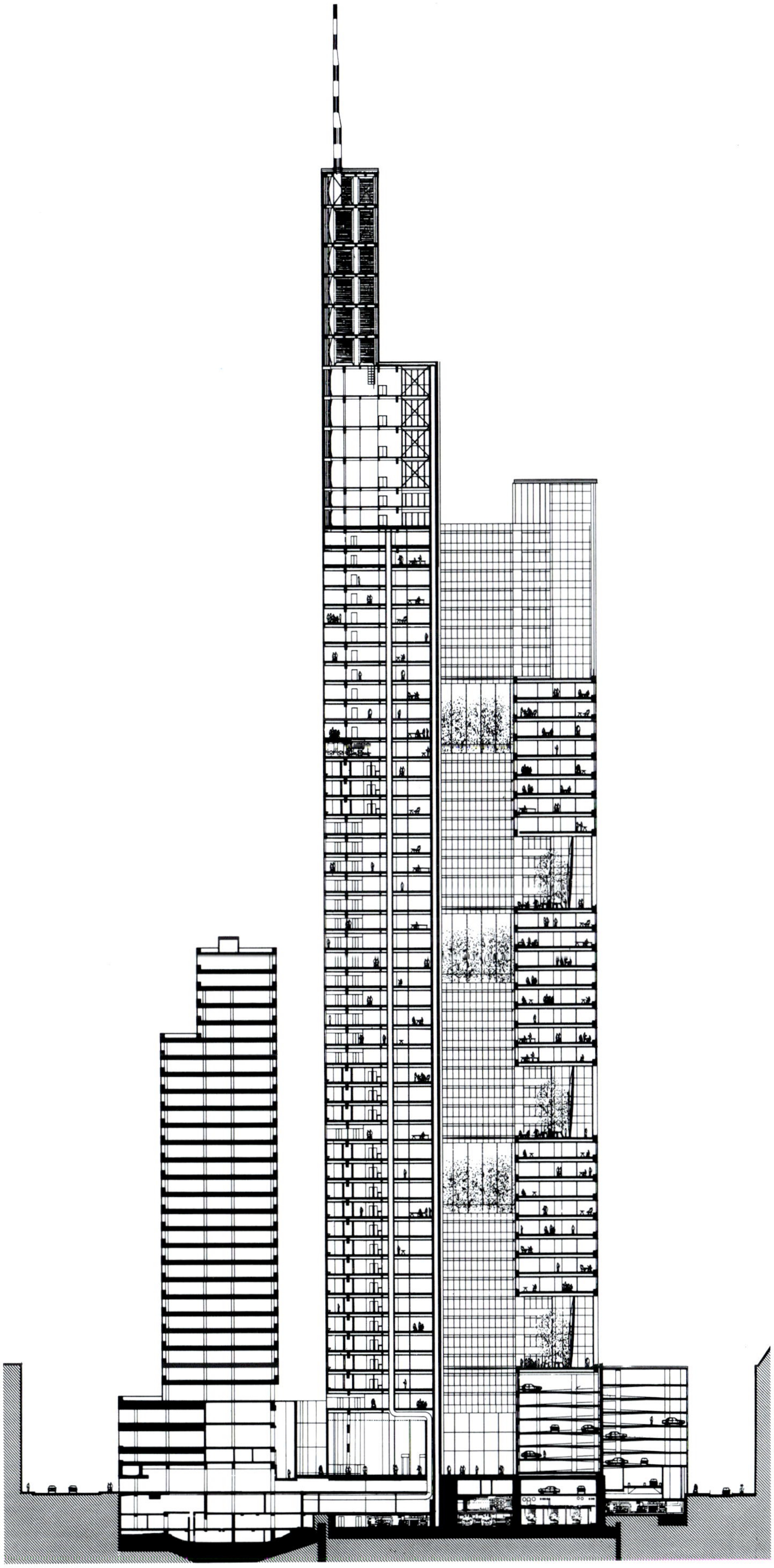

05>

NAME DES GEBÄUDES
Menara Mesiniaga

Bauherr/Eigentümer
Mesiniaga Sdn. Bhd.

Nutzer
-

Gebäudestandort
Selangor, Malaysia

Architekt
T.R. Hamzah & Yeang

Fertigstellung
August 1992

Bruttogeschoßfläche
12346 m²

Baukosten
ca. 14 Mio. DM

Klimazone
Tropisch

ENERGETISCHE FAKTOREN

Ausrichtung der Hauptfassaden
Nord, Süd, Ost

Natürliche Belüftung: Ungefährer Prozentsatz der natürlich belüfteten Bruttogeschoßfläche
10 %

Versorgung mit Nachtlüftung
Nein

Wärmeleitung der Gebäudehülle
Durchschnittlich

Nutzung der wärmespeichernden Baumasse Teil des Energiekonzepts?
Nein

Sonnenschutzsysteme
Außen feststehend; Sonnenschutzverglasung; interne Blenden/Lamellen

Tagesbeleuchtung Ungefährer Prozentsatz der Nettogeschoßfläche, die während der Tageszeit künstlich beleuchtet werden muß
30 %

Energiesparende Steuerung der künstlichen Beleuchtung?
Nein

Sonstiges
-

HLK-SYSTEME

Brennstoffe/ungefähre Nutzung in %
Hauptstromversorgungsnetz 100 %

Heizkesseltyp
N/V

Heizsystem
N/V

Mechanische Belüftung
Zuführen und Absaugen der Luft an Nebenräume

Art der Klimatechnik
Zentralisiertes Kühlwassersystem; Lufterhitzer (Kalt- und Warmwasser) auf Geschoßebene

Wärmerückgewinnung
-

ENERGIEWERTE

Insgesamt
0,062 KW/h/m²

Künstliche Beleuchtung
0,016 KW/h/m²

Kälteerzeugung
0,038 KW/h/m²

Mechanische Belüftung
0,008 KW/h/m²

Heizung
Entfällt

Geschätzter Kohlendioxidausstoß (insgesamt)
K/A

UMWELT-/GESUNDHEITLICHE FAKTOREN

Konzept für die Auswahl von Materialien/Komponenten zur Reduktion von gebundener und Transportenergie?
Nein

Einsatz von recycelten Materialien
Nein

Einsatz von Holz aus bewirtschafteten Quellen
Nein

Besondere Installationen zum Wassersparen
Nein

Natürlich biologische Abwasserbehandlung
Nein

Maßnahmen zur Förderung der Benutzung von öffentlichen Verkehrsmitteln
Nein

Menara Mesiniaga
Selangor, Malaysia

Bei Menara Mesiniaga handelt es sich um die Zentrale eines Elektronik- und Büromaschinenkonzerns (Auslandsniederlassung für IBM Malaysia). Sowohl die äußeren wie inneren Gestaltungsmerkmale des Baus beruhen auf einem bioklimatischen Ansatz. Dies gilt für die Anordnung der gebauten Form ebenso wie für die Schaffung eines funktionstüchtigen Niedrigenergiegebäudes, welches das feucht-heiße tropische Umgebungsklima bestmöglich nutzt. Das auffälligste Gestaltungsmerkmal des Gebäudes sind seine mit Pflanzen bewachsenen Fassaden und »Himmelshöfe«. Diese gehen von einem drei Stockwerke hohen Erdhügel aus und ziehen sich spiralförmig um die Außenfront des Gebäudes. Begrünt sind auch die zum oberen Teil des Gebäudes zurückgesetzten Terrassen mit dreifacher Höhe. Diese Atrien ermöglichen eine kühle Luftströmung durch die Zwischenräume des Gebäudes, während die Pflanzen Schatten spenden und eine sauerstoffreiche Atmosphäre schaffen. Gläserne Vorhangwände finden sich nur an der Nord- und Südfassade, so daß die Solargewinne mäßig ausfallen. Alle den heißen Ost- und Westseiten zugewandten Fensterflächen sind zum Schutz vor Sonne mit außenliegenden Aluminium-Fensterhalterstreben und -lamellen ausgerüstet. Dank der Glaselemente kann das hellgrüne Glas als Lüftungsfilter wirken und das Gebäudeinnere schützen, ohne es gänzlich abzuschotten. Jede Büroetage verfügt über eine Terrasse mit geschoßhohen Glasschiebetüren, um die natürliche Belüftung bedarfsgerecht steuern zu können. Die Belüftung und Beleuchtung von Aufzugsvorräumen, Treppenhäusern und WCs erfolgt natürlich. Die Aufzugsvorräume benötigen zum Brandschutz keine Druckerhöhungsanlage.
Die Sonnenterrasse auf dem Dach wird von einem Sprengwerkdach aus Aluminium und Stahl bedeckt. Dieses verschattet den Swimmingpool und das geschwungene Dach der Turnhalle und filtert außerdem das einfallende Licht (es kann auch für den eventuellen späteren Einbau von Solarzellen genutzt werden). Innen sind geschlossene Büroeinheiten eher als zentraler Kern angeordnet als an den Außenflächen plaziert. Dadurch erhalten auch die am Rande liegenden Arbeitsplätze Tageslicht. Der runde Grundriß des Gebäudes beinhaltet, daß keine dunklen Ecken vorhanden sind. Eine Reihe automatischer Systeme dient der Senkung des Energieverbrauchs von Bürogeräten und Klimaanlage.
Von den Türmen, die Ken Yeang im Fernen Osten entworfen hat, ist Menara Mesiniaga vielleicht der bekannteste. Bei jedem bemühte er sich um eine umweltbewußte und energieschonende Zugangsweise, auch wenn die Gestalt des Gebäudes und die lokalen Klimate diesem Ansatz nicht förderlich waren.

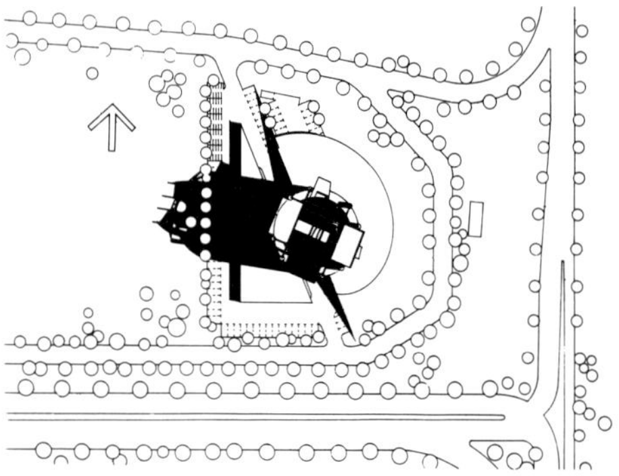

^ 01

02>

01> Grundriß

02> Ansicht des Turms mit den Sonnenschutzpaneelen und den »Himmelshöfen«.

<03

03> Lobby am Haupteingang.

04> Schematische Darstellung der Umweltfaktoren

05> Der Turm ist mit dem Erdboden durch Grünelemente und gezogene Kletterpflanzen verbunden.

04>

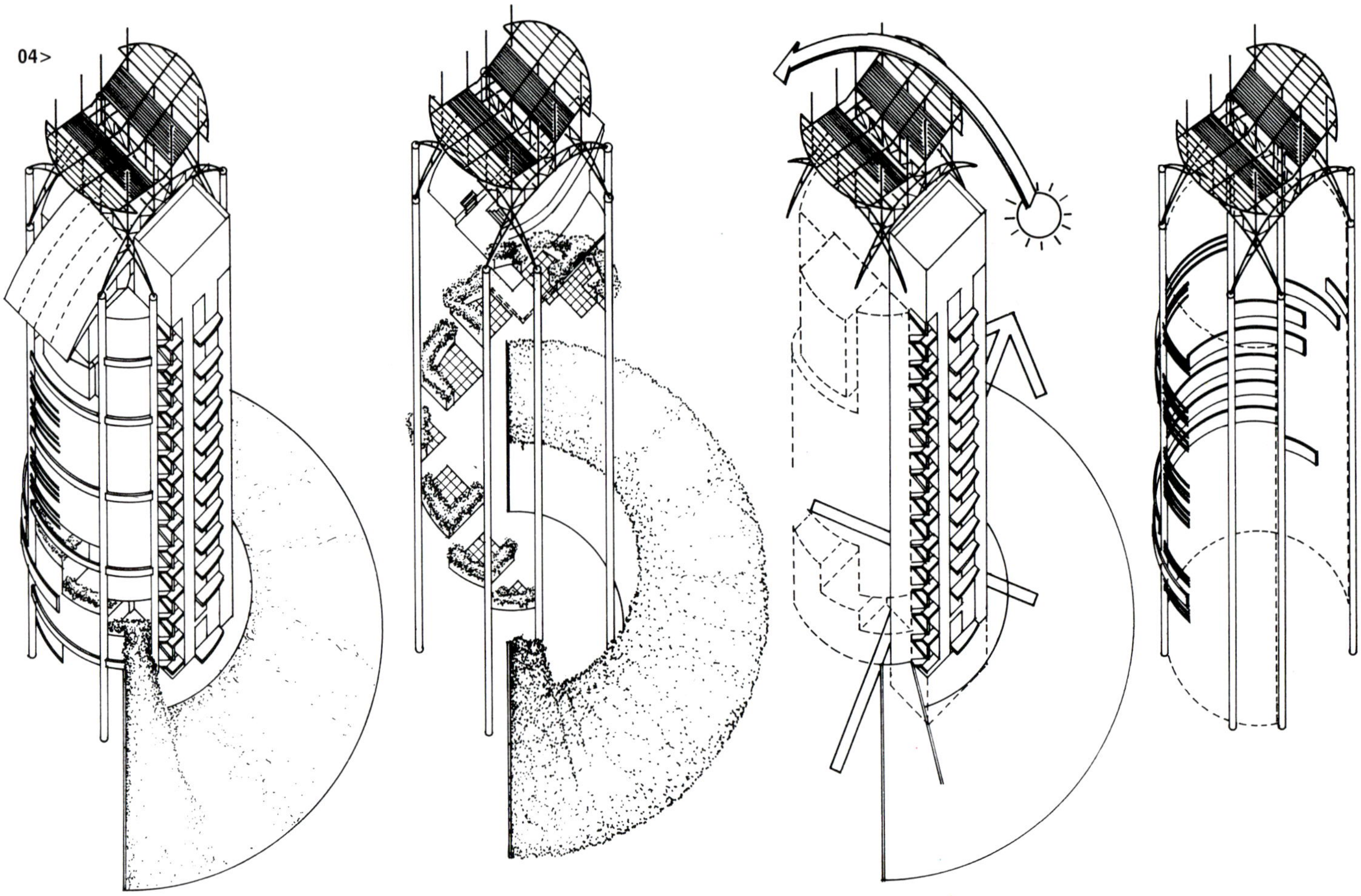

Gebaute Form | **Bepflanzung und »Himmelshöfe«** | **Ausrichtung und Sonnenbahn** | **Sonnenschutz**

<05

KAPITEL 05

Zukünftige Perspektiven

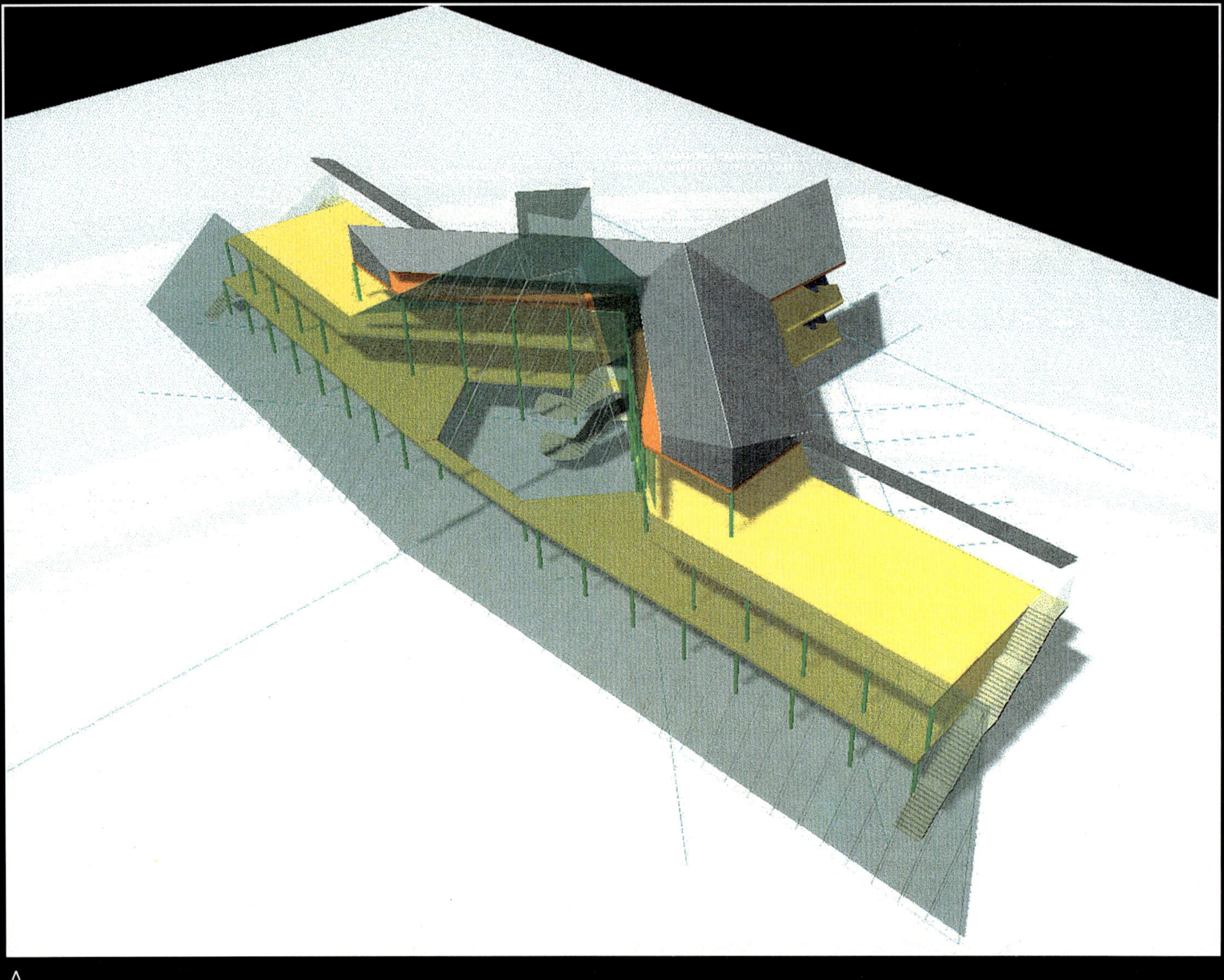

01> Frühe schematische Darstellung der Solarbüros im Doxford International Business Park, Sunderland (Großbritannien).

Äußern sich Kommentatoren zur Stabilität einer Nation, Kultur oder Gesellschaft, so betonen sie gewöhnlich ihre kritische Lage. Dabei wird gerne Schwarzweißmalerei betrieben. Es wird aufgezeigt, in welche Richtung bestimmte Entwicklungen gehen könnten, je nachdem, ob es gelingen würde, rechtzeitig die positiven oder negativen Kräfte zu mobilisieren. Daß hierbei meist ein ungewisser Ausgang heraufbeschworen wird, hat weniger damit zu tun, daß die Dinge so dargestellt werden sollen, wie sie tatsächlich sind, als damit, die Aufmerksamkeit der Leser fesseln zu wollen. Bei der Umweltkrise deuten jedoch alle Zeichen darauf hin, daß wir tatsächlich auf des Messers Schneide stehen.
Zahlen, die die Münchner Rückversicherungsgesellschaft – eine der größten Reassekuranzen der Welt – zusammengetragen hat, belegen, daß sich die Zahlungen infolge wetterbedingter Katastrophen in den Jahren 1990 bis 1996 auf insgesamt mehr als 200 Billionen Dollar – viermal so viel wie im gesamten Zeitraum der achtziger Jahre – beliefen.
Den Statistiken zufolge erreichte der Ausstoß an Kohlendioxid – der Hauptursache für die Erwärmung der Erde – 1996 einen neuen Höchstrekord. Die meisten Klimaforscher machen hierfür die Verschmutzung der Erdatmosphäre verantwortlich.
Unsere derzeitige dramatische Lage erinnert an die bedrohliche Situation, in der sich die Welt auf der Höhe des kalten Krieges befand, als die menschliche Existenz auf die Gnade eines Politikers angewiesen war, der mit einem Fingerdruck den roten Knopf und damit eine nukleare Katastrophe auslösen konnte. Heute mag die Welt nicht am Rande einer Apokalypse stehen, doch wenn wir unseren derzeitigen Kurs fortsetzen, könnte das Endergebnis vielleicht recht ähnlich aussehen. Wir müssen uns deshalb entscheiden, ob wir weiterhin so verschwenderisch und unverantwortlich leben oder aber unseren politischen, wirtschaftlichen und kulturellen Lebensstil so schnell wie möglich *nachhaltig* ändern wollen. Der Aspekt der Nachhaltigkeit kehrt im vorliegenden Buch bei der Bebauung der Umwelt wieder, und wie wir bereits gesehen haben, wird die Diskus-sion gerade auf diesem Gebiet zwischen den sogenannten »Reaktionären« und den »Progressiven« geführt.
Edward Goldsmith, Autor, Herausgeber und Gründer des Blattes »The Ecologist« (»Der Ökologe«) und sein Lager sprechen sich unter Berufung auf historische Quellen gegen eine zunehmende Verstädterung aus. Sie zitieren hierbei einen Ausspruch Aristoteles', wonach die Größe einer Stadt durch die Anzahl der Menschen bestimmt werden sollte, die sich bequem auf dem Marktplatz von Athen versammeln konnten – und zwar höchstens 5400.
Im Gegensatz dazu behauptet Norman Foster, der sich ebenfalls auf historische Fakten beruft, daß sich im Anfangsstadium fast jede regionstypische Architektur einer Gesellschaft an einem Scheideweg zur technischen Entwicklung befand (4. Europäische Konferenz über Solarenergie in Architektur und Stadtplanung, Berlin, 1996). In diesem Zusammenhang stellt Richard Rogers klar, daß die Hälfte der Weltbevölkerung heute in Städten lebt, und daß sich dieser Anteil bis zum Jahre 2025 auf Dreiviertel der Weltbevölkerung erhöhen wird. Er schließt daraus, daß die sozialen Bedürfnisse der Bevölkerung nur unter Ausnutzung der modernen Wissenschaft und Technik befriedigt werden können (Vorträge von Reith, 1995).
Bei beiden Positionen gibt es sicherlich manch Wahres und manch Falsches. Die von einigen Mitgliedern aus dem reaktionären Lager vertretenen hehren Grundsätze eines Lebens auf dem Land erscheinen geradezu ungeeignet, um das Problem der dicht besiedelten Städte im Pacific Rim, in Indien und in Südamerika nachhaltig zu lösen. Und doch wird gerade ihr Stigma einer von der Basis ausgehenden, vehement verfochtenen Autarkie und ihre umstrittene Verteidigung eines natürlichen Lebensraums Veränderungen bewirken. Umgekehrt steht der Glaube der Progressiven an die Macht der Technik zur Lösung komplexer sozialer Probleme oft im Widerspruch zu einer humanen und umweltverträglichen Umgebung. Ohne technische Innovationen wie bei der gebäudeintegrierten Energiegewinnung, den klimafreundlichen Gebäudehüllen und den Gebäudeleittechniken hätten wir allerdings keine Chance, den übermäßigen Energieverbrauch in Gebäuden einzustellen.
In den nächsten Jahren werden der Druck von der Basis wie auch der technische Fortschritt Hand in Hand gehen und Veränderungen durchsetzen und vorantreiben. Alle Umstände deuten darauf hin, daß dieser Prozeß bereits im Gange ist. Als Haushaltsgerätehersteller der deutschen Greenpeace-Initiative zur Entwicklung eines ozonfreundlichen Kühlschranks ohne FCKW-Isolierung entgegenhielten, die Verbraucher seien nicht bereit, für die entstehenden Mehrkosten aufzukommen, brachte Greenpeace das Gerät selbst auf den Markt. Entgegen den Erwartungen der Hersteller überstieg die Nachfrage das Angebot, und die Industrie mußte nachziehen. War dies ein Beispiel dafür, wie die »Agitprops« die konservative Industrie auf ihre Linie einschworen, so war bei der Photovoltaik das Gegenteil der Fall. Großkonzerne wie BP, Shell, Siemens und Sanyo hatten Solarzellen als Nebenprodukt der Computer- und Raumfahrttechnik entwickelt und vermarkteten sie versuchsweise als gebäudeintegrierte Energiequelle. Doch erst als Greenpeace, die das Potential der Photovoltaik erkannte, über diese Technik

^
02

berichtete und Solarmodule auf dem neuen Gebäude des Umweltministeriums in London installierte, begann – zumindest in Großbritannien – die breite Öffentlichkeit deren Bedeutung zu ermessen.

Blickt man nochmals auf die Projekte im vorangegangenen Kapitel, so wird nicht nur die große Vielfalt an naturgerechten Gebäuden sichtbar, sondern auch ein wachsendes Vertrauen in das Ergreifen und Bewerten von Umweltschutz- und Energiesparmaßnahmen. Mit einigen wenigen rühmlichen Ausnahmen haben die Gebäude, die nach einem umfassenden ökologischen Konzept entworfen wurden, noch bis vor kurzem jene unansehnliche und protzige Art aller Prototypen demonstriert. Im Übereifer wurden Solarkamine präsentiert und ihnen Solarmodule scheinbar als Zusatzbauteil zur Seite gestellt. Die Ausnutzung der thermisch wirksamen Masse hat zu erdrückenden, schlecht beleuchteten Räumen geführt, und die wenig angemessene bauliche Durchbildung mit gerade den umweltfreundlichen Materialien und Produkten wie begrünten Dächern, Durchforstungsholz, Trombe-Wänden und recycelten Autoreifen (für Wände) hat unästhetische Ergebnisse hervorgebracht. Da sich die Architekten zunehmend besser mit den eigentlichen Erfordernissen eines bioklimatischen Entwurfs auskennen, werden diese Komponenten im Laufe der Zeit in die Gesamtstrategie der Bauplanung einfließen. In einigen Jahren werden für Architekten bioklimatische Elemente in einem Gebäude ebenso alltäglich sein wie statische Planungen.

Obwohl in diesem Buch immer wieder auf einzelne Architekten verwiesen wird, hat das umweltschonende Entwerfen eine tiefgreifende Wirkung auf die Rolle des Planungsteams als Ganzes. Herkömmliche berufliche Abgrenzungen sind im Auflösen begriffen. Vom bioklimatischen Standpunkt aus muß der Gebäudeentwurf eine Reihe interaktiver Bestandteile enthalten, von denen sich einige gegenseitig stützen, andere dagegen widersprechen. Deshalb muß man sich eine Meinung über die richtige Gewichtung – die optimale Zusammensetzung der jeweils spezifischen Umstände – bilden. Um darüber ein Urteil zu fällen, muß der Architekt, Umweltschützer, Servicemechaniker, Bautechniker und (in Großbritannien) der Baukostenkalkulator das Handwerk des jeweils anderen genau verstehen und in der Lage sein, sich über berufliche Grenzen hinwegzusetzen, ohne feindselige Gefühle hervorzurufen.

Themen wie Heizung, Kühlung oder Beleuchtung betreffen genauso den Entwurf des Gebäudekörpers wie die Gebäudetechnik als solche; die Entwicklung von Konstruktionssystemen tangiert ebenso die einheitliche Fassadengestaltung wie die Statik des gesamten Gebäudes; die finanziellen Investitionen in ein Gebäude berühren die Berechnungen der Lebensdauer – die oft Beurteilungen zur Lebensqualität und zum langfristigen Umweltschutz einschließen -, wie die Ermittlung der Konstruktionskosten. Die umfassende Kenntnis dieser verschiedenen Fragestellungen zusammen mit einer Vision, die ein einziges Teammitglied beisteuern könnte, ist unabdingbar für die Schaffung eines sich gut einfügenden, ansprechenden und bemerkenswerten Gebäudes; ein solches ist nicht zuletzt das Verdienst nachhaltiger Prinzipien.

Der Schlußteil des vorliegenden Buches gibt einen Ausblick in die Zukunft, wenn auch einen nicht sehr weiten. Das letzte Kapitel konzentriert sich darauf, was in den nächsten Jahren im Hinblick auf die bioklimatische Architektur geschehen oder aller Voraussicht nach geschehen wird (nicht berücksichtigt sind die Entwicklungen in Gesellschaft, Politik oder Wirtschaft, auch wenn diese einen

^
03

starken Einfluß auf Gebäude ausüben). Hierzu unterziehen wir drei Gebäude einer näheren Betrachtung, die zur Zeit auf dem Reißbrett entstehen oder im Bau befindlich sind. Sie stellen einen Ansatz zur bioklimatischen Architektur in drei verschiedenen Kontexten dar: der Wildnis, der Vorstadt und der Stadt.

Die Wildnis

Bei dem ersten Projekt handelt es sich um ein Refugium für die tibetanisch-buddhistische Samye Ling-Gemeinschaft. Es liegt auf Holy Island, einer kleinen Insel vor der Südwestküste Schottlands. Der Auftrag für diese Gebäudeanlage ging aus einem internationalen Architektenwettbewerb hervor. Nachdem Andrew Wright Associates und sein multidisziplinäres Beraterteam in die engere Wahl kamen, wurden sie für Entwurfsvorschläge ausgewählt. Das Zentrum ist nicht konfessionsgebunden und widmet sich der Zusammenführung der Religionen. Es wird jedem Besucher offenstehen.

Das Ziel des Planungsteams war es, einen Komplex zu entwerfen, der es der Gemeinschaft ermöglichen würde, in Einklang mit

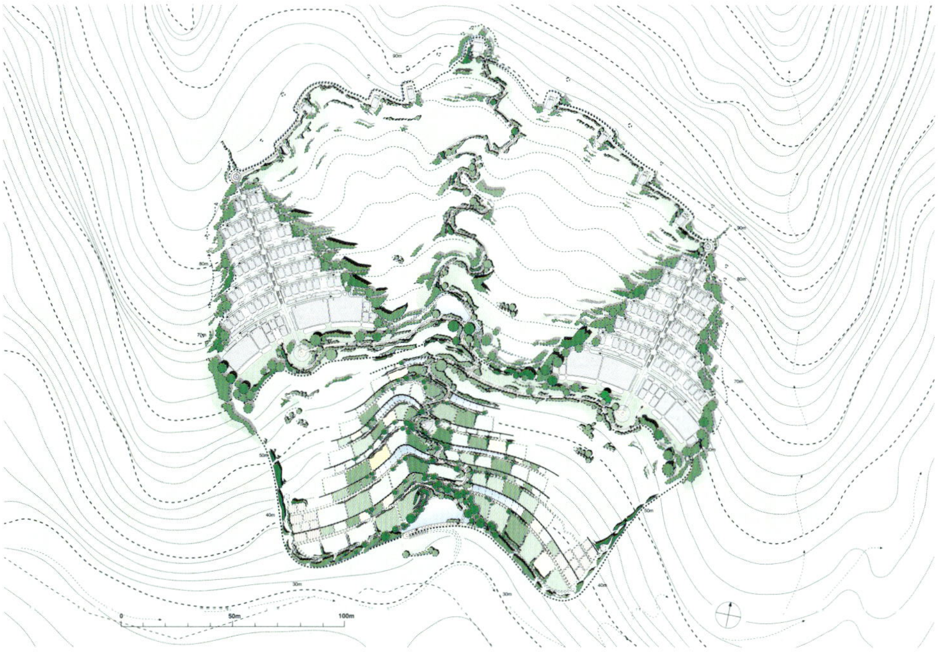

^
04

02> Luftbild von Holy Island mit Blick auf die Südhänge, auf denen die Erholungsstätte gebaut werden soll.

03> Wettbewerbsvorschlag, Gesamtansicht.

04> Plan der Gemeinschaftsanlage mit den Frauenunterkünften im Westen und den Männerwohnungen im Osten. Der in Terrassen angelegte Bereich für Acker- und Gartenbau liegt in der Mitte und unterhalb der Gebäude, das Haus des Lama darüber.

05> Schnitt durch eine Wohnzelle. Alle Unterkünfte sind seitlich in den Südhang eingegraben. Jede Wohnung verfügt über einen kleinen Wintergarten, um zur Wärme beizutragen und vor Wärmeverlusten zu schützen. Das Dach ist mit Rasen belegt, enthält jedoch die Entlüftungskappen und Beleuchtungselemente.

^
05

der Insel zu leben und von ihren natürlichen Gegebenheiten zu profitieren. Das bedeutete, ein Verständnis vom örtlichen Klima, von Ökologie und Ökonomie und von der lokalen Kultur zu gewinnen und diese Erkenntnisse mit den Erfordernissen der Samye Ling-Gemeinschaft zu verknüpfen. Das Ergebnis sind kurvenreiche Terrassenanlagen, die sich über 4,4 ha der unteren Hänge von Mullach Mori erstrecken. Die aus zwei separaten Gebäuden – eines für Männer und eines für Frauen – bestehende Anlage liegt auf südlich orientierten Ausläufern, um das Sonnenlicht bestmöglich auszunutzen. Die in Zellen angeordneten und zur Hälfte eingegrabenen Unterkünfte befinden sich an den östlichen und westlichen Terrassen, darunter wird auf dem geschützten Land intensiver Acker- und Gartenbau betrieben. Das weiter oben am Hang gelegene Haus des Lama gestattet Ausblicke auf die Gemeinschaft.
Die Bebauung zielt darauf ab, die Eingriffe in das bestehende Umfeld möglichst gering zu halten und sicherzustellen, daß jede von ihr ausgehende Wirkung die Topographie, Ökologie und den Charakter der Insel unterstützt und hervorhebt. Die Gemeinschaft ist bestrebt, im Hinblick auf die Versorgung mit Wasser, Nahrung und Energie sowie die Abwasserentsorgung autark zu sein: Das Wasser wird von einem Regenwasserabfluß gesammelt und mittels Schwerkraft weitergeleitet; das Abwasser wird im Schilfbecken geklärt und zur Bewässerung genutzt; Getreide, Obst, Gemüse und andere Erzeugnisse werden auf den Terrassen angebaut.
Die Gebäude sind in die Hänge eingelassen und darauf ausgelegt, sehr wenig Energie zu verbrauchen. Modelle und Berechnungen beziffern den Energieverbrauch mit ca. 32% der einer typischen Wohnanlage an einem solchen Standort. Elektrische Energie erzeugen Windturbinen. Dieses Projekt entspringt der Tradition einer »idealen« Siedlungsplanung, wie sie von Ebenezer Howard in seinem Werk »Garden Cities of Tomorrow« (»Gartenstädte von morgen«, 1902) und von Raymond Unwin in »Town Planning in Practice« (»Praktische Städteplanung«, 1880) befürwortet wurde. Es liegt auf schönem unberührtem Land, wo solche ganzheitlichen und idealisierten Planungskonzepte wichtig sind. Das im Projekt zum Ausdruck gebrachte Umweltbewußtsein, seine begründete analytische Basis und sein bescheidenes Erscheinungsbild machen es zu einem Modell für andere Wohnsiedlungen. Das Samye Ling-Projekt wird seinem unmittelbaren Zweck zweifellos erfolgreich dienen. Von bleibendem Wert dürfte sein anregendes Vorbild für zukünftige und umweltgerechte Erholungsprojekte auf der ganzen Welt sein.
Im vergangenen Jahrzehnt verzeichnete die Touristikindustrie einen Wachstumsrekord. Heute liegt sie im Vergleich zur internationalen Industrie auf Platz drei nach der Rüstungs- und Ölindustrie. Da sich der Tourismus naturgemäß auf die attraktivsten, historisch interessantesten und am meisten gefährdeten Standorte der Welt konzentriert, ist durch seine wahllose Ausbreitung inzwischen ein enormer Schaden entstanden.
Erst heute reagiert die Industrie – und das nur zögerlich – auf den Druck der Verfechter einer zukunftsfähigen Entwicklung. Noch sind viele Anstrengungen zu unternehmen, um den durch bestehende Entwicklungen angerichteten Schaden wieder gutzumachen. In der Zwischenzeit werden Küsten, Seen, Täler und natürliche Einöden weiterhin verunstaltet und die einheimischen Bevölkerungsgruppen übergangen, ausgebeutet und ihrer Rechte beraubt. Die dem Samye Ling-Erholungszentrum zugrundeliegenden Nachhaltigkeitsprinzipien sollten noch bei vielen touristischen Bebauungen Anwendung finden.

Die Vorstadt

Das zweite, in diesem Kapitel betrachtete Projekt ist ein Bürogebäude, das mitten in einem Gewerbepark liegt. Das Phänomen des Gewerbeparks war für die siebziger und achtziger Jahre dieses Jahrhunderts das, was die Vorstädte für die zwanziger, dreißiger und vierziger Jahre waren. Beide verfolgen das gleiche Ziel: eine Angleichung der ländlichen Umgebung an einen hohen Lebensstandard und ihren Anschluß an das Dienstleistungs- und Versorgungsnetz. Beide setzen ein gut ausgebautes öffentliches Verkehrssystem voraus, um in die Stadt oder zum Gewerbepark und von dort wieder zurückzugelangen. Beide stützen sich auch auf ein hohes Maß an persönlicher Mobilität, um zum Einkaufen, ins Büro, zu Freunden oder aufs Land zu kommen. Obwohl in einem Gewerbepark die Bürogebäude auf ein einziges »Grundstück« gezwängt sind, bildet jedes Gebäude eine eigenständige, von einer Armada parkender Autos umgebene Einheit. Ein Architekt, der am Entwurf eines solchen Bürogebäudes

06>

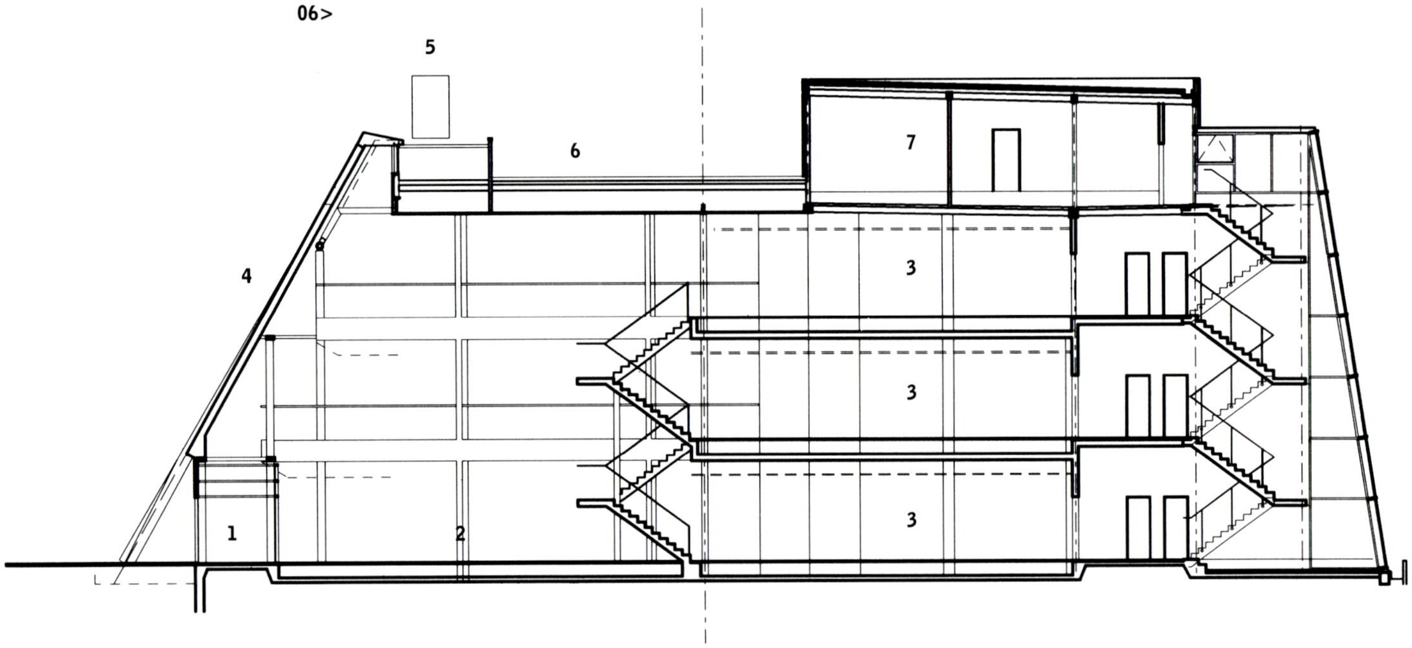

07

beteiligt ist, muß sich nach den genauen Bauvorgaben und Bestimmungen, die sich aus den festgelegten Immobilienwerten ableiten, richten. Diese beziehen sich auf die Effizienz in der Raumausnutzung, die Flexibilität bei der Raumaufteilung, die Vielseitigkeit der Serviceeinrichtungen, die Haltbarkeit der Struktur und auf die Prestigeträchtigkeit. Der Architekt muß dem Gebäude zudem genügend Individualität verleihen, damit sich die Eigentümer mit ihm identifizieren können. Trotz der erforderlichen Vorschriften, die ein Bürogebäude in einem Gewerbepark zu erfüllen hat, ist inzwischen ein erstaunliches Maß an Innovationsbereitschaft – zumindest von seiten einiger weitsichtiger Bauherren – vorhanden. Die Mehrzahl der im vorliegenden Buch behandelten Niedrigenergie-Bürobauten liegt in Gewerbeparks. Innovation impliziert bei diesen Gebäuden die Entwicklung einer Atriumfläche – einer Fläche, die sich nicht nahtlos in die Kategorien »Nettofläche« oder »Bruttofläche« für Büroräume einfügt. Dieses Atrium schafft einen baulichen Mittelpunkt und sorgt für mögliche Einsparungen beim Energieverbrauch (die Nettobürofläche kann vermietet werden, wohingegen die Bruttofläche auch die ungenutzte, von der Gebäudestruktur eingenommene Fläche umfaßt). Die über ein Atrium verfügenden Gebäude zeichnen sich darüber hinaus durch rationelle und innovative Konstruktionen und Beschaffungsprozesse sowie durch bedeutende Fortschritte bei der Einsparung von Energie, beim Umweltschutz und bei der Vorsorge für die Gesundheit und das Wohlergehen seiner Nutzer aus.
Die Solarbüros im Doxford International Business Park bei Sunderland im Norden von England wurden vom Studio E. Architects for Akeler Developments PLC entworfen. Hinsichtlich der Energieausnutzung gelingt diesem Projekt der Sprung vom »Gebäude-als-

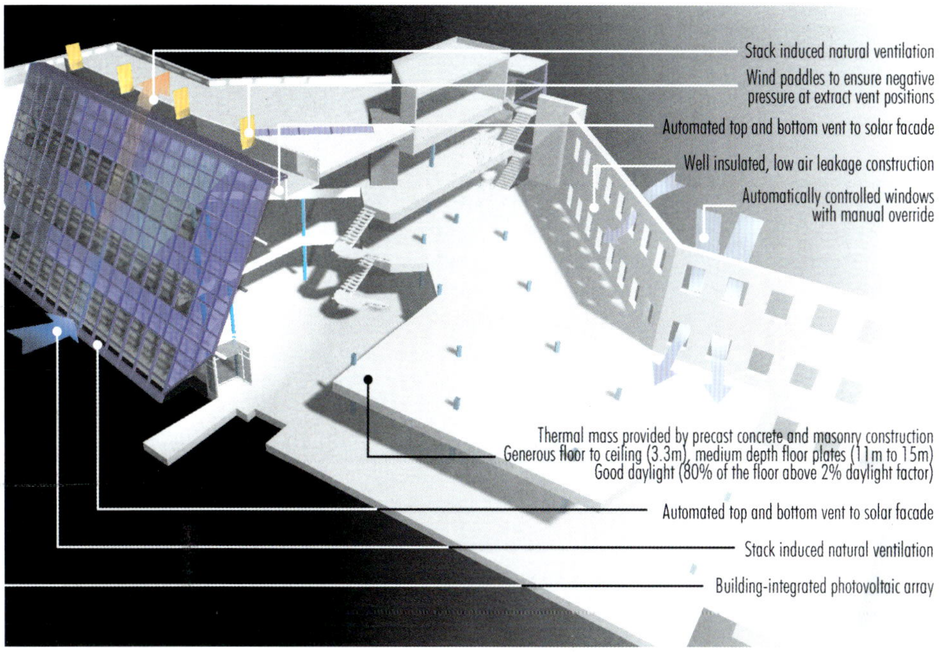

^
08

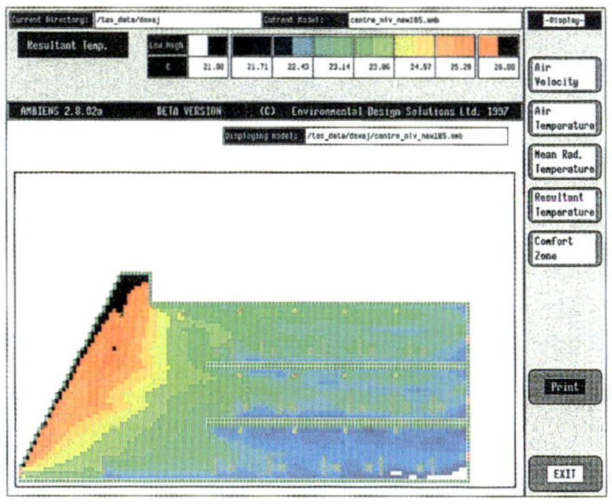

^
09

06> Schnitt durch die Mitte der Solarbüros

Schlüssel

1 Haupteingang
2 Atrium
3 Büroräume
4 Solarfassade
5 Windpaddel
6 Windkanal
7 Technikraum

07> Modell des Bürogebäudes mit der geneigten Solarfassade, rechts. Oben auf dem Gebäude der Windkanal und die Windpaddel.

08> Die Schnittperspektive veranschaulicht die Integration von Niedrigenergiekomponenten – die den Strombedarf senken - mit der Photovoltaikanlage, die ca. ein Drittel der benötigten Energie liefert

09> Schaubild Rechnerische Strömungsdynamik mit Darstellung der Temperaturen an einem Flügel der Solarbüros. Die Werte basieren auf den meteorologischen Daten eines typischen Sommers (1986) und stützen sich ausschließlich auf die natürliche Belüftung.

Verbraucher« zum »Gebäude-als-Verbraucher-und-Erzeuger«. Wie bereits in Kapitel zwei ausgeführt, sollte dieser Ansatz allgemein gewählt werden, um die Bebauung der Umwelt nachhaltig zu beeinflussen. Ziel dieses Projekts ist es, ein charakteristisches Gebäude mit vielseitig zu gestaltenden und ansprechenden Büroräumen zu schaffen, sicherzustellen, daß der Bau nur einen geringen Einfluß auf das lokale und globale Umfeld ausübt, und das Gebäude mit den Vorrichtungen auszustatten, die einen beträchtlichen Teil seines Energiebedarfs decken. Das Projekt wird weltweit der erste Büro-Spekulationsbau dieser Art sein.
Die benötigte Energie liefert ein Solargenerator durch direkte Umwandlung der Sonneneinstrahlung in Elektrizität. Er setzt sich aus sogenannten Solarmodulen zusammen, das heißt aus typischerweise flachen Verbundglasplatten, in denen ein Netz von »Solarzellen« angeordnet ist. Die Solarzellen haben ungefähr die Größe einer Untertasse und bestehen aus einer sehr dünnen Schicht eines Halbleitermaterials (gewöhnlich Silizium). Dieses ist von beiden Seiten mit Fremdstoffen (anderen Elementen) dotiert. Demzufolge erhält eine Seite eine negative Ladung und die andere Seite eine positive. Bei Einfall von Sonnenlicht bewegen sich die Elektronen durch die Strahlungsenergie der Sonne von einer Seite des Materials zur anderen. Dadurch entsteht eine elektrische Spannung und somit Gleichstrom an den Polen.
Die Solarzellen und -module sind miteinander verschaltet, und die elektrische Energie wird (entweder in Sonnenbatterien oder, was häufiger der Fall ist, in einer gebäudeintegrierten Anwendung) gespeichert, in Wechselstrom umgewandelt und ins öffentliche Stromnetz eingespeist. Dadurch kann der überschüssige Strom von anderen genutzt und bei Engpässen aus dem öffentlichen Versorgungsnetz bezogen werden. Die erzeugte Strommenge hängt vom Wirkungsgrad der Solarzellen, von ihrer Anzahl, ihrer Ausrichtung zur Sonne, ihrer Temperatur und der eingestrahlten Sonnenmenge ab.
Die wasserdichten und flachen Solarmodule bieten sich für die Anwendung in der Gebäudehülle an. Basieren sie auf einem wohlüberlegten Entwurf, können sie andere Bauteile wie Verglasungen, Außenwandplatten, Sonnenschutzpaneele, Regenschutzelemente und Vordächer ersetzen. Die Technik der PV-Gebäudeintegration steckt allerdings noch in den Kinderschuhen. Derzeit werden nur 10% bis 15% der auf Solarzellen einfallenden Sonnenstrahlung in Strom umgewandelt. Weitere 10% bis 15% werden von den Modulen reflektiert, und der Rest wird in Wärme umgewandelt. Folglich müssen zur Erzeugung einer verwertbaren Menge Strom große PV-Flächen vorhanden sein. Von Nachteil sind die gegenüber anderen Gebäudekomponenten vergleichsweise hohen Kosten von Solarmodulen. Allerdings rechnet man damit, daß mit der steigenden Nachfrage, vermehrten Zuschüssen und Anreizen sowie einer stärkeren Konkurrenz die Leistungsfähigkeit und Energieausbeute dieser Anlagen erhöht und die Preise sinken werden.
Die PV-Integration wird sich auf Gebäude genauso auswirken wie etwa die Einführung des Fahrstuhls Mitte des 19. Jahrhunderts. Die Erfindung des Fahrstuhls fiel mit der Entwicklung der Stahlskelettbauweise und dem dramatischen Wertzuwachs innerstädtischer Immobilien zusammen, wodurch es in den Städten zum Bau von Hochhäusern kam. Die mit PV-Elementen kombinierten Bauten, der Bedarf an energieeffizienten, umweltgerechten Konstruktionen und die Abkehr von Stadtzentren werden einen ganz anderen Gebäudetyp entstehen lassen. Die Solarbüros von Doxford vermitteln einen Eindruck davon, wie dieser aussehen könnte.

Die Stadt

Soll jedoch Nachhaltigkeit im wesentlichen auf globaler Ebene realisiert werden, muß in erster Linie die Stadt einer Veränderung unterzogen werden. Dies bedeutet aber, innerhalb einer bestehenden unwirtschaftlichen und nachteiligen Grundstruktur zu arbeiten. Bislang gab es für den städtischen Kontext kaum und meist wenig überzeugende zukunftsfähige Modelle. Das dritte hier vorgestellte Projekt bietet jedoch einen Anhaltspunkt, wie bioklimatische Gebäude zur städtischen Regeneration beitragen könnten. Es handelt sich um eine Fortbildungsakademie des Innenministeriums von Nordrhein-Westfalen, die von Jourda & Perraudin Architects in Zusammenarbeit mit HHS Planer + Architekten BDA entworfen wurde.
Der Entwurf zu diesem Projekt ging als Sieger eines 1992 veranstalteten Architektenwettbewerbs hervor und zeigt eine moderne mikro-

10>

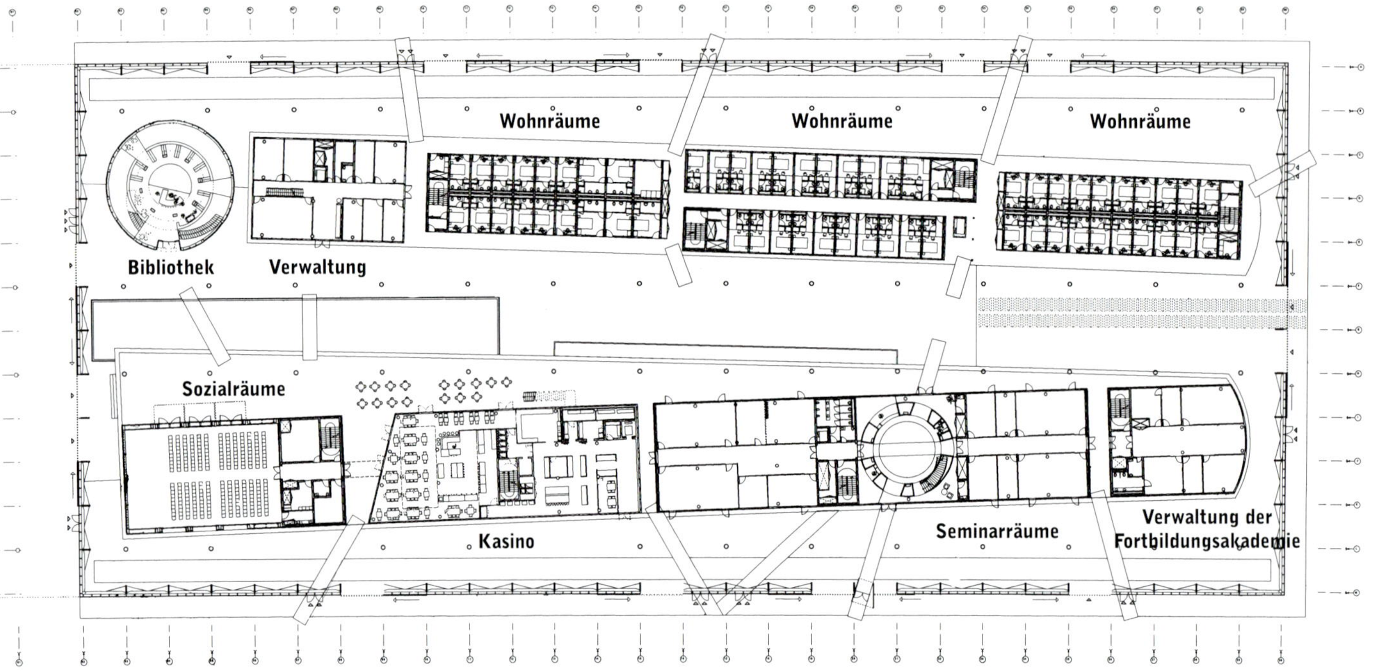

kosmische Fassung von Buckminster Fullers Projekt einer geodätischen Kuppel über dem Zentrum von Manhattan. Diese Kuppel sollte ein günstigeres lokales Klima schaffen, den Energieverbrauch reduzieren und die Schadstoffemissionen begrenzen.
Die Akademie steht in einer sanierten Parklandschaft auf dem ehemaligen Standort eines Fördergerüsts, um das seit Beginn des Jahrhunderts die Stadt Herne gewachsen ist. Die Gebäudehülle nimmt eine 13 000 m² große Fläche ein und sorgt das ganze Jahr über für ein gemäßigtes Mikroklima. Dieses resultiert aus einer präzise gesteuerten natürlichen Belüftung, Luftbefeuchtungsanlagen, Sonnenschutzpaneelen und einer entsprechenden Bepflanzung. Wie die Solarbüros in Doxford wird das Gebäude einen Teil seines Energiebedarfs mittels thermischer Sonnenkollektoren und einer Photovoltaikanlage selbst decken.
Der Entwurf des riesigen Glashauses basiert auf der industriellen Bautechnik von Lagerhäusern, doch besteht sein Tragwerk größtenteils aus einer mit wenig gebundener Energie errichteten Holzkonstruktion. Die beiden langgestreckten Holzbauten innerhalb dieses neuen ökologischen Umfelds beherbergen die Wohn- und Seminarräume. Das geschützte, gemäßigte Klima ermöglicht, daß viele der Anforderungen an Gebäude, die für ein normales Klima konzipiert sind, vernachlässigt oder ganz fallengelassen werden können. Die »Gebäude« müssen nicht mehr vor Wind, Regen oder Schnee schützen. Wärmedämmende Maßnahmen können verringert, auf Sonnenschutz kann verzichtet und die Heizung größtenteils vermieden werden. Entscheidend für den Erfolg des Projekts wird die Effektivität der durch natürliche Luftbewegung erzeugten Kühlung sein. Die Hüllen der inneren Gebäude haben für akustische und visuelle Abgeschiedenheit zu sorgen, müssen aber stabil

^
11

sein und im Lot bleiben. Insofern kann man sich durchaus eine Modulbauweise mit Leichtbauteilen und integrierten kompakten Servicebausteinen vorstellen, die je nach Bedarf relativ einfach erneut angeordnet, ausgetauscht und angepaßt werden könnten. Ein solches Gebäudeszenarium wäre buchstäblich organisch. Das äußere Gehäuse würde auf Klimaveränderungen reagieren und unter Einsatz der modernsten Neuraltechnik diesen zuvorkommen und dabei gleichzeitig die benötigte Energie liefern. Anstelle der Unterscheidung zwischen Vegetation und künstlichem Erzeugnis, zwischen innen und außen, würden im Inneren verschiedene Stufen der Abgeschiedenheit, der Fertigung und der Versorgungstechnik treten.

Zahlreiche Kommentatoren haben darauf hingewiesen, daß wenn von Nachhaltigkeit die Rede ist, auch stets die Stadt gemeint ist. Ein Schritt in Richtung einer nachhaltigen Entwicklung erfordert radikale Veränderungen in der städtischen Form, Struktur und Gesellschaft. Wie beim Entwurf eines einzelnen Gebäudes muß dieser Wandel auf zwei Seiten stattfinden: Zum einen sind die Konsumgewohnheiten zu ändern und zum anderen ist eine stationäre umweltschonende Stromerzeugung sicherzustellen. Versuche, das Konsumverhalten, das heißt die gewohnheitsmäßige Verschwendung nicht erneuerbarer Ressourcen, zu verändern, sind oft durch zwiespältige Situationen zum Scheitern verurteilt. Drei Beispiele sollen dies verdeutlichen. Einmal be-

10> Grundriß Erdgeschoß – Fortbildungsakademie.

11> Ansicht eines Teils der Gebäudehülle wie im Modell dargestellt mit großflächiger Holzkonstruktion und Sonnenschutz.

12> Modell der Fortbildungsakademie. Blick in den Raum innerhalb der Gebäudehülle mit der Bibliothek zur Linken.

^
12

steht die Notwendigkeit, die Zahl der Privatfahrzeuge auf den Straßen zu verringern. Individualverkehr verbraucht nicht nur unnötig Energie, sondern trägt auch zur Verschmutzung der Erdatmosphäre bei und gefährdet somit die Gesundheit. Da jedoch in vielen Ländern das öffentliche Verkehrssystem ineffizient und unzureichend ausgestattet ist, gibt es für viele Menschen nur wenige Anreize, ihr Auto stehenzulassen. Daher ist die Forderung nach einem besseren Verkehrsnetz nur halbherzig, und der Druck auf Regierungen, in das öffentliche Verkehrssystem zu investieren, unzureichend. Zweitens vertraut man heutzutage auf Klimaanlagen, die in vielen Städten die einzige Möglichkeit zur Versorgung mit sauberer, unbelasteter Luft darstellen. Die Tatsache, daß in solchen Städten die meisten bewohnten Gebäude heute mit Klimaanlagen ausgerüstet sind, untergräbt die Bemühungen im Kampf gegen die Luftverschmutzung.
Das dritte Beispiel betrifft die Versorgung mit Lebensmitteln. Ein Großteil der von Stadtbewohnern benötigten Nahrungsmittel wird um die halbe Welt geflogen. Da der städtischen Bevölkerung eingeredet wurde, daß eine nicht an Haupterntezeiten ausgerichtete Standardkost den wesentlichen Teil ihrer Nahrung ausmachen solle und auch die Realpolitik einflußreicher landwirtschaftlicher Interessenvertreter die gleichen Ziele verfolgt, gibt es für die Städte wenig Anreize, eine lokale Nahrungsmittelproduktion zu fördern oder die Bewohner von deren Wirtschaftlichkeit zu überzeugen. Um diesen Teufelskreis zu durchbrechen, sind beharrliche Bürgerinitiativen und politisches Handeln gefragt. Außerdem sind die Unternehmen davon zu überzeugen, daß Veränderungen zu langfristigen wirtschaftlichen Vorteilen führen. Bislang kam es zu den geschilderten Anstrengungen bestenfalls sporadisch. Was die Frage der Energieversorgung anbelangt, so stellten Bruce Anderson (»Solar Building Architecture«, 1990) und Dean Hawkes heraus, daß in den größten Bevölkerungszentren der Welt die Gebäudeaußenflächen wesentlich mehr Umgebungsenergie aufnehmen, als sie für den eigenen Betrieb und die darin stattfindenden Aktivitäten benötigen. Demzufolge beziehen moderne Städte ihre Energie aus dem abgelegenen Hinterland und über eine weltweite Infrastruktur. Wenn es technisch möglich wäre, die auf alle diese Bauten einfallende Energie rationeller umzuwandeln, könnten sich Gebäude und die aus ihnen zusammengesetzten Städte zu reinen Energielieferanten und nicht zu verschwenderischen Konsumenten entwickeln. Das komplexe Versorgungsnetz des Hinterlandes und die Infrastruktur würden zusammenbrechen, um einer neuen Ordnung der energetischen Unabhängigkeit und Nachhaltigkeit zu weichen. Diese Umstellung könnte für die Stadt ebenso bedeutsam sein wie ihr historischer Wandel von einer Schutz- und Befestigungsanlage zu einer Handels- und Kulturstätte.

Diese Lösungskonzepte sind stark vereinfacht, doch bedarf es klarer Ziele, wenn eine Veränderung auch stattfinden soll. Es hat unzählige Beispiele von ausgeklügelten zukunftsfähigen Zielvorstellungen gegeben, denen kurzfristige politische oder wirtschaftliche Interessen zuwiderliefen. Politiker werden solange umweltfreundliche Ideale unterstützen, wie sie zufällig mit den Forderungen des Finanzministers übereinstimmen. Stehen die gleichen Ideale im Widerspruch zum Programm ihrer Wiederwahl, reagieren sie auffallend zurückhaltend. Wenn die Entwicklung zur Nachhaltigkeit mit dem Auf und Ab opportunistischen Denkens auf Regierungsebene verwechselt wird, wie sollten sich dann Architekten, Ingenieure, Planer, Bauunternehmer und Händler anders verhalten? In der Tat können langfristig nur sie etwas bewirken. Unsere von Menschenhand geschaffene Umwelt ist aus den Träumen und dem handwerklichen Können genau dieses Personenkreises hervorgegangen. Er ist es, der durch das Zusammenspiel von soziologischem Bewußtsein, zündenden Ideen, technischen Fähigkeiten und wirtschaftlichem Sachverstand die gesellschaftlichen Ideale und Begabungen fördert und verwirklicht.
Umweltkatastrophen und lebens- oder gesundheitsgefährdende Betriebsabläufe sind gewöhnlich ein Zeichen für fehlende Kreativität oder vorausschauendes Denken, nicht aber für eine böswillige Tat oder politisches Kalkül. Aus dieser Perspektive heraus gibt es für Planer sicherlich ein Betätigungsfeld, um die ökologische Idee umzusetzen und zu verfechten. Es ist sinnvoll, sorgfältig abgewogene Maßnahmen zu treffen, damit der Energieverbrauch gesenkt, die Umwelt geschützt und die Gesundheit gefördert werden. Denn so entstehen Anreize für Innovationen und Experimente.

Empfehlungen für energieeffiziente Behaglichkeitskonzepte

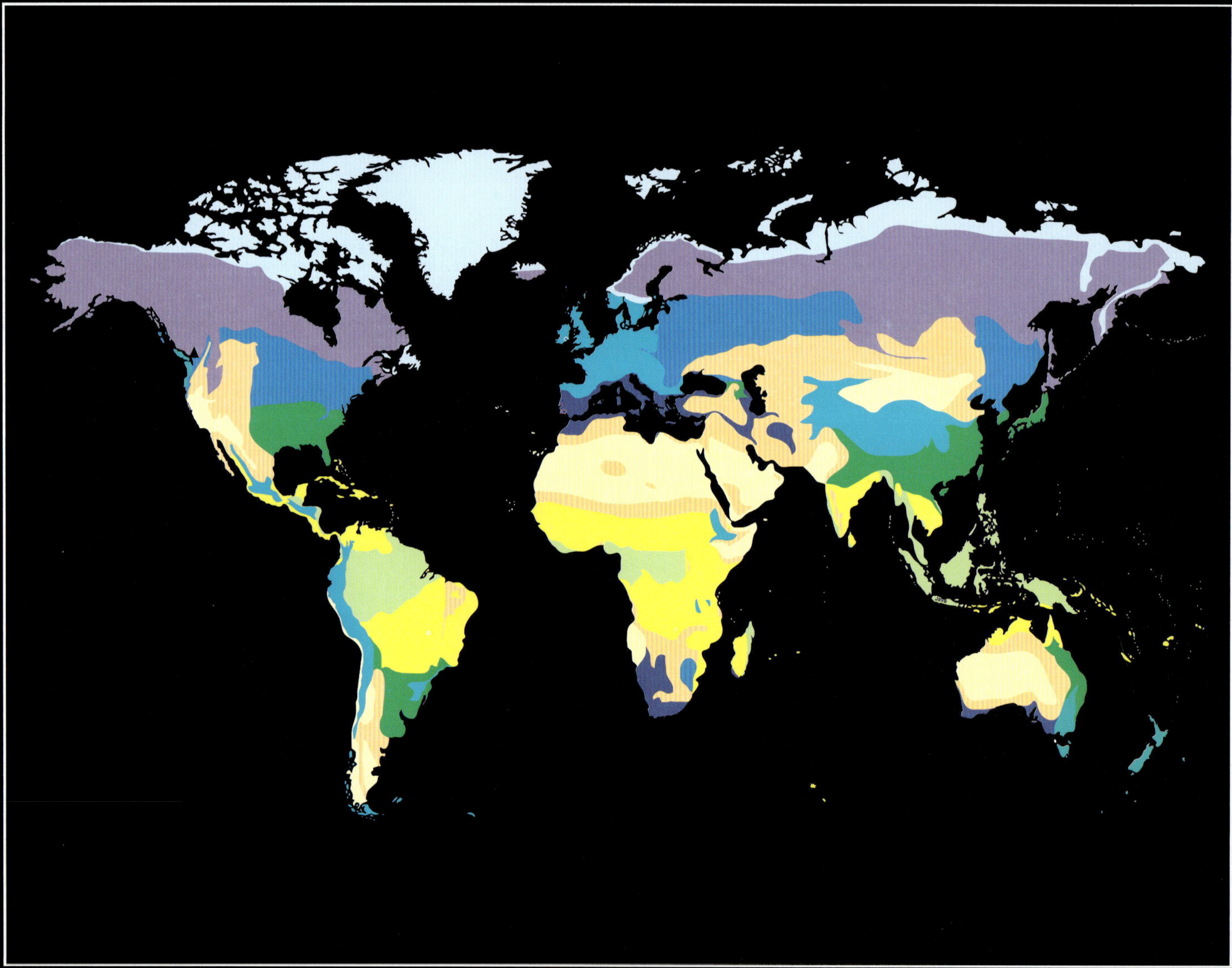

Klimazonen

- Eiskappen
- Tundren
- Hochland
- Kontinental
- Gemäßigt
- Mediterran
- Subtropisch
- Tropisch
- Savannen
- Steppen
- Wüsten

Die Konzepte zur Schaffung behaglicher Innenräume weichen weltweit entsprechend den verschiedenen Klimatypen erheblich voneinander ab. Am meisten wirken sich die Temperaturunterschiede aus: Ein kaltes Klima bedingt einen anderen Maßnahmenkatalog als ein warmes. Allerdings kommt zu den Temperaturen eine Reihe weiterer Faktoren hinzu, die auch den Konstruktionstyp, die Ausrichtung und die Anlage eines Gebäudes festlegen. Gemeint sind Feuchtigkeit, Niederschlagsmengen, Windgeschwindigkeiten, Durchlässigkeit, Masse, Belüftung und Beleuchtung.
Abgesehen von den Teilen der Welt mit Extremklimaten, können »passive« behaglichkeitsfördernde Maßnahmen in beträchtlichem Umfang zum Komfort beitragen, wenn sie effektiv aufeinander abgestimmt sind. Solche passiven Maßnahmen beinhalten die Nutzbarmachung von Naturkräften, ohne auf mechanische oder elektrische Systeme zurückzugreifen. Gute bioklimatische Entwürfe stützen sich stets als erstes auf diese Maßnahmen und nutzen sie soviel wie möglich aus. Erst nachdem ein Konzept für passive Maßnahmen umrissen wurde, werden »aktive« Maßnahmen herangezogen, um sie zu verbessern und zu steigern, so daß ganzjährig tagsüber und nachts ein angemessenes behagliches Klima entsteht. Die aktiven Maßnahmen beinhalten Ventilatoren zur Unterstützung natürlicher Luftströme, das Abkühlen auf niedrigere Temperaturen bei unzulänglichen passiven Systemen, das Erwärmen in der umgekehrten Situation sowie die künstliche Beleuchtung.
Über- und untergeordnet sind den Maßnahmen zur energieeffizienten Schaffung von Behaglichkeit jene Vorkehrungen, die sich auf den Energieverbrauch und somit auf die in Kapitel zwei umrissene Verschmutzung der Erdatmosphäre auswirken und unabhängig von der klimatischen Zone des Gebäudes gelten. Hierzu zählen die gebundene, graue und induzierte Energie, die regenerative Energieerzeugung sowie schnell reagierende effiziente Energiemanagementsysteme.
Die Tabelle auf der folgenden Seite gibt einen Überblick über die Bedeutung verschiedener – passiver und aktiver – Maßnahmen bezogen auf elf unterschiedliche Klimazonen. Sie sind in der Landkarte auf der gegenüberliegenden Seite gekennzeichnet. Natürlich können an dieser Stelle nur allgemeine Empfehlungen ausgesprochen werden. Jedes einzelne Projekt in einer dieser Zonen müßte sorgfältig analysiert und für seine jeweiligen Anforderungen und Örtlichkeiten ein spezifisches Konzept entwickelt werden. Allerdings zeigt die Tabelle ein klares energetisches Muster aus den einzelnen Maßnahmen und Zonen.

ENERGIESCHONENDE MASSNAHMEN NACH GLOBALEN REGIONEN

Die Gewichtung erfolgt von 0 bis 7 oder von blaßblau bis scharlachrot

KLIMAZONEN

Passive Maßnahmen zur Schaffung	Aktive von Behaglichkeit:	Eiskappen	Tundren	Hochland	Kontinental	Gemäßigt	Mediterran	Subtropisch	Tropisch	Savannen	Steppen	Wüsten
Natürliche Belüftung		0	0	1	4	6	6	7	7	7	7	7
	Mechanische Belüftung	5	5	3	3	3	4	5	6	6	6	6
Nachtlüftung		0	1	2	3	5	6	7	7	7	7	7
	Künstliche Kühlung	0	0	0	1	1	3	5	5	5	5	6
Verdunstungskühlung		0	0	0	1	2	3	2	2	5	6	7
	Freie Kühlung	0	0	0	4	3	5	6	6	7	7	7
Schwere Bauweise		3	4	4	6	5	6	2	2	3	5	6
Leichtbauweise		3	3	2	2	3	3	5	5	6	4	4
	Künstliche Heizung	7	7	7	7	6	4	0	0	2	4	1
Solarheizung		2	3	6	6	7	6	0	0	2	3	0
	Freie Heizung	7	7	7	6	6	5	0	0	0	3	0
Zusatzheizung		6	6	6	5	5	4	0	0	1	2	0
Wärmedämmung/ Durchlässigkeit		7	7	7	7	6	5	0	0	1	3	4
Sonnenschutz/ Beschattung		0	1	3	4	5	6	6	6	6	7	7
	Künstliche Beleuchtung am Tag	6	6	4	4	4	3	3	3	2	2	2
Tageslicht		6	6	6	6	6	6	5	5	5	4	4

Schlüssel

0 unwichtig   7 sehr wichtig

VOM GEBÄUDESTANDORT UNABHÄNGIGE ENERGIEEFFIZIENTE MASSNAHMEN:

Gebundene, Graue und Induzierte Energie   **Behaglichkeits-Management**   **Energieerzeugung**

KLIMAZONEN

Eiskappen> Temperaturen unter 0°C sind die Regel. Mehr als die Hälfte des Jahres sehr wenig Tageslicht. Starke Niederschläge in Form von Schnee. Die einzigen im Überfluß vorhandenen Baumaterialien sind Eis und Schneeblöcke. **Tundren>** Die Hälfte des Jahres Temperaturen unter 0°C. Milde Sommer. Ganzjährige Niederschläge. Hohe Windgeschwindigkeiten. Die traditionelle Siedlungsform ist halb-nomadisch mit abbaubaren Fachwerkbauten und Zelten aus Stoff oder Fellen. **Hochland>** Extreme Klimabedingungen. Lange, kalte Winter mit starken Schneefällen und Lawinengefahr. Frische, milde Sommer mit intensiver Sonnenstrahlung. Hohe Windgeschwindigkeiten und plötzliche Wetterumschläge. Standort und Ausrichtung sind entscheidende Entwurfsfaktoren. Stein und Holz stehen gewöhnlich reichlich als Baumaterialien zur Verfügung und sorgen für stabile und dauerhafte Häuser. **Kontinental>** Ein Klima der Extreme: lange, kalte Winter und lange, heiße Sommer. Frühling und Herbst bilden kurze Übergangsperioden. Ganzjährige Niederschläge, hohe Windgeschwindigkeiten. Die traditionelle Bau-weise ist zur Sicherung des Komforts an die harten Winterbedingungen angepaßt; im Sommer kann mehr Zeit außerhalb des Hauses verbracht werden. **Gemäßigt>** Das Wetter in diesen Zonen wird besonders von den angrenzenden Ozeanen positiv beeinflußt. Diese Zonen sind bestimmt von milden, niederschlagsreichen Wintern und warmen, niederschlagsreichen Sommern, obgleich in den vergangenen Jahren größere Klimaextreme zu verzeichnen waren. Im allgemeinen sind diese Regionen stark bevölkert. Für den Hausbau kann auf Ressourcen jeder Art zurückgegriffen werden. Die traditionelle Bauweise variiert erheblich entsprechend der lokalen Geologie und Vegetation. **Mediterran>** Dieses Klima kommt einem Idealklima für menschliche Behausungen am nächsten. Allerdings müssen die Bauten die heißen Temperaturen im Hochsommer abschwächen. Baumaterialien sind reichlich vorhanden, doch ist Stein aufgrund seines hohen Wärmespeichervermögens besonders geeignet; wegen der schattenspendenden Eigenschaften gilt dies auch für Holz, Stoffe, Kletterpflanzen und Bäume. **Subtropisch>** Die Temperaturen fallen niemals unter den Gefrierpunkt, und das Klima ist im allgemeinen das ganze Jahr hindurch angenehm. Die Sommer jedoch sind heiß und feucht. Eine besondere Gefahr stellen die Hurrikane und Zyklone dar. Ganzjährig hohe Niederschlagsmengen. Die traditionelle Bauweise ist auf die Schaffung von Behaglichkeit unter den mehr belastenden Sommerbedingungen ausgelegt. Zumeist finden sich Leichtbaukonstruktionen mit einem besonderen Augenmerk auf eine gute Belüftung. Allerdings müssen die Bauten in zyklongefährdeten Gebieten widerstandsfähig sein. **Tropisch>** Das Klima ist ganzjährig heiß und feucht mit extrem heftigen Niederschlägen und besonders von der Regenwaldökologie abhän-gig. Das Roden der Wälder führt zu Klimaveränderungen. Die in üppigen Mengen vorhandenen Baumaterialien sind vor allem Holz und Schilfrohr. Die Bauten müssen wirksam vor Regen schützen, schnell trocknen und sollten eine natürliche Belüftung unterstützen. **Savannen>** In diesen Zonen betragen die recht konstanten Temperaturen im Jahresverlauf zwischen 20°C und 30°C. Die Niederschlagsmengen unterliegen größeren Schwankungen und beziehen sich auf zwei unterschiedliche Jahreszeiten. Die hier lebenden Menschen stammen von Vorfahren, die für diese Region bestimmt waren. Die Möglichkeiten, sich vor dem Klima zu schützen, können minimal sein: Sonnenschutz und natürliche Belüftung. **Steppen>** Diese Regionen zeichnen sich durch sehr heiße Sommer, aber kalte Winter mit sehr geringen Niederschlägen aus. In vielen Gebieten weht ein beständiger saisonabhängiger Wind, der zur Kühlung von Innenräumen ausgenutzt werden kann. Bei warmem Wind beschränkt sich allerdings der Nutzen auf eine Verdunstungskühlung. Die Gebäude müssen die Bewohner sowohl vor Staub und Sand, als auch vor Sonne schützen. In diesen Gebieten wird häufig kompakte Erde als Primärbaustoff eingesetzt. **Wüsten>** Bedingt durch die sehr hohen Temperaturen sind diese Regionen während des Sommers praktisch unbewohnbar. Allerdings können die Nachttemperaturen kühl sein und in Höhenlagen den Gefrierpunkt erreichen. Die Niederschlagsmengen sind verschwindend gering, so daß das Wasser aus Aquiferen (unterirdische Wasserreservoirs) bezogen werden muß. Die traditionelle Siedlungsform ist der Nomadismus, doch in Ländern wie in Ägypten und in Saudi-Arabien, in denen das Bevölkerungswachstum die dauerhafte Ansiedlung in Wüsten erforderlich macht, müssen beträchtliche Ressourcen herangezogen werden, um die Lebensbedingungen erträglich zu machen.

PASSIVE MAßNAHMEN ZUR SCHAFFUNG VON BEHAGLICHKEIT

Kühlung

Natürliche Belüftung> Die Belüftung und Kühlung von Räumen mittels eines Gebäudeentwurfs, der die natürlichen Konvektionsströme ausnutzt und den Luftaustausch durch Winddruck und Temperaturunterschiede bewirkt. Natürliche Belüftungskonzepte beinhalten die einseitige Belüftung, die Querlüftung und die Schachtlüftung. Sie schränken die Geschoßtiefe ein und begünstigen großzügige Geschoßhöhen. **Nachtlüftung>** Ein wichtiger Aspekt der passiven Kühlung bei warmem Wetter, wenn die Nächte kühler sind als die Tage. Am besten lassen sich die Vorteile der Nachtkühlung erkennen, wenn sie in Gebäuden mit einem hohen Wärmespeichervermögen angewandt wird und die Nachtluft über exponierte massive Elemente wie Betondeckenplatten und schwere Mauerwände ziehen kann. Im Laufe von ausgedehnten Hitzeperioden wird der Kühlkreislauf weniger effektiv, da sich die Nächte erwärmen. **Verdunstungskühlung>** Die kühlende Wirkung, wenn Luft (nicht unbedingt kühle Luft) über den Körper zieht, und der Schweiß und die Feuchtigkeit verdunsten (der Wasserverlust muß durch Trinken wieder ausgeglichen werden). Auch heiße, trockene Luft, die über Wasser- oder feuchte Flächen strömt und dabei Feuchtigkeit aufnimmt, vermittelt eine Gefühl von Kühle.

Wärmeträgheit

Schwere Bauweise> Der Einsatz der stabilen konstruktiven Elemente eines Gebäudes - Mauern, Decken, Dach –, um im Tagesrhythmus – allerdings mit einer zeitlichen Verzögerung - Wärme zu absorbieren, zu speichern und freizusetzen. Typischerweise nimmt die Baustruktur die Wärme während des Tages auf und setzt sie in der Kühle der Nacht frei. Diese Erscheinung ist am effektivsten, wenn sie zusammen mit Nachtlüftung genutzt wird. **Leichtbauweise>** Die Auswahl der Konstruktionselemente erfolgt aufgrund ihres geringen Wärmespeichervermögens. Die thermisch wirksame Speichermasse bietet keinerlei Vorteile. Leichtbauweisen werden gewöhnlich eingesetzt, um die natürliche Belüftung zu fördern und ein weitgehend offen gestaltetes Gebäude zu schaffen.

Heizung

Solarheizung> Die Solarheizung nutzt die Sonne zum Heizen oder trägt zum Erwärmen von Innenräumen bei. Die Wirkung der Solarheizung läßt sich passiv erhöhen, indem das Gebäude sorgfältig ausgerichtet und sichergestellt wird, daß die zugeführte Sonnenwärme erst entweicht, nachdem sie ihre Energie übertragen hat. **Zusatzheizung>** Hierbei handelt es sich um Aktivitäten und Prozesse innerhalb eines Gebäudes oder an seiner Oberfläche (z.B. eine PV-Installation) zur Erzeugung von Wärme. Wird diese effektiv genutzt, kann sie einen wertvollen Beitrag zur Raumheizung leisten. **Wärmedämmung/Durchlässigkeit>** Hochgedämmte Gebäude behalten ihre Innenraumtemperaturen – gleichgültig, ob sie wärmer oder kühler sind als die Außentemperaturen – über längere Perioden bei als solche, die weniger gut gedämmt sind; das gleiche gilt für Bauten mit minimierten Luftverlusten. Eine hohe Wärmedämmung und Luftdichtheit sind daher dort wichtig, wo die Raumlufttemperaturen von den Außentemperaturen abweichen. **Sonnenschutz/Beschattung>** Besteht die Wahrscheinlichkeit der Überhitzung von Räumen, ist es wichtig, sie abzuschirmen. Am besten wird dies erreicht, bevor die Sonnenstrahlen auf die Baustruktur auftreffen und an einer Stelle, wo sich die von Sonnenschutzblenden absorbierte Wärme ausbreiten kann, ohne das Gebäude oder sein Inneres aufzuheizen. **Tageslicht>** Mehr als bei jeder anderen Naturkraft beruht eine gelungene Gebäudebeleuchtung mit Tageslicht auf der Kombination qualitativer und quantitativer Eigenschaften. In allen Teilen der Welt benötigen Innenräume eine angemessene und angenehme natürliche Belichtung. Die hierfür erforderlichen Mittel - und nicht der Wert - sind von Region zu Region unterschiedlich.

AKTIVE MAßNAHMEN ZUR SCHAFFUNG VON BEHAGLICHKEIT

Kühlung

Mechanische Belüftung> Mechanische Anlagen, die unter Einsatz von Ventilatoren und Kanalleitungen eine angemessene Belüftung gewährleisten. Am wirkungsvollsten funktioniert die mechanische Belüftung, wenn die natürliche Luftbewegung erhöht wird. Auf Ventilatoren kann auch an windstillen Tagen oder wenn gelegentlich ungünstige Windverhältnisse in Widerspruch zu den geplanten Luftströmbildern stehen, zurückgegriffen werden. **Künstliche Kühlung>** Das Kühlen von Luft entweder direkt oder indirekt mittels Kondensations- oder Verdunstungssystemen. Der rationelle Einsatz, die Steuerung, Aufstellung und Wartung der Anlagen spielen eine Schlüsselrolle, wenn sie effektiv und wirtschaftlich mit minimalen Auswirkungen auf die Umwelt betrieben werden sollen. **Freie Kühlung>** Die Gelegenheit, diese Form der Kühlung von Innenräumen zu nutzen, bieten natürlich vorkommende Kühlspeicher wie Seen, das Meer und Aquiferen. Gewöhnlich erfolgt freie Kühlung mittels Pumpen und einem Wärmetauscher und bedingt zusätzliche mechanische Anlagen. **Künstliche Heizung und Wärmerückgewinnung>** Zusätzliche Wärme kann eine große Auswahl von Strahlungs- und Leitungssystemen bereitstellen. Sie sollten so geplant werden, daß sie die solaren und zusätzlichen Wärmegewinne erhöhen. Wie bei der künstlichen Kühlung sind der rationelle Einsatz, die Steuerung, Aufstellung und Wartung der Systeme wesentlich für einen effektiven und wirtschaftlichen Betrieb sowie für die Minimierung von Umweltauswirkungen. Einsparungen beim Heizen können erzielt werden, indem die Wärme der warmen Luft entzogen wird, die andernfalls aus dem Gebäude abgeführt würde. **Freie Heizung>** In einigen Teilen der Welt (hauptsächlich auf Island) kann gespeicherte Erdwärme erschlossen werden und als Energiequelle zum Heizen (oder Überheizen) von Räumen und zur Warmwasserbereitung dienen. Um diese Wärme zu verteilen und zu steuern, sind mechanische Systeme notwendig. **Künstliche Beleuchtung am Tag>** Beleuchtungsanlagen am Tag sind nötig, um das Tageslichtniveau dort zu erhöhen, wo das Gebäude tiefe oder innnenliegende Räume erfordert. Gebraucht wird diese Art der Beleuchtung auch an kurzen Wintertagen. Der energetische Wirkungsgrad der Beleuchtungsanlage, ihre Steuerung, die Anordnung der Leuchten im Raum und ihre Bedienung sind ausschlaggebend für eine effektive und energieeffiziente Anlage.

VOM GEBÄUDESTANDORT UNABHÄNGIGE ENERGIEEFFIZIENTE MAßNAHMEN

Gebundene, Graue und Induzierte Energie> Der Energieverbrauch bei Herstellung, Vertrieb und Transport von Materialien, Bauteilen und Anlagen, und bei der Errichtung von Gebäuden hat sparsam zu erfolgen und muß minimiert werden, unabhängig vom Standort des Gebäudes. **Behaglichkeits-Management>** Das Management von Behaglichkeits-Systemen in einem komplexen Gebäude sowie die Aufspaltung in zentrales und lokales Management und die Steuerung von Systemen wirken sich nicht nur auf einen effizienten Gebäudebetrieb aus. Sie üben auch einen Einfluß dar-auf aus, ob sich die Bewohner mit dem Gebäude identifizieren können und in welcher Art und Weise es Behaglichkeit schafft. **Energieerzeugung>** Lokale Energieerzeugung unter Einsatz erneuerbarer Ressourcen – Windgeneratoren, Photovoltaik, Biomasse etc. – verringert die Treibhausemissionen, wo immer das Gebäude steht.

Glossar

Adiabatisch> Bezeichnet einen thermodynamischen Prozeß, bei dem es weder zu Wärmeverlusten noch -gewinnen kommt.

Argon> Ein reaktionsträges, farb- und geruchloses Gas im Scheibenzwischenraum von Doppelverglasungen zur Verbesserung ihrer Isoliereigenschaften.

Berme> Ein schmaler Pfad oder eine Felsbank am Rande eines Abhangs, einer Straße oder eines Kanals; heute jedoch häufig zur Beschreibung einer künstlichen Böschung verwendet.

Bioklimatisch> Bezeichnet einen Ansatz zum Bauentwurf, der von der Natur inspiriert wurde, eine klare Strategie für die Minimierung von schädlichen Umweltauswirkungen verfolgt und Behaglichkeit fördert.

Biologisch abbaubar> Das Adjektiv verweist auf einen Stoff, der durch natürliche Prozesse und Organismen in unschädliche Bestandteile zerlegt werden kann.

Biomasse> Die Gesamtheit aller lebenden Organismen in einem bestimmten Gebiet, ausgedrückt in Lebend- oder Trockengewicht pro Gebietseinheit; hier allerdings zur Bezeichnung einer Brennstoffquelle verwendet.

BRECSU (Building Research Energy Conservation Support Unit)> Teil des BRE (Building Research Establishment - Bauforschungsanstalt). Seine Hauptaufgabe ist das Management von Technologietransferprogrammen zur Energieeffizienz. Es ist im Department of the Environment's Best Practice Programme und im THERMIE Programm der Kommission der Europäischen Gemeinschaften integriert.

Brennwertkessel> Heizkessel mit einer Rauchgasrückkühlung unter die Kondensationstemperatur. Durch die Nutzung der entstehenden Kondensationswärme können Kesselwirkungsgrade von über 90 % erreicht werden. Damit liegen diese bis zu 10 % höher als die von Heizkesseln ohne Nutzung der Kondensationswärme.

Chlorfluorkohlenstoffe (CFK), Fluorchlorkohlenstoffe (FKW), auch Chlorfluorkohlenwasserstoffe und Fluorchlorkohlenwasserstoffe (FCKW)> Diese Stoffamilie findet große Anwendung als Kältemittel, Treibgas, Kühlmittel, Sterilisiermittel, Lösemittel und bei der Produktion von Schaumdämmungen. CFK sind in der Atmosphäre schwer abbaubar und gelten als Verursacher des Ozonabbaus und der Erwärmung der Erdatmosphäre. Manche CFK sind für die Erdwärmung zehntausendmal schädlicher als Kohlendioxid. Im Rahmen des Montrealer Protokolls wird nun die Herstellung von CFK stufenweise eingestellt und über Alternativen nachgedacht. Eine EU-Verordnung forderte die Einstellung der Verwendung und der Produktion von CFK zum 01.01.95.

Drosselklappe> Ein Mechanismus zur Anpassung oder zum Abbrechen der Luftströmung in einem Lüftungskanal oder einem anderen Luftgang.

Entropie> Eine thermodynamische Größe, die sich bei einem umkehrbaren Prozeß durch eine gleich große Menge wie die zu- oder abgeführte Wärmemenge verändert, dividiert durch die thermodynamische Temperatur.

Erwärmung der Erdatmosphäre> Die Temperatur auf der Erdoberfläche wird von den Treibhausgasen in der Atmosphäre reguliert, die die langwellige, von der Erdoberfläche reflektierte Sonnenstrahlung abfangen. Zu den wichtigsten, natürlich produzierten Treibhausgasen zählen Kohlendioxid (CO_2) und Methan (CH_4). Der Treibhauseffekt ist eine völlig natürliche Erscheinung. Allerdings wird durch die Verbrennung fossiler Brennstoffe zusätzliches Kohlendioxid in der Atmosphäre freigesetzt, das zusammen mit den Emissionen anderer Treibhausgase, wie Chlorfluorkohlenstoffe (CFK), Distickoxid (N_2O), troposphärisches Ozon und Methan, zu einem Anstieg der in der Atmosphäre zurückgehaltenen Sonnenstrahlmengen führt. Dadurch hat sich im vergangenen Jahrhundert die Temperatur auf der Erde um ein halbes Grad Celsius erhöht. Klimamodelle prognostizieren einen Temperaturanstieg von 1,5 bis 4,5 Grad Celsius bis zum Jahre 2050. Eine Erwärmung der Erdatmosphäre führt zu erhöhten Meeresspiegeln und Dürren, die sich auf die Weltnahrungsproduktion verheerend auswirken könnten.

Fluorkohlenwasserstoffe> Kältemittel, die als Ersatz für Chlorfluorkohlenstoffe (CFK) verwendet werden, da sie aufgrund des fehlenden Chloratoms in ihrer Verbindung über kein Ozonzerstörungspotential verfügen. Auf die Erderwärmung bezogen sind sie weniger schädlich als CFK, doch hunderttausendmal schädlicher als Kohlendioxid. Auch wird befürchtet, daß sich diese Verbindungen in der Stratosphäre auflösen und zu giftigen Verbindungen reagieren könnten.

Fossile Brennstoffe> Alle natürlich vorkommenden Kohlenstoffe und Kohlenwasserstoffe wie Kohle, Erdöl, Torf und Erdgas, die durch die Zersetzung prähistorischer Organismen entstanden sind.

Gebundene Energie> Die Energie, die bei der Herstellung von Baumaterialien, Komponenten und Konstruktionssystemen verbraucht wird.

Halon> Halone enthalten das ozonabbauende Bromid. Sie fanden viel Verwendung in Feuerlöschsystemen, doch fallen sie nun unter das Montrealer Protokoll und eine EU-Verordnung. Ersatzprodukte und -systeme werden derzeit entwickelt und sind bereits im Handel. Die Verwendung und die Produktion von Halon ist innerhalb der EU zum 01.01.94 eingestellt worden, so daß künftig nur recyceltes Halon in immer kleineren Mengen erhältlich sein wird.

HLK-Systeme> Heizungs-, Lüftungs- und Klimatechniksysteme

Kamineffekt> Die durch Konvektion verursachte vertikale Luftbewegung; mit natürlicher Thermik steigt warme Luft auf und zieht kühlere Luft nach sich, um den entstandenen Unterdruck auszugleichen. Die warme Luft entweicht gewöhnlich in einen oberen Bereich.

Kilowattstunde (kWh)> Eine kWh wird geliefert, wenn eine Stunde lang 1000 Watt geleistet werden. Die kWh ist eine Einheit der Energie. 1kWh = 3,6 MJ (Megajoule).

Kohlendioxid> Ein farb- und geruchloses, nicht brennbares Gas, das in der Atmosphäre vorkommt und beim Atmen, Zersetzen und Verbrennen organischer Verbindungen (einschließlich fossiler Brennstoffe) sowie bei der Reaktion von Säuren mit Kohlenstoffen gebildet wird. Es ist hauptverantwortlich für den Treibhauseffekt.

Kraft-Wärme-Koppelungsanlage> Eine Anlage, die sowohl Wärme als auch Energie erzeugt, wobei die Wärme zur Warmwasserbereitung und/oder zum Heizen von Innenräumen genutzt wird.

Low-E-Gläser> Gläser mit einem geringen Emissionsvermögen. Auch: beschichtete Wärmeisoliergläser oder Wärmeschutzgläser mit einer wärmestrahlungsreflektierenden Beschichtung. Mit einer Spezialschicht behandelte Gläser zur Verbesserung ihrer Isoliereigenschaften.

Luftkreislauf-Kühlung> Ein Kühlsystem, das Luft als Kälteträger einsetzt.

Luftvorhang> Eine Zone hoher Luftbewegung, die von Ventilatoren erzeugt und an Gebäudeöffnungen Einsatz findet, um behagliche Innentemperaturen zu schaffen, ohne auf bauliche Sperren zurückgreifen zu müssen.

Montrealer Protokoll> Das Protokoll mit dem Titel »Vereinbarung über Stoffe, die zu einem Abbau der Ozonschicht führen« wurde im September 1987 von 60 Staaten unterzeichnet. Ursprünglich sollte der Verbrauch von Chlorfluorkohlenstoffen (CFK) vor dem Jahre 2000 um 50 Prozent reduziert werden. Die auf der Basis neuer wissenschaftlicher Prognosen erfolgten periodischen Korrekturen dieses Prozentsatzes führten allerdings zu der Übereinkunft, die Verwendung von CFK, Halonen und Tetrachlorkohlenstoffen bis zum Jahre 2000 völlig einzustellen.

Mushrabeyeh> In den islamischen Ländern des Mittleren Ostens vorkommende Abschirmungen aus kleinen, gedrehten und geometrisch miteinander verbundenen Holzstücken um die in Obergeschossen gelegenen Fenster.

Nacherhitzer> Ein am Ende von Luftkanälen plaziertes Heizelement, um die Temperatur der Zuluft auf das gewünschte Niveau zu erhöhen.

Nachhaltigkeit> Das Managementkonzept zur Nutzung natürlicher Ressourcen in einem Umfang, daß die vorhandenen Ressourcen nicht für immer erschöpft werden. Wesentlich hierfür sind die Erschließung regenerativer Ressourcen als Alternative für nicht-erneuerbare Ressourcen sowie der Erhalt der genutzten Ressourcen. Die ökonomische Entwicklung bezeichnet man in diesem Zusammenhang als »nachhaltige umweltgerechte Entwicklung«. Ihre Definition lautet: »Entwicklung, die den Bedürfnissen der Gegenwart gerecht wird, ohne die Fähigkeit zukünftiger Generationen, ihre eigenen Bedürfnisse zu befriedigen, aufs Spiel zu setzen.«

NO_x> Ein Begriff, unter dem Stickstoffmonoxid (NO) und Stickstoffdioxid (NO_2) zusammengefaßt werden. Der vom Menschen verursachte Ausstoß von Stickstoffoxid NO_x liegt zwar deutlich unter den natürlichen Emissionen, doch ist er gewöhnlich konzentrierter. NO_x entstehen bei der Verbrennung fossiler Brennstoffe, einschließlich der in Kraftfahrzeugen, und sind für eine Reihe von Atembeschwerden verantwortlich. NO_x können auch Säureablagerungen verursachen.

Ozonabbau> Die aus Gas bestehende Ozonschicht in der Stratosphäre schützt die Erdbewohner vor den schädlichen Auswirkungen der ultravioletten (UV) Strahlung. Die UV-Bestrahlung erhöht erwiesenermaßen das Risiko, an bestimmten Hautkrebsarten zu erkranken, gilt als Ursache für grauen Star und schwächt das Immunsystem. Das Vorkommen von ozonschädigenden Gasen wie CFK und Halonen in der Atmosphäre hat diese Schicht so stark zerstört, daß 1984 über der Antarktis ein Loch in der Ozonschicht entdeckt wurde. Das Montrealer Protokoll zielt auf eine Reduktion des Verbrauchs von CFK und Halonen.

Permakultur> Im englischen Sprachgebrauch ist die Bezeichnung »Permanent Agriculture« (dauerhafte Landwirtschaft) üblich. Gemeint ist das Konzept eines selbsttragenden Systems der Landwirtschaft. Dieses ermöglicht innerhalb des Systems durch die Organisation von Pflanzen und Tieren ein kontinuierliches Recycling von Nährstoffen und Energie. Aufrechterhalten wird es letzten Endes von der zugeführten Sonnenenergie. Für den menschlichen Gebrauch dürfen dem System Organismen entnommen werden, allerdings in einem tragfähigen Maße, um einen Systeminfarkt zu verhindern.

Recycling> Die Umwandlung von Abfallmaterialien oder -stoffen in eine brauchbare Form. Damit unterscheidet sich Recycling von der Wiederverwendung, die keine Behandlung erforderlich macht. Man unterscheidet zwei Recycling-Arten: das Recycling in einem offenen und in einem geschlossenen Kreislauf. Beim Recycling in einem offenen Kreislauf wird der Abfall eine begrenzte Anzahl von Wiederholungen recycelt, bevor er endgültig entsorgt wird; das Recycling im geschlossenen Kreislauf ist unbegrenzt oft möglich. Das Recycling von Papier und Plastik zählt im allgemeinen zum Recycling im offenen Kreislauf, da sich ihre Materialbeschaffenheit im Laufe der Zeit verschlechtert; Altstahl dagegen kann in einem geschlossenen Kreislauf recycelt werden, da der aus Altstahl produzierte Stahl qualitativ ebenso hoch ist wie das Original. Manchmal kann es finanziell vorteilhaft sein, ein Material zu recyceln, das nicht unmittelbar wiederverwendet werden kann. Positive Auswirkungen auf die Umwelt haben die Reduktion des Abfallaufkommens ebenso wie die Einsparung von gebundener Energie.

Regenerative Energie> Zu den regenerativen Energiequellen zählen die aktive und passive Ausnutzung von Sonnenwärme, solare Stromerzeugung, Wasser-, Wind- und Gezeitenenergie, geothermische Energie und die Verwendung von Biobrennstoffen wie Müll, Holz und Mist. 1992 lieferten regenerative Energiequellen 2,5 Millionen Tonnen Öleinheiten, wovon der größte Teil (67 Prozent) von großtechnischen Wasserkraft-Projekten herrührte. Günstige Preise für regenerative Energiequellen werden in England über die Non Fossil Fuel Obligation (NFFO) erzielt. 1992 gingen 64 Prozent der regenerativen Energieprojekte auf dieses Programm zurück, das voraussichtlich 1998 ausläuft.

Regionale traditionelle Architektur; auch regionstypische Architektur> Einheimische, aus praktischen Erwägungen heraus entwickelte Bauten einer bestimmten geographischen Region, eines Stammes oder einer Gemeinschaft unter Einsatz lokaler Materialien und Fertigkeiten.

Schilfbeet> Ein System zur Abwasserreinigung, bei dem mehrere Beete auf einem Kiesuntergrund mit bestimmen Schilfarten bepflanzt werden, die sich von den Schmutzstoffen im Wasser ernähren. Nach Entfernung der großen Festkörper wird das Abwasser in Rohren zu den gewöhnlich in einem Kaskadensystem angeordneten Schilfbeeten geleitet. Schilfbeete eignen sich sowohl für die häusliche wie industrielle Anwendung, doch dürfte letztere wegen des großen Platzbedarfs eingeschränkt sein.

Nachströmöffnung> Kleine, gewöhnlich in einem Fensterrahmen befindliche Öffnung mit einem Schiebeladen, der im Winter zur Unterstützung der Auflösung stickiger Raumluft niedrige Luftungsgrade gestattet.

Saurer Regen> Das Entziehen (oder »Auswaschen«) von Schwefeldioxid und Stickoxiden aus der Atmosphäre durch Niederschläge (Regen, Schnee, Hagel etc.). Solche Oxide entstehen bei der Verbrennung von Kohle sowie von Treibstoffen aus Erdöl. In Niederschlägen aufgelöst führen diese Verbindungen zu einem Säureanstieg, der sich auf die Flora und Fauna der Erde nachteilig auswirken kann. Bei fehlenden Niederschlägen können diese Verbindungen auch in Form von Partikeln auf die Erde fallen.

Sick-building-Syndrom> Eine Kombination gesundheitlicher Funktionsstörungen, unter denen ein bedeutender Prozentsatz von Gebäudenutzern leidet. Sie manifestieren sich in Form von Lethargie, Kopfschmerzen, Atemwegsinfektionen, überanstrengten Augen, Augentrockenheit, Muskelschmerzen, Schnupfen und Asthma und verlieren sich, sobald die Nutzer das Gebäude verlassen. Es gibt mehrere offensichtliche Ursachen für das Sick-building-Syndrom, darunter Klimaanlagen, abgedichtete Fenster (Festverglasungen), rezirkulierte Luft, hohe Belegungsdichte, Rauchen, in der Luft schwebende Mikroorganismen, Staub und Staubmilbenexkremente.

Solarelektrischer Kollektor> Eine Anlage, in der die Sonnenenergie gesammelt und über den photovoltaischen Effekt in elektrische Energie umgewandelt wird (siehe auch Solarzelle).

Solargenerator; auch Photovoltaisches (PV-) Kollektorfeld oder Photovoltaikanlage> Eine aus einem oder mehreren Solarmodulen zusammengesetzte Anlage zur Erzeugung von elektrischer Energie aus Sonnenlicht.

Solargewinn> Das durch Sonnenwärme verursachte Ansteigen der Temperatur.

Solarmodul, auch Photovoltaisches (PV-) Modul oder Solarpaneel> Ein Solarmodul besteht aus mehreren parallel und in Reihe geschalteten Solarzellen, die mit zwei Glasplatten oder zwischen einer Glasplatte und einer Kunststoffolie mechanisch verbunden sind. Die Leistungsdaten der handelsüblichen Solarmodule werden unter definierten Einstrahlungsbedingungen ermittelt.

Solarschornsteine, auch Lüftungskamin oder Lüftungsschornstein> Schächte zum Abführen der Luft aus einem Gebäude mittels der Kombination von Schornsteineffekt, Außendruckdifferentialen und der Erwärmung des Schachtes durch die Sonne, so daß kühlere Luft angesogen wird, um den entstandenen Unterdruck auszugleichen.

Solarthermischer Kollektor; auch Sonnenkollektor> Eine Anlage, in der die Sonnenenergie gesammelt und durch Absorption in einem gut wärmeleitenden Material (meist Metalle) in Wärme umgewandelt wird. Diese Wärme kann durch ein vorbeiströmendes Wärmeträgermedium (z.B. Wasser, Öl, Luft) abgeführt und einer Nutzung zugeführt werden.

Solarzelle; auch Photovoltaische (PV-) Zelle> Das Halbleiterbauelement innerhalb eines Solarmoduls, das unablässig Licht in elektrische Energie umwandelt (Elektrische Gleichspannung und Gleichstrom).

SO_x> Verweist auf Schwefeloxide, von denen SO_2 (Schwefeldioxid) und SO_3 (Schwefeltrioxid) die wichtigsten sind. Sie entstehen bei der Verbrennung von fossilen Brennstoffen, beim Schmelzen nicht eisenhaltiger Erze, bei der Papierherstellung, bei der Müllverbrennung und bei der Herstellung von Schwefelsäure. Die Oxide setzen sich als saurer Regen auf dem Erdboden ab, gewöhnlich viele Kilometer von ihrem Ursprungsort entfernt und verursachen Umweltschäden. Die Verfeuerung von Kohle ist zu etwa 50 Prozent für die jährli-chen weltweiten SO_2-Emissionen verantwortlich.

Splittdecke> Das auf eine Schüttlage aufgebrachte Material als Tragschicht für eine Sohlplatte aus Gußbeton.

Teilhalogenierte Kohlenwasserstoffe (H-FCKW)> Eine Verbindungsklasse, die anstelle von Chlorfluorkohlenstoffen (CFK) als Kältemittel verwendet wird. Ihr Ozonzerstörungspotential liegt bis zu zwei Größenordnungen unter dem der CFK. Teilhalogenierte Kohlenwasserstoffe sind außerdem weniger wirksame Treibhausgase als CFK und Fluorkohlenwasserstoffe, doch immer noch hundertmal umweltschädlicher als Kohlendioxid. Nach einer EU-Verordnung soll die Verwendung und Produktion von H-FCKW innerhalb der EU bis zum Jahre 2015 völlig eingestellt werden, allerdings wird ihr Einsatz bereits jetzt zunehmend beschränkt, so daß diese Frist wahrscheinlich vorverlegt wird.

Thermisch wirksame Masse, auch Speichermasse> Die Leistungsfähigkeit eines Materials, die Wärme des umgebenden Raums aufzunehmen. Ein Material mit geringer Wärmeträgheit, wie Stein oder Beton, kann zur Absorption von Tageswärme genutzt werden, um sie nachts, wenn die Temperaturen kühler sind, freizusetzen.

Treibhauseffekt> Der Prozeß, bei dem sich Kohlendioxid und andere Gase in der Atmosphäre anreichern, ein zusätzliches Maß an Sonnenwärme abfangen und so zu Klimaveränderungen führen.

Trombe-Wand> Eine der Sonne ausgesetzte Wand mit hoher thermischer Speichermasse. Sie ist gewöhnlich mit einer äußeren Glasschicht und einer inneren dunklen Oberfläche versehen und wird zum Absorbieren und Speichern von Wärme verwendet. Bei kühleren Temperaturen wird diese Wärme freigesetzt, um Innenräume zu erwärmen.

Verbundwerkstoff> Ein Material, dessen Leistungsfähigkeit von der integralen Kombination zweier oder mehrerer Stoffe herrührt, z.B. Stahlbeton. In der weiterverarbeitenden Industrie bezeichnet der Begriff ausdrücklich verstärkte Kunststoffe und Kohlenstoff-Fasern.

Verdrängungslüftung> Ein im Gebäude installiertes Belüftungssystem, bei dem kühle Frischluft auf einer tiefen Ebene einströmt, gewöhnlich über dem Fußboden, und die »alte« warme Luft auf einer hohen Ebene aus dem Raum herausgedrückt wird. Die Luft kann genauso wie bei anderen Luftklimatisierungsanlagen künstlich gekühlt oder gewärmt, gefiltert und befeuchtet werden.

Versorgungsnetz (Strom-)> Eine Verbundwirtschaft zur Elektrizitätsversorgung meist großräumiger Flächen.

Vorhangwand> Eine nicht tragende Wand, die als wetterbeständige Außenhaut um einen Bau gelegt wird und gewöhnlich aus Glas oder Metall besteht.

Watt Spitzenleistung (W peak)> Die von einer Photovoltaikzelle oder einem -modul produzierte Leistung bei nominellen Einstrahlungsbedingungen.

Wärmerückgewinnung> Die Wärmeübertragung von warmer Abluft (oder einem anderen Medium) an ins Gebäude einströmende Frischluft (oder ein anderes Medium), um es zu erwärmen.

Windtürme> Zu Kühlzwecken errichtete Türme, die Wind in ein Gebäude leiten sollen.

Projektbeteiligte

Tokyo Gas »Earth Port«, Seite 66
Architekt: Nikken Sekkei. Projektteam: Kiyoshi Sakurai, Kouko Nakamura, Yuki Watanabe; Tokyo Gas Urban Development Co. Ltd. (Sicherheitsinspektoren). Bauherr: Tokyo Gas. Tragwerksplanung: Michio Keii, Hiroshi Yamamoto (betriebseigenes Team). Installationstechnik: Katashi Matsunawa, Fumio Nohara, Sou Takizawa (betriebseigenes Team). Generalunternehmer: Kumagai Gumi. Subunternehmer: Takasago Thermal Engineering Co. Ltd.; Kandenko Co. Ltd.; Kanpai, Toshiba.

John Menzies Headquarters, Seite 70
Architekt: Bennetts Associates. Projektteam: Stephen Bates, Denise Bennets, Rab Bennetts, Simon Erridge, David Henderson, Ray Kearney, Julian Lipscombe, Jane Willoughby. Bauherr: John Menzies Wholesale. Generalunternehmer: Bovis Construction. Architekt Masterplan: Richard Meier & Partners. Verbindungsarchitekt: Campbell & Arnott. Tragwerksplanung: Curtins Consulting. Landschaftsarchitektur: Ian White Associates. Akustik: Arup Acoustics. Massenermittlung: Banks Wood & Partners. Installation Haustechnik: Vaughan Engineering. Elektroinstallation einschließlich Beleuchtung: Balfour Kilpatrick. Stahlkonstruktion: Pavo Steel Specialists. Vorhangwand, Atriumverglasung u. Schutzdach: Structal (UK). Bedachung: ERP Elastomeric. Steinverkleidung: J.W. Smith. Abgehängte Dekken und Gipsverputz: Carlton Ceilings & Partitions. Doppelboden für Installationen und Fußbodenbeläge: System Floors. Fußboden Atrium und Keramikfliesenbelag: The Tiling Company. Bautischlerei und Ladeneinrichtung: Swift Horsman. Blenden: Sunrite Blinds. Haupteingangshalle: Boon Edam. Architektonische Metallarbeiten: R. Glazzard. Betondekorationen und allgemeine Dekorationen: Pyeroy. Audiovisuelle Ausstattung: In Sight. Skulpturen: Keith McCarter. Wandbehangstoffe: Susan Mowatt.

J. Walter Thompson Werbeagentur, Seite 74
Architekt: Schneider & Schumacher. Projektteam: Till Schneider; Michael Schumacher; Hans Pfefferkorn (Projektmanager); Kristin Dirschl, Marcel Eckert, Karen Ehlers, Heike Heinzelmann, Beate Hoyer, Matthew O'Malia, Petra Pfeiffer, Richard Voss. Bauherr: Michael

Loulakis. Mitarbeiter: Arup, Düsseldorf (Tragwerks- und technische Planung). Metallarbeiten: Magnus Müller. Beleuchtung: Erco. Konstruktion: Wayss & Freytag. Glas: Pilkington. Mobiliar: Vitra GmbH.

Ionica, Seite 78
Architekt: RH Partnership. Projektteam: David Emond, Mike Woodbridge, Ray Chudleigh, David Doody, Jack Lewry, Kevin Myers, Tony Stevens, Paul Tyrell, Paul Wells. Bauherr: St. John's College, Cambridge. Generalunternehmer: Wates Construction (Ost). Planung Organisation: Total Office Interiors. Tragwerksplanung: Hannah Reed Associates. Versorgungstechnik: Rybka Smith Ginsler and Battle. Beratung Entwurf Haustechnik: Battle McCarthy. Massenermittlung: Davis Langdon & Everest. Doppelboden für Installationen: Thorsman. Blenden: Hunter Douglas. Ziegelmauerwerk: Latchmore Developments. Vorhangwand und Fenster: Velfac Windows. Eingang Rezeption: Gatewood Joinery. Schutzwände Eingang: Colmans. Raumeinteilung: Clestra Hauserman. Bautischlerei und Zimmermannsarbeiten: P. Audus. Landschaftsgestaltung: Tilebrooks Landscapes. Sonnenschutz und Lamellen: Colt International. Stahlkonstruktion: Caunton Engineering. Baustofflieferanten: Milliken, Altro (Fußbodenbeläge); Elementer (Kleineisenbauelemente); Concord, Erco (Beleuchtung).

Advanced Photovoltaic Systems (APS) Produktionsanlage, Seite 82
Architekt: Kiss Cathcart Anders Architects. Projektteam: Gregory Kiss (Bauleiter); Peter Anders, Brenda November, Colin Cathcart, Keith Hone, John Loomis, Laura Kurgan, Judy Choi, Chuck Felton, Amy Nanni, Susan Gross. Bauherr: EJC Inc. Landschaftsarchitektur: Bissel & Karn. Planung Tragwerk, Haus- und Elektrotechnik: Ove Arup & Partners. Tiefbautechnik: Bissell & Karn. Generalunternehmer: Devcon Construction, Inc.

Stadtbibliothek/Kulturtreff, Seite 84
Architekt: LOG ID. Projektteam: Dieter Schempp (bauleitender Partner), Fred Möllring (Entwurf), Winfried Klimesch, Gerhard Steiner, Walter Gans, Eva Sedelmaier. Bauherr: Stadt Herten. Landschaftsarchitekt: Jürgen Frantz (LOG ID). Generalunternehmer: Assmann. Heizung, Lüftung, Sanitärplanung: PIV, Hesslinger und Baumgärtner. Elektroplanung: Dohrmann.

NREL Forschungseinrichtung für Solarenergie, Seite 88
Architekt und Ingenieur: Anderson DeBartolo Pan, Inc. Chefdesigner: Jack DeBartolo Jr FAIA. Bauherr: United States Department of Energy. Bauunternehmer: G.E. Johnson Construction Company. Tiefbautechnik: Drexel Barell. Entwurf Laboratorien: RFD. Landschaftsarchitektur: EDAW Inc. Tageslicht: Architectural Energy Corporation.

Matsushita Electronic, Seite 92
Architekt: Nikken Sekkei. Projektteam: Kivoshi Sakura. Teruo Yokota, Kiyotaka Komuro, Mikio Kataoka, Syuzo Yamada. Bauherr: Matsushita Electric Co. Ltd. Generalunernehmer (Joint Venture): Kajima Corp.; Takenaka Corp.; Toda Corp.; Okumara Corp. Tragwerksplanung: Takayuki Teramoto, Haruyuki Kiramura, Yasuhiro Tuneki (betriebseigenes Team). Installationstechnik: Katashi Matsunawa, Ryoshuke Hashiura, Hiroshi Iizuka (betriebseigenes Team). Mitarbeiter: Toshihiro Katayama (Landschaft im Erdgeschoß). Subunternehmer: Takasago Thermal Engineering Co. Ltd.; Dai-Dan Corp.; Toyo Netsu Kogyo Kaisha; Sankou Air Conditioning Co. Ltd. (Klima- und Sanitärtechnik); Kinden Corp.; Kandenko Co. Ltd.; Toko Electrical Construction Co. Ltd. (Starkstrom); Futuba Denki Tsushin (Schwachstrom); Masatoshi Izumi (Mauerwerk).

Barclaycard Zentrale, Seite 96
Architekt: Fitzroy Robinson. Projektteam: Robin Booth, John Vincent, Blaise Coonan, Michael Winter, David Weston-Thomas, Simon Tucker, Martin Scott, David Peak, Pam Walton. Bauherr: Barclays Property Holdings Ltd. Tragwerksplanung: WSP Kenchington Ford. Massenermittlung: Hart Gilmore Associates. Versorgungstechnik: Troup Bywaters & Anders. Landschaftsgestaltung: Whitelaw Turkington. Beratung Akustik: Hann Tucker Associates. Modellbau: Kandor Modelmakers.

Wissenschaftspark Gelsenkirchen, Seite 100
Architekt: Kiessler & Partner. Projektteam: Uwe Kiessler; Hermann Schultz; Vera Ilic; Stefanie Reithwiesner; Ursula Baptista; Thomas Brillig; Konstanze Elbel; Andreas Gierer; Klaus Jantschek; Achim Jürke; Markus Link; Klaus Löhnert; Christoph Mayr; Andreas Plesske. Bauherr: Wissenschaftspark und Technologiezentrum Rheinelbe Gelsenkirchen Vermögensgesellschaft mbH. Projektmanagement: Norbert Muhlak. Tragwerksplanung: Sailer & Stepan. Heizung, Lüftung, Sanitärplanung: Ingenieurbüro Trumpp. Elektrotechnik: Planungsgemeinschaft Riemhofen/Zerull. Landschaftsbau: Planungsbüro Drecker. Energieberatung: Fraunhofer Institut für Solare Energiesysteme. Solarpaneele: Flachglas-Solartechnik GmbH. Beratung Fassaden: Institut Schaupp. Bürofassaden: Gebr. Schneider Fensterfabrik. Dach: Fa. Wewers GmbH. Fliesenbelag: Fa. H. Linnr. Fußbodenbelag: Fa. Häcker.

Bürogebäude des Vizekanzlers, Académie des Antilles et de la Guyane, Seite 104
Architekt: Christian Hauvette, Jérôme Nouel. Projektteam: Rémi Martinelli, Jacques Duflos de Saint-Armand, Lorenzo Pagiaro, Véronique Chapuis. Bauherr: Ministère de L'Education Nationale. Generalunternehmer: SOGEA. Holzarbeiten außen, Holzarbeiten und Verkleidung: SOGEA Martinique. Zimmermannsarbeiten: S.E.R.C.A.M. Abgehängte Decken: Laguarrigue: Malerarbeiten: E.S.O. Elektrizität: Camelec. Landschaftsgestaltung: S.I.V.M.A.N.O.

Gästehaus von Akira Kusumi, Seite 108
Architekt: Awaji Workshop, Kota Kawasaki, Projektteam: Shin Aiba, Takuto Hiki, Kazuhiro Hosaka, Kota Kawasaki, Yasuhisa Kikuti, Siro Miura, Keisuke Tamura, Paddy Tomesen, Takeshi Yosida. Bauherr: Akira Kusumi. Generalunternehmer: Hanasaka Dan (Akira Kusumi, Naohiro Kamimura).

Wohngebäude, Biel, Seite 112
Architekt: LOG ID, Dieter Schempp. Projektteam: Fred Möllring, Jürgen Frantz, Ueli Schmid. Bauherr: Stettler AG. Generalunternehmer: ASP, H. Schmid. Landschaftsbau/Glashäuser: Jürgen Frantz (LOD ID).

Palmetto Haus, Seite 116
Architekt/Bauunternehmer: Jersey Devil. Projektteam: Jom Adamson, Steve Badanes, Donna Walter, Fred Montgomery, Les Cizek, Tony Marciante. Bauherr: Jim Adamson (derzeitig); Lescizek/Norma Watkins (ursprüngliche Bauherrn). Tragwerksplanung: Bob Fasullo.

Marika Alderton House, Seite 120
Architekt: Glenn Murcutt. Bauherr: Marika Alderton.

Tempel der Zeit oder Geteiltes Haus, Seite 124
Architekt: Benson and Forsyth. Projektteam: Gordon Benson, Alan Forsyth, Annabelle Henderson. Bauherr: Fuije San, Arata Isozaki, Architekten der Ortsbehörde. Subunternehmer: Nabetakogyo Co. Ltd. Bauhandwerker: The Zenitaka Corporation. Organisatoren: Urban Factory Ltd. (Tokyo); Life Network Research Institute Ltd. (Toyama). Starkholzbau: Takahatakogyo Co. Ltd. Glasfaserverstärkter Zement: Dai-ichi Kouei Co. Ltd.

Women's Humane Society Tierheim, Seite 128
Architekt: Susan Maxman Architects. Projektteam: Susan A. Maxman (leitende Architektin); Jeffery Hayes (Projektarchitekt); Kate Cleveland, Robert Hotes, Rob Rudloff. Bauherr: Women's Humane Society. Generalunternehmer: Irwin & Leighton. Tragwerksplanung: Ortega Consulting. Landschaftsarchitekt: Lager-Raabe Landscape Architects. Tiefbautechnik: MGL Inc. Haustechnik: Bruce E. Brooks & Associates, Inc. Elektrotechnik: Donald F. Nardy & Associates, Inc. Heizung/Klimatechnik: Energy Products Company. Energierückgewinnungssystem: Semco. Beleuchtung: Litecontrol; Zumtobel Lighting Inc.; Sim-Kar Lighting Fixture Co.; Lithonia Lighting; SPI Lighting Inc,: Architectural Lighting Systems; Columbia Lighting; Staff Lighting. Außenbeleuchtung: Stonco. Stahlbedachung: Smith Steelite. Fenster: EFCO Corporation. Auslegewaren: Collins & Aikman. Fußbodenfliesen: GTE Engineered Ceramics. Linoleumböden: DLW - Gerbert Ltd. Fußbodenmatten: Belting Associates, Inc. Benches: Santana Products.

Ukichiro Nakaya Museum für Schnee und Eis, Seite 132
Architekt: Arata Isozaki and Associates. Bauherr: Kaga City. Generalunternehmer: Taisei; Yamamoto; Kawamuki; Kaga Setsubi Joint Venture. Installationstechnik: Kankyo Engineering and Mach Facility Planning Laboratory. Tragwerksplanung: Kawaguchi Structural Engineering Studio. Mitarbeiter: Nomura Kogei Sha (Ausstellung); Iwanami Eiga Seisakusho (Film); Uejyou Studio (Beschilderung); Fujiko Nakatani (Schneelandschaft).

Jugendhaus Windberg Katholische Bildungsstätte, Seite 136
Architekt: Prof. Thomas Herzog. Projektteam: Thomas Herzog, Peter Bonfig. Bauherr: Prämonstratenserabtei Windberg. Bauplanung: Walter Götz. Beratung Energiesimulation: Institut für Energiesysteme der Fraunhofergesellschaft (ISE). Landschaftsarchitekt: Anneliese Latz. Heizung und Lüftung: Zimmermann Lüftungs-und Wärmesysteme GmbH & Co. KG. Holzarbeiten: Holzbau Münchsmühle GmbH. Glas: Okalux.

Zentrum für regenerative Studien, Seite 140
Architekt: Dougherty + Dougherty. Projektteam: Betsey Olenick Dougherty (Partner); Troy Fountain (Projektarchitekt). Bauherr: California State University. 1. Bauphase: Tragwerksplanung: EQE. Tiefbautechnik: RBF. Planung Haus- und Elektrotechnik: Store, Matakovich & Wolfberg. Landschaftsarchitektur: The Peridian Group (jetzt POD/Sasaki). Bauunternehmer: Temple Construction. 2. Bauphase: Tragwerksplanung: Felix Martin & Associates. Tiefbautechnik: Douglas Bender & Associates. Planung Haustechnik: F.T. Andrews, Inc. Elektrotechnik: Dale Karjala & Associates. Landschaftsarchitektur: IDEATE Studios. Beratung Beleuchtung: Clanton & Associates. Beratung Energieeffizienz: The Ensar Group. Bauunternehmer: RSH Construction.

Zentrum für japanische Studien, Universität von Indonesien, Seite 144
Architekt: Akihiko Takeuchi/Matsuda Consultants International Co. Ltd. Bauherr: Universität von Indonesien. Mitarbeiter: Audio-Visual System Planning. Generalunternehmer: Taisei Corporation. Subunternehmer: Kinden Corporation (Klimatechnik, Sanitäre Installationen und Elektrizität). Tragwerksplanung: Inoue Structural Design Ltd. Installationstechnik: ARC System Sekkei Shitsu.

Uluru-Kata Tjuta Nationalpark Kulturzentrum, Seite 148
Architekt: Gregory Burgess Pty Ltd. Architects. Projektteam: Gregory Burgess (Entwurfsarchitekt); Peter Ryan, Steve Duddy (Projektarchitekten); Ian Khoo, Phillip Bigg, Robert Lock, Anna Lindstad, Alvyn Williams, Thomas Kinloch. Bauherr: Mifijulu Community and Parks Australia - Environment Australia. Tragwerks-/Tiefbautechnik: P. J. Yttrup & Associates. Versorgungstechnik: W. O. Ross & Associates. Landschaftsarchitekt: Taylor Cullity. Massenermittlung: Anthony Prowse & Associates. Ausstellung: Sonja Peter & Associates; Form Australia. Entwurf und Fertigung der Maruku Ausstattung: Danton Hughes. Bauunternehmer: Sitzler Brothers; Bauführer: Roger Starr.

Elizabeth Fry Building, University of East Anglia, Seite 152
Architekt: John Miller & Partners. Projektteam: Richard Brearley, Su Rogers, Neil Harkness, Umberto Emoli, John Carpenter, Soraya Khan. Bauherr: University of East Anglia. Generalunternehmer: Willmott

Dixon Eastern Ltd. Massenermittlung: Stockings and Clarke. Tragwerksplanung: F. J. Samuely and Partners. Versorgungstechnik: Fulcrum Engineering Partnership. Energieberatung: Energy Advisory Associates. Haustechnik Subunternehmer: Matthew Hall Ltd. Fenster: Swedhouse Ltd. Bedachung: Gale Construction Ltd. Bestuhlung Vorlesungssaal: Haworth (UK) Ltd. Schalenwand und Dachdämmung: Rockwool Ltd. Verglasung Schutzdach: Columbus. Rundfenster: Fenlock Hansen. Ausstellungsschränke: Preedy Glass. Innenverglasung: Wensum Glass. Glas Treppenhaus: Design-A-Glass. Antistatische Teppichböden: Burmatex Ltd. Vinyl-Plattenbelag: Altro Hyload Flooring. Keramikfliesenbelag: Ceramic Tiles (Contract) Ltd. Fußbodenbeläge: Anglia Flooring. Kleineisenbauelemente: City Fix Architectural Supplies.

Spring Lake Park Visitors Center, Seite 158
Architekt: Obie G. Bowman. Projektteam: Obie G. Bowman (Architekt und Bauleiter); Fiona O'Neill (Entwurfsarchitekt). Bauherr: Sonoma County Water Agency. Generalunternehmer: Christianson-Williams-Bohn. Beratung Tragwerk: Dennis Fagent Associates. Beratung Haustechnik und Tiefbau: Sonoma County Water Agency. Beratung Solarenergie: Larkin & Associates. Geotechnik/Baugrundsachverständige: Field Engineering. Baumgärtner: John Britton.

Sea Folk Museum, Seite 162
Architektur und Raumgestaltung: Naito Architect & Associates. Bauherr: The Foundation of Tokai Suisan Kagaku Kyoukai. Generalunternehmer: Kamegawa Construction Corporation. Tragwerksplanung: Kunio Watanabe; Structural Design Group Co. Ltd.

Papierkirche, Seite 166
Architekt: Shigeru Ban Architect. Projektteam: Shigeru Ban, Shigeru Hiraki, Keishin Sakuma; Bauherr: Takatori Catholic Church. Tragwerksplanung: Gengo Matsui; Hoshino Structural Engineering Studio. Installationstechnik: Shuichi. Mitarbeiter: TSP Taiyou, Takiron, Taiyou Cement Industry, Matsumoto Corporation, Nishiyama.

Blockhütte aus Papier, Seite 166
Architekt: Shigeru Ban. Projektteam: Shigeru Ban, Takashi Nakagawa, Masao Suzuki, Kitayama Souzou Kenkyu Sho. Bauherr: Nippon Shinpan. Generalunternehmer: Nomura Kougei. Tragwerksplanung: Gengo Matsui; Hoshino Structural Engineering Studio. Subunternehmer: Sanshin Daikin Kisetsu (Klimaregelung); Takeomi Industry (Sanitäre Installationen); Uemura Denki (Elektrizität).

Halle 26, Seite 170
Architekt: Herzog & Partner. Projektteam: Prof. Thomas Herzog, Hanns Jörg Schrade; Sabine Erdt; Nico Kienzl; Stefan Öhler, Christian Schätzke; Bärbel Schuster; Thomas Straub; Brigitte Tacke; Stefanie Zierl. Bauherr: Deutsche Messe AG, Hannover. Tragwerksplanung: Schlaich Bergermann und Partner. Planung Raumluft- und Kältetechnik: HL Technik. Aerodynamische Studien, Natürliche Belüftung und Energiesimulation: Design Flow Solutions. Tageslicht- und Kunstlichtbeleuchtung: Bartenbach LichtLabor GmbH. Projektplanung: Assmann Beraten & Planen GmbH. Heizung und Kühlung: Friedrich Baxmann. Sonnenschutz: Clauss Markisen Projekt GmbH. Holzfassade: Kaufmann Holzbaugesellschaft mbH. Raumlufttechnik: H. Krantz-TKT GmbH. Bedachung: Laue Bedachungen GmbH. Zimmermannsarbeiten: Plaumann & Bonifacius GmbH. Ingenieurtechnik: HL-Technik AG. Elektronik: Höhne GmbH. Brandschutz: Hosser, Hass & Partner. Skelettrahmenwerk: E. Heltkamp GmbH. Fassade: Messehalle 26 Seele-Sassenscheidt; Stahl- und Metallbau GmbH & Co. KG. Fliesenbelag: Klaus-Peter Beverungen. Inneneinrichtung: Rheinold & Mahla Ausbau GmbH. Stahlarbeiten: Rüterbau. Beton: Hochtief AG.

Holzmuseum, Seite 174
Architekt: Tadao Ando Architect & Associates. Bauherr: Präfektur Hyogo. Generalunternehmer: Shimizu Kensetsu; Maeda Kensetsu Industry; Meisei Kensetsu Joint Venture. Subunternehmer: Tajima Kinki Industry (Klima- und Sanitärtechnik); Shirabishi Denki (Elektrotechnik); Fujitec (Aufzüge); Tansei Sha (Ausstellung); NHK-ES (Hi-Vision).

BRE (Building Research Establishment) Office of the Future (Bürogebäude der Zukunft), Seite 178
Architekt: Feilden Clegg Architects. Projektteam: Peter Clegg, Bill Gething, Craig White, David Noble, David Stansfield, Andrew Peters. Bauherr: Building Research Establishment Ltd. Generalunternehmer: J. Sisk & Son Ltd. Projektmanagement: BWA Project Services. Massenermittlung: Turner & Townsend. Tragwerksplanung: Büro Happold. Umweltschutztechnik: Max Fordham & Partners. Landschaftsarchitekt: Nicholas Pearson Associates. Planungsüberwachung: Symonds Travers Morgan Ltd. Unternehmer Haus- und Elektrotechnik: Norstead Building Services Engineers. Vorgefertigte wellenförmige Deckenschalen und Balkenträger: Structu-ral Concrete Contractors Ltd. Recycelter Beton: R.M.C. Glasbausteine: Pitsburgh Corning. Lüftungsschornsteine Terminals: Selkirk Manufacturing Ltd. Fenster: Velfac. Lamellensystem (Glas und Metall): Colt International. Sonnenschutz Gitterwerk: Thielco Grating Ltd. Glaslamellen: Pilkingtons. Gebäudeleittechnik/Überwachungssysteme: Caradon Trend. Photovoltaik: Intersolar. Beleuchtung: Lighting: Philips Lighting. Recycelte Ziegelsteine: Solopark. Holzbalken und konstruktive Fußbodenplatte: Triad Timber Components. Rohrleitungsnetz Fußboden-Heizung/Kühlung: Hepworth Building Products Ltd. Teppiche: Sommer UK. Aluminiumbedachung: Stramit Industries Ltd. Kleineisenbauelemente: I.G.B. Ltd.

Sämerei und Zentrum für Forstwirtschaft, Seite 182
Architekt: Samyn & Partners. Projektteam: Philippe Samyn, R. Delaunoit, D. Mélotte. Gh. André. Bauherr: Ministerium der Wallonischen Region. Beratung Tragwerksplanung: SETESCO; FTI. Holzgestaltung: Koos & Cie sa. Holzarbeiten: Menuiserie Fréson. Bauunternehmen: Bounty Construction sprl. Subunternehmer: Gobiet Frères sa; Henneaux sa (Elektrizität); Frédérick sa (Heizung und Lüftung); Duviver sprl (Sanitäre Installationen); Portal sa (Glasabdeckung); Grencobel sa (Installation Kältetechnik).

Toyo Village Mason Museum, Seite 186
Architekt: Yasufumi Kijima+Yas & Urbanists/Keikaku. Projektteam: Hirofumi Sugimoto, Takeshi Umeda, Masato Hirose, Syunichi Matsuzaka. Bauherr: Toyo Village. Generalunternehmer: Sakae Kensetsu. Tragwerksplanung: Shigeru Aoki Kenkyu Shitsu. Installationstechnik: Kaihatsu Setsubi Kikaku; ME Sekkei (Elektrizität). Subunternehmer: UEDA Shoukai (Klima- und Sanitärtechnik); Murakami Denki Kouji (Elektrizität); Nomura Kougei Sha (Ausstellung).

Regionale Zentrale der französischen Elektrizitätsgesellschaft (EDF), Seite 190
Architekt: Foster und Partners. Projektteam: Sir Norman Foster. Spencer de Grey, Andrew Thomson, Max Neal, William Castagna, Glynis Fan, Chris Bubb, Ismael Juan Khan. Bauherr: Electricité de France. Bevollmächtigter Bauherr: EDF SEISO - Service ERCI. Bauleitung: Berguedieu-Brochet. Tragwerksplanung: Ove Arup und Partners. Energieberatung: Kaiser Bautechnik. Massenermittlung: DL&E. Außenarbeiten: Entreprise Malet. Metallarbeiten: Garriques. Bedachung: Smac Aceroïd. Sonnenschutz: Atelier d'Agencement. Haustechnik: Elyo Océan. Elektrotechnik: Electrification Générale. Bautischlerei: Limouzin. Raumeinteilung: Clestra Hausermann. Doppelboden für Installationen: Wanner Isofi. Stein- und Fliesenbeläge: Delvaux Combalié. Beschilderungen: Graphi-Aquitaine. Sanitäre Installationen: Guysanit. Maler- und Dekorationsarbeiten: Larrey SA. Gipsverputz und Verputzarbeiten: Sofibat.

Westminster Lodge, Seite 194
Architekt: Edward Cullinan Architects. Projektteam: Ted Cullinan, John Romer, Sasha Bhavan, Mary-Lou Arscott. Bauherr: The Parnham Trust. Bauunternehmer: Hooke Forest (Konstruktion) Ltd.Tragwerksplanung: Büro Happold. Versorgungstechnik: Büro Happold. Forschung: University of Bath, School of Architecture and Engineering.

Wassertempel, Seite 196
Architekt: Tadao Ando Architect & Associates. Bauherr: Honpukuji Temple. Tragwerksplanung: Ascoral Engineering Associates.

Eastgate, Seite 200
Architekt: Pearce Partnership Architects. Projektteam: Michael Pearce, Radhan Cumaraswamy. Bauherr: Old Mutual Properties Zimbabwe. Generalunternehmer: Costain Sisk Joint Venture. Projektmanagement und Bauträgerschaft: Old Mutual Properties. Beratung Entwurf Einzelhandel-Geschosse: Design Development Group Inc. Tragwerksplanung: Ove Arup & Partners Zimbabwe. Haustechnik: Ove Arup & Partners. Massenermittlung: Hawkins Leshnick & Bath. Subunternehmer für Elektroinstallationen: William Steward. Subunternehmer für Sanitäre Installationen: Hancock & Ward. Subunternehmer für Stahlarbeiten: International Construction Zimbabwe Ltd.; G. Sepe Metal Fabricators; Confab; Sullivans Engineering. Vorgefertigte Betonteile: Precast Concrete. Ladeneinrichtung und Raumeinteilung: Frederick Sage.

Athener Zentralmarkt, Seite 202
Architekt: N. Fintikakis. Forschungsteam: Synthesis and Research Ltd. (Mavrotas Dionysios, Tzaveli Maria). Bauherr: Stadtverwaltung Athen. Haustechnik: A.N. Sgouropoulos von Talos Engineering SA; Fraunhofer-Institut für Solare Energiesysteme, Freiburg.

Helicon, Seite 204
Architekt: Sheppard Robson. Projektteam: Graham Francis (Partner); Graham Anthony (Projektentwurf); Malcolm McGowan, Andrew Bowles (Projektmanager); Greg Gaylor (Gebäudeverkleidung). Bauherr: London and Manchester Insurance. Projektmanagement: MDA Project Management. Tragwerksplanung: John Savage Associates. Planung Haus- und Elektrotechnik: Ove Arup & Partners. Massenermittlung: Silk & Frazier. Bauunternehmen: Astec Projects Ltd. (Decken); Cain Decorators (Maler- und Dekorationsarbeiten); Dyer (Baustahl); Gormley Marble Specialists Ltd. (Steinarbeiten); Haden Young (Haustechnik); John Rawlson Eng. Ltd. (verschiedene Metallarbeiten); Singer & James (Metallarbeiten); Thorsman & Co. (GB) Ltd. (Fußböden); The Tiling Co. Ltd. (Fliesenbelag); Tyndale Carpets (Gummifußbodenbelag/Treppen). Baustofflieferanten: Bligh Boards Ltd. (Holz/Bretterverkleidung); Elite Architectural Ironmongery (Kleineisenbauelemente); Hills of Shoeburyness Ltd. (Bautischlerarbeiten); William Sharratt & Sons Ltd. (Holz).

Yasuda Akademie, Seite 208
Architekt: Nihon Sekkei Inc. Projektteam: Shigeyoshi Saito, Mikitaro Okamoto. Bauherr: The Yasuda Mutual Life Insurance Co. Ltd. Generalunternehmer: Fujita; Kajima; Tobishima; Goyo (Joint Venture). Künstlerische Gestaltung: Hidenori Aoki. Mobiliar: Motomi Kawakami. Beleuchtung: LPA. Technische Ausrüstung: Tase. Klima- und Sanitärtechnik: Taiki Sha. Elektrizität: Kanden. Subunternehmer: Hitachi, Toshiba.

Viadukt-Modernisierung, Seite 212
Architekt: Patrick Berger. Projektteam: Patrick Berger, Janine Galiano. Bauherr: SEMAEST (Société d'Economie Mixte d'Aménagement de l'Est de Paris). Generalunternehmer: CBC Ile de France. Mitarbeiter: BECT.

Konzernzentrale der RWE AG, Seite 216
Architekt: Ingenhoven, Overdieck, Kahlen und Partner. Projektteam: Christoph Ingenhoven, Achim Nagel, Klaus Frankenheim, Klaus J. Osterburg, Peter-Jan van Ouwerkerk, Imre Halmai, Martin Slawik, Elisabeth Viera, Claudia de Bruyn, Jan Dvorak, Norbert Siepmann, Regina Wuff, Martin Röhrig. Bauherr: Hochtief Projektentwicklung. Generalunternehmer: Hochtief AG. Tragwerksplanung: Hochtief AG. Beratender Ingenieur:

König & Heunisch. Technische Beratung: HL-Technik AG; Ingenieurgesellschaft Kruck. Bauphysik: Trümper & Overath. Beratung Fassaden: Fa. Gartner. Vermessungsingenieur: Dipl. Ing. Klein

The Thames Tower, London, Seite 220
Architekt: Brookes Stacey Randall Fursdon. Bauherr: Thames Water Utilities Ltd. Generalunternehmer: J. Murphy and Sons (Bauunternehmer) Ltd. Ingenieurbüro: SMP Atelier One. Verglasung und Verkleidung: Charles Henshaws and Sons Ltd. Wasserberatung: Thermelek Engineering Services Ltd. Wasserentwicklung: Atkinson Chemicals Ltd. Solarpaneele: Hiltec Solar Ltd. Mastbaum: Proctor Masts Ltd.

Stadttor, Seite 224
Architekt: Petzinka, Pink und Partner. Bauherr: Düsseldorfer Stadttor GmbH. Auftragnehmer: Engel Projektentwicklung und Management GmbH. Projektüberwachung und Energieberatung: Drees & Sommer AG. Tragwerksplanung und Fassadenberatung: DS-Plan. Fassadenplanung: E. Mosbacher. Heizung, Lüftung und Klimatechnik: Jäger, Mornhinweg & Partner. Baugrundsachverständige: NEK Umwelttechnik GmbH.

Commerzbank Zentrale, Seite 228
Architekt: Foster and Partners. Projektteam: Norman Foster, Spencer de Grey, Ken Shuttleworth, Mark Sutcliffe, Brandon Haw, Hans Brouwer, David Nelson, Robin Partington, Graham Philips, Stefan Behling, Winston Shu, John Silver, Paul Kalkhoven, Chris Abell, Arthur Branthwaite, Cris Eisner, Tom Politowicz, Christopher Allercamp, Guiseppe Boscherini, Simon Bowden, Thomas Braun, George Brennan, Caroline Brown, Eckhardt Burling, Angus Campbell, Kei-Lu Cheong, Charles Collett, Penny Collins, David Crosswaite, Nigel Curry, John Drew, Matthew Downing, Alex Gounaris, Pauline Hanna, Ken Hutt, Nadi Jahangiri, Mike Jelliffe, Michael Jones, Joachim Kappeler, Natalie Maguire, Nikolai Malsch, Matthias Massari, Stig Mikkelson, Paul Morgan, Uwe Nienstedt, Sven Ollmann, Donia Parmasche, Stefan Ponur, Logan Reilly, Giles Robinson, Cormac Ryan, Thomas Scheel, Paul Scott, Mandy Bates, Kinna Stallard, Brian Timmoney, Huw Turner, Peter Unkrig, Ken Wai, Andreas Wolff, Robert Watson, Alan Wilkinson-Marten, Louisa Williams, Michael Wurzel. Bauherr: Commerzbank. Generalunternehmer: Hochtief AG, Niederlassung Rhein/Main, Frankfurt. Beratung: J. Roger Preston und Petterson & Ahrends (Haustechnik); Schad und Hölzel (Elektrotechnik). Projektmanagement: Weidleplan. Massenermittlung: Davis Langdon and Everest. Planung Organisation: Quickborner Team. Fassaden, Radar, Akustik und Bauphysik: Ingenieurbüro Schalm. Beleuchtung: Lichtdesign. Landschaftsbau: Sommerlad. Tragwerksplanung: Ove Arup & Partner; Krebs und Kiefer. Planung Haustechnik und Elektrotechnik: Petterson & Ahrends. Fassadentechnik: Ingenieurbüro Schalm.

Menara Mesiniaga, Seite 232
Architekt: T.R. Hamzah & Yeang. Bauherr: Mesiniaga. Tiefbau- und Tragwerksplanung: Reka Perunding. Haus- und Elektrotechnik: Norman Disney & Young. Massenermittlung: Baharuddin Ali & Low. Innenarchitektur: T.R. Hamzah & Yeang Designs. Landschaftsarchitektur: Lap Consultancy. Generalunternehmer: Siah Bros. Stahlbau: Sediabena.

Bibliographie

Diese Bibliographie enthält Werke, die dem Autor unmittelbar als Quelle dienten, sowie Materialien für ergänzende Informationen.

Geschichte und Architekturtheorie

Addy, S.O.: The Evolution of the English House, London 1933;
Alexander, C.: The Timeless Way of Building, New York 1979;
Baillie Scott, Mackay Hugh: Häuser und Gärten, Berlin 1912;
Banham, Reyner: The Architecture of the Well-Tempered Environment, London 1969;
Banham, Reyner: Theorie und Gestaltung im Ersten Maschinenzeitalter, Bauwelt Fundamente 89, Braunschweig 1990 (Nachdruck Braunschweig 1964);
Bayes, K.: Living Architecture, Trowbridge 1994;
Beaver, Patrick: The Crystal Palace, London 1970;
Behling, S. und S.: Die Evolution der solaren Architektur, München/New York 1996;
Benevolo, Leonardo: Die Geschichte der Stadt, Frankfurt a.M./New York 1993 (siebte Auflage);
Blaser, W.: Architecture and Nature, Basel and Boston 1984;
Bourgeois, Jean-Louis, und Carollee Pelos: Spectacular Vernacular: The Adobe Tradition, New York 1993;
Brand, S.: How Buildings Learn, New York 1994;
Butti, Kenn, und John Perlin: A Golden Thread: 2500 Years of Solar Architecture and
Chermayeff, Serge, und Christopher Alexander: Gemeinschaft und Privatbereich im neuen Bauen. Auf dem Wege zu einer humanen Architektur, Neue Bauhausbücher, Mainz um 1971
Clark, K.: The Gothic Revival, London 1929;
Constant, C.: »From the Virgilian Dream to Chandigarh: Le Corbusier and the Modern Landscape« from Denatured Visions, New York 1988;
Corbusier Le (Hrsg.): Kinder der strahlenden Stadt, Les carnets de la recherche patiente, Carnet 3, Stuttgart 1968;
Corbusier, Le: Ausblick auf eine Architektur, Bauwelt Fundamente 2, Braunschweig 1991 (vierte Auflage, Nachdruck);
Corbusier, Le: My Work, London 1961;
Corbusier, Le: Städtebau, Stuttgart/Berlin/Leipzig 1926;
Denyer, Susan: African Traditional Architecture: An Historical and Geographical Perspective, New York 1978;
Fathy, Hassan: Architecture for the Poor, Chicago/London 1973;
Fry, Maxwell: Art in a Machine Age, London 1969;
Gandy, J.M.: Designs for Cottages, London 1805;
Gandy, J.M.: The Rural Architect, London 1805;
Giedion, Sigfried: Raum, Zeit, Architektur. Die Entstehung einer neuen Tradition, Basel 1996 (fünfte Auflage);
Goldfinger, Myron: Villages in the Sun: Mediterranean Community Architecture, New York 1993;
Goulding, J.R., J.O. Lewis and T. Steemers: Energy Conscious Design: A Primer for Architects, Brüssel 1992;
Hadingham, Evan: Lines to the Mountain Gods: Nazca and the Mysteries of Peru, London 1987;
Hitchcock, Henry-Russell, und Philip Johnson: Der Internationale Stil 1932, Bauwelt Fundamente 70, Braunschweig 1985;
Hitchcock, Henry-Russell: Early Victorian Architecture, London 1954;
Hitchcock; Henry-Russell: Die Architektur des 19. und 20. Jahrhunderts, München 1994;
Hobhouse, C.:1851 and The Crystal Palace, London 1937 ;
Howard, Ebenezer: Gartenstädte in Sicht, Jena 1907;
Jackson, Anthony, The Politics of Architecture: A History of Modern Architecture in Britain, London 1970;
Jencks, Charles: Die Sprache der postmodernen Architektur. Die Entstehung einer alternativen Tradition, Stuttgart 1988 (dritte, erweiterte Auflage);
Jencks; Charles: Architektur heute, Stuttgart 1988;
Kaufmann, Emil: Architecture in the Age of Reason, Cambridge, Mass. 1955;
Kaufmann, Emil: Von Ledoux bis Le Corbusier. Ursprung und Entwicklung der Autonomen Architektur, Stuttgart 1985 (unveränderter Nachdruck 1933);
Kidder Smith, S.: Sweden Builds, Stockholm 1950;
Knevitt, C.: Shelter, London 1994;
Kodama, Yuichiro, J. Cook und S. Yannas: »Passive and Low Energy Architecture«, Process Architecture, No. 88, Tokyo 1991;
Koppelkamm, Stefan: Künstliche Paradiese. Gewächshäuser und Wintergärten des 19. Jahrhunderts, Berlin 1988;
Lam, William: Sunlight as Formgiver for Architecture, Atlanta 1986;
Lamb, Robert: Promising the Earth, London 1996;
Laugier, Marc-Antoine: Essai sur L'Architecture, Paris 1752, (dt.: Das Manifest des Klassizismus, Zürich 1989);
Leatherbarrow, David: The Roots of Architectural Invention, New York 1993;
Lethaby, William: Architecture, Mysticism and Myth, London/New York 1892;
Mackenzie, Dorothy: Green Design, London 1991 und 1997;
Madsen, Stefn Tschudi: Jugendstil, München 1967;
Malton, James: An Essay on British Cottage Architecture, London 1798;
Meller, J. (Hrsg.): The Buckminster Fuller Reader, London 1970;
Morris, William: »The Decorative Arts« republished in The Lesser Arts (1822), and (1880) The Beauty of Life in Collected Works, Vol. 22 (1910–1915), London 1878 (dt. Die niederen Künste, Leipzig);
Muthesius, Hermann: Das englische Haus, Berlin o.J.;
N. Pevsner (1936) Pioneers of the Modern Movement, London;
Naylor, Gillian: The Arts and Crafts Movement, London 1971;
Noble, David Grant (Hrsg.): New Light on Chaco Canyon, Santa Fe 1990 (vierte Auflage);
Papworth, J.B.: Rural Residences, London 1818;
Pearson, P.: Earth to Spirit, In Search of Natural Architecture, London 1994;
Pevsner, Nikolaus: A History of Building Types, London 1976;
Pevsner, Nikolaus: Europäische Architektur von den Anfängen bis zur Gegenwart, München 1997;
Pevsner, Nikolaus: Wegbereiter moderner Formgebung. Von Morris bis Gropius, Köln 1996;
Price, Uvedale: Essay on the Picturesque, London 1794;
Repton, H.: Red Book for Blaise Castle, City of Bristol Museum and Art Gallery;
Richards, James M.: Modern Architecture in Finland, London 1965;
Richards, James M.: The Functional Tradition in Early Industrial Buildings, London 1958;
Rowe, Peter G.: Making a Middle Landscape, Cambridge, Mass. 1991;
Rudofsky, Bernard: Architektur ohne Architekten. Eine Einführung in die anonyme Architektur, Salzburg 1989;
Rudofsky, Bernhard: The Prodigious Builders, London 1977;
Ruskin, John, und Henry Wentworth Acland: The Oxford Museum, 1854, Nachdruck London 1996;
Ruskin, John: Die sieben Leuchter der Baukunst, Die bibliophilen Taschenbücher 690, Dortmund 1994;
Ruskin, John: Lectures on Architecture and Painting, London 1854;
Ruskin, John: Steine von Venedig, Die bibliophilen Taschenbücher 697, Harenberg 1994;
Ruskin, John: The Poetry of Architecture, London 1835;
Schumacher, F.: Small is Beautiful, London 1974;
Scully, Vincent: Moderne Architektur. Die Architektur der Demokratie, Ravensburg 1964;
Scully, Vincent: The Earth, the Temple and the Gods, New Haven/London 1962;
Sharp, D.: Modern Architecture and Expressionism, London 1966;
Smithson, Alison und Peter: Die heroische Periode der Modernen Architektur, Tübingen um 1981;
Summerson, John: Heavenly Mansions, London 1949;
Tafuri, Manfred: Teoria e Storia dell'Architettura, Rom 1976;
Taut, Bruno: Alpine Architektur, Hagen 1912;
Technology, New York/London 1980;
Turrant, D.: Time and Energy, RIBA Journal, London 1997;
Unwin, Raymond: Grundlagen des Städtebaus. Eine Anleitung zum Entwerfen städtebaulicher Anlagen, Berlin 1922 (zweite Auflage);

Venturi, Robert: Komplexität und Widerspruch in der Architektur. Hrsg. von Heinrich Klotz, Bauwelt Fundamente 50, Braunschweig 1978;
Vitruv: Baukunst, Basel 1995 (zweite Auflage);
Vitruv: Zehn Bücher über Architektur, Baden-Baden 1987 (fünfte Auflage);
Vitruv: Zehn Bücher über Architektur, Darmstadt 1991 (fünfte Auflage);
Voysey, Charles F. Annesley: Individuality, London 1915;
Watkin, D.: A History of Western Architecture, London 1986, 1992, 1996;
Wright, Frank Lloyd: An Organic Architecture: The Architecture of Democracy, New York/London 1939;
Wright, Frank Lloyd: Das natürliche Haus, München 1954;
Wright, Frank Lloyd: The Living City, New York/ London 1958;
Zevi, Bruno: Towards an Organic Architecture, London 1950;
Zurko, R. De: Origins of Functionalist Theory, New York 1957;

Architekturbiographien

Baird, G.: Alvar Aalto, London 1970;
Brownlee, D.B., und D.G. De Long: Louis I. Kahn: In the Realm of Architecture, New York 1992;
Collins, G.: Antonio Gaudi. Große Meister der Architektur, 4, Ravensburg 1962;
David Dunster (Hrsg.): Architectural Monographs 6: Edwin Lutyens, London 1979;
Goff, Bruce: Forty-four Realizations, in: Long, David G. De: Bruce Goff: Towards Absolute Architecture, MIT 1988;
Kaufmann, Edgar, und Ben Raeburn (Hrsg.): Frank Lloyd Wright. Schriften und Bauten, Das moderne Sachbuch 16, München/Wien 1963;
Ledoux, Claude Nicolas: Architecture, Paris 1874;
Lobell, J.: Between Silence and Light, Boulder, Colorado 1979;
Pawley, M: Buckminster Fuller, New York 1990, London 1992;
Roland, Conrad: Frei Otto - Spannweiten. Ideen und Versuche zum Leichtbau. Ein Werkstattbericht von Conrad Roland, Berlin 1965;
Rosenburg, J.: The Darkening Glass: a Portrait of Ruskin's Genius, London 1963;
Steele, James: Hassan Fathy, Architectural Monographs 13, London 1988;
Tarragó, Salvador: Gaudí, Barcelona 1991;
Wright, Frank Lloyd: An Autobiography, New York/London 1932;

Allgemeine Theorie und Philosophie

Albrecht, D.:World War II and the American Dream, Cambridge, Mass. 1995;
Bender, M.: Miracle of Life: Discover Patterns of Behaviour in the Living World, London 1992;
Calder, Nigel: Raumschiff Erde, Köln 1992;
Calvino, Italo: Die unsichtbaren Städte, München 1985;
Capra, Fritjof: Wendezeit. Bausteine für ein neues Weltbild, München 1992 (Neuauflage);
Carson, Rachel: Der stumme Frühling, München 1996;
Carson, Rachel: Geheimnisse des Meeres, München 1952;
Energy: Facing up to the Problem, Getting down to Solutions, Special Report, National Geographic, Februar 1981;
Fuller, Richard Buckminster, und R. Marks: The Dymaxion World of Buckminster Fuller, London 1973;
Fuller, Richard Buckminster: Bedienungsanleitung für das Raumschiff Erde und andere Schriften. Hrsg. von Joachim Krausse, Dresden 1996;
Fuller, Richard Buckminster: Critical Path, New York 1981;
Fuller, Richard Buckminster: Nine Chains to the Moon, New York 1963;
Gleik, J.: Chaos: Making a New Science, New York 1987;
Gore, Al: Wege zum Gleichgewicht. Ein Marshallplan für die Erde, Frankfurt a.M. 1995;
Greene, Herb: Mind and Image, Lexington, Kentucky 1976;
Haeckel, Ernst: Kunstformen in der Natur, Leipzig 1899–1904;
Harlow, W.M.: Art Forms from Plantlife, New York 1976;
Harrison, Paul: Die Dritte Revolution. Antworten auf Bevölkerungsexplosion und Umweltzerstörung, st2571,Frankfurt a.M. 1996;
Hulme, F.E., S. Mackie, J. Glaisher und R. Hunt: Art Studies from Nature as Applied to Design, London 1872;
Hulme, F.E.: Plants, their Natural Growth and Ornamental Treatment, London 1874;
Illich, Ivan: Selbstbegrenzung. Eine politische Kritik der Technik, München 1996;
Imamura, M.S., P. Helm and W. Palz: Photovoltaics System Technology, Brüssel 1992;
Lovelock, James: Das Gaia-Prinzip. Die Biographie unseres Planeten, Frankfurt a.M. 1993;
Nicholson, M.H.: Mountain Gloom and Mountain Glory: the Aesthetics of the Sublime, Ithaca, New York 1959;
Patterson, W.: The Energy Alternative: Changing the Way the World Works, London 1990;
Ritterbusch, F.: The Art of Organic Forms, Washington 1968;
Schama, Simon: Der Traum von der Wildnis. Natur als Imagination, München 1996;
Schenk, Hans Georg: Die Kulturkritik der europäischen Romantik, Institut für europäische Geschichte, Mainz, Vorträge 14, Wiesbaden 1956;
Sheldrake, The Rebirth of Nature: the Greening of Science and God, London 1990;
Singh, Madanjeet: The Sun in the Myth in Art, London 1993;
Thomas, Keith: Man and the Natural World. Changing attitudes in England 1500-1800, London 1983
Thomas, Keith: Vergangenheit, Zukunft, Lebensalter. Zeitvorstellungen im England der frühen Neuzeit, Kleine kulturwissenschaftliche Bibliothek 10, Berlin 1988;
Thoreau, Henry David: A week on the Concord and Merrimack Rivers, Boston 1849;
Thoreau, Henry David: Walden, Zürich 1995 (vierte Auflage);
Thoreau, Henry David: Walden, Köln 1996
Todd, Ruthven: Tracks in the Snow, London 1946;

Zeitgenössische Architektur

Crosby, M.J.: Green Architecture, Gloucester, Mass. 1994;
Herzog, Thomas (Hrsg.): Solarenergie in Architektur und Stadtplanung. Solar energy in architecture and urban planning, München 1996;
Holl, S.: Anchoring, New York 1989;
Luca, L. de, und C. Gallo: Bioclimatic Architecture, Rom 1992;
Vale, B. und R.: Towards a Green Architecture, London;
Yeang, Ken: Bioclimatic Skyscrapers, London 1994;

Technologie und Volkswirtschaft

Alexander, C., und M. Jacobsen: Specification for an Organic and Human Building System, The Responsive House, MIT 1974;
Barker, T.C., und Pilkington: An Age of Glass: The Illustrated History, London 1994;
Bisschop et al (1995) Building with Photovoltaics, Utrecht;
Connaughton, J.: Building Services Magazine: Life Cycle Energy Costing, London 1990;
Danz, Ernst: Sonnenschutz, Stuttgart 1967;
Edwards, Brian: Towards a Sustainable Architecture, Oxford 1996;
Fathy, Hassan: Natural Energy and Vernacular Architecture: Principles and Examples with Reference to Hot Arid Climates, Chicago 1986;
Fruhwald, A., und G. Wegener: Ecological Potential for Building Timber, Konferenzpapier 1996;
Galston, J.W.:Life Process of Plants, Scientific American Magazine, New York 1994;
Hancocks, D.: Masterbuilders of the Animal World, London 1973;
Herzog, Thomas: Pneumatische Konstruktionen. Bauten aus Membranen und Luft, Leichtbaukonstruktionen, Stuttgart 1976;
Howard, N., und D. Butler: Building Services Magazine: From the Cradle to the Grave, London 1992;
Howard, N., und H. Sutcliffe: Building Magazine: Precious Joules, London 1994;
Howard, N.: Building Services Magazine: Energy in Balance, London 1991;
Howard, N.: Economics of Reducing Greenhouse Car Emissions (Konferenzpapier);
Howard, R., und E. Winterkorn: Building Environmental and Energy Design Survey, Watford 1993;
Humm, Othmar, und Peter Toggweiler: Photovoltaik und Architektur. Hrsg. Bundesamt für Energiewirtschaft, Bundesamt für Konjunkturfragen, Bern/ Basel 1993;
Lewis, O.: Energy in Architecture: The European Solar Passive Handbook, Brüssel 1986;
Loudon, John C.: Encyclopedia of Cottage, Farm and Villa Architecture, London 1833;
Lyell, Charles: Grundsätze der Geologie oder die neuen Veränderungen der Erde und ihrer Bewohner in Beziehung zu geologischen Erläuterungen, Weimar o.J.;
Matus, Vladimir: Design for Northern Climates: Cold Climate Planning and Environmental Design, New York 1988;
Olgyay, A. und V.: Solar Control and Shading Devices, Princeton, NJ 1957;
Olgyay, Victor: Design with Climate, Princeton, NJ, 1963;
Olgyay, Victor: Design with Climate: Bioclimatic Approach to Architectural Regionalism, New York 1963;
Pacific Domes. The Dome Book, California, 1970;
Pearson, D.: The Natural House Book, London 1989;
Plummer, Henry: Poetics of Light, Tokio 1987;
Rostvik, H.: The Sunshine Revolution, Stavanger 1992;
Sala, M., und L.N. Ceccherini: Technologie Solari, Florence 1993;
Scheerbart, Paul: Glasarchitektur, Reihe Passagen, München 1971;
Sick, F., und T. Erge: Photovoltaics in Buildings, London 1996;
Solar Architecture in Europe: Design, Performance and Evaluation, Brüssel 1991;
Spurgon, R., und M. Flood: Energy and Power: A Practical Introduction with Projects and Activities, London 1990;
The Whole Earth Catalogue, London 1971;
Willis, S., M. Fordham and W. Bordass: Avoiding or Minimizing the Use of Air-conditioning, Watford 1995;

Soziologie

Allen, J.: BIOSPHERE 2, The Human Experiment, London 1991;
Bordass, W., A. Leaman und S. Willis: Control Strategies for Building Services: The Role for the User (Konferenzpapier 1994);
Commission of the European Communities: Environmental Ethics, Brüssel 1990;
Cruickshank, Dan., und Neal Burton: Life in the Georgian City, London 1989;
Curwell, S., C. March und R. Venables (Hrsg.): Buildings and Health, London 1990;
Eber, S. (Hrsg.): Beyond the Green Horizon, Godalming 1992;
Fraser, J.: Village Planning in the Primitive World, London 1968;
Oliver, Paul: Dwellings. The House across the World, Austin Texas/Oxford 1987;
Oliver, Paul: Shelter and Society, London 1969;
Rousseau, Jean-Jacques: Emil oder Über die Erziehung, Paderborn 1995 (zwölfte Auflage);
Rousseau, Jean-Jacques: Julie oder Die neue Heloïse, Bochum 1988 (zweite Auflage);

Register

Die *kursiv* gedruckten Zahlen beziehen sich auf die Bildunterschriften.

Bildnachweis

Der Dank für die zur Verfügung gestellten Photographien gilt (Seitenangaben in Klammern):

Wayne Andrews/Esto (19 oben); Arcaid/Richard Bryant (16 unten, 21 unten links, 22 oben, 207 oben); Arcaid/Niall Clutton (21 unten rechts); Arcaid/Mark Fiennes (20 oben rechts); Arcaid/Scott Frances (29); Arcaid/Mark Jones (30); Arcaid/John Edward Linden (22 unten); Arcaid/Esto/Ezra Stoller (28); Arcaid/Alan Weintraub (116–119); Archipress/Peter Cook (73); Archipress/Michel Denance (214); Archipress/Franck Eustache (213); Courtesy of Architectenbureau Alberts & Van Huut (59 links); Architectural Association Photo Library/Archigram (49); Architectural Association Photo Library/Theo Armour (24 unten); Architectural Association Photo Library/Bill Chaitkin (24 oben); Architectural Association Photo Library/P. Collymore (27 unten); Architectural Association Photo Library/Hazel Cook (53); Architectural Association Photo Library/Peter Cook (52 oben rechts); Architectural Association Photo Library/David Gray (157); Architectural Association Photo Library/Erno Goldfinger; Architectural Association Photo Library/Hadden/Morphet (127); Architectural Association Photo Library/Hermione Hobhouse (107); Architectural Association Photo Library/Ulrich Kerber (55); Architectural Association Photo Library/ Norman Khaled (50); Architectural Association Photo Library/Rik Nijs (56); Architectural Association Photo Library/C. Nino (27 oben); Architectural Association Photo Library/Roger Sapsford (48); Architectural Association Photo Library/Timothy Street Porter (46); Architectural Association Photo Library/D. Tinero (25 oben links); Richard Barnes (82/83); Ch Bastin & J. Evrard (184/185); Courtesy of Benson & Forsyth Architects (125/126); Bibliothèque Nationale (19 unten); Bildarchiv Foto Marbourg (23); Reiner Blunck (112–115, 121/122); Catherine Bogert (129–131); Obie Bowman (159–161); David Brazier (201); Gregory Burgess (149, 151); Comstock/George Goerster (17 unten, 199); Courtesy of the Courtauld Institute (18 oben, 20 unten rechts, 25 oben rechts, 25 unten, 26); Jean-Pierre Cousin (52 links); Courtesy of Edward Cullinan Architects (10); Daylight/Liege (183); Philip de Bay at V&A Library (21 oben links); British Architectural Library, Royal Institute of British Architects, London (16 Mitte, 59 rechts, 65, 215); Max Dupain/ British Architectural Library, Royal Institute of British Architects, London (58 links); John Donat (57);Peter Durant (205, 221/222); E.T. Archive/Egyptian Museum, Cairo (33); Georges Fessy (104–106); N. Fintikakis (202); Geleta & Geleta Photo Studio (54); Courtesy of T.R. Hamzah & Yeang (234); Ryou Hata (94 oben); Hedrich Blessing (88–91); Jochen Helle (103 unten); Jorg Hempel Photodesign (75/76, 77 unten); Courtesy of Jourda and Perraudin (242/243); Kota Kawasaki (109–111); Kawasumi Architectural Photograph Office (209–210); Holger Knauf (216–219); Waltraud Krase (77 o.); Lamb Studio (141); Ian Lambot (229–231); Dieter Leistner (136–139, 170–173); Mitsuo Matsuoka (175); Milroy McAleer (142/143); James Morris (191–193); G. Mussett (148); Naru Architecture Photograph Office (211); K.L. Ng (11, 233, 235); Courtesy of Petzinka Pink und Partner (227); Photo R.M.N. (20 oben links); Mandy Reynolds (194/195); Ralph Richters/Architekturphoto (84–87, 101–103 oben); Tomas Riehle/Contur (225–266); Sakamoto Photo Research Laboratory (15 unten); Courtesy of Samyn & Associates (182); Courtesy of Sheppard Robson (206); Shinkenchiku-sha (62, 67 unten, 68–69, 93 links, 95, 132, 134, 162–165, 167–169, 175, 176 unten, 177, 186–188); Shinkenchiku-sha/Shigeo Ogawa (63, 145–147, 176, 177) Timothy Soar (79–81, 153–156); Courtesy of Studio E (240); Stu-dio Fotografico Quattrone (18 unten); Hisao Su-zuki/ Archivo Eye Barcelona (133, 135); Fred Thompson (16 oben rechts); Hiroshi Ueda (197/198); VIEW/ Peter Cook (58 rechts, 71, 72, 97–99); VIEW/Dennis Gilbert (179–181); Tim Webster (150); Courtesy of Andrew Wright Associates (238/239).